JN095243

キャリア論研究

【補訂版】

柏木　仁 著

文眞堂

はじめに

　そもそも、キャリアとは何か、キャリア研究の課題とは何か。著者の最大の関心は「人はどうすれば充実した人生を送れるのか」という問いである。そこで、キャリア研究の大きな課題（リサーチ・クエスチョン）として、「人はどうすれば活き活きと働くことができるのか」を立て、調査研究に取組んでいる。キャリアとジョブ（職務）の相違、および両者の関係は、キャリアは生涯を通じた個人のジョブ経験の積み重ねであるという点である。したがって、キャリアの所有者は基本的に個人ということになる。一方、組織で働く従業員にとっては、キャリアは組織と個人の両者によって形成されるものと捉えることもできる。しかし、あくまでキャリアの主役は個人であり、キャリアは組織を含めた広い社会と個人との相互作用によって複雑的に形成されていくものである。こうした立場から、本書は、個人の視点で捉えたキャリアを中心に取り纏めている。研究者や専門家はもちろん、現在キャリアを歩んでいるビジネスパーソンや、これからキャリアを歩もうとする学生にも広く読んでほしいと考え、専門的で理論的なやや難しいと思われる内容であっても、わかりやすい日本語で表現することに努めている。

　キャリア・デザインやキャリア・マネジメントと聞くと、キャリアを設計して管理する、という意味合いを強く感じる方もいるかもしれない。確かに、キャリアを形成していく上で基本的に大切なことは、時間をかけて自分に価値を積み重ねていくようにすることであり、そのためには、人生全体を通じてキャリアを設計し、管理することが極めて重要になる。一方で、様々な矛盾や葛藤に直面し、なかなか計画通りにいかないのがキャリアである。本書は、キャリアの設計や管理の重要性を主張しながらも、とりあえず行動してみる、直感を得る、矛盾をマネジメントするといったキャリアにおける現実的な対応も重視し、必要な議論を盛り込んでいる。

　本書は、キャリアを考える上で大切と思われる多岐な内容に触れているが、

内容の大きな特徴として次の4点を挙げることができる。

- 価値観が多様化している今日、人は自分自身が大切にする価値観や主観に基づきキャリアを形成する人がいる。キャリアの主観的側面を捉えた概念がコーリング（天職）であり、近年キャリア研究の領域で、この古くからあるコーリングが再び注目され、議論されている。個人が自分の仕事をコーリングとして捉えることの重要性や、個人にもたらされるメリット等について議論している。

- 将来を予測することが困難で、不確実性の大きい時代におけるキャリア形成を考えるために、複雑性や偶発的出来事への備えについて、カオス理論などを用いて考察している。

- 人はキャリア発達とともに、言わば、心のキャリアアップも遂げて、人間的に成長することができる。個人の価値観、感情、とっておきの強み等、人間の心のプラス面を捉えたポジティブ心理学で議論されている概念も盛り込んでいる。

- 組織内キャリア発達とともに、人はリーダーになることも求められる。では、どうすれば人はリーダーとして成長することができるのか。また、リーダーとして成長することで、人の内面にはどのような変化が起こるのか。そのヒントとなるリーダーシップ開発論について述べている。

　著者は30代半ばでキャリア・チェンジをした。大学卒業後、エンジニアとしてキャリアをスタートさせ、IDCJ 国際開発センターにおける開発エコノミスト養成研修や、JICA 国際協力機構での調査業務などを経て、人が働くことを通じて成長すること、活き活きと輝くこと、その人らしくなっていくことに強く関心を持つようになった。そこで、会社を辞め、再び学びと研究の世界に戻り、現在に至っている。そういった経験の中で形成された著者自身のキャリア観が、本書の背景にある。

　最後に、著者の調査研究に対してご指導いただいた先生方とご協力をいただいた全ての方に感謝を申し上げたい。とりわけ、小野公一先生、高橋量一先生、安田彰先生、徳永善昭先生、村田和彦先生、東出浩教先生には心より感謝を申し上げる。また、本書の出版に快く応じてくださり、執筆に際し様々なアドバイスを頂戴した文眞堂の前野隆専務、前野弘太課長、編集部の皆様、そし

て、妻とスティーブ（ぷる）に、心より感謝を申し上げたい。

2016 年 3 月 1 日

著者

目　　次

第 1 章

キャリアとは何か

　世界的に見て、雇用の安定性や継続性といった職の保障は、この約30年間で大きく色あせてしまったと言える。今日、キャリア形成の担い手が、組織中心から個人中心へと大きく変化しつつあるが、個人は否応なしに、キャリアの担い手として自己防衛する必要に迫られたというのが、このキャリア観の大転換の初期の現実ではないか。キャリアを考える上で、客観的キャリアと主観的キャリアのどちらの視点も重要であるが、主観的キャリアはこれまでにない程より重要になってきている。前向きに捉えれば、21世紀は個人が仕事で活躍できる自由に溢れている時代といえる。

　キャリアとは、個人の生涯にわたる組織内外での仕事経験の積み重ねであり、それに付随する仕事以外での様々な役割経験の積み重ね、と定義できる。熟練する必要の少ない職業や、昇進のない職業に従事する人にもキャリアは確実に存在する。人は混沌とした自分の人生を振り返ってみて、自分に起こった興味深い出来事は、全て現在の仕事に就くための準備だったのだと、妙に腑に落ちた経験を持つ人は多い。仕事にはお金を稼ぐ手段以上の意味があり、人生における仕事の意味は人によって異なるものの、同じ仕事であっても、仕事を単に職務と捉えるよりも、仕事を天職と捉える方が、人生においてより大きな充足感を得られる可能性が高い。仕事をするのなら、皆自分の天職を追求すべきではないだろうか。

　なぜキャリアをマネジメントする必要があるのか。キャリアの主役は皆自分自身である。現代の企業を取り巻く変化の激しい環境や、コスト削減等の企業の厳しい内部事情を考えると、キャリアは組織だけに頼らずに、自分自身でマネジメントする必要がある。加えて、人が仕事に対して意味ややりがいを求め

る傾向は、より充実した幸せな人生に対する関心が増してきていることが背景
にあり、こうした背景もキャリア・マネジメントの要因である。一方、現代の
企業が従業員を効果的にマネジメントして成果をあげられるか否かは、企業が
従業員のニーズを把握し、従業員本人によるキャリア・マネジメントを上手く
支援できるかどうかにかかっている。

1-1　キャリア観の大転換

失われつつある職の保障

　キャリアを取り巻く環境は、人口的要因、経済的要因、労働市場的要因、社
会的要因、組織的要因、技術的要因等で構成される（Inkson, 2007）。そうし
た要因は絶えず変化しており、キャリアに大きな影響を与える。あるときは不
確実性が増し、キャリアの不安定化の要因となる。
　図表1-1に主な国の失業率（過去5年間の推移）を示した。日本における失
業率（完全失業率）とは、15歳以上の働く意欲のある人（労働力人口）のう
ち、職がなく求職活動をしている人（完全失業者）の割合を指す[1]。日本の失
業者は2018年平均で166万人と、前年に比べ24万人減少し、失業率は2018
年平均で2.4％と、前年に比べ0.4ポイント低下している。主要国の中で日本
の失業率は最も低い値ではあるが、一体どれだけの日本人が生き生きと働いて
いるのだろう。

図表1-1　主要国の失業率の推移（％）

	日本	韓国	アメリカ	カナダ	イギリス	ドイツ	イタリア	フランス
2014年	3.6	3.5	6.2	6.9	6.2	5.0	12.7	10.3
2015年	3.4	3.6	5.3	6.9	5.4	4.6	11.9	10.4
2016年	3.1	3.7	4.9	7.0	4.9	4.1	11.7	10.1
2017年	2.8	3.7	4.4	6.3	4.4	3.8	11.2	9.4
2018年	2.4	3.8	3.9	5.8	4.1	3.4	10.6	9.1

（総務省統計局（2019）「労働力調査　平成31年4月」）

1　日本では、失業者を完全失業者、失業率を完全失業率とも言う。

　Greenhaus, Callanan and Godshalk（2010, p.4）によると、米国では 1979年から 1995 年の 17 年間で、約 4300 万人が失業したとされている。すなわち、年平均で 250 万人以上の職が失われたことになる。また、米国の労働統計局によれば、1996 年から 2005 年の 10 年間で、解雇または一時帰休を経験した人の数は、約 1800 万人にのぼるという。米国では転職の回数も多く、生涯平均7 〜12 社で働くと言われる。IT バブルの崩壊やリーマンショックの影響で、多くの人が職を失った。その後も、ヨーロッパや新興国に端を発する世界的な景気後退懸念が続いている。世界的に見て、雇用の安定性や継続性という職の保障は、この約 30 年間で大きく色あせたと言ってよいだろう。

　学校卒業と同時に就職し、その後の人材の流動性が低い日本では、職の保障や雇用の安定が失われることは特に重要な問題である。日本でも、新入社員として就職した企業に一生勤められるという期待は、過去のものになりつつあり、今後転職を経験する人の数も、また転職を繰り返す回数も増えてくる可能性がある。職の保障や雇用の安定が失われつつある中で、キャリア・マネジメントの内容も大きく変化しつつある。

産業構造の変化

　日本においても、職を取り巻く環境は変化してきている。IT 化等を背景として、情報通信・サービス業の雇用は増加しているのに対し、グローバル化や円高等を背景に、製造業の生産拠点の海外移転が進み、雇用の空洞化が起こっている。こうした雇用の変化は、日本の産業構造の変化を表しており、産業別就業者数のデータからも確認できる（図表 1-2）。

　2008 年と 2018 年を比較すると、例えば、農業、林業の就業者が 247 万人から 210 万人に減少しているのに対し、医療、福祉の就業者は 600 万人から 831万人へ大きく増加していることがわかる。ある産業では労働力としての人材が不足するのに対し、ある産業では余剰の状態となり、こうした変化は私たちのキャリア選択にも大きな影響を与える。日本国内だけでなくグローバルにキャリアを歩むことや、産業の境界を越えたキャリア・チェンジが求められるかもしれない。

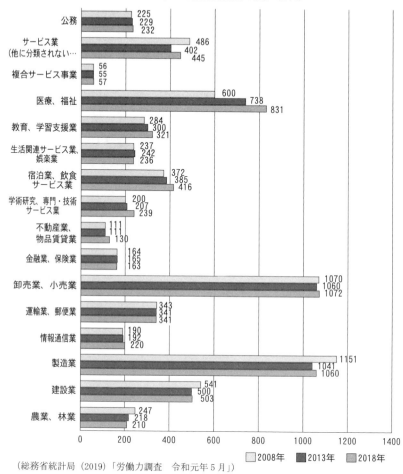

図表 1-2　日本の産業別就業者数の推移（万人）

（総務省統計局（2019）「労働力調査　令和元年 5 月」）

組織のバウンダリレス化

　変化の激しい環境の中で、厳しい競争に立ち向かう現代の企業は、かつての
ような官僚的で集権的な組織から、分権化された組織へと変革を推し進めてい
る（Greenhaus et al., 2010）。コスト削減に加え、消費者のニーズを自社の
製品やサービスにいち早く反映する必要があることから、より自律的に仕事を
進めるチームなどが、製造業からサービス業まで幅広く見られるようになっ

た。顧客重視でより分権化が進んだよりフラットな組織構造では、管理職のポストは減少する。企業の本社機能も以前よりも少ない人員で対応するようになってきており、特にバックオフィス機能などは、アウトソーシングや契約社員などの臨時的な雇用で対応する企業が増えている。このように、組織が階層を減らしたり、権限を従業員に委譲したり、また、ある機能をアウトソースするなどの組織構造の変化を、組織のバウンダリレス化と呼ぶこともある。

　Hall and Associates（1996）は、多くの階層が存在するような伝統的な組織構造に基づく組織内キャリアの消滅に言及し、リストラの結果、企業はますます組織のバウンダリレス化が進み、その結果としてキャリアのバウンダリレス化も進んでいる、と述べる。組織が柔軟性を確保したいと考えれば、官僚機構的な安定性の高い組織構造は適しておらず、今後ますます流動的な構造になっていく。そのためには、正社員の人数を減らし、アウトソーシングや契約社員などへの依存度をより増加させ、組織のフラット化に伴い管理職のポストが減少していくことは間違いないであろう。ホワイトカラー、管理職者、専門職者のキャリアの安定性も脆弱になってきている。

グローバル化と IT 化

　グローバル化は避けられない現象である。売上高の多くを海外に依存するグローバル企業も現れるようになった。グローバル企業の出現は、組織における従業員のキャリア形成の在り方を変化させている。今や多くの企業で、従業員の昇進・昇格のために海外経験は不可欠になりつつある。企業で経営層にまで昇りつめようと思っていようがいまいが、多くの従業員が海外の市場に対する知識や消費者の嗜好について学ぶ必要がある。海外の支店に勤務し、外国人の同僚と働き、本国に戻ってきて外国人の同僚と働くことも珍しいことではない。決してグローバル化が進んでいるとは言えない日本でも、社内の公用語を英語にして会議や打合せを行う企業が出てきた。製造業では、より低コストの国への生産拠点の移転を加速化させている。グローバル化によって、企業には従来とは異なるキャリアパスが生まれている。なお、進んだ社会とは、多様性に富んだ社会である、と筆者は考える。ビジネスのグローバル化が進み、自分とは考え方の異なる人たちと働く機会が増している中で、私たちは世界で通用

するグローバルな基本的なものの考え方を醸成し、多様性に対応していかなければならない。

　加えて、IT 化や自動化が進む中で、ビジネスやキャリア形成の在り方も変化している（Greenhaus et al., 2010, p.7）。労働者の IT に関するスキルは、今や読み書きと同じくらい当たり前のものとなった。それに付随し、多くの職種で必要なスキルの高度化が進み、新たなキャリアも生まれている。一方、昔ながらの"ローテク"の仕事は徐々に消えつつあることから、IT 化に適応できない従業員は、必然的にキャリア形成しにくくなってきている。今後一層 IT 化や自動化が進むにつれ、予想もつかない職種やキャリアが誕生する可能性があり、技術革新に対して常に柔軟性を持って対応することが労働者に求められている。

組織における労働力の多様化

　組織における労働力の多様性（diversity）とは、組織がジェンダー、人種、国籍等の点で一層多様になることを意味する（Robbins, 2005／高木訳, 2009, 13-14 頁）。これには、女性、高齢者、外国人、障害者も含まれる。こうした労働力の多様性をマネジメントすることは、先進国を中心に重要な課題となっている。従業員における女性、外国人、高齢者等の割合が増えることは、企業にとって、性別、国籍、文化、経験等の多様性を効果的に活用する機会が増すことを意味する。

　グローバル化や高齢化を背景に、また、差別のない社会を目指していくことで、組織内の多様性は今後一層高まっていくことが予測される。特に、人材の多様性と言ったとき、性別、年齢、民族・国籍などの個人の属性に注目する場合が多い[2]。言わば、目に見える多様性である。それに対して、個人が持っ

2　Robbins（2005／高木訳, 2009, 14 頁）は、ここに挙げた労働力の多様性以外の要素として、障害、家庭内パートナー、宗教を挙げている。障害については、組織は、精神的または身体的な障害のある労働者や健康上の問題を抱える労働者に対して、雇用および職場を提供しなければならない。家庭内パートナーに関して、企業が従業員の法律上の配偶者に対して提供する権利や福利厚生を、自分のパートナーに対して求める同性愛者や内縁関係にある従業員の数が増えている。また、宗教について、組織は、様々な宗教の慣習、儀礼、祝日、身なり、服装に対して十分な配慮をし、労働者が不利益を被ることがないようにしなければならない。

図表 1-3　人材の多様性の 2 つの捉え方

	目に見える多様性	目に見えない多様性
視点 特徴 具体例	社会分類的 個人の属性に注目 ・性別 ・年齢 ・民族・国籍	情報職能的 個人が持っているものに注目 ・職歴 ・専門性 ・人間性

（東京商工会議所編, 2009, 13 頁）

ている（これまで形成してきた）ものである職歴、専門性、人間性などは、目に見えない多様性と言えるであろう（図表 1-3）。これからの組織は、目に見える多様性はもちろん、目に見えない多様性も活かしていくことが求められる。

　従業員は、多様な上司、同僚、部下と協調して仕事を進めていけるようにならなければならない。今後、多くの企業における従業員のキャリア形成は、多文化の環境で通用する能力をいかに育成し、発揮できるかにかかってくるだろう。また、日本の企業でいわゆる団塊の世代の退職が始まっていることは、組織で検討すべき 1 つの課題といえる。団塊の世代の退職は、組織や若手の従業員にとって、経験や知識が豊富な人的資源を失ってしまう損失であると同時に、退職金や年金などの支払いによって負担（コスト）にもなりうるからである。

個人の働き方の多様化

　Handy（1989）は、1 つの組織でフルタイムの仕事に就くのではなく、パートタイム勤務、契約社員、夜間シフト要員などの異なる就業形態で、複数の仕事機会をバランスよく組み合わせている労働者のキャリアを、ポートフォリオ・キャリアと呼んでいる。

　総務省の労働力調査によると、日本の正規の職員・従業員と非正規の職員・従業員（パート・アルバイト、契約社員・嘱託、派遣社員、その他）の比率（合計に占める割合）は変化してきている（図表 1-4）。2009 年に正規の職員・従業員が 66.2%、パート・アルバイトは 22.6% であったのに対し、2018 年に

図表 1-4　雇用形態の構成比の推移（%）

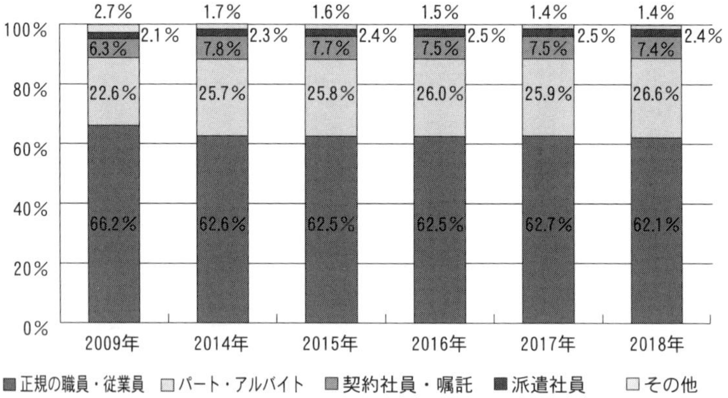

（総務省統計局（2019）「労働力調査　平成30年平均」）

は正規の職員・従業員は62.1%に低下し、パート・アルバイトは26.6%に上昇している。過去10年間で、正規労働者の割合は減少し、非正規労働者の割合が増加していることが確認できる。

　非正規労働者の中には、企業の都合等でやむを得ず非正規になった人もいれば、自らの意思で非正規になることを選択した人もいるだろう。ワーク・ライフ・バランスを重視する人が増えているように、個人の価値観の多様化は働き方やキャリアに大きな影響を与える。

社会で起こった変化の潮流とキャリアに与えた影響

　キャリアは個人が形成するものであると同時に、社会を構成する一部でもあり、社会の変化から様々な影響を受ける。20世紀後半、日本を含むグローバルに起こった経済や経営に関わる変化の大きな潮流と、それがキャリアに与えた影響を図表1-5に整理した。

図表 1-5　20 世紀後半に社会で起こった変化の潮流とキャリアに与えた影響

社会で起こった主な変化	キャリアに与えた影響
福祉国家、保護主義、完全雇用政策が多くの国で唱えられる（1940〜1980 年代）	多くの労働者に対して、職（キャリア）の保障がもたらされる
企業の大規模化と複雑化	大企業における従業員の忠誠心を基にした組織内キャリア発達、従業員に対する安定した昇進機会の提供
市場主導型の経済政策が多くの国で導入される（1980 年代〜）	失業率の増加、キャリアが景気循環の影響を受けるようになる
企業はコスト削減と効率性向上のためにリストラを敢行	従業員の解雇、予測していなかった人事異動、職の不安定化
機械化に伴う製造現場での仕事の減少、サービス・管理業務の増加	職業構造の変化、肉体労働から知識労働へのシフト
社会の高齢化	退職年齢の 65 歳以上への延長
女性の社会進出、ダブルインカム世帯の台頭	労働人口の拡大、従来男性の職業と言われていた分野への女性進出、デュアルキャリア夫婦の増加
経済的により豊になり、可処分所得が増える	贅沢品の売上増やサービス部門の成長、それに伴う新たなキャリア機会の出現
専門職種のプロフェッショナル化	専門家に必要な資格取得、プロフェッショナル・キャリアパスの構造化
情報技術（IT）の発達	IT 産業における新たな職種、企業、キャリアの出現
グローバル化、多国籍企業はより低コストの国を求めて事業を移転	企業は製造やサービスの一部を第三世界の国々に移転。グローバル・キャリアの幕開け

注：キーワードを中心に提示。(Inkson, 2007, p.7 を基に作成)

キャリア観の大転換

　はじめに、極めて重要な点として、キャリアの主役は誰なのかについてである。歴史を振り返ると、産業革命以前の社会では、キャリア形成の担い手は個人であり、教会、軍隊、政府などを除くと、官僚機構的な組織はほとんど存在していなかった (Peiperl, Arthur, Goffee and Morris, 2004)。大半の人が、職人、農民、労働者、奉公人などを務め、家族や地域、コミュニティと深いつながりを持ちながら、日々の生活のために働いた。やがて、産業革命が起こると、キャリア形成の担い手の中心は、個人から組織・官僚機構へと急速に移っ

ていくのである（Peiperl and Arthur, 2004, pp.1-19）。産業革命は、マイナスの側面として、人間性の軽視、効率性至上主義を生み、個人よりも組織が優先される時代を創り出す。そして、今日再び、キャリア形成の担い手が、組織中心から個人中心へと大きく変化しつつある。Arthur and Rousseau（1996）は、キャリアは家族やコミュニティとの両立を図りながら、個人中心へと変化しつつあり、組織・官僚機構への依存度は減少していくという共通の認識があると述べる。時を経て、キャリア形成の主役として個人が再び台頭してきたのである。

大転換のきっかけ

　Peiperl et al.（2004）は、こうしたキャリア観の大転換のきっかけは、特に日本においては、必ずしも前向きなものではなかったと指摘する。企業を取り巻く外部環境の変化が激しくなっていく中で、日本の伝統的雇用制度の特徴である終身雇用や年功序列といった、安定的に組織内キャリアを築く土台が揺さぶられており、従業員の雇用の安定が失われつつある一方で、キャリアについて自己責任が明確に求められるようになってきた。結果として、個人は否応なしに、キャリアの担い手として自己防衛する必要に迫られたというのが、少なくともこのキャリア観の大転換の初期の現実ではないだろうか。これでは、いくらキャリアの主役は個人だと言われても、受身と防御だけのキャリア戦略では、名ばかりの主人公であって、あまりに寂しく未来に希望を持てなくなる。

　しかし、最近では、キャリアの担い手が個人に回帰していることをプラスに捉える研究も増えつつある。実際、変化と競争の激しい経営環境に置かれている現代の企業は、従業員に対して、期待通りのパフォーマンスを発揮することに加えて、自分で学習し変化に適応する能力を持つことも求めている。また、企業は、プロジェクト単位で、必要な高い能力やスキルを社外に求めることも少なくない。従業員は、漫然と組織内のキャリア制度に従って訓練を受けるだけではなく（そうした訓練の機会も、いつまで企業が提供してくれるかわからないが）、自ら積極的に、未来の自分のためにキャリア戦略を策定し実行する必要がある。かつての日本は右上がりの経済成長を遂げ、終身雇用や年功序列

制度を採用する企業の従業員は、日々の仕事に取組んでいれば将来の地位もそれなりに保障されるという認識があり、自分のキャリアまで考えなくてもよかったのかもしれない。しかし現在は、日々の仕事に取組むだけでは十分ではなく、キャリアを戦略的にマネジメントすることが必要となり、それによって自分の将来を切り拓くことが可能となってきた。前向きに捉えれば、21世紀はそういう個人が活躍できる自由に溢れている時代といえる。

（参考）ある労働者の弁当の話

　キャリア形成の主役として個人が台頭してきたことに関連し、次の話を読んでほしい。この話は何を言いたいのか、また、キャリアとどのような関係があるのだろうか。

　　西南部の工事現場でのこと。昼食の時間を知らせる笛が鳴ると、労働者たちは皆一緒に食事をとるために座りました。ジョーは毎日弁当箱をあけると、不平不満を言い始めます。「ちぇっ！このくそったれ！」ジョーはまた叫びました。「またかよ！ボローニャサンドイッチとコーンチップスだぜ！」来る日も来る日もジョーはうなり声をあげ、まるで吠えるように言ったのです。

　　何ヶ月も経ち、他の労働者たちはジョーの不平を聞くのに全く飽きてしまっていました。ついにジョーの仲間の労働者が言いました。「やめろよ！何が問題なんだよ！毎日文句ばかり言ってるじゃないか！一体誰がそんなひどい弁当を作っているんだよ！」ジョーはこう答えました。

「俺だよ。」（Manz and Neck, 1999／宍戸訳, 1999, 9-10頁）

　Manz and Neck（1999）が述べる通り、この話は、私たちが人生で何をするかはほとんど自分自身の選択次第であることを意味している。基本的に、どんな仕事をしようが、何を食べようが自由である。ジョーのように、自分で作った弁当に自分が文句を言うのは愚かなことである。重要なことは、自分の弁当は自分が気に入るように作ることができると信じることであり、キャリアについても、主役は自分自身であって、自分がキャリア（人生）をより良いものにできると考えることが重要なのである。企業に雇用されていようとも、従業員は自分のキャリアを管理しなければならない。起業家が自社のビジネスを

管理するように、自分はキャリアの個人事業主であると考えるべきである。

1-2 キャリアの定義とタイプ

キャリアの語源

　最近では、キャリアデザイン、キャリアガイダンス、キャリアセンター等、キャリアという言葉を日頃よく耳にするようになった[3]。キャリア（career）の語源を調べると、chariot や carraria などがあることがわかる。chariot は古代の馬で引く戦車や荷馬車を意味する。荷馬車は何かものを積んで運ぶものである。こうした意味から転じて、キャリアという言葉には、「個人が何かを身につけて進む」という意味が含まれている。

　carraria は、車が通る道や荷車が通る小道を意味する。舗装されていない小道を荷車が通ると、その道には荷車が通った車輪の跡（轍）が残る。轍は荷車が通った後に出来るものであり、これから通る道にはこれから出来るものである。こうした意味から転じて、キャリアという言葉には、「過去から現在、そして未来へと繋がる」という意味が含まれている。

キャリアの意味

　「キャリア」という言葉を辞書（広辞苑）で調べると、3つの意味があることがわかる。1つ目は、医師、弁護士、会計士などの専門的技能を要する職業についていること、である[4]。2つ目は、国家公務員試験I種合格者で、本庁

---

[3] キャリア発達やキャリア開発という言葉もよく耳にする。どちらも英語では career development と表記し、キャリアをより発展させることを意味する言葉であるが、両者には微妙な相違点がある。キャリア発達とは、個人と仕事の関わり方など、キャリアのより主観的な側面に注目し、主に「個人の視点」でキャリアをより発展させることを考える場合に使われることが多い。これに対して、キャリア開発とは、キャリアを幅広く捉え、より客観的な側面に注目し、主に「組織や社会の視点」でキャリアをより発展させることを考える場合に使われることが多い。なお、個人が社会生活で必要となる考えや能力を習得する、個人が仕事を通じて必要な職業能力を身につける、などの意味でキャリア形成という表現も使われることがある。

[4] かつて日本でキャリア・ウーマンという表現が使われた時代があったが、これは熟練した知識や専門的能力をもち、ビジネスの第一線で働いている女性を意味する。なお、こうした表現は現代社会では使うべきではない。

に採用されている者の俗称、である。キャリア官僚という言葉はこれを意味している。また、3つ目の意味は、経歴である。経歴には様々なものがあるが、生涯にわたる個人の様々な経験の積み重ね（職業や仕事に限定しないキャリア）をライフ・キャリアと呼び、これに対して、生涯にわたって個人が経験した職業や仕事の積み重ねをワーク・キャリアと呼んで、使い分けることもある（Super, 1980）。

　以上の3つの意味を考えると、本書が取り扱う「キャリア」とは、専門的技能を要する職業に就いている人や官僚も対象として含まれるものの、経歴という意味合いが大きい。また、キャリアという言葉は、知的専門的職業あるいは明確な昇進を伴う職業に限られるわけではなく、それは熟練の必要の少ない職業および「昇進のない」職業にもまったく同様に当てはまる（Schein, 1978／二村・三善（訳）1991, 38頁）ものである。すなわち、熟練する必要の少ない職業や昇進のない職業に従事する人にもキャリアは確実に存在する。キャリアとは、社会のあらゆる職業に当てはまる概念であり、働く全ての個人が考えるべきテーマである。

（参考）労働力人口

　キャリアは全ての働く人が考えるべきテーマであるが、日本で働いている人はどのくらいいるのか。労働力人口とは、15歳以上で働く能力と意思をもつ人の数を指す。その中で、就業者とは実際に仕事をしている人である。日本の労働力人口は、2018年平均で6830万人と、前年に比べ110万人の増加となった。就業者は2018年平均で6664万人と、前年に比べ134万人の増加となった。男女別にみると、男性は3717万人と45万人の増加、女性は2946万人と87万人の増加となり、男性と比較して女性の就業者が大きく増加している（総務省統計局（2019）「労働力調査　平成30年平均」）。なお、2019年1月1日現在の日本の総人口は1億2631万7千人である（総務省統計局（2019）「人口推計」）。

キャリア概念をどう定義するか

　先行研究では、キャリア概念は様々な形で定義されている。例えば、Schein

（1978）によると、キャリアとは生涯を通しての人間の生き方・表現である。Hall（1976, p.4）は、キャリアとはある人の生涯にわたる期間における、仕事関連の諸経験や諸活動と結びついた態度や行動における個人的に知覚された連続、と定義している。Arthur, Hall and Lawrence（1989）によるキャリアとは、個人の何年にもわたる仕事経験の発展的連続である。また、金井（1999, 78-79頁）は、就職して以後の生活ないし人生全体を基盤にして繰り広げられる長期的な仕事生活における、具体的な職務・職種・職能での諸経験の連続と節目での選択が生み出していく、回顧的展望と将来構想のセンス・メイキング・パターンとキャリアを定義している。

　こうした先行研究を踏まえ、本書ではわかりやすく、キャリアとは、個人の生涯にわたる組織内外での仕事経験の積み重ねであり、それに付随する仕事以外での様々な役割経験の積み重ね、と定義する。なお、仕事以外での様々な役割とは、主に家族や社会生活における役割を意味しており、こうした役割は職業生活に大きな影響を与えることから、定義に含めて考えることとしたい。この定義には、キャリア（概念）に不可欠な3つの要素、1）キャリアの主役である個人、2）生涯にわたる時間の流れ、3）働くということ、が反映されている。なお、Inkson（2007）は、キャリアの主役は個人であるという定義に基づけば、1人には1つのキャリアが存在することになると指摘する。例えば、個人が二足のわらじを履いていても、それは個人が2つの異なる職業や業界に携わっているということで、そのような多様な経験が全て相まって、1人に1つだけのキャリアが形成されていくのである。

キャリア概念の特徴

　キャリア概念の特徴を一言で説明することは難しい。金井（2003, 212-227頁）は、キャリア概念が持つ特徴として、系列性、生涯性、因果と意味性、独自性、普遍性の5つを挙げている。系列性とは、キャリアは個々の職業や経験を指すのではなく、その連なりを指している。キャリアパスという表現があるが、これは、キャリアの系列性という特徴を反映したものである。生涯性とは、その連なりは一生涯にわたることを意味する。キャリアはよく旅に例えられるように、生涯続く旅路と言える。因果と意味性とは、個々の職業や経験の連なり

は個人によって、過去・現在・未来の時間軸上で意味づけられていることを指す。独自性とは、たとえ同じ職業、同じ系列を体験していても、その意味合いは個人によって異なり、個々人に独自であることを意味する。そして、普遍性とは、キャリアは特別の人だけのものではなく、誰もが所有し、普遍的なものであることを指す。なお、キャリアの対象領域は、有給のフルタイムの仕事に限定されるものではない。個人の家庭内での役割や、余暇、趣味などの活動も、キャリア形成に大きな影響を与えるため、これらも併せて考えなければならない。

　このように、キャリアとは個人の働く経験の連続であり、そうした働く経験は、基本的に、生涯にわたって続くものである。個人が生涯にわたって連続して働くからこそ、そこには様々な課題やドラマが生まれる。個人が現在の職業に就いているのは、もちろん偶然の要因もあるものの、その人の過去があるからであり、同様に、将来ある職業に就くことには、現在の経験が大きな影響を与えている。こうした因果関係は、個人によって意味づけられる部分が大きい。キャリアは客観的な側面だけでなく、個人のオリジナリティ溢れた主観的な側面を持つ概念である。また、キャリアは専門的職業に従事する人や、組織で働く人だけに当てはまる問題ではなく、働く全ての人にとって重要な問題である。こうしたキャリアが持つ特徴は、キャリア概念の複雑さを表すものであり、キャリアを考える際のポイントとなるものである。なお、これに加えて、Arthur et al.（1989）らによるキャリアの定義にある「発展的連続」とは、「継続性と変化」という特徴を暗示するものといえるだろう。

回顧的な意味づけ

　上述した因果と意味性に関連し、回顧的な意味づけもまたキャリア概念の重要な特徴の1つである。キャリアは生涯続くものであり、キャリアに対する意味づけは回顧的になることがほとんどである。Sims（2002）は、人は混沌とした自分の人生を振り返ってみて、自分に起こった興味深い出来事は、全て現在の仕事に就くための準備だったのだと、妙に腑に落ちた経験を持つ人は多い、と述べる。Weick（1996）もまたキャリアについて、人は自分の将来を予測しようとしても断片的にしか理解できないものの、回顧的には、行き当たりばったりの仕事経験の積み重ねであっても、何らかのパターンに落ち着くと

述べる。

　なお、第6章で述べるキャリア研究の一つの方法であるストーリーテリング
は、このパターンを認識することに役立つ。そして、多くの人が、外部環境が
自分のキャリアに与えた影響や果たした役割を明確に理解しており、キャリア
のストーリーの中に、自己の行動と外部環境がいかにして相互作用したのかに
ついて語る人は多い。

キャリアのタイプ

　キャリアにはそれを形成するための境界が存在する（Inkson, 2007, p.132）。
境界があるからこそ、キャリアにおいて自分はどこの誰なのか、というアイデ
ンティティが明確に持てるのである。そして、キャリアは場合によってはこの
境界をまたいで発達していく。職業内キャリアは、組織などの境界はまたぐ
が、同じ職業内に留まって形成されるキャリアである。一方、組織内キャリア
は、組織の境界をまたがずに形成されるキャリアである。さらに、これら2つ
とは別に、起業家型キャリアとは、新たな価値の創造やビジネスの創造を通じ
て形成されていくキャリアである。

　また、Kanter（1989）は、社会階級的に上流階級と認識されるような職業
にしか重点を当てていないものの、キャリアを専門家型、官僚型、起業家型の
3つのタイプに分類した上で、官僚型は組織内キャリアと、専門家型と起業家
型は職業内キャリアと、それぞれ呼応すると述べている。

職業内キャリア

　Inkson（2007）によれば、職業内キャリアを形成する代表的職業の1つが、
専門性の高い職業である。例えば、医師、弁護士、会計士などの専門性の高い
職業は、専門家としての資格を保有し、訓練を受け、国の認可を受けて初めて
就ける職業であり、いわば狭き門の職種である。こうした職業の社会的地位も
高い。このような狭き門の職種に就きたい場合、若いうちからそれに適した学
校を選び、勉強することが必要なこともある。

　こうした就業難易度が高い職業では、同業者の結束が強い傾向にある。例え
ば、Downs, Damrosch, Flanigan and Gutierrez（2005）によれば、同業者

の強い結びつきにより、その専門職種の利益や評判を護り、人材の質や人数の維持に努め、職業に対する忠誠心を育もうとする傾向がある。そして、この職業集団の特徴は、そのままその集団の組織風土にも反映されている場合が多い。一方、販売やネットビジネスなどの職種では、人材の往来が頻繁で、どちらかと言えば広き門の職種と言え、組織風土もまたより自由度が高い傾向がある。また、職業内キャリアを形成するもう1つの代表が**職人**である（Inkson, 2007）。例えば、大工、料理人、技術者などは職人と呼ばれることがあり、同じ職業内でキャリアを形成していく。

　職業内キャリアには、地理的な移動や組織をまたぐ移動がつきものである。組織内で昇進すること以上に、従事する仕事の質や専門性のレベル、社会的な影響力などによってキャリア発達が認識される傾向にある。また、職業内キャリアは、恒常的な知識の更新が求められるキャリアでもある。身につけている専門知識は、常に陳腐化の可能性に晒されているので、現状維持のためにも知識の更新は必要になる。当然、仕事のレベルが上がれば、新たな知識の取得が要求される。

組織内キャリア

　組織内キャリアは、従業員の採用に始まり、その後の給与や昇進・昇格など、その多くが組織の制度に従って進められる。企業にとって従業員は経営資源の1つであり、経営資源は効率的に用いることが求められる。組織内の人事制度や慣行に従い、従業員は異動することで複数の部門や職場での仕事を経験し、必要な研修を受けて専門性を高めながら、昇進して管理職に就き、上手くいけば経営層まで登りつめる。従業員は、組織の戦略に基づく人事方針に従う代償として、生涯にわたる職の保障や雇用の安定を得る。このような組織内キャリアは、企業が安定的で業績も右肩上がりという状況では機能していた。しかし、現在の日本企業を取り巻く環境は、高度経済成長期やバブル経済期とは大きく変化している。グローバル化が進み、企業は一層厳しい競争にさらされ、常に効率化と技術革新を求められている。環境が変化すれば、人材戦略も変化し、安定した組織内キャリアを形成することは、年々厳しくなっており、突然の失職や組織の境界をまたいでの異動、あるいは知識の更新などが要求さ

れることにも備えなければならなくなっている。生涯の安定を約束されている
と信じて、会社の命令に従ってきても、ある日突然解雇される、あるいは経営
者が変わることで会社の方針も大きく変わるなどの事例が増えている。こうし
た傾向は今後増加することはあっても、絶えることはないであろう。組織内
キャリアを形成できていれば安心という考え方は、21世紀のキャリアにおい
て危険なものになっていくだろう。

起業家型キャリア

Kanter（1989）によると、起業家型キャリアとは、新たな価値やビジネス
の創造を通じて形成されていくキャリアである。一般的に、起業（起業家）と
は、組織の従業員という安定した身分を捨て、新たな価値の創造を求めて自ら
ビジネスを起こすことを意味する。組織の従業員という身分を保障されなが
ら、新しいビジネスを立ち上げる社内起業家や、自営業に従事する人も、この
起業家型キャリアに含めることもある（Inkson, 2007, p.137）。

　図表1-6は、1979年から2012年までの日本における起業家数の推移を示し
ている。これによると、1987年が最も多く29.4万人、2012年が最も少なく
22.3万人である。景気等による変動はあるものの、日本の起業家数はそれほど
大きく変化しているとは言えず、毎年20万人から30万人の起業家が生まれ

図表1-6　日本の起業家数の推移5（万人）

（中小企業庁, 2014, 182頁を基に作成）

5　ここでいう「起業家」とは、過去1年間に職を変えた又は新たに職についた者のうち、現在は
自営業主（内職者を除く）となっている者をいう（中小企業庁, 2014）。

ている状況にある。

　先行研究によると、起業家型キャリアを志向する人の傾向として、雇用され
ている企業からの自立を求め、達成欲求、統制の内的所在、曖昧さに対する寛
容さ、リスクテイク傾向、起業家の自己概念を持つこと、などが挙げられてい
る（e.g. Brockhaus, 1982; Feldman and Boino, 2000）。こうした傾向を持
つ人が、仕事に対する不満、失業、景気動向などの外的要因などをきっかけ
に、実際に起業家型キャリアを歩み始める可能性がある。

　Feldman and Bolino（2000）は、起業も含めた自営業のメリット（うま
み）として、より多くの金を儲ける機会となる、より大きな自律性を確保でき
る、個人資産を形成できる、官僚主義の組織から脱出できる、などを挙げてい
る。しかし、自営業者の現実は決して甘いものではなく、うまみとリスクはコ
インの表裏の関係にある。個人資産の形成や金儲けではなく、金銭的な不安と
の戦いであり、大きな自律性の代償には社会からの孤立が伴う。時間の自由を
手に入れることは、同時に長時間労働が可能になることを意味する。また、組
織による拘束からの逃避に代わり、今度は市場から常にチェックされるように
なる（e.g. Feldman and Bolino, 2000; Peel and Inkson, 2004）。こうした
現実を十分に理解しておくべきである。

仕事に対する意味づけに関する調査結果

　個人にとって仕事は一体どのような意味を持つものだろうか。経済的な視点
では、仕事とは「人が生計を立てるために行う経済的活動」と定義することが
可能であるが、こうした定義では、仕事が持つもっと豊かな心理的意味がぼや
けてしまうと、Peterson（2006／宇野訳, 2010, 369-372 頁）は述べる。初対
面の人に対して「何をしている人だろう？」と興味を感じることがあるよう
に、一般に、人は従事する仕事によって定義される場合が多い。また、成人は
平均して人生全体の三分の一から二分の一の時間を仕事に消費することから、
人生における仕事の存在は大きいものである。

　Wrzesniewski, McCauley, Rozin and Schwartz（1997）は、個人が仕事
をどのように意味づけるのかについて調査を行った結果、仕事には、職務、
キャリア（昇進・昇格）、天職、の大きく 3 つの意味があることが示された。

- **職務**：仕事は職務であると捉える人は、給料をもらうために仕事を遂行する。働く目的は、家族の生活を支えることや余暇のためなので、給料が出ないのなら仕事をする意味はない。金銭的報酬を得ることが、職務を遂行する意味である。

- **キャリア（昇進・昇格）**：ここでの「キャリア」は、組織内の昇進・昇格を意味している。昇進・昇格のためには、自分への投資を必要とする。金銭的報酬だけでなく昇進・昇格することで、より大きな業績や達成感を得ることができる。例えば、法律事務所の見習い弁護士が共同経営者になる、准教授が教授になる、企業の中間管理職者が役員に昇格する、などがその例である。しかし、昇進・昇格の頂点を極めてしまうと、その後は疎外感を覚えたり、更なる充足感や生きる意味を探し始めたりする人もいる。

- **天職**：天職とは、社会をより良くするために、そして自分自身のために情熱を傾けて献身する仕事のことである。金銭的報酬や昇進・昇格が一番の目的ではなく、仕事を遂行すること自体が目的となる。これまで天職と言えば、伝統的には牧師、判事、医師、科学者などといった、威信があり高尚とみなされた職業のみが注目されていたが、実際にはどんな職務も天職になる可能性がある。例えば、世の中を清潔で健康な社会にしようと、使命感を持って働いているゴミ収集業者の仕事は、天職といえるかもしれない。一方、仕事を単に職務として捉え、高収入を得ることだけを考える医師の仕事は、本人にとって天職とはいえないかもしれない。ある病院の清掃係員を対象に実施された調査では、自分の仕事を天職と考えている清掃係は、仕事に意味を見出していた（Seligman, 2002／小林訳, 2004, 251-252 頁）。患者を癒すことを重視し、効率よく仕事をこなし、医師や看護師が患者の治療により多くの時間を割けるように願い、さらに、仕事以外で患者を励ますことも行っていた、という結果が得られている。

Seligman（2002／小林訳, 2004, 247 頁）は、現代社会は貨幣経済から満足を求める経済へと変わりはじめていると述べている。一般的に、社会全体で仕事が減少してくると個人的な満足度は後回しになり、反対に、社会全体に仕事があふれてくると個人的な満足度がより重要になってくる。ではここ 10 年間

の社会はどうだろうか。リーマンショック等の影響で、先進国では決して仕事があふれている状況とは言えないものの、それでも個人的な満足度を重視する傾向はより高まってきているようである。価値観の多様化等を背景に、より主観的な満足が重要になってきていると言えるだろう。

　なお、Wrzesniewski et al.（1997）の調査結果は、仕事を単に職務として意味づけることは良くないと言っているものではないし、また、仕事を天職として意味づける人は、金銭的報酬や昇進・昇格に興味がないということを示しているものでもない。個人が仕事をどのように意味づけるか、どのように捉えるかは主観的な問題である。しかし、同じ仕事であっても、仕事を単に**職務**と捉えるよりも、**キャリア**（昇進・昇格）と捉える方が、さらに、仕事を**天職**と捉える方が、人生においてより大きな達成感、満足感、充足感を得られる可能性が高いのである。仕事をするのなら、皆自分の天職を追求すべきではないだろうか。

主観的キャリアと客観的キャリア

　Hughes（1958）は、キャリアを見る人が誰であるか（キャリアの視点）が重要であると指摘している。個人の視点でキャリアを考えると**主観的キャリア**（subjective career）がより重要であり、一方、収入、昇進、職位など、個人の外にある（組織レベルの）キャリアの目に見える側面を考える時には、**客観的キャリア**（objective career）がより重要になる。これは、個人がどちらか一方を重視するということではなく、キャリアにはどちらの視点も重要であることを示している。

　キャリアの研究では、客観的キャリアに加えて、主観的キャリアに対する理解を深める試みが続いている（Greenhaus et al., 2010）。主観的キャリアの探求は、昨今のキャリア観の大転換を考えると、時宜を得たものであると言えよう。伝統的キャリアでは、個人のキャリア成功と組織内の階層を昇ることには深い関係性があった。しかし、技術の進歩やグローバル化、多様性など、複雑さと変化の激しさを特徴とする近年のような環境においては、個人はかつてほど組織内のキャリア発達や制度だけに依存しなくなってきている。景気動向など組織を取り巻く外部環境の影響はあるものの、実際に転職やキャリア・

チェンジを経験する個人は増えている。また、キャリアの意思決定において
も、組織に決められるよりも個人が決める要素が増えており、適応力をつけ学
習できる個人であることがより求められている（e.g. Hall, 2002）。

　今日のキャリアを取り巻く環境の中では、主観的キャリアに関わる主な指標
である職務満足、自覚、適応力、学習などの個人レベルの要因が、組織レベル
の要因よりも、より重要性を増してきている。繰り返すが、**客観的キャリアと
主観的キャリア、どちらの視点も重要であるが、主観的キャリアはこれまでに
ない程より重要になってきている**[6]。

1-3　キャリア・マネジメントの必要性

なぜキャリア・マネジメントは必要か—個人の視点から

　現代の企業を取り巻く変化の激しい環境や、コスト削減等の企業の厳しい内
部事情を考えると、キャリアは組織だけに頼らずに、自分自身でマネジメント
する必要がある。かつてのように新入社員として企業に入社すれば、多少の個
人差はあれ、エスカレーターのように自動的に組織の階層を昇っていけるよう
な時代ではなくなってきている。予測できないキャリア上の転機も、より頻繁
に起こるようになってきた。自分自身を理解すること、環境の変化に柔軟に適
応すること、偶然の好機を捉えること、失敗から学ぶことのできる人は、サバ
イバルができると考えられるが、これらは全てキャリア・マネジメントの要素
でもある。

　また、キャリア・マネジメントの必要性は、以下に示す昨今の個人の欲求に
も深く関わっていると考えられる（Greenhaus et al., 2010, p.13）。

・　**仕事に対する大きな期待**：人は自分にとってより興味のある、より意義の

6　主観的キャリアと客観的キャリアに関連し、内面的キャリアとは、他者が個人の職業生活をどの
ように見るかとは別のもので、自分の職業生活について誰でも皆心の中に持っているイメージであ
る。したがって、内面的キャリアと主観的キャリアは、ほぼ同じ意味を表す用語といえる。これに対
して、外見的キャリアとは、個人が組織で昇進していく過程における具体的な段階を指す。組織で
キャリアを歩む者は、昇進のために規定された諸段階をたどることになる。したがって、外見的キャ
リアと客観的キャリアは、ほぼ同じ意味を表す用語といえる。

大きい仕事に取り組みたいという欲求を持っているが、そうした欲求は、実際に仕事を達成できるという自信とある程度適合していることが重要である。もし個人の仕事能力や経験のレベルが欲求のレベルに見合っていない場合、大きい期待を持つことが、結果的に、怒り、落胆、不満を生んでしまう。キャリア・マネジメントは、個人の仕事に対する期待と経験の適正なレベルを維持する上で、重要な役割を果たす。

- 自律性：現代の企業で働く多くの従業員が、仕事をする上で最も重要な価値の1つとして挙げるものが、自律性、自由、個人の裁量である (Zytowski, 2006)。多くの従業員にとっては、組織で昇進・昇格して責任が大きくなり、自由度がなくなるよりも、自律性のあるやりがいのあるプロジェクトでパフォーマンスを発揮することの方が、より重要であるのかもしれない。
- 男女の仕事の曖昧化：この約30年間で、業界や職種への参加を性別だけで制限するような境界は薄れてきている。男性も女性もキャリアや仕事の選択肢が拡大し、より賢明な意思決定ができる時代になってきた。
- バランスのとれたライフスタイルに対する関心：人が仕事に対して意味ややりがいを求める傾向は、より充実した幸せな人生に対する関心が増してきていることが背景にある。出世のために家族を犠牲にするような働き方の代償は大きい。キャリア成功を追い求めすぎて犠牲になるものを考えると、よりバランスのとれたライフスタイルを追求したいという欲求が生まれる。人は報酬も、昇進も、やりがいのある仕事も追求したいし、子供や家族も大事であるし、時には仕事や家族以上に優先したいものもあるだろう。個人は、仕事、家庭、それ以外の領域で、やりたい事のバランスをとる必要があり、過度の仕事偏重は、私生活にはもちろん、キャリアにもマイナスの影響を与える可能性がある (Greenblatt, 2002)。昨今の従業員は、自分の仕事の関与に限界を設けて、仕事が過剰に自分の人生を邪魔しないようにする傾向があるようである。仕事と私生活の境界を明確にすること、反対に、両者の境界を曖昧にすることが、キャリアにどのような影響をもたらすのかは更に調査する必要があるが、こうした傾向をキャリア・マネジメントに取り込むことが、21世紀のキャリアには求められて

いる。

　他にもキャリア・マネジメントの必要性として、以下の点を挙げることができる（Inkson, 2007, p.2）。

・　人は育った環境も異なるし、興味のある業界や仕事も異なる（Holland, 1997）。理想的には、そうした各人の特徴や個性、興味が活かされたキャリア発達が望まれるが、そのためには自己理解と環境理解によるキャリア・マネジメントが必要である。

・　人は年齢を重ねるにつれ、使えるエネルギー（気力、体力、時間、資金など）の量も、エネルギーを使いたいと思う目的も変化する（Scandura and Lankau, 1997）。長い人生においては、家庭の事情等で自分のキャリアに大きなプレッシャーがかかることも、仕事や勤務地を変えなければならなくなることも起こるかもしれない。こうしたプレッシャーに対応し、自分のキャリアをマネジメントする必要がある。

・　キャリアには個人の意思決定や選択がつきものである。昨今の変化と競争の激しい仕事環境の中で、キャリア・マネジメントは自分の将来を守るのに役立つ（Readon, Lenz, Sampson and Peterson, 2006）。

なぜキャリア・マネジメントは必要か―組織の視点から

　現代の企業が従業員を効果的にマネジメントして成果をあげられるか否かは、企業が従業員のニーズを把握し、従業員本人によるキャリア・マネジメントを上手く支援できるかどうかにかかっている。キャリア・マネジメントの必要性は、以下に示すような組織の課題に関連している（Greenhaus et al., 2010, p.13）。

・　人材開発と活用：今や多くの組織が「従業員は大切な資産である」と公言している。しかし、従業員が全く望んでいない職に長く就いていたり、成長の機会がなく不満が募っていたりすると、個人のパフォーマンスが低下し、最悪の場合は離職され、結果として負債になってしまう。そう考えると、組織が従業員のキャリア・マネジメントを支援することは、組織にとっての利益になる。特に、キャリアの様々な節目で従業員が直面する課題を、組織が理解することは極めて重要である。もはや、企業にとって

は、従業員が提示された昇進や異動を当然のごとく受け入れて、それに従うとたかをくくってはいられない時代である。従業員はどのような要因に基づきキャリアの意思決定を行うのか、また、キャリアに関連するどのようなニーズや懸念を持っているのか、これらを把握しなければ、企業は人材管理を誤ることになりかねない。

- キャリア・プラトーのマネジメント：今日、組織のフラット化やダウンサイジングが進み、それに伴い管理職のポストが減少している。これは、従業員にとっては昇進の機会の減少を意味する。組織全体で昇進がつかえてくると、キャリアの比較的早い段階で昇進・昇格に行き詰る従業員が増加し、キャリア・プラトーに悩みモチベーションの低下に繋がりかねない。キャリア・プラトーとは、キャリア発達において、個人がある一定のレベルから向上せずに停滞しているような状態を意味する。企業は、こうした従業員にもパフォーマンスを発揮してもらえるように、キャリア・マネジメントの原則を理解し、人材管理に当たる必要がある。

- 多様な人材の管理：女性、高齢者、外国人、障害者など、組織における労働力の多様化が進んでいる。組織はこうした多様な人材にキャリアの機会を平等に提供することが重要である。また、公正な評価によって昇進や異動が決定されるようにしなければ、多様な人材を活用できないかもしれない。この点についても、組織にとってキャリア・マネジメントとは何かを理解することが役に立つ。

- 家庭との両立支援：最近の従業員は、ライフスタイル全体や仕事と家庭のバランスを重視する傾向にある。こうした従業員の価値観やニーズを捉えている企業は、フレックスタイム、時短、ジョブシェアリング、テレワーク[7]、託児施設の設置など、様々な支援サービスを提供し、従業員の仕事と家庭のコンフリクトに対応しようとしている。仕事と家庭のコンフリクトの内容は、キャリア発達段階によっても異なるが、そうしたニーズを理解し、組織の制度に反映して実践する企業は、より優秀な人材を採用し、動機づけることが可能となるだろう。

7　情報通信機器などを活用し、従業員が時間や場所の制約を受けずに働ける勤務形態。

キャリア研究の主なアプローチ

　研究者がこのように複雑なキャリア概念を理解しようとする際、何に着目するのかという点で研究アプローチを整理することが可能である。渡辺（2007,16-20頁）は、代表的な研究のアプローチとして、特性論的アプローチ、精神力動的アプローチ、学習理論的アプローチ、発達理論的アプローチの4つを挙げているが、ここではそれに発達段階的アプローチを加えて5つに整理した[8]（図表1-7）。研究の各アプローチと代表する理論について、簡単に紹介する。

特性論的アプローチ

　特性論的アプローチは、個人の特性と仕事の特性の適合（マッチング）によって、職業選択を説明しようとするものである。代表的な理論の1つに、Parsons のマッチング理論（Parsons, 1909）がある。Parsons は、職業選択において個人の特性と職業の特性を適合させることが大事であるとし、正しい職業選択に関する3つの要素を提示している。すなわち、自己に対する明確な理解、職業についての理解と職業に就くために必要な条件や能力についての理解、自己と職業の関係についての正しい考察、である。Parsons の理論は、個

図表1-7　キャリアに関する主な研究のアプローチと代表的な理論

アプローチ	説明	代表的な理論
特性	個人特性と仕事特性の適合（マッチング）によって職業選択を説明	Parsons のマッチング理論、Holland の職業的パーソナリティ理論、他
精神力動	個人差の中でも直接観察できない欲求や動因などに着目	Erikson のライフサイクル理論、他
学習	キャリア意思決定の要因として、学習経験の影響を特に重視	Krumboltz のキャリア意思決定における社会的学習理論、他
発達	職業選択の一時点にとどまらず、生涯にわたるキャリア発達の解明に注目	Super の職業的発達理論、他
発達段階	キャリア発達には段階があり、各段階における課題と達成・未達成の影響に注目	Schein の組織内キャリア発達段階理論、他

（渡辺, 2007, 16-20 頁を基に作成）

　8　他の分類の仕方として、キャリア理論には構造的理論と発達的理論が存在する。構造的理論が、個人の特徴や職業的課題に焦点を当てているのに対し、発達的理論は、人間の生涯発達に注目している理論と言える。

人と仕事の特性はマッチングさせることが可能であり、かつ、マッチングの度合いは、個人の職務満足と正の相関関係にある、という2つの前提の上に成り立つものである。なお、第2章で解説するHollandの職業的パーソナリティ理論は、キャリア研究の特性論的アプローチの一つといえる。

精神力動的アプローチ

　精神力動的アプローチは、直接観察できない個人の欲求や動因などに着目するもので、代表的な理論の1つに、Eriksonのライフサイクル理論（生涯発達理論）がある。Eriksonは、8段階の発達段階からなる独自の漸成説と呼ばれる人間発達のライフサイクル理論を展開した。発達段階は、乳児期、幼児期初期、遊戯期、学童期、青年期、前成人期、成人期、老年期、であるが、各発達段階には、そのときに乗り越えるべき課題（心理・社会的危機という）が対立項の形で表現されるとともに、その課題を乗り越えた人に備わる人間の基本的強さ（徳）が提示されている（Erikson and Erikson, 1997／村瀬・近藤訳, 2001, 34頁）。例えば、青年期の課題は、「同一性」対「同一性の混乱」であり、それを乗り越えることで人には「忠誠」という徳が備わる。なお、Eriksonのライフサイクル理論については、第3章で詳述する。

学習理論的アプローチ

　学習理論的アプローチは、キャリア意思決定の要因として、個人の学習経験を特に重視するものであり、代表的な理論の1つに、Krumboltzのキャリア意思決定における社会的学習理論がある。Krumboltzは、Banduraの社会的学習理論を基に、キャリア意思決定における社会的学習理論（SLTCDM: Social Learning Theory of Career Decision Making）を提示している（Krumboltz, 1979）。この理論は、個人のキャリア選択がどのようにして行われるのか、社会的学習理論の立場から説明したものである。社会的学習理論とは、社会現象や人間の発達を学習理論によって説明しようとするものであり、ここでの学習理論には直接経験による学習に加え、モデリングによる学習（観察学習）も含まれる。SLTCDMでは、個人のキャリア意思決定に影響を与える要因として、遺伝的な特性・特別な能力、環境的状況・環境的出来事、学習

経験、課題接近スキル、の 4 つのカテゴリーが挙げられている [9]。なお、Krumboltz のキャリア意思決定における社会的学習理論については、第 7 章で詳述する。

発達理論的アプローチ

　発達理論的アプローチは、生涯にわたるキャリア発達の解明に注目するもので、代表的な理論の 1 つに、Super の職業的発達理論（Super, 1953）がある。これによると、人は職業や仕事上の役割を通じ、自己概念を明らかにしていくが、キャリア教育とはこうしたプロセスを支援するものである。また、自己概念について、個人が主観的に形成した自己についての概念（主観的自己）と、他者からの客観的なフィードバックに基づき自己によって形成された自己についての概念（客観的自己）の両者が、キャリア発達を通じて統合されていく [10]。なお、Super の職業的発達理論については、第 2 章で再度述べる。

発達段階アプローチ

　発達段階アプローチは、キャリア発達には段階があり、各段階における課題と達成・未達成の影響に注目するもので、代表的な理論の 1 つに、Schein の組織内キャリア発達段階理論（Schein, 1978）がある。Schein は Erikson の生涯発達理論を基に、人が組織に入る準備段階から引退後までの発達段階を、① 成長・空想・探究（0 歳から 21 歳）、② 仕事世界へのエントリー（16 歳から 25 歳）、③ 基本訓練（16 歳から 25 歳）、④ 初期キャリア（17 歳から 30 歳）、⑤ 中期キャリア（25 歳以降）、⑥ 中期キャリア危機（35 歳から 45 歳）、⑦ 後期キャリア（40 歳から退職まで）、⑧ 下降と離脱（40 歳から退職まで）、⑨ 退職、の 9 つに区分し、それぞれの段階で直面する問題や具体的課題を示

9　Krumboltz は、キャリア・カウンセラーがクライアントを援助するためのキャリア・カウンセリングにおける学習理論も提唱している。

10　また、Super は人が成熟していく過程で経験する変化に注目し、年齢および生涯を通じた各段階での発達課題を成功裏に達成することによって、キャリア的成熟が現れると述べる。この考え方は、Erikson や Levinson らの発達心理学の理論に通じるものである。

11　Schein の組織内キャリア発達段階説の興味深いところは、発達段階の中に「危機」を設けているところである。ある段階で直面する課題を乗り越えることができれば、自分を成長させることができるが、その課題にうまく対処できなければ、その後不適応に陥る可能性があることを示している。

している[11]。なお、Schein の組織内キャリア発達段階理論については、第 3 章で詳述する。

(参考) キャリア研究のおおまかな変遷

　キャリア研究の歴史は短く、まだ 100 年程度の蓄積しかない。Inkson (2007, p.10) を基に、これまでのキャリア研究のおおまかな変遷を以下に示す。

- Parsons（1909）がキャリアに関する最初の体系的書籍である『Choosing a Vocation』を発表する。これがその後の個人・環境適合理論や特性因子理論の基礎となる。
- Holland（1959, 1997）が、この流れを汲む職業選択に関する職業的パーソナリティ理論を発表する。
- Super（1953, 1980）が、生涯発達の考えをキャリア研究に導入する。
- Lofquist and Dawis（1969）が、職業適応に関する理論を発表する。この頃から、個人の行動がキャリアに与える影響に関する理論や学説が発表されるようになる。
- Krumboltz（1979）が、個人の行動に注目し、キャリアを社会的学習として捉えるキャリア意思決定における社会的学習理論を発表する。
- Lent, Brown and Hackett（1994）が、キャリアにおける社会的認知理論を発表する。
- これまでのキャリア研究の流れに基づき、心理学的アプローチやキャリア発達理論が誕生する（e.g. Brown and Associates, 2002）。
- 社会を知る手段としてキャリアを捉える社会心理学的アプローチ（e.g. Hughes, 1958）である、キャリア・キャピタル理論や社会的ネットワーク理論などが生まれる。
- 実証主義やモダニズム的アプローチに変わるものとして、1990 年代に入ると、構築主義や社会的構築主義、ポストモダニズム的アプローチが生まれる。
- キャリア研究の新たな潮流として、カオス理論を応用したキャリア・カオス理論（e.g. Pryor and Bright, 2007）が生まれる。

第 2 章

自分を知る

　キャリアを考える上で重要なのは、自分自身について理解することである。しかし、自分の中には様々な自分が存在するため、本当の自分を知ることは難しい。特にキャリアの初期段階では、自己の可能性を閉じないために、適度にオープン・マインド（自分自身を決めつけすぎない）でいることが重要である。

　本章では、自分を知ることを目的に、職業的パーソナリティ（Holland, 1985）、普遍的価値観（Schwartz, 1992）、キャリア・アンカー（Schein, 1978）他の理論を紹介する。職業の選択は個人のパーソナリティの表現の1つと捉えることができるが、職務の業績や満足度は、個人のパーソナリティの特徴とその人の働く環境の特徴の一致の程度に依拠する。人は自分が重視する価値を満たせるような仕事をしたいと考えるし、仕事やキャリアで自分が重視する価値が満たされれば、人は大きな満足感を得られる。キャリア・アンカーとは職業上の自己イメージであり、キャリア選択の指針となり、キャリアを安定させ、方向づける役割を果たす。

　仕事に対する姿勢として基本的に大切なことは、今の仕事に惚れ込んで精一杯取組むことである。コーリング（calling）とは、個人があたかも自分の進むべき道であるかのように、ある職業や役割に強くひかれる感覚を意味する概念である。個人が天職の感覚を持つことに近い。キャリア発達においてコーリングは、自分主導のキャリアを実現するための主要な原動力の役割を果たす可能性がある。

2-1 職業適合性

自分を知ることの難しさ

　ジョハリの窓は、人とのコミュニケーションを良くする方法を考える一つの枠組みであるが、キャリアに関する自己分析のツールとしても活用することができる。

　自分の理解と他人の理解という2つ軸で考えると、4つの窓（部屋）ができる（図表2-1）。明るい窓は、自分も他人も、よく知っている自分がいる部屋である。隠された窓は、自分ではわかっているが、他人は気づいていない自分がいる部屋である。盲目の窓は、自分では気づいていないが、他人はわかっている自分がいる部屋である。そして、未知の窓は、自分も他人も気づいていない自分がいる部屋である。コミュニケーションを良くするためには、隠された窓から明るい窓へ面積を広げるとともに、盲目の窓から明るい窓へ面積を広げ、結果として、明るい窓の部屋を他の窓に比べて広くすることが重要である。すなわち、自分についての自分自身の理解と他人の理解をできるだけ一致させることが、より良いコミュニケーションに繋がる。このように、ジョハリの窓は、自分の中には様々な"自分"が存在し、本当の自分を知ることの難しさや大切さを表している。他人から指摘されたり、自分を評価されたりするこ

図表 2-1　ジョハリの窓

隠された窓 自分ではわかっているが、他人は気づいていない"自分"がいる部屋 （hidden self の部屋）	未知の窓 自分も他人も気づいていない"自分"がいる部屋 （unknown self の部屋）
明るい窓 自分も他人も、よく知っている"自分"がいる部屋 （open self の部屋）	盲目の窓 自分では気づいていないが、他人はわかっている"自分"がいる部屋 （blind self の部屋）

自分の理解→

↑
他人の理解

とが、新たな自分を知るきっかけとなることも少なくない。ジョハリの窓では、自分の中には未知の窓が存在することを指摘している点も重要である。

　自分自身を知ること、長所と短所を把握することは、雇用主に対して自分のどのような能力をアピールできるのかにも繋がる。個人のキャリアは、正直になって自分を知ることから始まるといえる。

個人と職業の適合について考える

　能力とパーソナリティには個人差がある。そして、様々な違いを持っているからこそ、人は様々な種類の職業に対する適性を持っている可能性があるといえる。職業適合性とは個人と職業の適合（マッチング）のことであるが、Super（1969）は、職業適合性を個人と職業の適合のダイナミズムであるとし、職業適合性で検討すべき要素として、個人の能力とパーソナリティを挙げている（図表 2-2）。Super（1969）によると、能力とは個人ができることであり、能力は適性と技量に分けられる。適性とは個人が将来何をできるか、という今後到達する可能性を示すものであるのに対し、技量とは個人が現在何をできるか、という現在到達している状態を表している。一方、パーソナリティとは個性であり、具体的には、欲求、興味、価値、特性などを指す場合が多い。

　ここで注意すべき点は Super の適性に対する考え方である。就職活動をし

図表 2-2　個人の能力とパーソナリティ

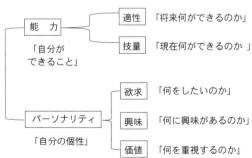

（Super, 1969 を基に作成）

ている学生はもちろん、既に仕事に就いている人でさえ、自分が本当は何の職業に向いているのか知りたいと思っている人は少なくないかもしれない。Super（1969）によれば、適性とは将来個人が何をできるのかを示す概念であり、個人が現状で高い成果を出せる職業を見つけることではなく、個人の将来のパフォーマンス（可能性）を意味する。

日本における適性の考え方

　日本では適性はどのように捉えられているだろうか。適性は職業適性とも言われ、その意味は時代によって変化するが、現在は、性格、意欲、価値観、興味などの非能力的な面を含めて、職業適性を総合的に捉えるようになってきている。職業適性を捉える場合の具体的な評価基準を以下に挙げる（岡村, 2009, 24-25 頁）。

・　個人の仕事の質・量が、職場の同僚の平均またはそれ以上に高い者や、事故や仕事の仕損じの量が、同僚の平均より少ない者は適性がある（平均以上の能力）。
・　ある職務に要求される最低限の個人の能力や特性（例えば、学歴、資格、身体的要件）を備えている者は適性がある（最低限の条件）。
・　ある職務における進歩、習熟が速く、仕事量も増加していくとか、昇進も速い者は適性がある。また、現在の能力が高くなくても、教育や訓練を行うことによって、高い水準に達する場合は適性がある（将来の可能性）。
・　自ら成長しようという意欲があり、仕事に対して努力をし、職場環境に適応している者は適性がある（職場への適応）。
・　個人の年齢や経歴、家庭の状況、住居や通勤距離・時間などが、採用あるいは職務の資格要件と合致している者は適性がある（背景的条件）。

　このように、日本では、Super が述べる将来の可能性だけではなく、個人的特性の複合体として職業適性を捉えている。職場への適応や背景的条件といった特性までも考慮した日本の職業適性の考え方は、組織にとって都合の良い人材を確保するのに適しているのかもしれない。反面、個人や社会全体にとっては、就職や転職がしにくいことや人材の流動性が低くなることに繋がっているのかもしれない。

パーソナリティの 5 要素

　個人のパーソナリティとは、個性、性格、人格等を表す言葉であり、パーソ
ナリティの構成要素やタイプ分けの研究はいくつかあるが、その中で、パーソ
ナリティの 5 要素モデル（通称「ビッグ・ファイブ」）は最も有名なフレーム
ワーク（理論的枠組み）の 1 つである。ビッグ・ファイブ・モデルの五要素は
次の通りである（e.g. Judge, Heller and Mount, 2002）。

1．外向性：社交的、話し好き、独断的
2．人当たりのよさ：気立てが良い、協力的、人を信頼する
3．誠実さ：責任感が強い、頼りになる、不屈、完璧主義
4．安定した感情：冷静、熱心、緊張に動じない（肯定的）、神経質、意気消
　　沈、不安定（否定的）
5．経験に開放的：想像力が豊か、芸術的な感覚に富む、知的

　五要素についての研究から、個人のパーソナリティの要因と**職務成績との間**
にはいくつかの重要な関係性があることがわかってきた。専門職（エンジニ
ア、建築家、会計士、弁護士を含む）、警察官、企業の管理職、営業職、熟練
（半熟練）労働者のパーソナリティと職務の成績（業績、トレーニングの熟達
度、給与水準など）の関係を調査した結果、パーソナリティの誠実さから、全
ての職業グループの職務の成績を予測することができた。外向性からは、企業
の管理職や営業職の成績を予測できた（これらの職業には社交的な相互作用が
関わる度合いが高い）。また、経験に対する開放性は、トレーニングの熟達度
を予測するうえで重要な要素となることが示された（Robbins, 2005／高木訳,
2009, 59-60 頁）。

　こうしたビッグ・ファイブの研究結果から、例えば、企業の採用担当者は、
入社前にパーソナリティのテストを行い、その結果から入社後の職務成績が高
いと予測される個人を採用するための、および配属先を決定するための材料と
することができる。また、入社後の従業員の人材開発ツールの一つとしても活
用することができる。同様に、個人もパーソナリティのどの要素が高いかと
いった自分の特徴を知ることで、どのような職業でパフォーマンスをより発揮
できそうか、自己探索のためのツールとして活用することができる。

職業的パーソナリティのタイプ

Holland (1985) は、個人と職業を分類する一つの枠組みを開発している。彼はパーソナリティ（職業的パーソナリティともいう）という概念を通じて、職業適合という理論のみならず、それを働く現場に応用するためのツールも開発している[1]。個人のパーソナリティのタイプは環境との相互作用によって発達するという仮定に基づく。そして、職業の選択は個人のパーソナリティの表現の一つであることから、同じ職業に従事する人々は、類似するパーソナリ

図表 2-3　パーソナリティのタイプと特徴、適職の例

タイプ	パーソナリティの特徴	適職の例
現実的	・ 機械やモノを取り扱う実際的な仕事や、スキルや強み、協調が必要な肉体労働を好む ・ 内気、純粋、粘り強い、安定的、同調的、実際的 ・ 社会的な相互作用や感情表現を嫌う傾向がある	機械工、ボール盤工、組立工、農業従事者
研究的	・ 研究や調査などの探索的な仕事や、思考、体系化、理解などが必要な活動を好む ・ 分析的、オリジナリティがある、好奇心が強い、独立的、合理的、学究肌 ・ 社会的な相互作用にあまり関心がない	生物学者、経済学者、数学者、ニュース記者
社会的	・ 人に接したり、奉仕したりする仕事や、他人を助けたり、育成したりする活動を好む ・ 社会的、親しみやすい、協力的、思慮がある	ソーシャル・ワーカー、教師、カウンセラー、臨床心理学者
慣習的	・ 決まった方式や規則に従って行動する仕事や、秩序だった活動や細かい作業を好む ・ 同調的、効率的、実際的 ・ 曖昧さを許さない、柔軟性に欠ける	会計士、大企業経営者、銀行窓口係、事務員
企業的	・ 企画、組織運営、経営などの仕事や、他人に影響を与える、言語活動を好む ・ 行動的、自信家、野心的、エネルギッシュ、傲慢	法律家、不動産業、広報専門家、中小企業経営者
芸術的	・ 音楽、美術、文芸など芸術的領域での仕事や、創造的表現が許容される、曖昧で非体系的な活動を好む ・ 想像力豊か、無秩序、理想家、感情的 ・ 実用的でなく、規則を嫌う	画家、音楽家、作家、インテリア・デザイナー

(Holland, 1985)

1　パーソナリティ・タイプを測定する指標の１つが VPI（Vocational Preference Inventory）である。日本では VPI 職業興味検査として、個人の職業に対する興味を測定するテストとして活用されている。

ティを持つと捉えている。

　ホランドによると、個人のパーソナリティは、現実的、研究的、社会的、慣習的、企業的、芸術的、の 6 つのタイプに分類され、同様に、環境の特徴（職業の特性）も同じ 6 つのタイプに分類される（図表 2-3）。人は自分の能力を活かし、価値観や態度を表現できるような環境を求める。そして、**職務の業績や満足度は、個人のパーソナリティの特徴とその人の働く環境の特徴の一致の程度に依拠する。**

　図表 2-4 において、隣同士のタイプは似通っているが、対角線上の位置にあるタイプには類似性が少ない（もちろん、対角線上にあるタイプ同士の得点が高くなる場合もあることは否定できない）ことを示している。例えば、現実的タイプの得点が高い人は、社会的タイプの得点が低くなり、研究的タイプと慣習的タイプの得点が高くなる傾向がある。また、1 つのタイプだけの特徴が大きい人もいれば、複数のタイプとの類似性が高い人もいる。そして、こうしたパーソナリティは、長期間にわたって安定している。このモデルによると、例えば、パーソナリティが現実的な人は、現実型の職業に就くのが最もしっくりくるし、反対に、現実的な人が社会的なタイプの職業に就くのは、最もそぐわないといえる。

　Holland の六角形モデルは、個人と職業のパーソナリティをタイプ分けす

図表 2-4　Holland の六角形モデル

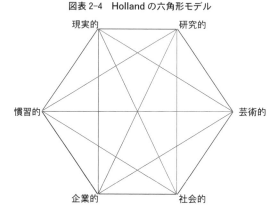

（Holland, 1985／渡辺・松本・舘訳, 1990, 55 頁）

るという理論的枠組みを提供しただけでなく、個人が自分の職業興味を理解するのに役立つシンプルな自己診断ツールを開発したという点で、理論を実践に展開したモデルといえる。

個人・環境適合理論

　人間は皆個性に溢れ、興味や欲求などいくつもの側面を持ち合わせている。「自分に合った仕事」と言うのは容易だが、それを見つけるのは言うほど容易ではない。「自分に合った仕事」を科学的に読み解くアプローチの1つに、個人・環境適合理論（person-environment fit theory）がある。個人・環境適合理論は、1）個人は自分の特性に合った環境を探し求める、2）個人と環境の一致の程度が大きいほど、よい結果がもたらされる、3）個人が環境に働きかけることで環境を変化させることもあれば、環境が個人に働きかけることで個人を変化させることもある、という前提に立っている。

　個人の特性も職業の特性も複雑なものであるが、その複雑な特性はいくつかの変数に還元することが可能である。例えば、Dawis and Lofquist（1984）によると、個人が職業に求める価値には、達成、安心、地位、利他、安全、自律などがあり、そうした個人の価値観と職業から得られる報酬が一致すると、職務満足がもたらされる。また、個人の能力と職能が一致すると、パフォーマンスの発揮などのメリットがもたらされる。なお、前述したHollandの六角形モデルも個人・環境適合理論の一つである[2]。

個人の特性に注目するアプローチ―特性因子理論

　Parsons（1909）は、自分自身のことをよく知ると同時に、様々な職業で求められる要件等を理解し、論理的思考によって自己と職業のマッチングを図ることの大切さを提唱したが、これが個人・環境適合理論や特性因子理論の基礎となった（Inkson, 2007, p.10）。Parsons（1909）やDawis and Lofquist（1984）は、個人と職業の特性を評価すれば、両者の適合の程度を評価できると主張する。現在、キャリアの現場で用いられている評価ツールの中には、個

2　Hollandは、個人と環境のタイプの不一致は個人の行動の変化を促し、逆に、一致は行動の安定を促すと述べている。

人の特性について理解を深めるのに役立つものが多く存在する。こうしたアプローチは、特性因子理論 (trait-and-factor theory) として知られており、人間の多様性を重視し、因子分析等の統計的手法を用いて、個人の特性を浮かび上がらせるものである (e.g. Betz, Fitzgerald and Hill, 1989)。

　Inkson (2007) によると、第二次世界大戦中の米国では、人材を適材適所に配置して任務を効率的に遂行することを目的として、軍人を対象に適性検査を行い、その中で特性因子理論が利用されたという。その後、産業心理学の分野で適性検査による選抜によって組織を効率化することを目的に、特性因子理論は応用されるようになり、例えば、VPI や Strong Interest Inventory などの適性検査ツールが開発され、それは現在でも広く活用されている。

個人と職業の適合の現実

　個人・環境適合理論では、個人と環境（職業）の特性が一致するほど、個人は仕事でより高いパフォーマンスを発揮し、より大きな職務満足を得て、職場の離職率も低いと説いている。これが正しいとするならば、働く現場においてもそうした事例が実際に多数見受けられるはずである。また、その反対の事例、すなわち個人と職業の特性の不一致によって、業績の低さ、職務不満足、離職という結果がもたらされている事例も、組織で実際に見られるはずである。果たして現実はどうであろうか。

　先行研究によると、この問いに対する答えはまちまちである。個人と職業の特性（パーソナリティ）の一致と職務満足などの間には、中程度の相関関係があることを示す研究は多い (e.g. De Fruyt, 2002; Spokane, 1985; Spokane, Meir and Catalano, 2000)。一方、両者の間にはほとんど関係性が認められないとする研究もある (e.g. Tranberg, Slane and Ekeberg, 1993)。また、Bright and Pryor (2005) は、Arnold (2004) の Holland の理論では個人の職業選択のばらつきを4％程度しか説明しておらず、科学的に個人と職業の適合を予測できないとの結論に基づき、より動的で予測不可能な要因に注目したカオス理論のキャリア研究への応用を提唱している。

　個人と職業の適合についての現実はより複雑で、難解である。適性検査の結果によって、機械的に職業を選択する人はほとんどいないであろうが、適性検

査はあくまでも自己や職業の一面を知るためのツールであり、**職業選択**という意思決定のためのツールではないということを改めて記しておきたい。

経営学の枠組みをキャリア論に応用する

　企業経営を対象とする経営学の中で議論されている様々な理論的枠組みは、キャリアを考える際に応用できるものがあり、積極的に活用すべきと考える。例えば、企業の経営戦略論の1つに、経営資源に基づく戦略の見方（resource based view）がある。この理論は、企業が保有する経営資源や能力が、競争優位を築くための基となるというものであり、そのためには、他社には真似のできないような自社ならではの価値を顧客に提供できる力も重要となる。この理論をキャリア論に応用すると、個人が持つパーソナリティや能力が、高い就業可能性を築くための基礎となり、そのためには、その人ならではの価値を提供できる力が重要となるといえる。

　また、経営戦略の理論的枠組みの1つにSWOT分析がある。SWOT分析では、自社分析を行い、企業が持つ強み（strength）と弱み（weakness）を明らかにするとともに、環境分析を行い、企業を取り巻く環境に存在する機会（opportunity）と脅威（threat）を明らかにする。そして、自社分析の結果と環境分析の結果をマッチングさせて検討することで、自社の強みを活かせるようなビジネス機会を特定することができる。こうした企業のSWOT分析は、キャリアを考える際にも応用可能であり、例えば、個人の就職活動や転職時の自己分析と環境分析に活用できるものといえる。

2-2　強みと価値観

徳（個人特有の強み）

　企業の経営戦略論における経営資源に基づく戦略の見方やSWOT分析では、企業が保有するものに着目しているが、キャリアについても、個人が持っているものにより注目して考えるアプローチは、自己を知る上でも意味が大きい。先に述べたパーソナリティもその一つといえるが、ここで紹介する概念

は、個人が持つポジティブな心理的側面に注目したものであり、徳（個人特有
の強み）と呼ばれる。強みといったとき、それは個人が持っている資格や特定
の能力だけを指すものではない。

　Seligman and Csikszentmihalyi (2000) によると、徳 (virtue) とは、文
化や時間、場所を越えて人間に存在し、目的を達成するための手段としてではな
く、それ自体が正当なものとして尊重される性格や行為、と定義される。
Seligman（2002／小林訳, 2004, 191-196 頁）は、アリストテレス、プラトン、
孔子、仏陀、老子、武士道他、哲学書や教典等を調査し、それらに共通する人
間の徳を 6 つ（知恵と知識、勇気、人間性と愛情、正義、節度、精神性と超越
性）に集約している。徳を構成する具体的要素が個人特有の強み（characteris-
tic strength）であり、Seligman（2002／小林訳, 2004, 201-239 頁）による
と、6 つの徳に対して個人特有の 24 の強みが存在する（図表 2-5）。世界各国で行
われた調査の結果、これらは世界の文化や民族を越えて存在する可能性がある[3]。

　Peterson（2006）は、徳（あるいは、個人特有の強み）はまた、個人の充
実感、満足感、幸福感に寄与し、生きがいに関わること、それ自体が道徳的に
評価されること、人間が持つポジティブな特性である、と述べる（Peterson,
2006／宇野訳, 2010, 182-183 頁）。ある調査では、熱意、感謝、希望、愛情と
いった心に関する強みの方が、例えば向学心のような知能に関する強みより
も、人生の満足度と強く関係していること、また、人は、自分の強みと合致し
た仕事・人間関係・趣味を選択する傾向が強いということも明らかになった。
例えば、親切心に関する強みを備えた人は、他人に対する助言者となれる仕事
を楽しんでおり、好奇心に関する強みを備えた人は、冒険好きな恋人を好んだ
という結果が示されている[4]（Peterson, 2006／宇野訳, 2010, 196-199 頁）。

　3　徳と個人特有の強みに関する米国及び世界 40 ヶ国の成人一般を対象とした調査（Seligman,
Steen, Park and Peterson, 2005）によれば、最も多く確認された個人特有の強みは、思いやり、
公平さ、感謝の念、判断力であった。反対に、あまり確認されなかった強みは、慎重さ、謙虚さ、自
制心であった。また、国別の結果の相関係数は.80 台と非常に高いものであった。先行研究の結果か
ら、社会で必要とされる徳や個人特有の強みは、文化、民族、宗教等の違いを超えて、ほぼ万国共通
に存在する可能性がある。
　4　その他の特徴として、徳にはある強みが高いと他の強みが低いという関係、すなわちトレードオ
フの関係が成立するものがある。例えば、創造性や好奇心などの「自己に向けられた強み」と、チー
ムワークや公平さなどの「他人に向けられた強み」は、トレードオフの傾向が強い関係にあり、1 人

図表 2-5 徳と個人特有の強み 5

徳	個人特有の強み	説　明
知恵と知識	1．好奇心	今まで経験したり考えたりしたことのない仕事や出来事に、積極的に柔軟性を持って対処する姿勢。関心
	2．学習意欲	新しいことを学ぶことが好きであり、学ぶ意欲がある
	3．判断力	物事をじっくりと考え、情報を客観的・理性的に判断する力。批判的思考、偏見のない考え方
	4．独創性	目標を達成するために斬新で適切な対応をすることや、従来のやり方で行うことに満足しない。創意工夫
	5．社会的知性	人の感情や気質、動機、意思を知り、それぞれの違いに応じて行動する能力
	6．将来の見通し	将来を見通す力。洞察力
勇気	7．武勇	脅威や挑戦、苦痛や困難を恐れない。勇敢さ
	8．勤勉	困難なプロジェクトでも引き受け、それをやり遂げ、不平を言わずに仕事を終わらせる。粘り強さ、継続的努力
	9．誠実	地に足がついていて、偽りがない。純粋、正直
人間性と愛情	10．思いやり	人に対して親切で、人のために尽くす。寛大さ
	11．愛情	人との親密な関係を大切にする。愛することと愛されること
正義	12．協調性	忠誠心や義務感を持ち、グループの一員として任務を遂行し、成功のために貢献する。チームワーク
	13．公平さ	個人的な感情で、人について偏った判断をしない。公正さ
	14．リーダーシップ	グループのメンバーと良好な関係を保ちながら、円滑な事業運営ができるように注意を払う
節度	15．自制心	自分の欲求や感情をコントロールできる。つらい状況の中でも自分を奮い立たせ陽気にふるまうことができる
	16．慎重さ	後悔するようなことを言わない、行わない。思慮深さ、注意深さ
	17．謙虚さ	自分自身がスポットライトを浴びるのを好まない。見栄を張らず、個人的な野心をそれほど重視しない。慎み深さ
精神性と超越性	18．審美眼	自然や芸術、科学から日常にいたるまで、美しいものや優れているものなどあらゆるものを見る眼を持ち、感銘を受ける
	19．感謝の念	他の誰かの人柄や道徳的な行いの素晴らしさを正しく認識し、感謝の気持ちをあらわす
	20．希望	良い出来事が起こると期待し、一生懸命やれば結果的にその望みは達成できると考える。楽観主義、未来に対する前向きな姿勢
	21．精神性	物事をより大きな枠組みの中で捉え、世界レベルでのより高い目標や意義に対して、一貫した強い信念を持つ。目的意識、信仰心
	22．寛容さ	自分に害をおよぼした人たちを許す気持ち。慈悲深さ
	23．ユーモア	人生の明るい面を見つめることができる。笑うのが好きで周囲に笑いをもたらす。陽気さ
	24．熱意	自分が取り組んでいる仕事や活動に、がむしゃらにのめりこむ。情熱、意気込み

(Seligman, 2002／小林訳, 2004, 201-239 頁をキャリアの領域に適合するように一部修正)

　では、徳（あるいは、個人特有の強み）に基づいてキャリアをマネジメントすることが、人を幸せにするのだろうか。Seligman（2002／小林訳，2004，247-248頁）は、自分の強みを生かせば、現在の仕事からもっと満足感を得ることができるようになると述べる。これは企業の経営者だけでなく、どんな職業においても同様である。自分の強みや徳を生かして日々の業務に取組むことは、仕事を楽しくするばかりでなく、自分の天職へと変える可能性がある。天職は個人に金銭的な恩恵だけでなく、精神面での大きな充足感ももたらすものである。

（参考）自分のとっておきの強みを探す―個人特有の強みを測る指標

　Seligman（2002／小林訳，2004，206-239頁）は、個人の強みを発見する指標のダイジェスト版を提示している。それを参考に、個人特有の24の強みを計測する質問文の一例を以下に挙げる[6]。

　　1．私は、常に世の中に対する好奇心を持っている。
　　2．私は、新しいことを学ぶとわくわくする。
　　3．私は、極めて理性的な考え方ができる。
　　4．私は、新しいやり方を考えるのが好きだ。
　　5．私は、どんな社会的状況にも適応できる。
　　6．私は、常に物事を見て全体像を理解できる。
　　7．私は、強い反対意見にも立ち向かうことがよくある。
　　8．私は、やり始めたことは必ずやり遂げる。
　　9．私は、約束は必ず守る。

の個人において常時顕示される可能性は低くなる。もちろん、トレードオフの関係は必然的なものではなく、これは人々が習慣的に異なる方法で徳性を示すことを意味する（Peterson, 2006／宇野訳, 2010, 202-204頁）。

5　Peterson（2006／宇野訳, 2010, 190-193頁）によると、知性や絶対音感、運動神経などの才能や能力は、強みとしての徳と異なる。まず、強みとしての徳は道徳的な領域に属するという点で、才能や能力とは異なる。また、才能や能力は、徳よりも賞賛や富などの目に見える成果に直結しやすいことから、才能の方が高く評価されがちかもしれない。反対に、高いIQや音楽的才能に恵まれながら何もしない人は、結果的に傲慢になってしまう。別の言い方をすれば、才能や能力は浪費されてしまう可能性があるものの、強みとしての徳についてはその可能性はない。

6　質問文の番号は、図表（前頁）の個人特有の強みに付した番号に該当する。なお、質問文の日本語は、必要に応じてよりわかりやすい表現に若干修正している。

10. 私は、この一か月間に自発的に身近な人の手助けをした。
11. 私には、自分のこと以上に、私の感情や健康を気遣ってくれる人がいる。
12. 私は、グループの中にいるとき、一番良い仕事ができる。
13. 私は、どんな人であろうと、全ての人を公平に扱う。
14. 私は、口うるさく言わなくても、人々に共同で何かをさせることができる。
15. 私は、自分の感情をコントロールできる。
16. 私は、危険を伴う活動は避ける。
17. 私は、人が自分のことをほめると話題を変える。
18. 私は、ここ1ヶ月間に、芸術、スポーツ、科学などの素晴らしさに心を打たれた。
19. 私は、どんな些細なことにも、必ず「ありがとう」と言う。
20. 私は、物事をいつも良いほうに考える。
21. 　私の人生には強い目的がある。
22. 私は、過ぎたことはいつも水に流す。
23. 私は、いつも遊び心を忘れない。
24. 私は、やること全てにのめりこむ。

以上、全ての質問文を5段階のリカートスケール（全く当てはまらない＝1〜とても当てはまる＝5）で測定。

価値観

　個人や組織には、皆それぞれ大切にしている価値というものがある。Schwartz（1992）によると、価値観（value）とは、望ましいゴール、状況、目標であり、複数の選択肢から行動を選択するための基準となるものである。価値観は個人や組織の信念となり、具体的な状況を問わず、姿勢や行動に一貫性と目的意識を与える。ここで「具体的な状況を問わず」とは、価値観は状況を超越するということであり、すなわち、価値観は個人が置かれている具体的状況とは無関係であり、どんな状況であろうと価値観は個人や組織に備わっていることを意味する（Schwartz, 1992）。

　個人の価値観は1人1人異なるものであるが、Schwartz（1992）は人間の価値観を体系的に整理するとともに、価値同士の関係性について明らかにした。これにより、個人の価値観を評価、比較することができるようになった。Schwartz（1992）は、普遍的価値観（universal values）として10種類の価値（博識、善行、調和、伝統、秩序、権勢、達成、快楽、刺激、自決）に整理した（図表2-6）。ここで「普遍的」とは、国、文化、性別、宗教を越えて、全ての人間が共通して基本的に持っているという意味であり、これまで60ヶ国以上の個人を対象に調査が行われ、日本においても実証されている（e.g. Schwartz and Boehke, 2004; 柏木, 2009）。人々が異なる価値観を持つということは、人々が異なる価値観の優先順位を持つということである。

　10種類の普遍的価値観は、4種類の価値（自己超越、保守、自己高揚、変化に対する受容性）に要約することが可能である（Schwartz, 1992）。自己超越（self-transcendent）は、博識、善行の価値を統合し、他者を自分と同等として受け入れ、他者の幸福に対して関心を持つことを重視する。保守（conservation）は、秩序、調和、伝統の価値を統合する。自己高揚（self-enhancement）は、権勢、達成、快楽の価値から成り、他者と比較して自分の成功、権力、支配を追い求めることを重視する。また、変化に対する受容性（openness to change）は、刺激、自決（自己による方向性決定）の価値か

図表2-6　普遍的価値観

分類		内容
自己超越	博識	全ての人間の幸福、および自然に対する理解、感謝、保護の重視
	善行	自分と関係する人間の幸福を守る、幸福の向上の重視
保守	調和	他者を傷つける行為や社会の規範を犯す可能性のある行動、衝動の抑制
	伝統	伝統的な文化、風習、宗教が示す考え方の尊重と受容
	秩序	社会、関係性、自己の安全、安定の重視
自己高揚	権勢	自分の社会的地位、名声、他者やリソースの支配の重視
	達成	社会的規範に従い自分の能力を示すことによる個人的な成功の重視
	快楽	自分自身の快楽や満足の重視
変化に対する受容性	刺激	興奮、新しさ、挑戦の重視
	自決	自分自身の独立した思考や行動の重視

（Schwartz, 1992）

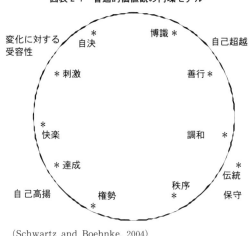

図表 2-7 普遍的価値観の円環モデル

(Schwartz and Boehnke, 2004)

ら成る。自己超越と自己高揚は、対極にある価値の上位概念である。また、保守と変化に対する受容性は、対極にある価値の上位概念である。

図表 2-7 に示すように、普遍的価値観は、連続性がある円周構造に沿って整理することが可能である。すなわち、10 種類の価値は、グラデーションのように隣り合った価値同士が類似する関係にあるのに対し、円周構造の中で対極に位置する価値同士は対立的で反対の関係にある。

既に述べた通り、人によって重視する価値の優先順位は異なるが、組織内キャリア発達に伴い、特に企業のリーダーとして成長するのに伴って、人は特定の価値観をより重視する傾向があることが議論されている。これについては第 11 章で詳述する。

（参考）個人の普遍的価値観の質問票

柏木（2009）で使用した個人の普遍的価値観（Schwartz, 1992）を測る質問票を以下に紹介する[7]。

7　普遍的価値観の質問票は、開発者である Schwartz 教授よりメールで入手した。質問票はパイロット調査や翻訳のダブルバック作業を通じて若干の修正を行い、日本語訳を決定した。最終的な質問票の日本語訳は、Schwartz 教授にフィードバックし確認してもらった。

　あなたの人生における行動指針として、各価値がどれぐらい重要であるかを評価してください。各価値の左側の空欄に（－1，0，1，2，3，4，5，6，7）のどれかの数値を記入し、その価値がどのぐらい重要であるかを示してください。できるだけ数値を全部使って、価値を識別するようにしてください。同じ数値を何度使ってもかまいません。

－1：あなたの行動指針と対立する価値を評定するためのものです。

　0：その価値が全く重要でなく、あなたの行動指針とは無関係な価値を意味します。

　3：その価値が重要であることを意味します。

　6：その価値が非常に重要であることを意味します。

　7：あなたの人生における行動指針として最高に重要な価値を評定するためのものです。2つ以上つけないようにしてください。

価値リスト1

　価値1から価値30までを読み、あなたにとって最も重要なものを1つ選び、その重要度を評価してください。次に、あなたの価値観と対立する価値を選び、それを－1と評価してください。もしそのような価値がなければ、最も重要でない価値を1つ選び、その重要性の低さに応じて0または1と評価してください。その後で残りの価値（30まで）を評価してください。

私の人生における行動指針として、この価値は、

私の価値観 と対立する		全く重要 でない		重要 である		非常に 重要である		最高に 重要である
-1	0	1	2	3	4	5	6	7

　1.＿＿＿平等（すべての人に平等な機会がある）

　2.＿＿＿内面の調和（心のやすらぎ）

　3.＿＿＿社会的権力（他人をコントロール、支配する）

　4.＿＿＿喜び（欲望の満足から得る喜び）

5.　____自由（行動・思想の自由）

6.　____精神的生活（物質的なものより精神的なものに重きをおく）

7.　____所属意識（他人が自分を気にかけてくれている）

8.　____社会秩序（社会の安定）

9.　____ワクワク・ドキドキする人生（刺激的な体験）

10.　____意義深い人生を送ること（目的を持って生活すること）

11.　____礼儀正しさ（丁寧、良いマナー）

12.　____財産（物質的な富、お金）

13.　____国の安全（外敵に対する防御）

14.　____自尊心（自分自身の価値を信じる）

15.　____人の好意に報いる（お返しをする心）

16.　____創造的（独自性、想像力）

17.　____平和な世界（戦争や争いのない世界）

18.　____伝統の尊重（伝統的な習慣を守る）

19.　____成熟した愛（深い愛、魂の強い結びつき）

20.　____自制（自己抑制、誘惑に克つ）

21.　____プライバシー（個人的な空間を持つ権利）

22.　____家族の安全（愛する人の安全）

23.　____社会的承認（他人から尊敬され、認められる）

24.　____自然との一体感（自然と調和する）

25.　____変化に富んだ人生（チャレンジ、目新しさ、変化にあふれる人生）

26.　____知恵（人生についての円熟した理解）

27.　____権威（人を指揮する、指示を与える権利）

28.　____真の友情（自分を支えてくれる親しい友達）

29.　____美の世界（自然・芸術の美）

30.　____社会正義（不正を正し、弱者を守る）

価値リスト2

再び以下の価値について、あなたの人生の行動指針としてどのくらい重要なのかを評価してください。このリストでは、行動や振る舞いとして価値が表現

されています。価値31から価値57までを読み、あなたにとって最も重要なものを1つ選び、その重要度を評価してください。次に、あなたの価値観と対立する価値を選び、それを−1と評価してください。もしそのような価値がなければ、最も重要でない価値を1つ選び、その重要性の低さに応じて0または1と評価してください。その後で、残りの価値（57まで）を評価してください。

私の人生における行動指針として、この価値は、

私の価値観 と対立する		全く重要 でない		重要 である		非常に 重要である		最高に 重要である
-1	0	1	2	3	4	5	6	7

31. ＿＿＿自立（自分を頼りにする、自分の事は自分でする）

32. ＿＿＿中庸（極端な感情や行動を避ける）

33. ＿＿＿誠実（友人やグループに真心を尽くす）

34. ＿＿＿向上心（勤勉、大志を抱く）

35. ＿＿＿広い心（異なる考えや信条に寛容である）

36. ＿＿＿謙虚（控えめ、でしゃばらない）

37. ＿＿＿大胆（冒険を求め、危険を冒す）

38. ＿＿＿環境保護（自然にやさしい）

39. ＿＿＿影響力がある（他人や出来事に影響を与える）

40. ＿＿＿両親、お年寄り孝行（尊敬の念を示す）

41. ＿＿＿自分で自分の目標を選ぶ（自分で目的を決める）

42. ＿＿＿健康（身体的、精神的に病気にならない）

43. ＿＿＿有能（能力がある、効果的、効率的である）

44. ＿＿＿運命を受け入れる（人生の流れに身をまかせる）

45. ＿＿＿正直（偽りがない、誠実である）

46. ＿＿＿世間体を保つ（メンツを保つ）

47. ＿＿＿従順（本分を守る、義務を果たす）

48. ＿＿＿知性（論理的、理性的である）

49. ＿＿＿世に役立つ（世の中の幸福のために働く）

50. ＿＿＿人生を楽しむ（食べ物、余暇などを楽しむ）

51. ＿＿＿信心深い（宗教心、信仰心がある）

52. ＿＿＿責任感（頼りになる、信頼できる）

53. ＿＿＿好奇心（すべての事に興味がある、探求心がある）

54. ＿＿＿寛大さ（人を許す心を持つ）

55. ＿＿＿成功（目的を達成する）

56. ＿＿＿清潔さ（きちんとしている、きれいにしている）

57. ＿＿＿身勝手（好きなことをする）

以上

キャリアと価値観

　個人の価値観は仕事やキャリア、人生全体に密接に関わる。人は自分が重視する価値を満たせるような仕事をしたいと考えるし、仕事やキャリアで自分が重視する価値が満たされると、人は大きな満足感を得られるだろう。すなわち、個人が重視する価値観は、キャリアにおける動機づけとなるのである。また、キャリアや仕事だけでなく、価値観は人生全体のクオリティにも影響を与える。Peterson（2006／宇野訳, 2010, 209 頁）も、よい生き方とは、価値があると考える目標を明確にして追及することに他ならず、価値観とは人々が送る、送らなければならない人生に非常に強く関係してくるものである、と述べる。

　なお、親は子供の進路や職業選択に関して、何らかの価値観を吹き込む（e.g. Hoffman, Hofacker and Goldsmith, 1991; Johnson, 2001）。子供と親の価値観が類似することで、子供は親と似たような仕事に対する姿勢や考えを示し、結果的に、親と類似した職業を選択する可能性が高まるのである。わかりやすい例として、起業家である親を持つ子供は、起業家になる傾向が高いことが研究の結果明らかにされている（Moore, 2000; Mulholland, 2003）。

　価値観は、個人が行おうとする様々な選択に大きな影響を与える。人が何かを選択するということは、同時に他の何かを選択しないことを意味しており、これにはその人の価値観の優先順位が大きな影響を与えるからである。言い換えれば、価値観は個人のキャリアや人生に利益と損失の両方をもたらすもので

ある。

人間の基本的欲求

　人間が持つものは能力やパーソナリティ、価値観に限らない。人は誰も様々な欲求を持っている。人間が持つ基本的な欲求の種類について、わかりやすく整理した理論の 1 つが、Maslow の欲求階層理論（Maslow, 1970）である。Maslow は人間の基本的欲求を次の 5 つに分類している。

- ・　生理的欲求：空腹、排泄、睡眠などの肉体に関わる欲求
- ・　安全欲求：物理的、精神的な危険や障害からの保護と安全を求める欲求
- ・　社会的欲求：愛情、友情、所属などを求める欲求
- ・　自尊欲求：自尊心、自律性、達成感などを求める欲求
- ・　自己実現欲求：自分をもっと成長させたい、自分の能力をより発揮したい、理想とする自分になりたいといった欲求

　生理的欲求、安全欲求は低次の欲求に分類され、社会的欲求、自尊欲求、自己実現欲求は高次の欲求に分類される。低次の欲求のほとんどが外的要因によって満たされるのに対し、高次の欲求は主に内的に満たされる点に相違がある。Maslow の理論の興味深い点は、人は低次の欲求が満たされれば、より高次の欲求を満たそうとすると捉えたことである。これは、言い換えれば、低次の欲求を満たすのにあまり時間はかからないかもしれないが、より高次の欲求になるほど満たすのにより時間がかかることを意味する[8]。最も高次の欲求である自己実現欲求は、人間が生涯を通じて達成しようとする欲求である。人は仕事をすることで様々な欲求を満たすことができるが、低次の欲求だけでなく自己実現欲求や自尊欲求といった高次の欲求まで満たすためには、生涯を通じたキャリア形成の考え方が重要になる。

キャリア・アンカーとは何か

　Schein（1978）は個人と組織の適合を促すためのものとして、キャリア・アンカー（career anchor）を考案した。新入社員は学業や何らかの能力を身

　8　極めて貧困な国や紛争地域で生活する人にとっては、生理的欲求や安全欲求を満たすことでさえ難しい場合があることは理解しておくべきである。

2-2 強みと価値観 *51*

につけて組織の一員となる。しかし、新入社員が組織について事前にどんなに詳細に調査していたとしても、実際に組織の一員として働いてみないと、自分の能力や価値観と組織が望むものとがどの程度一致するかについて、本当のところはわからないだろう。人は仕事経験を積み重ね、自分にとって大切だと思うものを次第に認識しながら、より明確な職業上の自己イメージ[9]を形成していく。

　キャリア・アンカーとは職業上の自己イメージである。重要な点は、キャリア・アンカーには、数年間の仕事経験によって発見されたものも反映されていることである。この職業上の自己イメージには、① 才能と能力（自分の才能や技能は何か。自分の強みは何か。）、② 動機と欲求（自分の動機、欲求、目標は何か。自分は何を望んでいるか。）、③ 態度と価値（自分の価値観、判断基準は何か。）、の3つの要素があり、これらが合わさって個人のキャリア・アンカーとなる（Schein, 1978／二村・三善訳, 1991, 142-143 頁）。

　キャリア・アンカーを直訳するとキャリアの錨（いかり）である。船の錨が船を安定させる役割を果たすように、キャリア・アンカーはキャリア選択の指針となり、キャリアを安定させ、方向づける役割を果たす。船が航路から外れないように、安全な港に停泊できるようになっていくのである。人はキャリア選択を重ねるにしたがって、航路から外れたとき引き戻されるところ、自分が本当にやりたいことを考えるための拠り所、あるいは自分自身を発見する拠り所としてキャリア・アンカーを参照するようになっていく（Schein, 1990／金井訳, 2003, 21-24 頁）。キャリア・アンカーは、キャリアの意思決定や職業選択に大きな影響を与えるものである。なお、Schein は、組織が報酬や人事異動、教育訓練などの人事管理制度にキャリア・アンカーの概念を盛り込むことによって、従業員と仕事（組織）がより適合した状態を促すことができると述

　9　自己イメージに関連し、自己概念とは、個人が自分自身をどのように感じ、捉えているかについての自己イメージである。自己概念は、個人が主観的に形成してきた自己についての概念（主観的自己）と、他者からの客観的なフィードバックに基づき自己によって形成された自己についての概念（客観的自己）の両者が、キャリア発達を通じて統合されていくことで構築される。また、自己概念は多面的な構造を持ち、キャリアに関する側面がキャリア自己概念であり、キャリア自己概念は生涯にわたるキャリア発達を通じて形成されていく（Super の職業的発達理論）。Super の職業的発達理論（Super, 1963）は、キャリア研究の発達理論的アプローチの1つといえる。

べている。

キャリア・アンカーを構成する8つのこだわり

　個人のキャリア・アンカーは、以下に示す8つのアンカーから構成される（Schein, 1990／金井訳, 2003, 26-48頁）。これらは個人の仕事に対するこだわりや、仕事で譲れないものであり、8つのこだわりの優先順位は人によって異なる。

1. 専門・職能別コンピタンス：ある領域や特定の仕事に関して、自分の才能を発揮し、専門家（エキスパート）であることを自覚して満足感を覚える。

2. 全般管理コンピタンス：組織の段階をあがり、責任のある地位につき（ゼネラルマネジャーとして）、組織全体の方針を決定し、自分の努力によって組織の成果を左右したいという願望を持つ。

3. 自律・独立：どんな仕事に従事しているときでも、自分のやり方、自分のペース、自分の納得する仕事の標準を優先し、それらに照らして物事を進めることを好む。

4. 保障・安定：安全で確実と感じられ、将来の出来事を予測することができ、しかもうまくいっていると知りつつゆったりとした気持ちで仕事ができることを望む。

5. 起業家的創造性：新しい製品や新しいサービスを開発したり、財務上の工夫で新しい組織を作ったり、あるいは事業を再編したりして新しい事業を起こしたりする欲求を持つ。

6. 奉仕・社会貢献：自分の実際の才能や有能な分野よりも、何らかの形で世の中をもっとよくしたいという欲求に基づいてキャリアを選択する。

7. 純粋な挑戦：何事にも、あるいは誰にでも打ち勝つことができるということを自覚し、不可能と思えるような障害を克服すること、解決不能と思われてきた問題を解決すること、きわめて強い相手に勝つことに「成功」を感じる。

8. 生活様式（ライフスタイル）：私的な生活と職業生活をバランスさせるだけでなく、個人のニーズ、家族のニーズ、キャリアのニーズをうまく

統合させた生活様式を表現することを望む。

　なお、奉仕・社会貢献、純粋な挑戦、生活様式（ライフスタイル）の3つの
アンカーは、当初 Schein が発表したキャリア・アンカー（1978）には含まれ
ておらず、その後加えられたものである（Schein, 1990）。

興味、価値観、能力の関係

　個人の興味、価値観、能力、これらは相互に関連し合っている（Greenhaus,
Callanan and Godshalk, 2010, p.64）。興味とは、仕事、余暇など、様々な
ものに対する個人の関心や好き嫌いの程度を表すものであり、私生活、社会、
文化など様々な要因から派生し、具体的な活動などにも結びついている。例え
ば、創造性の発揮に興味がある人の中には、具体的に科学分野における活動に
結びつく人もいれば、文学的な活動に結びつく人もいるであろう。また、興味
は価値観に根差しているだけでなく、能力に関連しているのも事実である。一
般に、人は自分が得意な分野の活動を喜んでやるものであるし、楽しいと感じ
る活動は訓練を通じてさらに上達するかもしれない。

　なお、興味、価値観、能力は異なる概念であるが、このように密接に関連し
ているため、それらを1つとして捉えて理解する場合もある。例えば、Schein
によるキャリア・アンカーは、これらを全体的に捉えるアプローチに近い概念
といえる。

2-3　コーリング（calling）

古くて新しい概念、コーリングとは何か

　コーリング（calling）とは、個人があたかも自分の進むべき道であるかの
ように、ある職業や役割に強くひかれる感覚、を意味する概念である。個人が
天職の感覚を持つことと言ってもいい。Wrzesniewski et al.（1997）らは、
個人が仕事にどのような意味を求めるのかについて、職務志向、キャリア志
向、天職志向という3つの志向性を提示した。職務志向の個人にとって、仕事
は単に給与などの報酬を得る手段である。キャリア志向の個人にとって、仕事

は権力や名誉を得て組織内の階層を昇るための手段である。そして、天職志向
の個人にとって、仕事は人生から切り離せないもので、内発的報酬や充足を得
るものであり、アイデンティティの中心となるものである。

　コーリングの定義には諸説あり、いまだ研究者の間で完全な一致をみていな
い。Bunderson and Thompson（2009）は、コーリングの意味するものが
変化してきたとし、概念を古典的、新古典的、現代的の3つに整理している
（図表2-8）。Calvin（1574）は、コーリングは神が与えた才能を人類の幸福の
ために用いるときに見出される、と述べた。こうした古典的概念は、プロテス
タンティズムを背景として宗教性を帯びており、神から与えられた才能を活か
して働くことが個人の責務と捉えている。新古典的概念では、古典的概念に

図表2-8　コーリングの概念の定義的特徴の比較

	古典的概念	新古典的概念	現代的概念
定義的特徴	・プロテスタンティズムを背景に、宗教性を帯びたもの ・神から全ての人に与えられた才能と、その才能を用いて働く個人の責務に基づく	・古典的概念に近いものの、神の存在や宗教性は薄れている ・自分以外から運命づけられた職業（他者からの召喚）、自己の仕事の社会に対する貢献（向社会性）を重視	・神の存在を離れ、大いに個人的なもの ・自己の目的、意義、情熱、自己実現等を重視
先行研究の例	・神が与えた才能を人類の幸福のために用いるとき見出される（Calvin, 1574） ・神が人間に与えた任務、世俗の職業全てが神の召命（Luther, 1883） ・全ての人に例外なく神の導きによって用意されているため、自らの専門性を磨き、労働しなければならない（Weber, 1930）	・ある特定の職業に就くことの自己超越的な命令（Duffy and Sedlacek, 2007） ・特に、非営利、公益、経済的犠牲が要求されるような環境で見出せる（Bunderson and Thompson, 2009）	・個人が人生の目的と感じる仕事（Hall and Chandler, 2005） ・個人的な情熱から選択された仕事（Dobrow, 2006）10

（柏木, 2015）

10　Dobrow and Tosti-Kharas（2011）は、コーリングの現代的概念の主な特徴として、働くこと
全般というよりも、ある特定の職業領域に対して向けられる、ある・なしではなく、程度の差で計測
される、対象は仕事だけでなく、ボランティア、家族、あるいは正義などの抽象的概念をも含む、大
学生のように自分が目指し努力している職業領域に対しても抱くことができる、気質ではなく状態で
ある、などを挙げている。

近いものの、神の存在や宗教性は薄れ、他者からの召喚や向社会性を重視しているのが特徴といえる。現代的概念では、コーリングを大いに個人的なもので、自己の目的や意義を重視するものと捉えているのが特徴である（柏木, 2015）。

コーリングは個人にどのようなメリットをもたらすのか

　職業や仕事をコーリングとみなす人は、そうではない人と比較して、様々な幅広いメリットを享受することが示されている[11]。例えば、Duffy and Sedlacek（2010）によると、キャリアをコーリングとみなす人は、キャリアを単なる仕事と捉える人よりも、収入が高い、学歴の構築にも積極的である、組織内でより高い地位にある、欠勤日数が少ない、などの長所を持つ。Hirschi（2011）は、コーリングを持つ個人は、キャリアの目標が明確である、目標に対するコミットメントが高い、仕事やキャリアに対する自信があることを示している。また、Peterson, Walumbwa, Byron and Myrowitz（2009）では、コーリングと人生に対する満足度、健康、活力、熱意との間に正の相関関係が示されている。Hall and Chandler（2005）が述べるように、キャリア発達においてコーリングは、自分主導のキャリアを実現するための主要な原動力の役割を果たす可能性がある。

コーリングに関する先行研究を振り返る

　キャリアや経営の領域におけるコーリングに関する研究例は多くはないものの、例えば、コーリングの定義（e.g. Dik and Duffy, 2009）、コーリングの

11　コーリングを持つことで、仕事やキャリアにどのようなデメリットがもたらされるのかについては、先行研究でほとんど議論されていない。しかし、強いコーリングを持つことによって、いくつかの副作用的なデメリットも生まれる可能性は否定できない。強いコーリングから仕事に打ち込みすぎ、高い仕事パフォーマンスは発揮するものの、燃え尽き症候群に陥ってしまう危険性はないだろうか。また、ある1つの職業に対して強いコーリングを持つことで、その職業に対する強いこだわりが生まれ、他の職業に対する興味が無くなってしまうことはないだろうか。別の職業への転職のチャンスがやってきても、見失ってしまう可能性もある。いくら自分の職務満足が高くても、もし客観的な仕事パフォーマンスが低かった場合、それは自己満足に過ぎない。自己満足と主観的キャリア成功を混同してはいけないだろう。さらに、まだ仕事を経験したことがなく、十分な職業探索も行っていない大学生が早期に強いコーリングを持つことで、他の職業における自己の可能性を閉じてしまうことに繋がってしまわないか懸念される。更なる調査研究が必要である。

経験（e.g. Dobrow, 2004）、キャリアにおけるコーリングを持つ重要性（e.g. Hall and Chandler, 2005）、コーリングとキャリア発達の関係（e.g. Duffy and Sedlacek, 2007）、叶えられないコーリング（e.g. Berg, Grant and Johnson, 2010）など、様々なトピックで調査研究されている（図表2-9）。

図表2-9　コーリング（calling）に関する主な先行研究（発表年の古い順に提示）

著者 （発表年）	研究目的	研究方法 （分析手法；サンプル）	主な結果
Wrzesniewski, Mclaule, Rozin and Schwartz (1997)	人は自分と仕事を どのように関連付 けているのか	定量調査 一般の社会人 （n＝196）	大部分の人が、仕事を、job, ca- reer, calling のいずれかとして捉 えている
Dobrow (2004)	現代キャリアで重 要性を増す主観的 キャリアを表す calling に関する 考察	理論的考察	・calling は主観的キャリア成功の 　最たる形 ・calling は、人がある職業を生き 　ることを通じ、より主観的キャリ 　アの重要性が増している現代キャ 　リアに適合する概念
Hall and Chandler (2005)	心理的（主観的） キャリア成功、客 観的キャリア成 功、calling の関 係について考察	理論的考察	・主観的キャリアと客観的キャリア 　の関係性モデルに、calling の概 　念を組み込む ・calling の定義の精査による、類 　似概念との差別化
Duffy and Sedlacek (2007)	calling の存在と その探求、キャリ ア発達との関連	定量調査 （相関分析、階層的回 帰分析；大学生 n＝3091）	・calling の存在と、意志の強さ、 　安心、自己明確性は正の相関関係 　がある ・calling の探求は、キャリア意思 　決定と選択に対する安心に、プラ 　スの影響を与える
Dobrow (2007)	calling はどのよ うに構築されるか についての調査	定量調査、経年調査 （相関分析、回帰分析; 高校生音楽家（米） n＝567）	・calling の時間の経過による変化 　を調査 ・calling の領域における継続的行 　動の関与と社会的エンカレッジメ 　ントによって、calling は形成さ 　れる ・個人の能力のレベルや人口統計変 　数は、calling を予測しない
Dik and Steger (2008)	calling の概念の カウンセリングへ	実験 （コントロールと	キャリア発達のカウンセリング・ ワークショップに calling の概念を

	の取り入れ効果の調査	calling の介在のあるグループとの比較；一般 n＝コントロール 21：calling 介在 33)	取り入れることは、人生の意味に対する影響はないが、仕事の意味に対しては、プラスの効果がもたらされる
Peterson, Park, Hall and Seligman (2009)	熱意と仕事の関係に関する調査の中で、calling と熱意の関係を調査	定量調査（インターネット調査、相関分析；一般（米）n＝9803)	・熱意は個人のプラスの気質であり、期待や興奮を伴って、人生に臨むことを表す概念 ・熱意と calling は高い正の相関関係がある
Dik and Duffy (2009)	カウンセリング心理学での calling の概念の確立の試み	理論的考察	calling の定義を現代に則したものへと再定義を試みる
Duffy and Sedlacek (2010)	大学生の calling に、信仰、人生の意味、人生の満足がどのように関係しているかを調査	定量調査（相関分析、分散分析；大学生（米）n＝5523)	・大学生の約 7 割が calling の存在を支持 ・専門性を身に付けたい人ほど、calling 志向がある ・calling は人生の意味と中程度の相関関係がある
Hunter, Dik and Banning (2010)	仕事と人生における calling に対する大学生の認識の調査	定性調査（質問票の一部として実施された自由回答式設問に対する回答のエスノグラフィー、内容分析、ドキュメント分析；大学生（米）n＝295)	calling は自己の外部からの導きにより生まれ、well-being や利他等の特徴をおび、人生の様々な役割に当てはまる、という大学生の calling 観を示す
Elangovan, Pinder and McLean (2010)	calling が組織行動の研究領域にどのような意味合いを持つかを考察	理論的考察	calling の定義の精査、類似概念との相違点の明確化、関連変数との関係性の考察
Berg, Grant and Johnson (2010)	人はどのように calling を追い求めているのかを調査	定性調査（インタビュー；様々な職種の従業員 n＝31)	・叶えられない calling には、失った calling と新たに加わった calling の 2 つがある ・叶えられない calling には、職務の工夫と余暇で対応する
Cardador, Dane and Pratt (2011)	calling 志向と組織への愛着の関係性を調査	定量調査（相関分析、階層的回帰分析、交互作用分析；医療従事者 n＝364)	・calling 志向と組織との同一化は正の相関関係が、calling 志向と離職の意志は負の相関関係がある ・組織の手段は、calling 志向と組織への愛着の関係性を促す

Duffy, Manuel, Borges and Bott (2011)	calling と職業発達、well-being の関係の調査	定量調査（入学時と2年後の2回、質問票調査を実施、相関分析、階層的回帰分析；医学生（米）n＝110（T1）/68（T2））	・calling と職業発達は中程度の正の相関関係がある ・calling と人生の意味は中程度の正の相関関係がある
Duffy, Dik and Steger (2011)	calling と仕事関連アウトカム変数の関係および媒介変数としてのキャリアコミットメントに関する調査	定量調査（電子メールによる質問票調査、相関分析、共分散構造分析；大学職員・教員（米）n＝370）	・キャリアや職業に対するコミットメントは、calling と職務満足の関係を介在する ・キャリアや職業に対するコミットメントは、calling と組織コミットメントの関係も部分的に介在する
Duffy, Allan and Dik (2011)	calling と学業満足の関係性の調査	定量調査（オンライン調査、相関分析、多変量分析；大学生（米）n＝312）	calling と学業満足の関係性を、キャリア意思決定の自己効力感、仕事に対する希望が部分的に介在する
Hirschi (2011)	calling の存在の基礎的要因と選択的要因の特定	定量調査（クラスター分析；大学生（独）n＝407）	calling の基礎的要因として、達成された職業アイデンティティ（高いコミットメント／高い自己探索）、選択的要因として、キャリアに対する大きな自信／キャリア関与を特定
Dobrow and Tosti-Kharas (2011)	calling の信頼性と妥当性のある指標の開発	定性調査（インタビュー等）、定量調査（尺度の信頼性、妥当性の検証；音楽家、芸術関連、経営学専攻大学生、ビジネスマン（米）n＝1500）	・12項目で構成される、信頼性と妥当性が検証された calling の尺度を開発 ・基準関連妥当性の検証による、calling とキャリア関連変数の相関分析結果からの洞察
Duffy, Bott, Alan, Torry and Dik (2012)	calling 関連概念の関係性調査	定量調査（相関分析、重回帰分析；一般（米）n＝201）	・calling の認識と calling を生きることは、キャリアコミットメント、仕事の意義、職務満足と正の相関関係がある ・仕事の意義とキャリアコミットメントは、calling の認識と職満足の関係を介在する

（先行研究を基に作成）

日本におけるコーリングに関する調査研究の例

　柏木 (2015) は、コーリングという概念の特徴を明らかにするため、日本の文科系大学に在籍する学生を対象に質問票調査を行い、コーリングとキャリア関連変数 (キャリアに対する自己効力感、仕事に対する動機づけ、仕事価値観、職業興味) との関係性について分析を行っている。その結果、学生のコーリングの平均値は 35.35 (49 点満点) であり、また、約 3 割の学生が 40 点以上のスコアを示し、仕事経験のない大学生であっても、高いコーリングを持ちうることが確認された。また、コーリングと正の相関関係にある概念として、キャリアに対する自己効力感 (.473) と仕事に対する内発的動機づけ (.419) の 2 つが仮説検証された[12]。人はある特定の職業で成功できるという強い自信があるからこそ、その職業に強く惹かれるのかもしれない。また、人はある職業や仕事そのものに存在する楽しみや面白さに強い引力を感じるため、その職業や仕事に「呼ばれる」のかもしれない。

(参考) コーリングの強さを測る指標

　コーリングの概念を計測するためにいくつかの指標が開発されているが、その中で現在最も有効な指標の 1 つと考えられるのが、Dobrow and Tosti-Kharas (2011) によるコーリングの現代的概念を計測する指標である。この指標を参考に、柏木 (2015) は、7 つの質問文を用いて 7 段階のリカートスケールで、個人が抱いているコーリングの強弱の程度を測定した。質問項目は以下の通り[13]。

　コーリングの質問項目 (全く違う＝1〜全くその通り＝7)

　1. 私は、自分が志望する業界・職業が大好きだ。

　2. 私は、どんな困難に直面しようと、志望する業界・職業に関わり続けた

12　他にコーリングと正の相関関係にある概念として、変化に対する受容性の仕事価値観 (.354)、自己高揚の仕事価値観 (.140)、企業型の職業興味 (.153) が示された。

13　Dobrow and Tosti-Kharas (2011) の指標の中で、大学生が回答するのはやや難しいと考えられる質問文は除外している。なお、質問文を和訳する際は、英文や英単語の持つ微妙な意味やニュアンスに注意して日本語を選択するとともに、一度和訳した文章を再び英文に戻し、戻した英文と原文とを比較し、必要に応じて和訳を修正することで、質問文の信頼性と妥当性を高めるように工夫した。また、パイロット調査を行いその結果を基に、質問文の若干の修正を行った。

い。

3．私は、自分が志望する業界・職業に携われることを、何より楽しいと感
　じると思う。

4．自分が志望する業界・職業に携われることは、個人的に大きな満足を私
　に与えてくれる。

5．自分が志望する業界・職業に携わることは、今後常に人生の一部であり
　続けると思う。

6．私は、自分が志望する業界・職業に携わることに、運命のようなものを
　感じる。

7．私は、自分が志望する業界・職業に携われるためなら、何でも犠牲にす
　る。

（信頼性係数 α ＝.842）

コーリングを持つ個人はタイプ分けできるのか

　柏木（2015）は、さらに、高いコーリングを持つ個人のタイプ分けを試みて
いる。その結果、高いコーリングを持つ大学生は、キャリアに対する自己効力
感や内発的動機づけが高いという共通点を持つものの、キャリア関連変数に
よって3つのクラスターに分けられた[14]。

　クラスター1（N＝16, サンプル総数の7.2%）の特徴は、コーリングのスコ
アが最も高い上に、自己効力感、自己超越、自己高揚、保守、変化に対する受
容性、内発的動機づけ、外発的動機づけが、平均値と比較して最も高いことで
ある。また、職業興味の中の企業型が平均値と比較して最も高い。こうした特
徴から、クラスター1に属する学生は「自信と価値観、モチベーションを高く
持ち、企業活動に関わる仕事で、キャリアを追求するタイプ」と命名された。

　クラスター2（N＝22, サンプル総数の9.9%）の特徴は、クラスター1の次
にコーリングのスコアが高く、自己高揚と外発的動機づけが平均値と比較して
最も低いことである。また、職業興味の中の社会型が、平均値と比較して最も
高い。こうした特徴から、クラスター2に属する学生は「自分の利益や外部か

14　柏木（2015）の調査結果は、コーリングの高い学生は3つのタイプのいずれかに該当するという
　ことではなく、コーリングの高い学生にはいくつかのタイプが存在する可能性を示している。

図表2-10　コーリングの高い3つのグループの特徴の比較

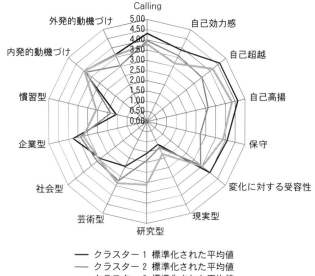

━━ クラスター1　標準化された平均値
─── クラスター2　標準化された平均値
∙∙∙∙ クラスター3　標準化された平均値

（柏木, 2015）

　らの報酬を重視せずに、他者に奉仕する仕事で、キャリアを追求するタイプ」
と命名された。
　クラスター3（N＝50, サンプル総数の22.5%）の特徴は、クラスター2の
次にコーリングのスコアが高く、自己高揚、内発的動機づけが平均値より高い
ことである。また、職業興味の中の研究型と芸術型が、平均値と比較して最も
高い。こうした特徴から、クラスター3に属する学生は「自分の利益を重視し
つつ、研究・芸術に関わる仕事で、キャリアを追求するタイプ」と命名され
た。
　図表2-10にクラスター1、2、3の3つのグループの各変数の平均値を標準
化して提示し、各グループの特徴を比較している。今後調査対象を増やして検
証を行い、本結果の一般化可能性をより高めていく必要がある。また、なぜ一
部の学生が高いコーリングを持つようになったのか、その理由や要因について
も今後の調査研究で明らかにしたい。

天職を見つけるための自己分析

　自分が好きなことを仕事にすべきか、得意なことを仕事にすべきか悩む人もいる。また、天職に就こうと転職を繰り返す人もいる。Ben-Shahar（2007）は、天職を見つけることに繋がる自己分析の方法を提案している。それによると、天職を見つけるには、徹底した自己分析が不可欠であり、自分が得意なものを考えるだけでなく、自分自身に意義や喜びをもたらすものを考えることが必要である。Ben-Shahar（2007／坂本訳, 2007, 165 頁）は、次の 3 つの自問をすることで、天職を見つけるための作業を始められるとしている。

・　意義：「自分は特に、どんなことに意義を感じるのか？」
・　喜び：「自分は特に、どんなことに喜びを感じるのか？」
・　長所：「自分は何が得意なのか？」

　Ben-Shahar は、この 3 つの自問を、意義（meaning）、喜び（pleasure）、長所（strength）の頭文字をとって MPS プロセスと名付けている。プロセスという名前がついているが、これは自己分析のツールである。これらの問いに正確に答えるには、単に思いつくままに回答するだけでは不十分である。十分な時間をかけて、自分の過去を振り返りながら、回答として本当にふさわしいものを挙げることが求められる。特に、意義に関する問いに答えることは難しいかもしれない。もし答えにくい場合は、自分がやりがいを感じることとか、重要と考えるものとか置き換えてみてもいいだろう。次にすべきことは、各問いの回答を見比べて、回答が重なり合っているものを明らかにすることである。次に例を挙げて説明したい。

（参考）MPS プロセスの例

　Ben-Shahar（2007／坂本訳, 2007, 167-169 頁）は、自分自身のケースを例に挙げて MPS プロセスの方法を説明している。まず、自分が意義を見出しているものとして、問題を解決すること、書くこと、子供たちの成長を支援すること、政治に積極的に参加すること、音楽、を挙げている。喜びを感じるものとして、ヨット・セーリング、料理、読書、音楽、子供たちとの触れ合い、を挙げている。また、長所として、ユーモアのセンス、ひたむきさ、子供たちと関わる能力、問題を解決する能力、を挙げている。これで、意義、喜び、長

図表 1-11　MPS プロセス（1）意義、喜び、長所を挙げる

（Ben-Shahar, 2007／坂本訳, 2007, 167 頁）

所、の全ての内容が列挙された（図表 2-11）。

　次に、意義、喜び、長所が重なり合うものを明らかにする作業に入る。ま
ず、意義と喜びが重なり合うものとして、子供たち、音楽、を特定している。
喜びと長所が重なり合うものとして、子供たち、を特定している。また、長所
と意義が重なり合うものとして、子供たち、問題解決、を特定している。そし
て、意義、喜び、長所の全てが重なり合うものとして、子供たち、を特定して
いる（図表 2-12）。この MPS プロセスの結果を踏まえ、最終的に、自分の性
格や能力、働きやすさ等の様々な要素を考慮した上で、Ben-Shahar は教師に

図表 1-12　MPS プロセス（2）重なり合うものを明らかにする

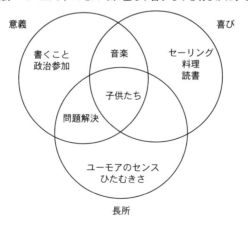

（Ben-Shahar, 2007／坂本訳, 2007, 168 頁）

なることを選択したという。

　なお、MPS プロセスは、個人が仕事を自由に選択できる状況にあることを前提にしており、何よりも作業自体が理解しやすいことから、就職活動の際の自己分析等にも活用できると考えられる。この MPS プロセスは、仕事を選択する機会以外でも、人生の他の領域で重要な決断をするときなどにも有効なツールとなりうる。

大事なことは今の仕事に惚れ込むこと

　天職は主観的な概念であるため、今の仕事が自分にとっての天職かどうかを客観的に明らかにすることはできない。社会に存在する全ての仕事を試すことは不可能であるし、最も適性の高い仕事に天職を覚えるとは限らない。また、自分にとっての天職を見つけようとすることは大事であるが、そのために転職を繰り返すことは好ましいことではない。仕事に対する姿勢として基本的に大切なことは、今の仕事に惚れ込んで精一杯取組むことである。

　ミシュランガイドで三つ星を獲得しているすし職人の小野二郎氏は、仕事について次のように述べている。

　　「自分が（就いた仕事が）いやだとね、『俺これ合わない』って皆言うんだけれども。"合わない"じゃなくて、自分が"合わせるんだ"ということ。仕事は全てがそうなんですよ。だから一生懸命やれば、段々自分が好きになって、その仕事に惚れ込んでね。いろんな事を考えがてらやったり、自分が前へいこう、前へいこうとしてやるから。やはりそれは自分の気持ち次第だと思いますけどね。だから私なんかだって、80年（仕事を）やってるけど、いやじゃないもん。『今度生まれた時にはまた寿司屋になりますか？』って（周りは）言うから俺『なります』って言うの。だから自分の天職だと思ってやれば、段々それ惚れ込むから自分が好きになってきますよ。それが証拠に、いま（数えで）90でもまだやってるんだからね。（プロフェッショナル 仕事の流儀 就職活動応援スペシャル 仕事とは何か 就活とは何か, NHK, 2015 年 3 月 30 日放送）」

　小野氏が仕事に就いた時代と現代では、個人とキャリアを取り巻く環境は大

きく異なっているものの、小野氏の言葉は現代でも大切なキャリアの教訓として心に留めておく必要がある [15]。

キャリアを考えるためのその他の問い

　MPS プロセスやキャリア・アンカー以外にも、自分のキャリアを考える上で役に立つ問いがある。例えば、以下に示すArthur（1994）の問いもその1つである。

1．知識、技能：「自分ならではの強みは何か？（knowing what）」
2．アイデンティティ [16]、モチベーション：「自分はなぜそれをしたいのか？（knowing why）」
3．ネットワーク：「自分はこれまで誰とつながり、人間関係をどのように生かしてきたか？（knowing whom）」

　これらについて時間をかけて自問するだけでなく、ジョハリの窓における盲目の窓にいる自分（自分では気づいていないが、他人はわかっている自分）を知るように、自分をよく理解してくれている人と対話することも有効である。

　また、Christensen（2010）は、自分自身にレンズを当てはめて、以下の3つの問いについて考えるよう論じている。

1．どうしたら幸せなキャリアをしっかりと歩めるか。
2．どうしたら伴侶や家族との関係を強固にし、幸せの拠り所にできるか。
3．罪人にならないためにはどうしたらいいか。

　なお、Christensen は、キャリアについて論じる際に重要な点は、皆自分自身で答えを導き出せるように、「何を考えるべきか」ではなく、「どう考えるべきか」を説くことであると述べている。

15　妻や夫という人生のパートナーも同様で、今のパートナーが自分にとって運命の人かどうかは、本当のところ誰にもわからない。大事なことは運命の人かどうかではなく、今のパートナーに惚れ込むことなのだろう。
16　アイデンティティに関連し、仕事の世界は個人のアイデンティティを表現する多くの機会を提供してくれるが、現実の多くの場合、本当の自己や表現したい自己と社会が求める役割との間に、何らかの妥協点を探る必要性が出てくるのもまた事実である。そのことは理解しておくべきであろう。

未知の窓―自己の可能性

　本章の冒頭で紹介したジョハリの窓における未知の窓は、自分も他人も気づいていない自分がいる部屋であるが、ではどうすれば未知の窓の自分を知ることができるのだろうか。「自分は何が得意なのか、自分は一体何がやりたいのか？」と自問しても、また、親や親友に聞いても、誰も完全には回答することはできない。人には未知の窓が存在する。それは、誰も知らない自己の可能性といえるのではないだろうか。では、どうすれば未知の自分を知ることができるのか。それは、新しいことに挑戦する、何でもやってみる、まずは行動することしかない。人は様々な経験をすることで、自分の可能性の存在に初めて気づく。その可能性はとても大きなものかもしれない。したがって、自分についての理解を深め自己イメージを形成していきながらも、自己の可能性を閉じないために、特にキャリアの初期段階では、適度にオープン・マインド（自分自身を決めつけすぎない）でいることが重要である。

第 3 章

生涯発達

　キャリア発達は生涯発達と密接な関係にある。人生はいくつかの時期や段階に分けられ、その時期固有の発達課題が存在する。生まれてから老いるまでの旅は、人によって様々な形で進むが、万人に共通する一定のパターンがあり、各時期がライフサイクルの中で大切な位置を占め、その独自の性格でライフサイクル全体に寄与している。キャリアの発達の考え方は、こうした生涯発達理論と類似する。

　組織内キャリアの発達段階は、学生と就職を含む初期キャリア、中期キャリア、後期キャリアの大きく 3 つに分けられる。新卒で就職する機会は、人生で一度しかないことから、キャリア形成の良いスタートを切る上で、就職して 3 年間は個人にとって非常に大切な時期であることを、あらためて認識すべきである。中期キャリアでは、専門性対一般性、夢対現実、仕事対家庭、といった問題に対処しなければならないが、中期キャリアに起こる問題は、中年期の個人の心理状態にも大いに関係している。後期キャリアでは、退職に伴うアイデンティティの危機に対処するとともに、自分の人生を自分で肯定できるかどうかという問題にも向き合うことになる。このように、キャリアの各発達段階に固有の課題や発達の意味があることを理解することは、現代における自己のキャリアを効果的にマネジメントするのに大いに役立つ。一方で、組織内キャリアだけに過剰に依存することは、現代ではやや危険が伴うことが、浮き彫りになってきている。

　長い人生の中で、人は様々な領域における役割を同時に果たさなければならない。現代社会を生きる個人にとって、労働は非常に重要なものであるが、ライフスペースの考え方では個人が果たすべき役割の 1 つである。社会や家庭と

いった人生の領域で、複数の役割を同時に果たすようにマネジメントすること
が求められる。

3-1　ライフサイクル・モデル

生涯発達

　生涯発達とは、人は基本的にいくつになっても成長・発達するという考え方
であり、幼児から老人まで生涯にわたる人間の成長を、生物学的、心理学的、
社会学的な視点などから考えるものである。生涯発達とキャリア発達は密接な
関係にあるため、まず生涯発達の基本的な考え方を学ぶ必要がある。ここで
は、生涯発達理論で有名な Levinson の研究と Erikson の研究の概要を紹介
する。

Levinson の生涯発達理論

　Levinson の研究は、生涯発達を理解する上で重要な役割を果たしている
(Greenhaus, Callanan and Godshalk, 2010)。1970 年代、Levinson は、35
歳から 45 歳までの 40 名の男性に対するインタビュー調査を行った。調査対象
者は、大学の生物学者、小説家、会社役員、エンジニア、それぞれ 10 名ずつ
で、複数回のインタビューを行った。インタビューの内容は全て録音され、そ
れをテープ起こしすることで 1 人平均 300 ページにもおよぶデータを得て、幼
少期から現在までのストーリーを再構築した。この調査に引き続き、35 歳か
ら 45 歳までの女性 45 名に対しても同様の調査を実施した。調査対象者は、主
婦、金融業務従事者、教育研究業務従事者、それぞれ 15 名である。Levinson
はこうした調査から、人生は時間的に連続する中で 4 つの時期に分けられるこ
と、各時期で安定期と過渡期が繰り返されること、また、その時期固有の発達
課題が存在することを明らかにした。

ライフサイクルの意味

　Levinson は、人生は大きく 4 つの時期に分けられるとし、これをライフサ

イクル（life cycle）と呼んでいる。Levinson（1978／南訳, 1992 上, 24-26
頁）によると、ライフサイクルという言葉には主に2つの意味が含まれてい
る。第1に、始まりから終わりまでの過程、旅という考え方である。これは、
生まれてから老いるまでの旅は、人によって様々な形で進むが、万人に共通す
る一定のパターンがあることを意味している。

　第2に、ライフサイクルを一連の時期（段階）に分けた季節という考え方で
ある。人生は一定不変の流れではない。異なる季節から成り、それぞれの季節
は独自の性格を持つ。1年という単位で見れば、春は開花のときであり、冬は
枯死のときだが、冬はまた再生のとき、新しいサイクルの始まりでもある。ど
の季節が良いとか、重要だという意味ではない。各季節がライフサイクルの中
で大切な位置を占め、その独自の性格でライフサイクル全体に寄与している。

ライフサイクルにおける4つの時期

　一般にライフサイクルは、未成年期、成人前期、中年期、老年期の4つの時
期に分けられる（図表 3-1）。安定期は数年間続くが、個人が望むライフスタ
イルを創造しようという意味において比較的安定している期間である。しか

図表 3-1　ライフサイクル・モデル

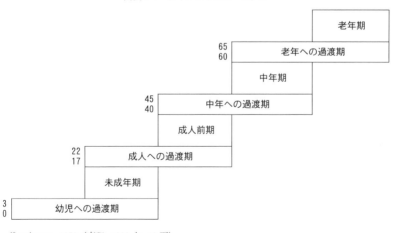

（Levinson, 1978／南訳, 1992 上, 48 頁）

し、いかなる人生でも永遠に安定した状況を保てるわけではなく、安定期の後には数年間の**過渡期**がやってくる[1]。

　図表 3-1 の数字は、各時期の始まりと終わりの年齢を表している。未成年期は 22 歳頃で終わるが、成人前期はそれより前の 17 歳頃に始まる。したがって 17 歳頃から 22 歳頃までは重複域で、この期間に前の発達期が終わり、新しい発達期が始まる。これが成人への過渡期であり、2 つの発達期の一部でありながら両者の橋渡しをする。中年への過渡期は 40 歳頃から 45 歳頃にまたがり、その間に成人前期は終わり中年期が始まる。また、老年への過渡期は 60 歳頃から 65 歳頃であり、その間に中年期は終わり老年期が始まる。

生涯発達に個人差はないのか

　ライフサイクル・モデルにおける各期の開始年齢と終了年齢は、平均的なものを示してある。もちろん個人によるばらつきはあるが、そのばらつきはかなり範囲が狭く、5 年ないし 6 年以上ということはない（Levinson, 1978／南訳，1992 上，47-49 頁）。生涯発達にあまり個人差がないという結果は、Levinson らが最も意外だったことであり、筆者にとっても大変意外である。この調査結果は、成人の発達ペースにはかなり個人差があるという長年培われてきた見解をくつがえすものであった[2]。なお、生涯発達の男女差も大きいものではない。

各時期の特徴と主な発達課題

　Levinson（1978／南訳，1992 上）によるライフサイクルの各時期の特徴と主な発達課題を以下に述べる。未成年期には、通常家族の一員として生活する。家族は子供を保護し、社会生活に順応させ、成長の手助けをする。子供は身近な家族から、学校、遊び仲間などを含めたより広い領域へと社会生活の範囲を広げていく。未成熟でまだ傷つきやすいが、性的成熟に繋がる身体的変化

　1　Levinson によると、1 つの安定期はおよそ 6 ～ 7 年間続き、1 つの過渡期はおよそ 4 ～ 5 年間続くものとされる。
　2　複雑で変化の激しい現代社会においては、より個人差が生まれているのではないかと筆者は考えている。今後の調査課題としたい。

が現れるのも、この時期の特徴である。

　成人への過渡期では、未成年の自己に終わりを告げようとする。それと同時に、大人としての自己を形成し始め、初めて大人の世界の一員となるための選択を始める。成人前期は、大人の世界に実際に足を踏み入れる時期である。大人の世界を探索し、職業上の夢を形成し、自分自身に磨きをかけることが大きな課題である。また、仕事、家族、余暇といった人生の各領域について、社会における自分の居場所を確立することも課題である。

　中年への過渡期は、人生半ばの過渡期とも言える。ライフサイクルにおける人生半ばの過渡期の存在を発見したことは、Levinson の研究で最も注目すべき点といえる。中年期は、これまで築いてきた人生を再評価する時期であり、葛藤や苦痛が伴うことが多い。Levinson の研究では、約 8 割以上の男女が、中年期（および中年の過渡期）に危機感を経験していた。危機感の原因は、身体の衰えの実感と人生が半分過ぎてしまったという焦り、世代交代が始まったことに対する実感、自分の夢を実現できなかったという事実に折り合いをつけなければならないこと、などが挙げられる。

　老年への過渡期では、中年期の力が衰えたり失われたりすることに対処しなければならない。この時期の課題は、老年期にふさわしい形の若さを持ち続けることである。老年期では、中年期に生じた課題や新たに掲げた目標に向けて、更なる努力を続けなければならない。なお、過去のある発達課題につまずき、そのままにしておくと、新しい発達段階に入って、新たな発達課題を実行する妨げとなることがある。

ライフサイクル・モデルの普遍性

　Levinson のライフサイクルは、どの程度普遍性のあるモデルなのか。Levinson は、古代のヘブライ（『タルムード』）、中国（孔子の教え）、ギリシャ（ソロンの教え）の各文化に関する資料を調査した。Levinson（1978／南訳, 1992 下, 239-241 頁）によると、『タルムード』には"箴言（Pirke Aboth）"という一書があり、人間の年表の概略を述べている。紀元前 500 年頃（推定）中国で著述活動を行っていた孔子は、ライフサイクルを 6 つの段階にわけている。紀元前七世紀（推定）のギリシャの詩人で立法家のソロンは、ライフサイ

クルを 10 段階に分けて、各段階は約七年続くとしている。ライフサイクルに関するこれらの 3 つの説はお互いに、そして Levinson の見解と主に以下の点で似通っている。

- ・　成人前期は、15 歳ないし 20 歳から 40 歳頃までである。30 歳にしてようやく十分な力を身につけ（『タルムード』、ソロン）、"三十にして立つ"（孔子）のである。

- ・　中年期は、ほぼ 40 歳から 60 歳までである。ソロンによると、42 歳から 56 歳にかけて「ことばと精神は全盛期にある」。『タルムード』によると、40 歳は"理解"の年齢であり、50 歳は"助言を与える"年齢である。孔子は「四十にして惑わず」、「五十にして天命を知る」と言っている。若い力やエネルギーには衰えが見られるが、能力や徳を最大限に発揮し、社会に最大の貢献ができるようになるまでには、40 年から 60 年の歳月が必要だという点では、3 資料とも同意見である。

- ・　3 資料とも、老年期は 60 歳前後に始まるとしている。ソロンは、老年を衰えの時期とし、70 歳で「死という引き潮に乗って立ち去るときになる」。『タルムード』によると、十分な英知と年長者であることの威厳は 60 歳からのものとしている。孔子は、60 歳で天（生と死、その人の価値観の究極的な源、自己）と新しい関係に入り、その関係を通して欲望と道徳、社会と自己という昔ながらの対立を超えた新しい形の精神的自由を手に入れると言っている。

　このように、『タルムード』、孔子の教え、ソロンの教えと Levinson のモデルとの共通点は多い。Levinson は、民族、文化、宗教、社会制度、時代などの違いを超えて、ライフサイクル・モデルは普遍的に応用可能であると述べている。Levinson のモデルが開発された 1970 年代に比べ、21 世紀のキャリアは変化や複雑さをより増している。それでもなお、発達段階ごとに固有の課題が存在するという考え方や、生涯発達のプロセスには安定期と過渡期が交互に訪れ、個人はそれを経験することで生涯を通じて成長できるという考え方もまた、現代に通用するものである（Greenhaus et al. 2010）。

Erikson の生涯発達理論

　Erikson は、人は生涯を通じて 8 つの発達段階を 1 つずつ上っていくという生涯発達理論を提唱している[3]。これによると、発達段階ごとに特定の課題や危機が存在し、各段階の結果次第で次の段階に向けた設定が変わってくる。すなわち、個人が成功裏に課題や危機を乗り越えられれば、次の成長に向けた基礎が形成されるが、失敗すればその後の成長・発達に良くない影響を与える可能性があるというものである。こうした発達段階と課題に対する考え方は、Levinson の理論と類似している。

　人生における 8 つの発達段階とは、早い順に、乳児期、幼児期初期、遊戯期、学童期、青年期、前成人期、成人期、老年期、である。各発達段階には、個人が乗り越えるべき課題（心理・社会的危機という）と、それを乗り越えることで個人に備わる魅力（基本的強さという）が存在することが示されている（図表 3-2）。

　Erikson の理論の大きな貢献として、2 点挙げることができる。1 つは、個人の生涯発達のために重要な課題や危機が、各発達段階で出現する順番を示している点である。もう 1 つは、成人の発達にとって特に重要な要因として、親密さ、後輩の指導、自我の統合を特定したことである。これらはキャリア発達にも関係が深いものである。

キャリア発達と発達段階

　キャリア発達は生涯発達と密接な関係にある[4]。多くの先行研究によると、キャリア発達は幼児期に始まる。Schein（1987）、Super（1957, 1990）、

　3　Erikson が心理・性的ならびに心理・社会的な発達を身体的に基礎づけるものとして必要不可欠となった有機体的原理は、漸成（epigenesis）である（Erikson and Erikson, 1997／村瀬・近藤訳, 2001, 29 頁）。epigenesis は本来生物学の用語である。epigenesis とは、preformation（予め生体のなかにそれぞれの器官の原形が用意されていて、発達はそれらが大きくなり顕現化することとする考え方）とは対立的に、発達していくコースの原案・基礎案こそ予め生体内に組み込まれているものの、個々の器官はあくまでも次々と新しく発生し形成されてはそれまでに作られたものの上に後から付け加えられながら、同時に全体の中に統合化されていくとする考え方である。Erikson が重視した、固有の発生時期、発現の順序という本質特性を表す言葉が漸成、すなわち「漸次的発生と形成」である（Erikson and Erikson, 1997／村瀬・近藤訳, 2001, 197 頁）。

　4　キャリア発達における「発達」は、人は年齢を経ることである機能は低下していく可能性がある一方で、別の機能は成熟していくことを意味している。これも生涯発達と同様の考え方といえる。

図表 3-2　心理・社会的危機と基本的強さ 5

		1	2	3	4	5	6	7	8
老年期	VIII								統合 対 絶望 英知
成人期	VII							生殖性 対 停滞性 世話	
前成人期	VI						親密 対 孤立 愛		
青年期	V					同一性 対 同一性混乱 忠誠			
学童期	IV				勤勉性 対 劣等感 適格				
遊戯期	III			自主性 対 罪悪感 目的					
幼児期初期	II		自律性 対 恥、疑惑 意志						
乳児期	I	基本的信頼 対 基本的不信 希望							

(Erikson and Erikson, 1997／村瀬・近藤訳, 2001, 73 頁)

Savickas（2002）らは、キャリア発達は人の誕生から死に至るまでの生涯における複数の段階で構成されるという理論を発展させたが、これをキャリアの発達段階と呼ぶ。発達段階は生涯をいくつかの年齢段階で区切って設定され、キャリア発達のプロセスには、比較的落ち着いている安定期と、大きく変化する移行期（転機とも言う）が存在する。各発達段階には、個人がその段階で達成すべき固有の発達課題（危機とも言う）が示される。個人が固有の課題が達成しなかった場合は、その後の発達段階に何らかの影響（不適応）が出る可能

5　個人に備わる魅力（基本的強さ）には下線を引いてある。

性がある。こうしたキャリアの発達段階や発達課題に対する考え方は、生涯発達理論と類似する。

キャリアの発達段階の例

Super は人が働くことに注目し、人生を成長段階（0〜14 歳）、探索段階（15〜24 歳）、確立段階（25〜44 歳）、維持段階（45〜64 歳）、解放段階（65 歳以上）の 5 つの段階に分け、各段階の特徴や発達課題を示している（図表 3-3）。なお、キャリア発達を時間の視点で整理したものを、Super はライフスパン（life span）と呼んでいる（Super, 1980）。Super のキャリア発達段階は、組織で働く人に限定せず、全ての働く人に当てはまるモデルといえる。

Super のキャリア発達段階は、生涯を通じた職業に関連する自己概念の成長と実現のプロセスを表している。自分はどのような人間で、どのような仕事に就くことができるのかといった職業関連の自己概念は、子供の頃からの経験を通じて学び、他者の行動を見ることで学び、どのような機会が存在するのか

図表 3-3　キャリア発達の諸段階と主な課題

段階	主な課題
成長段階 （0 歳〜）	・「自分はどのような人か」という考えを発達させる ・働く意味を理解する
探索段階 （15 歳〜）	・職業的好みを具現化する ・職業的好みを特定する ・現実的に自己概念を発達させる
確立段階 （25 歳〜）	・希望の仕事を見つける ・他者との関わり方を学ぶ ・職業的地位の安定を築く
維持段階6 （45 歳〜）	・自分の限界を受け入れる ・働き続ける上での新たな問題を明らかにする ・獲得した地位や利益を保持する
解放段階 （65 歳〜）	・労働時間を減らす ・退職する時を決める ・職業外の役割を開発する

（Super, 1980 を基に作成）

6　Savickas（2002）はこの段階の呼称を management（管理）に変更している。

を見聞して学ぶ中で、徐々に形成されていく。

3-2　組織内キャリア発達

組織内キャリア

　次に、組織内でキャリア発達するプロセスを考察する。組織内キャリアとは、個人が勤務する組織内で形成されるキャリアである。組織で働くほとんどの人は、組織の階層に沿って人事異動を経験する。すなわち、従業員は一定の昇進・昇格を達成しながら、所属する組織内で一定のキャリア発達をする[7]。

　組織内キャリアも、発達段階に分けて考えることができる。Schein（1978／二村・三善訳, 1991, 39-42 頁）によると、組織内キャリアの発達段階は、学生と就職を含む初期キャリア（学生から 30 歳頃まで）、中期キャリア（25 歳頃から 45 歳頃まで）、後期キャリア（40 歳頃から定年退職まで）の大きく 3 つに分けられる。

組織内キャリア発達を 3 つの次元で捉える

　組織で働く人は、組織内の階層に沿ってキャリア発達する。一定の昇進・昇格を達成しながら、組織内で一定の階層のレベルに到達する。もちろん、職業や組織によって、昇進の段階や機会が多いか少ないかは異なるものの、引退間際まで昇り続け極めて高いレベルの経営層まで出世する人もいれば、キャリアの初期からなかなか昇進しない人もいる。組織の階層に沿う動きは、垂直的な（縦方向の）キャリア発達とみなせる。

　同時に、組織で働く人の誰もが、職能に沿ってキャリア発達する。この職能は人々の専門分野を示す。例えば、エンジニアリングから製造・販売・マーケティングへ、そして全般管理へ移る人のように、専門分野を変える人には、職能に沿ってキャリア発達している人が多い。組織の職能に沿う動きは、水平的

　7　Herriot and Pemberton（1996）は、組織内キャリアを雇用主と従業員との心理的契約の連続であると概念化している。この概念に従えば、組織と個人の両者がともにキャリアに関する決定権を持ち、個人が会社を変わらなくてもキャリアチェンジが可能になる、という考え方もできる。

な（横方向の）キャリア発達とみなせる。

　こうした2つの次元に加えて、Schein（1978）は、もう1つの次元でキャリア発達を説明している。組織の中核へ向かう動きである。ある人の専門知識や経験が増え、組織から信頼されるようになり、組織内の重要な情報を入手し、より大きな責任を引き受けるにつれ、その人は組織の中核的な存在になっていく。こうした成長は通常、昇進・昇格に関連するが、個人がある階層のレベルに留まっても、その人が経験を積み、信頼されるようになるにつれて、より中核的な存在になることは大いにありうる。

　以上の3つの次元を組み合わせると、組織は3次元の円錐体として描くことが可能であり、これをキャリア・コーンと呼ぶ。円錐体の垂直軸で階層を表し、円錐体の円周に沿う区分で職能領域（部門）を表現し、また、外表面から円錐中心に向かう動きは組織の中核への成長として描ける（Schein, 1978／二村・三善訳, 1991, 39-42 頁）。このように、組織内キャリア発達は、階層、職能、中核という3つの次元の動きが組み合わさったものとして捉えることができる。

組織内キャリア発達とアイデンティティの変化

　組織に所属する人のアイデンティティは、組織内キャリア発達に伴って変化する。Hall（1995）は、組織内キャリア発達において人は新しい部署に異動し、新しい役割を担わなければならないとし、こうしたキャリアの過渡期（節目）は個人のアイデンティティの変化を促すと述べる。また、キャリアの節目では、アイデンティティの調整や適合が伴い、個人は新しい役割や新たに期待されるものに関するアイデンティティを形成する[8]。

　Nicholson（1984）によると、従業員の新しい職務への異動によって、吸収、決意、探索、複製、の4つの変化が生まれうるという。ここで、吸収とは個人に起こる変化、決意は役割に起こる変化、探索は個人と役割の両者に起こ

8　社会学や心理学の分野では、個人は古いアイデンティティを捨て、統一体としてのアイデンティティ全体を新たに受け入れるという考え方がある。一方、Pratt, Rockmann and Kaufmann（2006）は、アイデンティティの変化は漸増的であると述べる。すなわち、個人は新しいアイデンティティを統一体として受け入れるのではなく、既存のアイデンティティを濃縮したり、2つ以上のアイデンティティを補修したりする。

る変化、複製はどちらにも変化が起こらないことを意味する。Nicholson (1984) は、個人の仕事の新規性と裁量は、アイデンティティの変化にとって重要な要因であると述べている。

　従業員のキャリアの節目には、組織による社会化が行われることが多い。社会化戦術 (e.g. Van Maanen and Schein, 1979)、変革 (e.g. Snow and Machalek, 1984)、アイデンティティを変革する組織 (e.g. Greil and Rudy, 1983) などの研究は、組織が従業員のアイデンティティ形成を積極的に支援する様子を調査したものである。これらは、組織が個人の既存の自己概念を壊すのに用いる術や、反対に、自己概念に新たな意味を与える術などに焦点を当てている[9]。

組織内キャリア発達で直面する主な課題

　初期キャリア、中期キャリア、後期キャリアの各段階で直面する主な課題 (発達課題) を以下に示す (図表3-4)。これらの中で、キャリア発達にとって特に重要で深刻な課題は危機と呼ばれる。

　次に、各発達段階における主な課題について考察する。

初期キャリア
納得のいく就職をするために

　Schein は、個人の才能・欲求・価値は様々であり、それらと合致する仕事や職業を目指すために、以下の3点が重要だと述べる (Schein, 1978／二村・三善訳, 1991, 96-98 頁)。

　第1に、自分の才能・欲求・価値について、現実的な評価を行うことである。自己洞察 (よく自己分析と言われる) がなければ、自分にとって就職の好機なのか、あるいは幻想なのかがわからない。第2に、自分の才能・欲求・価値の自己評価の内容を、他者に正確に伝えられるようにならなければならない。自己分析をするだけでは十分ではなく、雇用する側が正確に評価できるように、他者に自分を伝える能力を身につけなければならない。他者に伝えると

9　個人の既存の自己概念を壊すことをセンスブレイキング、反対に、個人の自己概念に新たな意味を与えることをセンスギビングと言うこともある (e.g. Pratt, 2000)。

図表 3-4　発達段階で直面する主な課題

発達段階	直面する主な課題
初期キャリア （就職活動から 30 歳頃）	・職業に対する興味の形成 ・職業や企業に関する情報を獲得する ・納得のいく就職をする ・リアリティ・ショックの克服 ・職場の文化や規律を受け入れる ・日常業務に適応する ・上司や同僚とうまくやっていく ・有能な部下となる ・昇進するために必要な能力を形成する、他
中期キャリア （25 歳頃〜45 歳頃）	・専門性を確立する ・自分の専門分野を再吟味する ・管理職に就く ・大きな責任を引き受ける ・自分・家族・仕事のバランスをとる ・入社当初のビジョンと比較した現状評価 ・自分にとっての仕事の意義を再評価する ・将来の見通しを立てる ・転職の検討、他
後期キャリア （40 歳頃〜定年退職まで）	・専門的能力の深化 ・組織の中核的な問題解決に関わる ・有能な部下の育成 ・メンターとしての役割を果たす ・権限や責任の減少を受け入れる ・定年退職の準備 ・退職後の新生活に適応する ・自分の能力や経験の活用 ・社会参加の機会の獲得、他

（Schein, 1978 を基に作成）

言っても、「より率直に（正直に）なる」ことを意味しているのではない。率直さや正直さは、就職にとって有利にも不利にもなるが、キャリア選択をする状況では、自分自身に対する認識を他者に理解してもらう術を持っていることが重要である。第3に、不確実性を伴う情報も考慮しながら、自分が就職を目指す組織の職場環境等について正確な診断を下そうと努力することである。事前調査や面接、企業訪問などを通じて、自分が働くことになるかもしれない組織の文化や風土、職場環境について、短期的、長期的な観点で評価することが

求められる。すなわち、個人は、現実的な自己分析の技術、分析結果を相手に正確に伝える技術、および面接と観察の結果から組織内の環境を診断する技術を開発しなければならない。

初期キャリア危機―リアリティ・ショック

Schein（1978／二村・三善訳, 1991, 105 頁）によると、初期キャリアの特徴として、Hughes（1958）が呼んだリアリティ・ショックの存在がある。リアリティ・ショックとは、入社直後、あるいは新しい職種についた直後の幻滅感や期待外れに起因するショックのことを指す。これはどの職種においても、キャリアの初期段階に見られる現象である（Schein, 1990／金井訳, 2003, 23 頁）。

リアリティ・ショックを感じる具体的事例は人によって様々であり、些細なことが原因である場合もある。これを乗り越えられないと、組織や仕事にその後馴染めないとか、深刻な場合は退職に繋がることもあるため、リアリティ・ショックの克服は初期キャリアにおける重要な課題であり、初期キャリア危機（青年の危機）と呼べるものである。しかし、リアリティ・ショックは人が仕事の世界に初めて足を踏み入れたとき、程度の差はあれ、ほとんどの人が体験し、そして克服できるものであることを理解してほしい。リアリティ・ショックについては、第 4 章で詳しく考察する。

七五三問題

七五三問題（七五三現象）とは、中学卒の約 7 割、高校卒の約 5 割、大学卒の約 3 割の人が、就職して 3 年以内に就職した組織を辞めてしまう現象のことである。平成 8 年から平成 27 年までの過去 20 年における新卒就職者の就職後 3 年以内の離職率の推移を図表 3-5 に示した。離職率の過去からの推移を見ると、中学卒と高校卒では非常に緩やかに低下している傾向があるが、大学卒はほぼ横ばいの状況といえる。最も高かった離職率は、中学卒で 73.0%（平成 12 年 3 月）、高校卒で 50.3%（平成 12 年 3 月）、大学卒で 36.6%（平成 16 年 3 月）である。また、直近の平成 27 年 3 月における離職率は、中学卒で 64.1%、高校卒で 39.3%、大学卒で 31.8% である[10]。

図表3-5 新卒就職者の就職後3年以内の離職率（%）

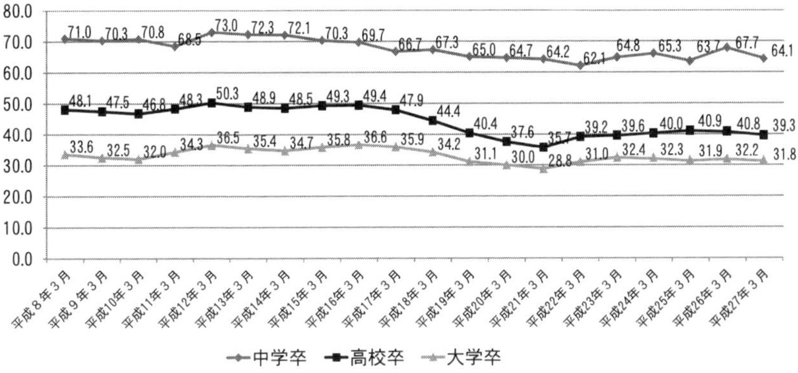

（厚生労働省（2018）「学歴別就職後3年以内離職率の推移」）

　新卒で就職したにも関わらず、これほどの割合の人が就職後3年以内に離職する理由はいくつか考えられるが、ここでは1点指摘したい。それは、学生はその企業に就職したくないが、内定を得たのはその企業からだけなので、不本意ながら就職してしまう**不本意就職**である。就職したくなかった企業でリアリティ・ショックを経験し、それを乗り越えることが困難であることは容易に想像できる。特に、不況期にはこうした事例が多く、不本意就職の原因が外部環境だけにあるとすれば、学生にとっては不運であり、極めて残念なことである。不況期には就職先を見つけることが困難であるからこそ、内定を得た企業で歯を食いしばってでも働き続けるという考え方もできるが、実態はそうではないようだ。新卒で就職する機会は、人生で一度しかない。キャリア形成の良いスタートを切る上で、就職して3年間は個人にとって非常に大切な時期であることを、あらためて認識すべきである。

日常業務に適応し、自立した従業員になるとはどういうことか

　Schein（1978／二村・三善訳, 1991, 124頁）は、組織で働く従業員には、学習する人間であるとともに、自発的に行動する人間であることが求められ、

10　離職率は1年目が最も高く、2年目、3年目と進むにつれて低下する傾向がある。

特にキャリアの初期段階では、従業員は両者のバランスをとることが大切であると述べる。すなわち、組織や上司の要求を知ってそれに対応することと、自分でイニシアチブをとって挑戦的な仕事に取組むことのバランスを保つことである。前者だけに偏る、すなわち、組織や上司から要求されたことしかしない（組織に対する過度な依存）、あるいは、後者だけに偏る、すなわち、自分だけで挑戦的な仕事に取組む（組織からの過度な独立）ような従業員は、真の意味で組織内の自立した存在とは言えない。そして、キャリアの初期段階にある組織の従業員は、どちらかに陥りがちである。重要なのは両者の間に適切なバランスを見つけ出すことであり、それが組織で自立した従業員になることに繋がるのである。

中期キャリア

中期キャリア危機

　中期キャリア危機（中年の危機）とは、キャリア中期からキャリア後期への移行期に存在する大きな課題を意味する。Schein（1978／二村・三善訳, 1991, 203-210頁）は、キャリア中期に直面する特に重要な問題として、以下の4点を挙げている。

　1点目は、自分の専門分野を再吟味することに関わるもので、自分がスペシャリストになるのか、ゼネラリストになるのか意思決定を求められるという問題である（専門性対一般性）。自己の専門性を深めるか、経営管理に加わることで一般性を高めるかについて決めなければならない[11]。併せて、組織において個人の明確なアイデンティティと貢献できる領域を確立することが求められる。

　2点目は、入社当初のビジョンと比較した現状評価に関わるもので、これまで形成してきたキャリアが、自分の夢や目標と一致しているのか、もし一致していないなら不一致をどうやって解消するかという問題である（夢対現実）。

11　これに対して、スペシャリストとしての能力とゼネラリストとしての能力をバランスよく身につけることが必要であるという考え方もある。自分の専門分野を追求し、最新の知識や技術を身につけていくことは必要であるが、絶えず変化する職場環境に多面的に対応できるように、ゼネラリストとしての能力を習得することも大切である。

言い換えると、夢を達成していないと気づいたときの失望と落胆に対処しなければならない[12]。併せて、自尊心の喪失によって、今後も積極的で前向きな態度を維持できるかどうかという問題もある。

　3点目は、管理職に就くことに関わるもので、指導や支援を求める部下や後輩からの期待に応えなければならないという問題である。なお、こうした期待は、キャリア中期の従業員が管理職についていようがいまいが、生まれるものである。

　最後に、自分・家族・仕事のバランスをとることに関わるもので、ワーク・ライフ・バランスの問題が挙げられる（仕事対家庭）。自分のキャリア発達に全力を注ぐことは、家庭での大きな犠牲を伴うかもしれない。反対に、キャリアにおける自分の野心レベルを引き下げることは、経済面やライフスタイルの変化に繋がり、それが、家庭生活や子供の教育などの新たな問題を引き起こすかもしれない。こうした問題は大きなストレスの原因になる。このように、キャリア初期と比較して、キャリア中期に直面する問題はより深刻なものである。

中年期の心理的な問題

　中期キャリアに起こる問題は、中年期の個人の心理状態にも大いに関係している。中年期の心理的な問題として以下の4点が挙げられる（Schein, 1978／二村・三善訳, 1991, 211-216頁）。

(1)　死に対する認識

　　両親、親族、友人の死を体験したり、自分が大きな病気にかかったりして、人生は永遠には続かないという事実を、より自分の問題として捉えるようになる。平均寿命を考えると、自分の人生も残り半分しかない。死に対する認識は、自分はこれまで何を成し遂げたか、どれほど時間が残っているかなどの自問を促す。

(2)　青春期の感情や葛藤の再燃

12　Schein（1978）は、期待していた以上の昇進をして、今や放棄できない成功の型に閉じ込められて身動きがとれないと気づく人、あるいは、自分のキャリア・アンカーが当初考えていたものとは全く違うことに気づく人についても、同様に重要な問題として挙げている。

人生後期の段階で人が物事にどのように対処するかには、若い頃の対処
の仕方やメカニズムが反映されることがある。また、過去の青春期の感
情や葛藤が再燃する場合もある。

(3) 家族の関係の変化から生じる新たな緊張

子供が成長して家を去ることにより、新たな問題が起こる。親の役割が
消滅し、食事の準備といった毎日の日課を変えると同時に、新たな活動
や役割にエネルギーを向けなければならない。また、夫婦だけに戻る
と、互いの関係の再定義が必要になる。

(4) キャリアの機会が限られてくることから生じる不安

年をとるにつれ、キャリアの様々な機会は限られてくる。会社でこれま
で順調に昇進・昇格を果たしてきても、今後の昇進ポストは次第に少な
くなるという現実に直面し、不安を感じることもある。

キャリア・プラトーとは何か

中期キャリアで起こる問題に関連し、キャリア・プラトーがある。Ference,
Stoner and Warren (1977) によると、キャリア・プラトー (career pla-
teau) とは、個人が現在就いている職位以上の昇進の可能性が非常に低い状
態、と定義される。すなわち、キャリア発達においてキャリアがある程度高い
レベルに到達し、それ以上発達せずに現状維持となる状態を、キャリア・プラ
トー (キャリアの高原状態) と呼ぶ。組織内キャリアで言えば、中期キャリア
以降において、従業員の昇進がこれ以上期待できない状態がこれに該当する。

Ference et al. (1977) は、個人の組織内キャリア発達の可能性と限界につ
いて、現在の業績と将来の昇進・昇格の可能性という2軸によって整理したモ
デルを提示している (図表3-6)。

このモデルによると、既に組織で大きな業績を挙げ、しかも将来の昇進・昇
格の可能性の大きい人 (スター) と、まだ業績を挙げていないが、将来を期待
されている人 (学習者) は、キャリア発達の可能性がある。一方、現在は業績
を挙げているが、諸般の事情で昇進できない人 (堅実なメンバー) と、現在の
業績もみるべきものがなく、昇進の可能性の乏しい人 (枯木) は、キャリア発
達の限界がある。すなわち、堅実なメンバーと枯木がキャリア・プラトーに該

図表 3-6　組織内キャリア発達の可能性と限界

		将来の昇進・昇格の可能性	
		低	高
現在の業績	高	堅実なメンバー（solid citizens） ＝有能なプラトー状態	スター (stars)
	低	枯木（deadwood） ＝無能なプラトー状態	学習者 (learners)

(Ference et al., 1977)

当する。

キャリア・プラトーに対処する

　Ference et al.（1977）は、堅実なメンバーに該当する人は有能なプラトー状態にあり、枯木に該当する人は無能なプラトー状態にあるという。そして、有能なプラトーが無能なプラトーに移行することをいかに防止するかが、重要であると述べている。企業の人事労務管理の点からも、業績はあるものの昇進を果たしていない従業員の処遇は重要である。

　キャリア・プラトーは、自分の能力の限界を悟ることや、モチベーションの低下に繋がってしまう問題である。上昇志向が強い人はもちろんだが、特にキャリアの早い段階では誰でもキャリア・プラトーを経験したいとは思わないだろう。田尾（1999, 43-44 頁）によると、個人がキャリア・プラトーに達する時期は、以下のような要因によって遅らせることが可能である。

・　個人が知識や技能を保有している程度、例えば、他者に真似ができないような技能を身につけていれば、プラトーを遅らせることができる。

・　個人の実績やどのようなキャリアパスを経てきたのか、例えば、組織で出世街道を歩んできた人は、そうではない人に比べて、プラトーに達する時期が遅くなる。

・　野心や意欲も重要である。いつまでも向上心を失わない人は、新しい技能の習得に努めるので、プラトーへの到達を後方にずらすことができる。

後期キャリア

後期キャリア危機

　後期キャリア危機（老年の危機）とは、組織を定年退職した後（直後）に存在する危機を意味する。危機の主な内容として次のものがある。新入社員として入社し同じ会社に定年退職まで勤務し続けると、個人のアイデンティティの中で会社の一員であることは極めて重要となる。すなわち、自分という存在と会社の一員であることが切り離せなくなってしまう。しかし、定年退職することで、個人の重要なアイデンティティを失ってしまう状態となる。これはアイデンティティの危機と呼ばれる。アイデンティティの危機を克服し、会社から離れた自分として生きていかなければならない。

　また、これまでを振り返り、自分の人生を自分で肯定できるかどうかという問題がある。後悔することもあるかもしれないが、やり直す時間はあまり残されていない。会社から離れて新たに自分の生きがいを見つけ、退職後の人生設計をすることも必要だろう。これまでは1日の大半を会社で過ごしていたのに、退職後は家庭での新たな生活が始まる。毎日夫婦2人で良好で有意義な時間を過ごすことができるのか、これもまた難しい問題である。

　なお、後期キャリアでは再就職して働き続ける人も少なくない。加藤監修・第一生命経済研究所編（2010）によると、何歳まで仕事をしたいかという質問に対し、70歳と回答した人が最も多く、回答者の平均は69.6歳であった。この結果は2003年と比較して、平均2.5歳上昇している。また、高齢期に仕事をしたい理由で最も多いのは、「家計維持のため、生活費を得るため（45.5％）」であり、次いで、「自分自身の生きがいのため（39.5％）」、「人間関係など社会との繋がりを持つため（35.2％）」が挙げられている（図表3-7）。高齢期の仕事には、収入に加えて、特に生きがいや社会との繋がりを求めている人が少なくないことがわかる。

組織内キャリアに依存する危険性

　Scheinが理論を確立した当時と現在では、企業や従業員を取り巻く環境は大きく変化している。事業環境の変化やグローバルな競争は、企業経営に多くの不確実性をもたらし、贅肉を落としたスリムで敏捷性に富んだ経営が求めら

図表 3-7　高齢期に仕事をしたい理由（%）

理由	%
家計維持のため、生活費を得るため	45.5
自分自身の生きがいのため	39.5
人間関係など社会との繋がりを持つため	35.2
自分の自由になるお金を得るため	28.6
健康にいいから	26.2
家計を補助するため	24.4
生活が規則的になるから	23.7
仕事を通じて社会的に意義のあることをしたいから	17.4
自分の知識や経験を役立たせるため	11.3
働くのが当たり前だから	11.0
家の外に出ていたいから	6.3
その他	0.3

（加藤監修・第一生命経済研究所編, 2011, 140 頁）

　れるようになった。現代では、企業が従業員に提供してきた職の保障や雇用の安定の土台ともいえる終身雇用・年功序列制度、および組織内の階層は、企業経営から敏捷性を奪っている源と見られるようになっている。90 年代に入ると、企業の人員削減傾向は顕著になり、組織内の階層や役職も減少傾向にある[13]。組織と個人の関係は、個人は組織に対して忠誠を誓う代わりに職の保障と雇用の安定を得るという関係から、より取引的な関係、すなわち労働の対価として報酬を受け取る短期的な交換関係（Rousseau, 1995）となり、多くの労働者のキャリアが不安定化している。

　Inkson（2007）によると、個人のキャリア発達に企業が過剰に介入することは好ましくないという議論は以前から存在していたが、組織内キャリアは80 年代にピークを迎えると凋落の一途をたどり、1996 年には Hall らが組織内キャリアの終焉を宣言するほどになっている。すなわち、個人が組織内キャリアだけに過剰に依存することは、現代ではやや危険が伴うことが、浮き彫りに

13　Inkson（2007）は、現代の企業で起こっているキャリア環境の変化を表すキーワードとして、downsizing（人員削減）、delayering（管理体制の簡素化）、outsourcing（外部委託）、casualization（正規雇用から非正規雇用への切り替え）などを挙げている。

なってきているといえる。

キャリア発達プロセスの行方

　21世紀に入ったこれからも、キャリアの発達段階はこれまで通り順序だっ
て出現するのであろうか。近年の企業やビジネスを取り巻く環境の変化は凄ま
じい。経済、技術、人口、グローバルに起こっている変化は全て、キャリア発
達に影響を与えている。特にグローバル化が進行する世界経済は、多くの人の
キャリア発達に直接的にも長期的にも影響を与えているはずである。これまで
のような生涯途切れることなくキャリア発達をするという考えは、今後現実と
合わなくなってくるのかもしれない、と Greenhaus et al. (2010) は指摘す
る。

　しかし、人が年齢を重ねる中で様々な経験をし、欲求や価値観などが変化し
ていくことは確かであり、その点から考えると、これからもキャリアは一連の
発達段階で構成されると考えることは適切であろう。また、初期キャリア、中
期キャリア、後期キャリアにおいて、キャリア・マネジメントの内容は明らか
に異なることも変わらないだろう。キャリアの各発達段階に固有の課題や発達
の意味があることを理解することは、自己のキャリアを効果的にマネジメント
するのに大いに役立つはずである。組織にとってみれば、それを理解すること
は効果的な人材管理に繋がる。

年齢によるステージと発達課題との関係

　人間の年齢によるステージとキャリアの発達段階（および発達課題）との関
係について考えてみる。図表3-8には、人間の成人期を年齢によって3つのス
テージ（若年期、中年期、老年期）に分けたものを横軸とし、縦軸にはキャリ
ア発達の課題を発達段階別にとり、どの年齢でどのような課題に直面する可能
性があるのかその頻度を示している。ここで注目すべき重要な点は、今後、若
年期でも中期・後期キャリアの課題に直面することはありうるし、反対に、老
年期であっても初期キャリアの課題に直面することが起こりうるということで
ある。

　これまでの多くの日本人がそうであったように、新卒で入社した企業に定年

図表 3-8　成人期のステージとキャリア発達の課題との関係

キャリアの発達段階と課題	成人期の年齢によるステージ		
	初期成人期 （若年期）	中期成人期 （中年期）	後期成人期 （老年期）
初期キャリア			
職業・組織選択	XXX	XX	X
確立	XXX	XX	X
達成	XXX	XX	X
中期キャリア			
再評価	X	XXX	XX
生産的であり続ける	X	XXX	XXX
後期キャリア			
生産的であり続ける	X	XXX	XXX
老後に備える	X	XX	XXX

　注）XXX：非常に頻繁に直面する、XX：頻繁に直面する、X：時々直面する
（Greenhaus et al., 2010 を基に作成）

退職まで働き続けるという1つの組織内キャリア発達を歩むのであれば、年齢によるステージとキャリアの発達段階はほぼ比例することから、若年期では初期キャリアの課題に、中年期では中期キャリアの課題に、老年期では後期キャリアの課題に直面する頻度が多くなる。しかし、日本企業の伝統的な終身雇用・年功序列制度の土台が揺さぶられ、また、個人の価値観がより多様化してきた今日では、これまで以上に転職や起業を経験する人が増える可能性はあるし、様々なキャリア発達のパスを歩む人が出てくることも予想される。そうなると、年齢によるステージとキャリアの発達段階を容易に関係づけることは難しくなる。若年期でも後期キャリアの課題を考えてそれに備える必要があるだろうし、反対に、老年期でも新たな仕事に就くことで初期キャリアの課題に直面しうることを理解し、それに対応できるようにする必要がある。

サイクルの中にミニサイクルがある
　生涯にわたる1つの大きなキャリアサイクルの中に、複数のミニサイクルが存在することが多くの研究者によって指摘されている。例えば、Savickas

(2002) は、個人が新たな仕事に着手する度にミニサイクルが起こると述べる。転職時はもちろん、企業における人事異動や担当業務の変更に伴って起こる転機もミニサイクルといえる（Nicholson, 1984）。また、Hall（2002）は、キャリアを取り巻く変化や競争の激しい環境にあって、最近は転機を経験する人の数も転機の回数も増えており、従来の 1 つの大きなサイクルではなく、複数のミニサイクルから成るキャリア発達モデルを提唱している。このミニサイクルは、探索・試行錯誤・習熟・出口、のプロセスで構成される学習サイクルである。現代のキャリアは、キャリア発達を直線の階段ではなく螺旋階段を上って行くようなイメージで捉える方が、より適しているのかもしれない。

3-3　ライフ／キャリア／家族サイクル

人生における 3 つの領域のサイクル

　長い人生の中で、人は様々な領域における役割を同時に果たさなければならない。したがって、キャリアの問題を考える際は、この様々な領域で起こる問題も合わせて考える必要がある。Schein（1978）は、個人が果たすべき役割が存在する領域は 3 つに分けることが可能で、それぞれにサイクルがあると述べる [14]。すなわち、生物・社会的サイクル（ライフサイクルともいう）、家族サイクル、キャリアサイクルである。

　Schein（1978／二村・三善訳, 1991, 25-26 頁）によれば、どのサイクルにも到達すべき目標や終点が存在し、それに至るプロセスは平坦ではなく、どのサイクルにも山と谷の時期がある。谷は日常的に平穏な状態を表すのに対し、山は障害を意味し、個人が対処しなければならない課題を意味する。3 つのサイクルには多数の選択の機会があり、その選択の仕方によって人生全体の質が決まる。Schein（1978／二村・三善訳, 1991, 23-24 頁）に基づき、各サイクルを紹介する。

14　サイクルとは周期、過程を意味する。

生物・社会的サイクル（ライフサイクル）

　加齢による個人の生物学的な変化のサイクル、および、これに伴う年代別の社会的期待に関わるサイクルが、生物・社会的サイクル（ライフサイクル）である。私たちの身体には、加齢による成長と発達に伴って、思春期や更年期といった生物学的な変化が起こり、ときには様々な慢性病が発生する。同時に、私たちの社会や文化には、個人のあるべき行動等について年代別の社会的期待というものが存在する。社会的期待とは「らしさ」のようなもので、例えば、子供は感情的で遊び好きと期待され、青年は懸命に大人になろうとしていると期待される。成人は仕事と家庭の両者に責任があると期待され、また、老人は余暇への関心が増す、責任の減少を受容する、と期待される。そして、最終的に生物・社会的サイクルには、死という明確な終点がある。このように、人は加齢に伴う生物学的な変化を受け入れ、それに対応していかなければならないと同時に、年代別の社会的期待に応えていくことが求められる。

家族サイクル

　家庭や家族関係に関わるサイクルが、家族サイクルである。若い頃の家族問題は、主に自分の両親との関係や親からの独立に関係している。結婚せずに独身のまま親から独立する人もいれば、結婚し、子供を持ち、新たな家庭を築く人もいる。また、中年期の家族問題は、配偶者や子供の要求と年老いた両親の要求が対立することに起因することがしばしばある。私たちは家族サイクルとともに生きており、自分の家庭や家族関係によって様々な要求や制約を課されると同時に、いつくしみや楽しみ、成長の機会、および自分たちの何かを子孫に残す可能性を与えられる。

キャリアサイクル

　仕事や職業に関わるサイクルが、キャリアサイクルである。ここでいう「キャリア」は、仕事や職業の領域だけを指す狭い意味で用いている。キャリアサイクルには、職業イメージの形成、就職のための教育・訓練、就職活動、就職、いくつかの発達段階を伴う職業生活、さらには、引退などが含まれる。なお、キャリアサイクルにおける引退は、必ずしも仕事や人生の終わりを意味

するものではない。

ライフ／キャリア／家族サイクルの相互作用

　生物・社会的サイクル、家族サイクル、キャリアサイクルの各サイクルで起こる課題（各領域で求められる役割を果たすこと）はそれぞれ異なることから、3つのサイクルはそれぞれ個別に描かれるが、人生において各サイクルは重なり合い影響し合っている（Schein, 1978／二村・三善訳, 1991, 26-27頁）。そして、ライフ／キャリア／家族サイクルの相互作用は、個人にとってプラスにもマイナスにもなりうるものである。

　ある課題に対処するのに相当の時間とエネルギーを必要とする場合、複数の課題が時間をおいて起こるのか、それとも同時に起こるのかは、人生に大きな影響を与える。例えば、結婚と就職が時期的に重なる場合、人生における2つの重要な課題、すなわち、家族サイクルの課題とキャリアサイクルの課題を同時に引き受けることになるが、どちらも、相当の時間とエネルギーを必要とする課題である。この場合、本人はどちらの課題も達成できるように対処するだろうが、極めて負担が大きいことは事実である。場合によっては、不本意であっても、どちらかの課題への関与を減らすかもしれない。これは個人のワーク・ライフ・バランスの問題でもある。人生の様々な領域で求められる複数の役割を果たせるように、各サイクルをマネジメントすることが求められる。

ライフスペース

　Super は、生涯を通じたキャリア発達を時間の視点で整理したものをライフスパンと呼ぶのに対し、人生において個人が果たすべき多様な役割を整理したものをライフスペース（life space）と呼んでいる（Super, 1980）。多様な役割とは、具体的に、子供、学習に従事する人、余暇を過ごす人、国民や市民、労働者、家庭人（配偶者など）、その他（年金受給者など）の7つが挙げられている。現代社会を生きる個人にとって、労働は非常に重要なものであるが、ライフスペースの考え方では個人が果たすべき役割の1つである。人生は仕事での役割だけでなく、多様な役割への取組みやその組合せによって構成される。個人が果たす役割はお互いに独立しているときもあれば、補い合うこと

もあるし、また、ある役割が他の役割と衝突することもあり、多様な役割を上手に果たしながら生きていかなければならない。

ライフ・キャリア・レインボー

　Super はキャリア発達に役割と時間の考え方を取り込み、ライフスパン／ライフスペースを提唱したが、ライフスパンとライフスペースを組み合わせて図示したものは、ライフ・キャリア・レインボー（ライフ・キャリアの虹）と呼ばれている。ライフスパンはライフ・キャリア・レインボーの時間軸であり、ライフスペースはライフ・キャリア・レインボーの役割軸である。

　ライフ・キャリア・レインボーには、年齢、発達段階に基づくライフステージ、キャリア行動に影響を与える個人的要因（気づき、態度、興味、欲求・価値、適性、遺伝など）、キャリア行動に影響を与える状況的要因（社会構造、歴史的変化、社会経済的組織・状況、雇用、学校、地域社会、家庭など）、人生を通じて個人が果たすべき様々な役割（子供、学生、余暇人、市民、労働者、配偶者、家庭人、親など）などの要素が含まれている（Super, 1992）。

第 4 章

転機と就職

　キャリア発達は大なり小なりの転機の積み重ねと言っても過言ではない。本当の節目になるかどうかは、本人の受け止め方次第であり、同じ経験であっても、転機として自覚するか否かによって変化や成長に違いが出てくる。転機には中立圏という不安定な時期が存在し、個人が変化するには、この不安定な時期を受け入れ、それを乗り越えることが重要である。個人にとって困難な転機であっても、転機を客観的に考察し対処することで、うまく乗り越えられる可能性が高くなる。

　就職は 1 つの転機である。就職してすぐに誰もが直面する課題にリアリティ・ショックがある。リアリティ・ショック（現実ショック）とは、職業人として、理想や希望を抱いて就職したものの、思っていたものと違うといった幻滅感や、理想どおりにはいかない現実の厳しさにショックを受けることである。これを軽減するためには、個人が会社や仕事について、良い情報も悪い情報も含めた様々な情報に基づき、より現実的に事前評価すること（RJP）が必要である。就職すると、新しい組織へ適応することが求められるが、従業員が新しい組織（特に組織の文化）に適応するプロセスを社会化という。社会化の成否は、入社後の従業員の生産性等に大きな影響を与えるため、組織にとっても重要である。

　就職という転機を乗り越えるための、学生のキャリアに関する学びの機会の 1 つに、インターンシップがある。効果的なインターンシップ・プログラムは、研修生と受入先組織の双方に大きなメリットをもたらすものとなる。受入先組織も学生のメリットを重視していることを学生に理解してもらうことで、学生は過度に萎縮することなく就業体験に取組むことができ、学習効果の向上

にも繋がる可能性がある。今後の課題として、体験する学生数を量的に拡大することに加え、学生と企業双方の期待やニーズを踏まえ、プログラムの有効性をより高めることが挙げられる。

4-1　キャリア発達における転機の存在

転機とは何か

　第3章では生涯発達について述べたが、生涯発達の中で人が特に大きく変化する時は、転機 (transition)、または節目と言われる。人生で訪れる転機は一度だけでないし、ほとんどの人が経験する転機もあれば、個人的に意味を持つ転機というものもある。現代のキャリアは、生涯にわたる大きなサイクルの中に、複数のミニサイクルが存在することを考えると、キャリア発達は大なり小なりの転機の積み重ねと言っても過言ではない。Levinson（1978）のライフサイクル・モデルにおいても、成人への過渡期、中年への過渡期（人生半ばの過渡期）、老年への過渡期といったいくつかの過渡期の存在が示されているが、こうした過渡期は人生における転機となりやすい時期といえる。

転機の捉え方

　転機には具体的にどのようなものがあるのか。黒川（2007, 130-131頁）によると、多くの人が経験する人生上の出来事は転機になりうる。例えば、大学への進学、就職、大学院入学、結婚、家族が増える、転勤、転職、引越し、自分や家族の病気、子供の自立、家族の死などは、人生において大きな転機となりうる出来事である。また、個人がキャリアで克服すべき様々な発達課題に取組んでいる時も転機になりうる。生涯発達における個人にとって、特に重要な課題は危機と呼ばれている。例えば、初期キャリアにおけるリアリティ・ショックの克服、中期キャリアにおける自分自身の専門性の確立、さらに、後期キャリアにおいてメンターとしての役割を果たすこと、などが挙げられる。

　多くの人が経験するであろう人生上の出来事は、外から見てわかりやすい客観的な転機といえる。それに対して、キャリアで克服すべき様々な発達課題に

取組んでいる時とは、外から見てわかりにくく、より個人的で主観的な性質を
持つ転機と捉えることができる。

転機を気づかせてくれるきっかけ

　では、人は転機をどのようにして自覚するのか、何が転機に気づくきっかけ
となるのか。これについて、金井（2002, 268-271 頁）は、4 つの契機（きっ
かけ）を挙げている。

　1 点目は、**危機感**である。何らかの危機感が、今が転機であることを人に気
づかせる。このままでいいのかという焦燥感や、キャリアのどん詰まり感覚の
ようなものなど、今のままでは具合が悪いと思ったときに、変化が始まる。た
だし、危機が迫っていることを自覚できないと危機感は生まれない。

　2 点目は、**メンターの声**である。自分では転機を気づきにくい場合、既に同
様の転機を経験した上司や親などがそれに気づかせてくれることがある。金井
は、メンターが果たす様々な役割を挙げた上で、最も重要な役割として、今転
機を経験している人に対して「今は大変な時期だが、今を乗り越えればもっと
大きくなれる」などと言ってあげること、節目にいることを気づいていない人
に「今あなたは大切な人生の境界線をくぐりつつある」などと伝えてあげるこ
と、と指摘している。

　3 点目は、**楽しさやゆとり**である。自分の仕事が楽しいと感じたとき、嫌だ
と言って始めたのに、それがいつのまにかうまくできていることに驚いたとき
は、転機の契機となる。これは、危機感とは違う形の契機である。取り組んで
いることに習熟してきて、楽しくなってきたときは、心にゆとりや余裕が出て
くる。そうしたときが、自分らしさをチェックする良い機会となり、それが次
の成長のための転機にも繋がる。

　4 点目は、**年齢**などの節目である。20 歳になる、40 歳になる、還暦を迎え
る、などの年齢的な節目には、成人式などのお祝い、入社式や研修、退職前の
セミナーなど、社会的な儀式やプログラムなどが伴うことが多く、転機への気
づきを促してくれる。

　こうしたきっかけが本当の節目になるかどうかは、本人の受け止め方次第で
あり、同じ経験であっても、転機として自覚するか否かによって変化や成長に

違いが出てくる可能性がある。

転機のタイプ分け

　Schlossberg は転機のタイプを 3 つに整理している（黒川, 2007, 135 頁）。1 つ目は個人が予測していた転機である。就職、定期人事異動、退職などがこれにあたる。2 つ目は個人が予測していなかった転機である。突然の企業派遣による海外留学、他の企業への突然の出向辞令、管理職への抜擢、想像しなかった地方への転勤などがある。3 つ目が、個人が期待していたものが起こらなかった転機である。例えば、期待していたが実現しなかった昇進、自信満々だったが不合格だった昇格試験、期待していたが起こらなかった人事異動などがある[1]。転機とは、個人がある出来事を転機と捉えることによって本当の転機となると考えれば、期待していたものが起こらなかった転機も個人の転機となりうるのである。

　これら 3 つのタイプの転機は、個人にとってそれぞれ持つ意味合いが異なっている。転機の意味を理解するためには、自分に起こった転機はどのタイプに該当するのか、また、転機が起こった前後関係、背景、自分にとってどの程度の重要性を持つのか、などを識別する必要がある。

転機ではどのようなプロセスを経るのか⑴─トランジション・モデル

　転機とは個人が特に大きく変化（移行）する時であるが、変化はデジタル的に急激に起こって終了するのではなく、そこには必ずプロセスが存在する。Bridges（1980）によると、転機は、終焉、中立圏、開始の 3 つの段階で構成される。これを Bridges のトランジション・モデルと言う（図表 4-1）。このモデルは、就職、昇進、転勤など、個人が経験する様々な転機に当てはまるものであり、その大きな特徴は、転機には中立圏というニュートラルな段階が存在するという点である。

　終焉とは、何かが終わる時期であり、何かからの離脱であり、自己のアイデンティティやキャリアの方向感覚の喪失、幻滅感などを味わう段階である。大

1　ここでは企業の従業員が経験する転機の例を提示している。

図表 4-1　トランジション・モデル

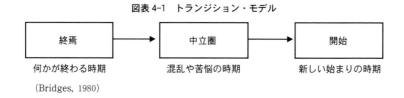

(Bridges, 1980)

学生を例に考えてみると、大学生が A 大学を卒業するとき、親しんだ大学から離れることになり、もう A 大生という自己は存在しなくなる。大学生活は終わったことを認識する。これが終焉である。次の中立圏とは、混乱や苦悩を経験する時期であり、一時的な喪失感に耐えることや、自分の内面と向き合うことが求められる[2]。もう A 大生ではないという喪失感や、一時的にではあるが、どの組織にも所属しない自分自身と向き合うことになり、不安を抱くこともあるだろう。しかし、個人が変化するには、この中立圏という不安定な時期を受け入れ、それを乗り越えることが重要である。そして開始は新しい始まりの時期であり、自己の内面が再統合される段階である。就職し B 社の一員としての新たな始まりである。A 大学を卒業して、B 社に就職したという経歴を持つ社会人としての自分が誕生する。

転機ではどのようなプロセスを経るのか (2)—トランジション・サイクル・モデル

転機のプロセスを説明するもう 1 つのモデルが、Nicholson らのトランジション・サイクル・モデルである。このモデルでは、転機は、準備、遭遇、順応、安定化の 4 段階で構成され、安定化の段階が新たな準備の段階に繋がるというサイクルを形成する（図表 4-2）。

準備とは、個人がどこか新しい世界に入るための準備の段階である。この段階は来るべき変化に備えるもので、主にこれまで所属してきた組織、関わってきた仕事、それに伴う習慣・規則、人間との別れのプロセスと、今後に対する期待で構成される。なお、新しい仕事に対する期待は、多少なりともインフ

2　中立圏はニュートラル・ゾーンとも呼ばれ、どちらとも言えない曖昧な精神状態の時期であり、自己アイデンティティは絶えず変化する。

図表 4-2　トランジション・サイクル・モデル

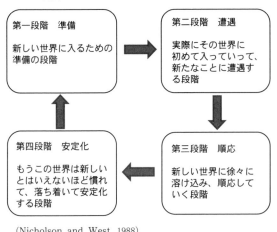

(Nicholson and West, 1988)

レーション気味であることが多いことから、RJP が重要となる。RJP については後述する。

　遭遇とは、実際にその世界に初めて入っていって、様々な新しいことに遭遇する段階である。この段階では、新しい役割を経験し、新たな状況での周囲の要求や期待にさらされ、自分の中で役割と要求、期待の間の折り合いをつけることが求められる。人的資源管理に積極的な企業は、この段階で徹底したオリエンテーション・プログラムを新人に対して行っている。なお、個人が新たな組織や役割との適合のあり方を習得するプロセスは、社会化（e.g. Van Maanen and Schein, 1979）と呼ばれる。

　次に、順応とは、個人が新しい世界に徐々に溶け込み、順応していく段階である。個人の行動やアイデンティティに変化が起こり、新たな役割を受け入れる、あるいは、アイデンティティや動機付けに合致するように役割を演じたり、自分自身を変えようとしたりするのがこの段階である（Nicholson and West, 1989）。なお、個人があまりにも簡単に新たな役割になりきったり、役割に対して一切疑問を抱かなかったりする場合は、本当に個人に変化が起こっていない可能性があり、後に個人だけでなく組織にとっても問題となることがある。その反面、企業が徹底したオリエンテーションや社会化プログラムを新

入社員に施すことによって、役割の受け入れが容易になる一方で、個人のイノベーション志向が抑制されるというマイナスの影響も生まれる、という研究結果もある（Ashforth and Saks, 1996）。

　最後に、安定化とは、今自分がいる世界に慣れて、落ち着いて安定化する段階である。この段階では、順応が安定し、個人は組織と上手なバランスを取れるようになってくる。一方、この段階における問題として、退屈、マンネリ、業績低迷などが指摘されている（Inkson, 2007）。個人が落ち着いて安定化してきたら、次の新たな転機が近づいてきていると思うべきかもしれない。

　トランジション・サイクル・モデルの大きな特徴は、ある転機の終わりが次の新たな転機に繋がっていることを示している点である。すなわち、このモデルは、人生の安定期と移行期は繰り返し現れることを表しており、人生は大なり小なりの転機の積み重ねであることを意味している。

転機を4つのSで考察する

　例えば、人が転職するとき、より待遇の良い企業に就職することを目指し、自分自身をつい過大評価してしまう場合があるが、それでは良い結果に繋がらないことが多い。人生を左右するような大事なときだからこそ、転機と転機にある自分自身を冷静に客観的に考察することも必要である。Schlossbergらは、転機にある個人を支援するための実践的な対処法を提案している。Schlossberg, Waters and Goodman（1995）によると、転機のタイプやプロセスに関係なく、4つのSが、個人が転機を乗り越えることに大きな影響を与える。個人にとって困難な転機であっても、転機を4つのSの視点から客観的に考察し対処することで、うまく乗り越えられる可能性が高くなる。

　1つ目のSは状況（situation）であり、転機の状況について考察することである。例えば、転機が始まったきっかけは何だったのか、転機のうち自分でコントロールできる部分はあるか、あるならばどの部分か、この状況はどれぐらい長く続くものか、一時的なものか、過去に自分は同様の転機を経験したことがあるか、転機に伴うストレスはどの程度か、などと自問することである。2つ目のSは自己（self）であり、転機における自分自身について考察することである。例えば、転機における自分の年齢をどう評価するか、自分の性別を

どう評価するか、自分の社会的地位をどう評価するか、自分の健康状態はどうか、転機においても楽観的に物事を見ることができるかどうか、変化が起こったときに自分自身を勇気づけることができるか、などと自問することである。3つ目のSは援助（support）であり、転機における周囲からの援助について考察することである。例えば、転機を乗り越えることについて周囲（配偶者、家族、友人、同僚、組織他）から肯定的、好意的な賛同を得られているか、周囲からの援助を受けられるか、受けられるとしたらどの程度の援助か、転機によって周囲からの援助の中で失うものはないか、などと自問することである。4つ目のSは戦略（strategies）であり、転機における戦略について考察することである。例えば、自分はどのような行動をとるべきか、転機の意味について考え、必要ならば自分の行動を変えるように試みているか、転機におけるストレスをどのようにマネジメントするか、などと自問することである。

　このように、4つのSの内容を具体的に吟味することで、転機に対処する際に、個人が活用できる資源と脆弱な資源について明らかにすることができる（黒川，2007，137-140頁）。なお、ここで提示した4つのSは、キャリア・カウンセリングの現場でも活用されている。

転機を役割移行のプロセスとして考える

　キャリアを個人が役割を担うことの連続として捉えるならば、役割が変化することはキャリア発達の重要な一つの特徴といえる。就職、昇進、転職、退職など、キャリアには様々な転機が存在するが、それはまさに個人の役割移行のプロセスでもある。役割移行（role transition）とは、就職、転職、退職、異動を含む、あらゆる職務、役割、活動における大きな転換、と定義される（Nicholson and West, 1988）。Inkson（2007, p.162）は、役割移行において特に重要なのは、その移行は個人が意図的に求めて行われたのか、または何らかの外的状況（企業の人員削減、本人の病気、家族の事情など）によってやむを得ず行われたのか、という点であると指摘する。

　21世紀のキャリアは、様々な境界を越える機会が増えるという特徴があり、個人が役割移行を経験する機会も増えている。技術革新や構造改革など、今日の組織には変化がつきものであり、それに伴って従業員の役割移行も頻繁にお

こりがちである。現代的キャリアの特徴の 1 つがバウンダリレス・キャリア（第 6 章で詳しく述べる）であることから、大きな役割移行も人生の一部になる可能性もある。また同時に、それが個人にとって喜びや活力の源となる場合もあるであろう。

キャリアの大きな転機—職業選択の捉え方

　就職や転職といった個人が職業を選択することは、キャリアにおける大きな転機となる。Greenhaus, Callanan and Godshalk（2010）は、個人の職業選択を考察する切り口として、4 つのテーマを挙げているが、こうした切り口で個人の職業選択を考察することは、学術的な調査研究のみならず、実際的な個人の就職にも十分寄与するものと考える。

　4 つのテーマの 1 つ目は、適合プロセスである。この切り口は、職業選択を個人と職業の適合プロセスとして捉えるもので、例えば、Holland のパーソナリティと環境、それらの相互作用に関する六角形モデルがこれに当てはまる。個人の職業満足や生産性向上のためには、個人のパーソナリティと職業の特性とが、どの程度一致（適合）しているかが重要となる。

　2 つ目は、発達的プロセスである。この切り口は、職業選択を個人が時間とともに成長、発達する発達的プロセスとして捉えるもので、学業への取組みや職業面での個人の数々の意思決定や行動の結果が、ある職業の選択であると考える。

　3 つ目は、意思決定タスクである。この切り口は、職業選択を個人の意思決定上のタスク（課題）として捉えるものである。職業選択は個人の大きな意思決定が伴う難しい決断である。職業選択という個人の意思決定には様々な要因が影響を与えるが、最も大きな要因は個人の信念である。

　4 つ目が、社会的・文化的影響の結果である。この切り口は、個人の職業選択は社会的・文化的影響の結果である、と捉えるものである。職業選択に影響を与える社会的・文化的要因には、両親、友達、教師、国の文化などがある。特に、両親は子供の職業選択に大きな影響を与えることが明らかになっている。

4-2 就職という転機

リアリティ・ショックの克服

　学校を卒業し就職することは、人生における大きな転機となる。図表 4-3 に、1991 年から 2018 年までの日本における大卒者の就職率の推移を示した。これによると、バブル好景気の影響で 1991 年に就職率は81.3％と最も高く、その後緩やかな下降と上昇を経て、直近の 2018 年は 77.1％という状況にある。就職が学生本人の資質や能力に加え、景気変動の影響を受けてしまうことは避けられないことである。

　就職という転機に、個人が克服しなければならない大きな課題の 1 つが、リアリティ・ショックと呼ばれるものである。Schein（1978／二村・三善訳, 1991, 105 頁）によると、リアリティ・ショックとは、個人が初めて仕事に就く際の、期待と現実のギャップである。すなわち、人が理想や希望を抱いて就職したものの、現実は思っていたものと違うといった幻滅感や、現実の厳しさにショックを受けることである。程度の差こそあれ、大部分の職業においてほとんどの人が、初期キャリアで、特に入社して間もない新入社員の時期に、リアリティ・ショックを様々な形で経験する。中には、些細な出来事や社会人なら当然だと思えるような内容も含まれる。例えば、配属された部署で毎日コピー取りや書類整理などの雑用ばかりを頼まれる、新入社員の仕事は毎朝の掃

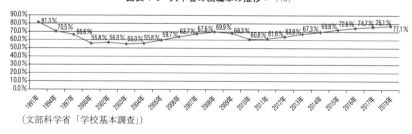

図表 4-3　大卒者の就職率の推移 3（％）

（文部科学省「学校基本調査」）

3　ここでの就職率とは卒業者数のうち就職者数の占める割合を指す。

除から始まることを知る、仕事ができないからと職場で上司から大声で怒鳴ら
れるなど、人が仕事で幻滅感や現実の厳しさを感じる事例はいろいろである。

　個人差はあるものの、リアリティ・ショックは誰でも比較的短期間で乗り越
えられる課題であるが、もし乗り越えられなければ、その後の会社生活にも悪
い影響を及ぼすであろうし、最悪の場合には退職にも繋がりかねない。した
がって、リアリティ・ショックはできるなら最小限に抑えたいし、新入社員時
代の思い出になるような一時的な経験として容易に克服したいものである。こ
のリアリティ・ショックは、自分が抱いていた会社や仕事に関する理想やイ
メージと、現実が大きくかけ離れることから生まれるが、では、どうすればリ
アリティ・ショックを最小限に抑えることができるのだろうか。

会社案内の「黒い嘘」と「白い嘘」

　リアリティ・ショックに関連し、金井（2002, 175-177 頁）は、会社案内に
おける「黒い嘘」と「白い嘘」について述べている[4]。黒い嘘とは、偽りを語
ることである。一般に、人が嘘をつくといったとき、嘘とはこの黒い嘘を意味
している。これに対して、白い嘘とは、大切なことを故意に語らないことであ
る。偽りを語っていないため、嘘をついていることにはならず、黒い嘘とは異
なるので、それを白い嘘と呼んでいる。

　金井（2002, 175 頁）は、企業が対外的に作成する会社案内には、黒い嘘は
なくても白い嘘は隠されている可能性が高いことを指摘している。企業は、外
部からの評価を高めるために、また、優秀な学生を獲得したいために、会社案
内で自社をアピールする。些細なことであっても企業にとって都合の良い内容
であれば、それは取り上げられるであろうし、多少誇張して語られることも多
いだろう。反対に、企業にとって都合の悪い内容であれば、それはあえて会社
案内で取り上げようとはしない。その結果、会社案内のパンフレットは全体的
に極めて良いイメージで覆われることになる。なお、こうした白い嘘は、会社
案内に限らず、様々な場面で存在するものである。

　もし就職活動中の学生が、そうした会社案内の内容を鵜呑みにしたら、就職

4　英語にも black lie（悪意のある嘘）、white lie（悪意のない嘘）という類似する表現がある。

した後でどのようなことに遭遇するだろうか。実際に勤務し始めてから初めて
自分の会社の悪いことをいろいろと知り、ショックを受けることも多いだろ
う。

RJP とは何か

　リアリティ・ショックを軽減するためには、個人が会社や仕事について、良
い情報も悪い情報も含めた様々な情報に基づき、より現実的に事前評価するこ
とが必要である。企業の立場では、都合の悪い情報も含めた様々な情報を事前
提供することが必要である。これは RJP（Realistic Job Preview）と呼ばれ、
日本語では現実的な仕事の事前評価などと訳される。

　金井（2002）を基に、RJP が、就職という転機にある個人にどのようなメ
リットをもたらすのか整理してみる。まず1点目として、RJP は企業や仕事
に対する個人の過剰な期待を事前に緩和し、入社後の幻滅感を和らげる効果が
ある（ワクチン効果）。入社前に悪い情報にまで触れておくことで、個人は入
社後のリアリティ・ショックを軽減することができるのである。2点目とし
て、RJP は入社後に個人に期待される役割をより明確なものにする（役割明
確化効果）。入社前に、漠然とした夢や理想だけでなく、現実的な仕事内容ま
で考えることで、個人は会社が自分に何を求めているのかを知ることができ
る。3点目として、RJP は就職活動中の個人の自己選択や自己決定を促す効
果がある（スクリーニング効果）。就職活動中に企業の良い情報も悪い情報も
知ることで、それなら別の会社にしようとか、それでもその会社にどうしても
就職したいとか、個人はより自分の意思に基づき決定することができる。4点
目として、RJP は入社した組織に対する愛着や精神的な一体化を高める効果
がある（コミットメント効果）。悪い情報も知った上で、それでも自分が就職
しようと決めた会社である。入社後の仕事に対する積極的な姿勢が生まれるだ
ろう。このように、RJP は就職活動中だけでなく、入社後の個人にもメリッ
トをもたらすのである。

RJP を就職活動に活かす

　リアリティ・ショックは時代を問わず個人が経験するものであるが、日本で

図表 4-4　大卒者の求人倍率の推移（倍）

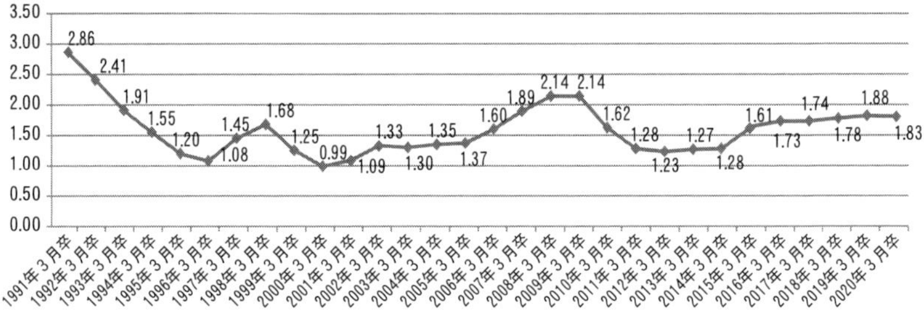

（リクルートワークス研究所「ワークス大卒求人倍率調査」）

　特に顕著だったのは、バブル経済による好景気だった 80 年代後半から 90 年代前半の頃かもしれない。図表 4-4 に、1991 年 3 月卒から 2020 年 3 月卒までの大卒者の求人倍率[5]の推移を示した。これによると、求人倍率は 1991 年 3 月で 2.86 倍と最も高く、2000 年 3 月で 0.99 倍と最も低い。近年は、2019 年 3 月卒で 1.88 倍とリーマンショック前の 2007 年 3 月卒の水準に戻りつつあったが、直近の 2020 年 3 月卒では 1.83 倍と前年から低下している。

　80 年代後半から 90 年代前半の日本は、就職売り手市場であった。したがって、会社側は他社に負けない優秀な人材をより多く採用することを目的に、企業や仕事の主に良いイメージをアピールすることで、学生を確保しようとした。学生側も、どの企業がより待遇が良いのかを重視し、就職先を決めようとした。その結果、入社前のイメージと現実との大きなギャップに幻滅し、会社から去っていく人間もいた。こうした初期キャリアにおけるリアリティ・ショックに起因する離職は、ある意味就職活動の失敗例と言えるのかもしれない。就職活動に RJP を活かすことで、そうした基本的な失敗を防ぐことができ、企業側にとっては従業員の定着率向上にも繋がることが期待できるとも言えよう[6]。

　5　求人倍率とは、仕事を探している人一人当たり何件の求人があるかを示した指標であり、求人倍率＝求人数÷就職希望者数で算出される。求人倍率が 1.0 より大きいことは、仕事を探している人の数よりも企業の求人数の方が多いことを意味する。
　6　就職はよく結婚に例えられる。例えば、採用面接の場で面接官から「あなたにとって我が社は第何希望の会社かな？」と質問され、「第 3 希望です」と正直に回答したら、正直さは悪いことではないが、内定を得にくいことは明らかであろう。結婚のプロポーズをする際、「あなたは 3 番目に好き

新しい組織に適応する―社会化

　就職するということは、新しい組織への適応が求められる。従業員が新しい組織（特に組織の文化）に適応するプロセスを社会化という。新入社員は、社会化を通じて、組織の規範やルールを学び、組織の一員らしさを身につけていく。Robbins（2005／高木訳, 2009, 381-384 頁）によると、社会化は、入社前、遭遇（出会い）、変身の 3 つの段階で構成される（図表 4-5）。社会化の成否は、入社後の従業員の生産性、コミットメント、離転職に大きな影響を与えることから、個人にとっても組織にとっても重要である。最初が肝心なのである。なお、社会化が成功するか否かには、先に述べた RJP も影響を与える。

　入社前の段階には、新入社員が入社前に行う全ての学習が含まれる。会社（組織）で担当する多くの職務について事前に学習し、特に専門的な仕事については、新入社員は事前に研修等で経験を積むこともある。

　第 2 段階の遭遇（出会い）は、新入社員が配属され実際に職務を担当することから始まる。新入社員はどのような職場かを実際に見ることで現実を知る。もし会社に対する自分の期待が間違っていなければ、期待が確認されるだけであるが、しばしば自分の期待と現実とが異なる場合がある。その場合、先に述べたリアリティ・ショックが起こり、ひどい場合は、新入社員の離職に繋がってしまう。したがって、想定の食い違いが生まれる遭遇の段階では、会社は新入社員が夢と現実の食い違いを乗り越え、自社にふさわしいメンバーへと変革

図表 4-5　社会化の過程と結果

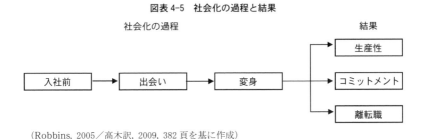

（Robbins, 2005／高木訳, 2009, 382 頁を基に作成）

な人ですが、とりあえず、結婚してください」と言っているようなものである。RJP も、就活だけでなく「婚活」にも活かすことができる。相手の良いところだけを知って結婚するのと、お互いの良い部分も悪い部分も十分に知った上で結婚するのでは、結婚後のとまどいや安定に大きな違いがあるだろう。

するための働きかけを行うことが求められる。

　最後の変身の段階は、比較的長い期間にわたる個人の変化である。新入社員は職務に求められるスキルを習得し、役割を遂行し、職場の価値観や規範に自分自身を合わせていく。会社や仕事を快適だと感じるようになれば、それは会社や職場の規範を理解し、受け入れ、内面化されている状態であり、変身は終わる。上司や先輩と良い人間関係を築くことでも、自分がメンバーとして受け入れられたと感じるであろう。変身に成功すると、新入社員の生産性向上や組織に対する積極的関与が促され、その後の離職傾向を減少させる。

　なお、組織は社会化の一環として、新入社員である新メンバーが少しでも早く組織に適応するように、様々な働きかけを行っている。特徴的な組織の例として、ディズニーリゾートでは、新メンバーは最初の数日間、ディズニーの従業員は周囲からどのように見られているか、どのように行動すべきかについて講義を聞き、映画を見る（Robbins, 2005／高木訳, 2009, 381 頁）。一般企業で行われている働きかけの例として、新入社員対象の研修、歓迎会、各種オリエンテーションが挙げられる。新入社員に制服を貸与することもこれに当てはまる。また、職場の上司が新入社員の仕事ぶりに対して、初めにあえて厳しい指導を行うことがあるが、これも変身を促すための働きかけの1つといえる[7]。

就職は個人に何をもたらすのか

　就職することで、人は様々なものを得ることができる。Jahoda（1982）は、雇用が個人（被雇用者）にもたらすものとして、顕在的機能と潜在的機能という2つを挙げている（坂爪, 2009, 113 頁）。顕在的機能とは、雇用主との契約関係に基づく金銭的報酬の提供である。金銭的報酬は、就職することで個人が得られる最も重要なものの1つであるが、雇用は金銭的報酬以外のものも個人にもたらす。それが次の潜在的機能である。潜在的機能には、時間の構造化、社会との接触、外的目標、地位とアイデンティティ、活動の強制、の5つがある。時間の構造化とは、出社時刻、昼休み、退社時刻などと、日常生活の時間が所属する組織によって半ば強制的に構造化されることである。社会との接触

7　よく「最初にがつんとやっておく」などと言われる。

とは、働くことで、家族や親族、友人以外の他者との接触の機会が生まれることである。外的目標とは、個人の目標を超えて、所属する組織の人間と目標や目的を共有することである。地位とアイデンティティとは、雇用されることで得られる社会的地位や自己イメージのことである[8]。活動の強制とは、仕事に関する活動は嫌ならしなくて済むものではなく、基本的に強制されることを意味している。なお、Jahoda（1982）は、失業はこうした雇用が個人にもたらす顕在的機能と潜在的機能を剥奪することとなり、これによって、失業者はマイナスの心理的影響を被ると述べている[9]。

　就職することで、金銭的報酬が得られるだけではなく、個人の内面に様々なものがもたらされることをあらためて理解しておきたい。

キャリアの静的な側面と動的な側面

　キャリア形成のためには、キャリアの静的な側面と動的な側面を理解することが大切である（Peiperl and Arthur, 2004, pp.6-9）。フロイト心理学によると、人間の内面の成長は、基本的に、成人に到達する頃までに完了し、その後は安定すると考えられていた。また、ウェーバー的官僚主義は、組織を硬直的かつ静的なものと捉えており、それが人間の内面を静的に捉える考え方と適合していた。20世紀半ばまでに生まれたキャリアの適合（マッチング）理論などは、こうした考え方が前提にあるといえるだろう。例えば、Hollandの職業選択理論（1985）は、個人のパーソナリティと職業を適合させようという試みである。また、Schein（1978, 1996）のキャリアアンカーは、個人の初期キャリア以降を対象としたマッチングのアプローチである。こうしたキャリアの適合理論は、前提として個人、職業、キャリアを静的で、安定的で、変化しないものと捉えており、批判はあるものの、現在ビジネスの現場において広く

8　これに関連し、社会的アイデンティティ（social identity）とは、社会における個人の所属や役割に基づき形成されるアイデンティティである。個人は組織に所属することで、組織の一員としての自己イメージを獲得する。例えば、企業の従業員であれば、「自分は○○社の社員である」といった自己認識を持つことである。

9　日本における失業者とは、一般に完全失業者を指す。完全失業者とは、① 仕事がなくて少しも仕事をしていない、② 仕事があればすぐに就くことができる、③ 仕事を探す活動をしている、という3つの条件を満たす者と定義される。

用いられている（Peiperl, Arthur, Goffee and Morris, 2004）。

　一方、個人は生き残るために外部環境に適応した行動をとり、キャリアの転機に備えようとする[10]。キャリアの転機は、新たに要求される役割に応えるために個人が変化することと、個人の独自性を活かして役割が発展することの両方を意味しているが（Nicholson, 1984）、それには個人の適応や学習が深く関係している。このように、キャリアは、転機や個人のライフステージ、経験の積み重ねによって変化する動的なものと捉えることもできる。

　人間が国家を形成し、都市へ定住し、組織やコミュニティで生活を送るようになっても、人間の本質は基本的に変化していないのかもしれない。人間の本質の静的な部分は、キャリアを考える上でも重要な要素であるが、決してそれが全てではない。1人1人に注目すると、人間の内面は長期的に変化し成長するものであり、生涯を通じて個人の変化や適応を喚起するものについて理解することも重要である（Arthur and Peiperl, 2004, pp.274-275）。

4-3　インターンシップ

就業体験によるキャリアに関する学びの機会

　学生のキャリアに関する学びの機会の1つに、インターンシップがある。キャリア形成支援の柱としての教育は、やはり実務体験をともなうインターンシップであると言っても過言ではない[11]（高良監修・石田他編, 2007, 11頁）。インターンシップ（internship）とは、学生が在学中に、企業等において自らの専攻や将来のキャリアに関連した就業体験を行うことである。効果的なインターンシップ・プログラムは、学生の社会人基礎力の養成やキャリア形成のための気づきの機会となり、結果的に就職にも繋がる場合もあるだけでなく、研

10　個人のキャリアにおける適応行動は、例えば、リストラクチャリングや合併等、企業が外部環境への適応を図った後に伴う場合が多く、苦痛を伴う例外的な行動として捉えられる場合もある（Leana and Feldman, 1992）。

11　実際に体験して学ぶことをアクション学習（アクション・ラーニング）という。アクション学習の効果を向上させるには、実際にやってみるだけでなく、その後の内省が必要である。アクション学習の詳細については、第11章で述べる。

修生を受け入れる企業や団体にもメリットをもたらすものとなる。

　なお、本書では、インターンシップとは学生の教育を第1の目的とし、就職には直結しないもの、すなわち、直接には採用に関わらないものを意味している。「直接には採用に関わらない」とは、採用を第1の目的とはしないものの、自社において「結果的に」つまり「間接的に」採用に寄与することは望ましい（高良監修・石田他編，2007，38頁）、という意味である。一方、企業がインターンシップを採用活動の一環として活用している事例もあるが、そうした学生の教育が第1の目的となっていないものはインターンシップとは分けて考えるべきであろう[12]。なお、インターンシップ推進支援センター編（2006，18頁）によると、インターンシップの受入先企業に就職した学生は、文系の学生で1割弱、理系の学生で約2割強、全体でも13%である。このように、企業がインターンシップで学生を受け入れ、結果的に採用まで結びついたケースは、少ないながらも現実に存在している。

　インターンシップは、学生にとっての予期的社会化プログラムと捉えることができる。先述した通り、社会化とは個人が新しい組織に適応するプロセスのことであり、就職という転機を無事に乗り越えるために必要な過程である。また、予期的社会化（anticipatory socialization）とは、個人が将来与えられる地位や役割を見越して行われる社会化であり、また、将来所属する可能性のある組織から影響を受けることによって行われる社会化のことである。インターンシップは、学生が来るべき就職というキャリアにおける初めての転機を無事乗り越えるために、大切なプログラムといえる。

インターンシップとアルバイト

　教育を目的としていない活動であるものの教育的な機能を果たす活動として、学生のアルバイトがある。吉本（2004）によると、日本の大卒者は、学期中には85.2%がアルバイト等の就業を経験し、平均就業時間は週13.1時間で

12　これに関連し、日本経団連は企業の採用に関連する就業体験に自主規制を設けると発表した。採用に直結する就業体験はその他と区別し、インターンシップの呼び名も使わない方が望ましく、その上で、採用に関連する就業体験は採用活動と同じ時期に始めるべきだとしている（日本経済新聞2011年3月4日朝刊）。

ある。すなわち、8 割超の大学生が、アルバイトという形できわめて密度の濃い就業体験をしており、教育プログラムとしてのインターンシップの規模を遥かに上回っていることは間違いない（高良監修・石田他編, 2007, 39 頁）。

インターンシップとアルバイトには、いくつかの相違点があることはいうまでもない[13]。アルバイトを募集しない業界や組織、職種でも、インターンシップは実施される場合があり、学生にとって貴重な仕事を体験できる機会となる。一方、両者には共通点もある。それは、どちらも学生の就業体験の機会であることに違いはないという点である。したがって、学生の職業生活への移行を支援するような教育的効果を持った就業体験には、インターンシップという教育プログラムの形態をとる場合もあれば、アルバイトのように教育プログラム以外で学生が自主的に取組んでいる場合もある（高良監修・石田他編, 2007, 40 頁）、と捉えることが可能である。金銭的報酬が支給され、長期間継続できるアルバイトだからこそ、真剣に取り組み、そうした姿勢だから学べることもある。業務内容と本人の取組み方次第によっては、アルバイトも学びの機会となりうるのである。

インターンシップで得られるもの

インターンシップを体験した学生は、何を得ることができたのか。インターンシップ推進支援センター編（2006）によると、仕事や社会の理解に関わるものとして、視野が広がった（90%）、様々な立場や経験を持つ人の意見や話を聞くことができた（88%）、業務・業界の知識を得ることができた（85%）などの回答が得られている。また、自己分析に関わるものとして、自分自身の適性や能力を理解することができた（85%）、習得すべきスキルや資格を理解することができた（78%）、将来の進路やキャリア設計をイメージすることができた（66%）、自分に適した職種・やりたい仕事などを見つけることができた

---

13 学生にとってアルバイトの目的は金銭的報酬を得ることであるのに対し、インターンシップの目的は就業体験からの学びであり、報酬を得るためではない。事実、インターンシップでは報酬が支給されない場合が多い。2 点目として、アルバイトは業務内容がほぼ決まっており、同じような仕事を繰り返すのが一般的であるのに対し、インターンシップは受入先の組織が準備した多様な仕事を体験できる場合が多い。3 点目として、アルバイトは通常本人が希望すれば長期間継続できるのに対し、インターンシップは実施期間が決まっており、学生の休暇期間中に完結するのが一般的である。

(64%)、などが挙げられている。また、太田（2005）では、今後の生活や進路選択に役立つ（73%）、就職先を決める参考になる（62%）、コミュニケーション能力が高まった（54%）、人間関係が広がった（50%）、就職活動に役立つ（42%）、などが挙げられている。これ以外にも、会社のイメージがはっきりしてきた、職業意識が湧いてきた、働くことが苦ではなくなった、自分の適性が明確化した、就職先についてヒントを得た、キャリアが見えてきた、今後の勉強の方向がわかった、勉強の重要性が理解できた、学生生活でやるべきことが明確になった（JRCM, 2004, 19頁）、ライティングスキルのような実務的スキルの獲得に役立つ（Freedman and Adam, 1996; Winsor, 1990）、学生の社会化や企業文化への同化に役立つ（Tovey, 2001）、キャリアの意思決定や自己効力感を向上させる（Brooks, Cornelius, Greenfield and Joseph, 1995; Taylor, 1988）、自分のキャリアについてより大きな野心を抱くようになる（Pedro, 1984）、リアリティ・ショックを緩和する（Paulson and Baker, 1999; Taylor, 1988）など、多くのメリットが挙げられている。

　一方、受入先である企業や団体が得られるメリットとして、Knemeyer and Murphy（2002）は、企業の新規採用活動にプラスとなる、大学との連携を向上させる、プロジェクトベースで人員を提供する機会となる、組織に新しいアイディアをもたらす、大学の教育プログラムに対して支援できる、組織の社会的イメージが向上する、大学のカリキュラムに影響を与える機会となる、などを挙げている。その他にも、組織の活性化に繋がる、現在の大学生の考えや興味関心について知ることができる、などを挙げることができる。このように、効果的なインターンシップ・プログラムは、研修生と受入先組織の双方に大きなメリットをもたらすものとなる。

日本における実施状況

　文部科学省は、全国の高等教育機関におけるインターンシップの実施状況を調査している。平成29年度における単位認定を行うインターンシップの実施状況を図表4‐6に示す。これによると、大学（学部）の実施学校数（実施率）は546校（72.4%）、参加学生数（参加率）は73,880人（2.9%）であり、学校の実施率と比較して学生の参加率は極めて低い状況にあることがわかる。

図表 4-6 平成 29 年度大学等におけるインターンシップの実施状況[14]

	実施学校数（実施率）	参加学生数（参加率）
大学（学部）	546 校（72.4%）	73,880 人（2.9%）
大学院	152 校（24.2%）	6,864 人（2.7%）
短期大学	137 校（40.7%）	6,903 人（5.6%）
高等専門学校	54 校（94.7%）	9,532 人（16.5%）

（文部科学省（2019）「平成 29 年度　大学等におけるインターンシップの実施状況について」）

　なお、大学（学部）の実施状況を補足すると、実施学年は、1 年（9.6%）、2 年（21.0%）、3 年（56.4%）、4 年（9.2%）であり、就職活動を控えた 3 年次が圧倒的に多い。実施時期は多い順に、8 月（24.3%）、9 月（24.1%）、7 月（7.5%）と、夏季が最も多い。実習期間は、1 週間未満（32.7%）、1 週間〜2 週間未満（41.7%）、2 週間〜3 週間未満（7.1%）、3 週間〜一ヶ月未満（5.6%）、一ヶ月以上（11.2%）であり、1 週間〜2 週間未満が最も多い[15]。また、選択科目として 2 単位を認定している学校が多い[16]。

　学生を受け入れる企業・団体の業種は様々である[17]。大学生の受入先（業種）は、最も多いものから順に、サービス（教育・人材・福祉・その他）52.2%、流通・小売・販売 14.5%、そして、3 番目に金融、マスコミ・出版、国連団体・NPO・官公庁等の 3 業界がそれぞれ 5.8%で並んでいる（インターンシップ推進支援センター編, 2006, 13 頁）。

　学生の実習先（部門）では、営業・販売関連（36%）、人事・経理・総務・法務・医療などの事務（30%）、企画・広報・マーケティング関連（22%）な

14　調査対象は全国公私立大学（748 校）・大学院（620 校）・短期大学（349 校）・高等専門学校（57 校）において実施されているインターンシップで、回答率は 99.7%。学生の参加率は平成 23 年度学校基本調査における各学校種の学生数を基に算出（文部科学省）。なお、本書に掲載したデータは、特定の資格取得のために現場で実施する実習（例：教育実習、看護実習、臨床実習等）を除外している。
15　大学の実施学年、実施時期、実習期間とも、体験学生数構成比で特定の資格取得に関係しないもの（文部科学省）。
16　国公立大学か私立大学か、文系か理系かによって、実施状況、対象学年、実習期間などについて、少し相違はある（髙良他, 2007, 53 頁）。
17　文系の大学生の調査結果。

どが多い。また、学生が体験学習した業務内容（複数回答）では、通常業務の一部を体験（90%）が最も多く、従業員の補助的な業務（45%）、与えられた課題の解決（35%）、職場（工場）見学（32%）などである[18]。

現状の課題

　日本の高等教育において、量的な普及期に入ったとも言えるインターンシップであるが、課題も存在する。まず、全体として実施する学校数は増えているものの、体験する学生は学生全体の一部の希望者に留まっている学校もある。インターンシップに積極的に取組もうとする意識の高い学生だけではない。2点目として、インターンシップを就業体験と呼ぶことで、学生の気持ちの中で学習の機会という意識が薄れてしまい、大きな学習効果が期待できないこともある。3点目として、インターンシップの研修内容は、受入先である企業や団体等によって異なり、多様であることはいいのだが、内容によっては学生が得るものが少ない場合もある。事前学習の機会等を活用し、インターンシップが貴重な学びの機会であることを学生に指導するとともに、学習効果の高いプログラムになるように中身を再検討していく必要がある。

　インターンシップは学生を受け入れる企業や団体があって初めて成立する就業体験プログラムである。受入先の立場で考えると、受入先にとってのメリットが明確でなければ、経費削減の対象にもなりやすい。今後は、インターンシップを体験する学生数を更に増やしていくという量的拡大もさることながら、大切なことはプログラムの質的向上であり、学生と企業双方のインターンシップに対する期待やニーズを踏まえ、プログラムの有効性をより高めることが重要な課題といえる。

実習内容のタイプ

　インターンシップの実習内容は概して実習期間と関連性がある。また、受入先の組織によってオリジナリティがあり、組織によって全く異なることも多い。実習内容のタイプの例として、企業ウォッチング型、就業意識高揚型、

18　文系の大学生の調査結果。

テーマ実習型、問題解決・提言型、ボランティア活動参加型、などが挙げられる[19]（図表4-7）。

図表4-7　実習内容のタイプ

類型	実習内容
企業ウォッチング型	実習期間が1週間未満と短く、企業とはどんな業務をしているかを見るにとどまる実習。
就業意識高揚型	2週間程度の実習であるが、実習先の各部署を実習して回り、企業の業務を経験し、実習後の就業意識が高揚するもの。特に定まったテーマについて実習するのではなく、新入社員研修に近い。
テーマ実習型	所属する学科やゼミで学んだ専門領域からテーマを絞って、それに関連する業務を実習し、座学で学んだ知識を、実習を通して役立たせる。
問題解決・提言型	テーマを絞って、実習期間および実習後も含めて企業に提言する、あるいは問題点を解決するレポートを提出する。実習期間が2週間以上になる場合が多い。
ボランティア活動参加型	海外インターンシップに多く見られるもので、各種ボランティア活動に参加して実習を行う。2週間以上の長期にわたる実習となる場合が多い。

（高良監修・石田他編, 2007, 59頁を基に作成）

事前学習と事後学習の重要性

　インターンシップの実習を成果あるものにするためには、事前・事後の学習が重要な役割を果たしている（高良監修・石田他編, 2007, 60頁）。事前学習で大切なことは、学生がインターンシップの目的や重要性を理解し、各自で実習目標や実習計画を立て、これから行う就業体験に対するモチベーションを高めることである。具体的な研修内容としては、社会人の一般常識やマナーの習得、業界・企業研究、自己分析、実習先のマッチング、問題意識の醸成、目標設定、実習計画、実習先での注意点の理解などが挙げられる。

　一方、事後学習で大切なことは、当初の目標や計画がどの程度達成できたかを振り返り、評価し、学生のキャリア形成に繋げていくことである。高良監修・石田他編（2007, 152頁）は、事後学習の目的として、1）実習の成果を発表し、議論し、インターンシップに関する情報を参加者全員で共有する、2）実習をキャリア開発に役立てる、3）次にインターンシップを受ける学生の事

19　全てのインターンシップの実習内容が、厳密にこれらのタイプに分類されるという意味ではない。

前学習に役立てる、4）報告者のプレゼンテーション能力の向上を目指す、の4点を挙げている。具体的な研修内容としては、実習報告書の作成・指導、目標達成の自己評価、パワーポイントを使った報告会用資料の作成・指導、プレゼンテーション・指導、キャリア相談などが挙げられる。

インターンシップにおける学生のニーズと企業のニーズ

　学生はインターンシップに何を求めているのか、一方、受け入れ先である企業や団体はインターンシップに何を求めているのか、また、両者はどの程度一致しているのか。これらについて検討することは、研修内容の有効性や質的向上に寄与すると考えられる。柏木（2011）の予備的調査の結果を1例として紹介する。

　(1)　調査の方法

　調査対象は、2010年度に大学の授業科目「キャリア・インターンシップ[20]」を履修した学生21名と、学生を受け入れた企業や団体20の組織である[21]。データの収集方法は、全18項目からなる質問票を準備し、各項目について5段階のリカートスケール（1：大いにそう思う－5：全くそう思わない）を用いて回答してもらった。質問票は、Knemeyer and Murphy（2002）で使用された質問票を和訳した上で、日本におけるインターンシップ・プログラムの実状に当てはまるように、必要に応じて細かな表現の修正を行った上で質問文を完成させた。質問項目は主に学生にとってメリットのある9項目と、主に企業や団体にとってメリットのある9項目から構成される（図表4-8）。

　(2)　調査結果の概要

　インターンシップに対する学生および企業等の期待が高い5項目を以下に示す（図表4-9）。調査の結果、学生も企業等も、コミュニケーションスキルの

20　単位認定を伴う授業として実施されている「キャリア・インターンシップ」では、学生は、前期に行われる事前研修を経て、主に夏期休暇を利用し、企業や自治体で1〜2週間の就業体験を行う。そして後期には、研修先の人事担当者等を大学に招き、インターンシップ成果発表会を開く等の事後研修を行う。

21　学生の内訳は、経営学部8名、経済学部4名、法学部7名、国際関係学部2名である。受入企業および団体の内訳は、卸売・小売業1社、製造業8社、サービス業4社、金融・保険業2社、情報・通信業3社、官公庁2団体である。

図表4-8　インターンシップに対する期待に関する質問票の内容

No.	質問文「インターンシップは、・・・・。」	メリット
1	学生の仕事に関連したスキルを開発する場だ（仕事スキルの開発）	学生
2	インターンの学生にとって、就職に有利となる経験だ（就職に有利）	学生
3	講義内容の学習効果を向上させる場だ（講義の学習効果向上）	学生
4	学生の問題解決スキルを開発する場だ（問題解決スキルの開発）	学生
5	学生のコミュニケーションスキルを開発する場だ（コミュニケーションスキルの開発）	学生
6	企業の新規採用活動にプラスになるものだ（新規採用活動）	企業
7	学生の対人スキルを開発する場だ（対人スキルの開発）	学生
8	大学と企業の連携を向上させるものだ（大学と企業の連携向上）	企業
9	学生にとって、単位取得が可能なプログラムであるはずだ（単位取得）	学生
10	企業にとって、プロジェクトベースで人員を提供する機会だ（プロジェクト人員の提供）	企業
11	組織に新しいアイディアをもたらすものだ（企業への新しいアイディアの提供）	企業
12	大学の教育プログラムに対する産業界からの支援を開拓する機会だ（大学教育に対する産業界からの支援）	企業
13	受け入れ先となる企業の社会的イメージを向上させるものだ（社会的イメージの向上）	企業
14	学生に報酬が支払われるべきだ（報酬）	学生
15	企業にとって、正社員の新規採用活動のコスト削減につながるものだ（新規採用活動のコスト削減）	企業
16	企業にとって、大学のカリキュラム構成に影響力を及ぼす機会だ（大学カリキュラムに対する影響）	企業
17	企業にとって、パートタイム従業員の供給源だ（パートタイム従業員の供給）	企業
18	最新技術の訓練の場だ（最新技術の訓練）	学生

注：メリットは、学生と企業のどちらにとってより大きなメリットがあるのかを表す。（柏木, 2011）

図表4-9　学生および企業等の期待が高い項目

順位	学生の期待		企業・団体の期待	
1	コミュニケーションスキルの開発	4.37	対人スキルの開発	4.33
2	就職に有利	4.16	コミュニケーションスキルの開発	4.28
3	対人スキルの開発	4.16	大学と企業の連携向上	4.17
4	新規採用活動	3.89	就職に有利	3.72
5	社会的イメージの向上	3.68	社会的イメージの向上	3.50

注：平均値の高い順に提示。（柏木, 2011）

開発、対人スキルの開発、に極めて高い期待をしていることが明らかになった。同様に、学生も企業等も、就職に有利という項目に対する期待は高いもの

の、学生の期待ほど企業等の期待は高くないことが示された。学生が高く期待する項目には、就職に有利、新規採用活動、といった項目があり、学生は実習で学んだことが就職や採用に結びつくことを期待している。一方、企業等が高く期待する上位5項目は、大学と企業の連携向上と社会的イメージの向上を除き、学生のメリットに関するものであり、企業等は学生のメリットや期待を重視して、インターンシップを実施している。

インターンシップに対する学生および企業等の期待が低い5項目を以下に示す（図表 4-10）。平均値は異なるものの、学生も企業等もインターンシップに対して期待しない項目は同じであることが示された。最新技術の訓練については、学生が期待するほど企業等は重視していない。

インターンシップに対する学生と企業等の期待の差が小さい5項目を以下に示す（図表 4-11）。コミュニケーションスキルの開発は、学生と企業等の期待がともに高く、かつ両者の期待の差が小さい項目といえる。一方、報酬は、学生と企業等の期待がともに低く、かつ両者の期待の差が小さい。

図表 4-10　学生および企業等の期待が低い項目

順位	学生の期待		企業・団体の期待	
1	報酬	2.05	パートタイム従業員の供給	1.78
2	パートタイム従業員の供給	2.11	新規採用活動のコスト削減	1.94
3	プロジェクト人員の提供	2.37	最新技術の訓練	2.18
4	新規採用活動のコスト削減	2.63	報酬	2.22
5	最新技術の訓練	2.84	プロジェクト人員の提供	2.56

注：平均値の低い順に提示。（柏木, 2011）

図表 4-11　学生と企業等の期待の差が小さい項目

順位	質問項目	学生の期待	企業・団体の期待	差
1	問題解決スキルの開発	3.37	3.39	-0.02
2	コミュニケーションスキルの開発	4.37	4.28	0.09
3	大学教育に対する産業界からの支援	3.32	3.44	-0.13
4	単位取得	3.37	3.22	0.15
5	報酬	2.05	2.22	-0.17

注：平均値の差（学生－企業・団体）が小さい順に提示。（柏木, 2011）

図表 4-12 学生と企業等の期待の差が大きい項目

順位	質問項目	学生の期待	企業・団体の期待	差
1	新規採用活動のコスト削減	2.63	1.94	0.69
2	最新技術の訓練	2.84	2.18	0.67
3	大学と企業の連携向上	3.63	4.17	-0.54
4	新規採用活動	3.89	3.39	0.51
5	就職に有利	4.16	3.72	0.44

注：平均値の差（学生－企業・団体）が大きい順に提示。（柏木, 2011）

　インターンシップに対する学生と企業等の期待の差が大きい5項目を以下に示す（図表4-12）。新規採用活動のコスト削減、最新技術の訓練、新規採用活動、就職に有利の4項目は、企業等の期待よりも学生の期待が大きく上回ることが示された。これらの項目は採用や就職に関するものであるが、こうしたインターンシップにおける採用や就職については、学生が期待しているほど企業等は期待していなかった。一方、大学と企業の連携向上は、企業等のメリットに関する項目であるが、企業等の期待が学生の期待を大きく上回る結果となった。

　この予備的調査の結果では、学生と受入先組織が重視する項目、ならびに重視しない項目には概して高い一致があり、特に双方が学生のメリットを重視しているということが示された。受入先組織も学生のメリットを重視していることを学生に理解してもらうことで、学生は過度に萎縮することなく就業体験に取組むことができ、学習効果の向上にも繋がる可能性がある。

インターンシップに関する先行研究を振り返る

　インターンシップに関する主な先行研究の概要を取り纏めた（図表4-13）[22]。インターンシップに関する調査研究は1980年代から行われているが、本格的に実施されるようになったのは、1990年代に入ってからである。調査研究に用いられた理論的根拠は様々であるが、例えば、Winsor（1990）やLittle（1993）による社会化理論や学習理論[23]に基づいた研究や、Brooks et al.

22　主に海外の先行研究について調査し取り纏めて提示している。

（1995）のような自己効力感を取り入れた研究、また、Scott（1992）のように人材（採用）を理論的ベースとしている研究などが数多く行われている。

図表 4-13　主なインターンシップ研究の概要（発表年順に提示）

著者	理論的根拠	調査手法	調査対象	主な結果
Pedro (1984)	制度的サイクル	準実験的インターンシップの前後	インターンシップを終了した小売専攻の学生90人	学生は、インターンシップ体験後、自己認識、思考、価値、仕事のニーズ、が変わっていた
Taylor (1988)	自己概念、社会化、エンプロイアビリティ	準実験的インターンシップ前・後、卒業時、就職後で測定	5つの大学でのプログラムに参加した23人のインターンと同世代の学生との比較	職業的自己概念と仕事価値との関係、および就職機会との強い関係が示された。関係を促していたのは、自律の程度であった。企業の採用担当者は、インターンシップ経験のある学生に、経験の無い学生よりも高い評価を与えていた
Anson and Forsberg (1990)	書き込みプロセスの社会観	定性的調査　参加者-観察者ケーススタディ	12週間のインターンシップと関連したライティング・クラスを受講した4年生6人	研修生が新しいライティング・コミュニティに適応していくにつれ、期待、不満、順応の一貫したパターンが示された
Winsor (1990)	社会化　学習	ケーススタディ　グラウンデッドセオリー	コーオプインターンシップ（理工系）に参加した学生2人	特定のコミュニティに対する文書の書き方を学習するプロセスは、そのコミュニティの中に埋没しており、授業だけで十分に教えられるものではない
Scott (1992)	人材採用	特になし	特になし	ビジネス系学生と企業は、インターンシップ・プログラムを大学生の採用のための最も有効な手法だと考えている。どうすれば効果的にインターンシップを実施できるか示された

23　学習プロセスによると、第1に、学習は我々が環境に適応し、環境をうまく操作するのを助ける。学習は効果の法則の下に築かれていく。効果の法則によれば、行動はその結果に左右され、行動の後に好ましい結果となったものは、繰り返される傾向がある。学習のプロセスのカギはいかにして人間は学ぶかという2つの理論である。1つは形成で、もう1つはモデリング（模範に合わせる行動をとること）である。我々の学習の大半が形成（試行錯誤）によってなされている。試しにやってみて、失敗しては、また試してみる。もう一方で我々が学ぶことの多くは、他人を観察し、それを模範とする行動をとった結果（モデリング）である。試行錯誤による学習プロセスが通常はゆっくりと進むのに対して、モデリングの場合は複雑な行動の変化をかなりすばやく起こさせる（Robbins, 2005／高木訳, 2009, 53-54頁）。

Little (1993)	体験学習理論	質問票調査 内容分析	プロのテクニカルライター向けの 114のプログラムのうち52講座	プログラムディレクター、企業の管理者、研修生は、インターンシップの体験について、全く異なる考え方を持っていた。体系的な手順と基準を作ることで、インターンシップは信頼性の高い学習体験となる
Brooks et al. (1995)	人材 キャリア探索	質問票調査 相関分析	キャリア関連の経験の有無を回答した大学4年生165人	インターンシップの体験は、自己概念に関係しているが、自己効力感、決意の固さ、職業的コミットメント等とは関係がなかった。インターンシップのタスク多様性、フィードバック、他者とのやりとりの機会は、自己概念、職業情報量、自己効力感と統計的に有意な相関関係にあった
Freedman and Adam (1996)	状況に埋め込まれた学習	定性的調査 観察、テキスト分析	新人が2つの企業という背景において書き言葉を学ぶ	学生が大学から職場に移行するとき、新しいジャンルについて学ぶだけでなく、その新しいジャンルでの学び方を学ばなければならない
Pianko (1996)	人材 採用	特になし	特になし	パワーインターンシップ・プログラムを用いた、優秀な大学生の採用について議論している。これによって、企業は学生の才能を早期に発掘することができる。事例に基づき、具体的なパワーインターンシップの特徴を述べている
Beard (1997)	特になし	質問票調査 記述的分析	会計系インターンシップ・プログラムの運営管理者 316人	インターンシップ・プログラムは数が増えているが、殆どが新しく、単位取得でき、3年生で実施され、有給が多く、報告書作成が義務付けられていた。会計系ではコーディネーターがいないプログラムや、現場視察が義務付けられていないものが多かった
Cannon and Arnold (1998)	先行研究の結果との比較・更新	質問票調査 相関分析	3大学のマーケティング専攻の大学生164人	学生は、労働市場における競争優位を獲得するために、意義のあるインターンシップ体験をすることを重視している。教育効果を上げたいということはあまり重視していなかった

Knouse, Tanner and Harris (1999)	学習スキル発達	2回の質問票調査：卒業時と卒業後6ヶ月経過後 相関関係	南部のビジネス系大学の卒業生1,117人	インターンシップの経験は学業成績、内定取得と相関関係があった。男女差は無い。インターンシップをした学生のGPAは総じて高く、卒業時に就職先が決まっている傾向が高かった
Paulson and Baker (1999)	社会化	講義で経験とフォローアップ調査	予期的社会化経験を事前に体験した学生66人	学生の社会化を促す実践的訓練を複数回行った後の質問票調査の結果、および、訓練を促すために用いられた手順が示されている
Coco (2000)	特になし	意見記事 全国調査結果の記述的報告	大学ビジネススクールプログラム連盟会員242大学	学生の就業可能性（エンプロイアビリティ）向上のための教育に対するニーズや圧力が高まっている。学生のインターンシップに対する人気が高まっているのは、エンプロイアビリティを高める実践的経験ができるからである
Garavan and Murphy (2001)	社会化	定性的調査 準構造化インタビュー	経営学、人文学、工学専攻の学生6人	インターンシップによる社会化は個人的であり、かつ複雑である。社会化の3つの段階（1.getting in, 2.breaking in, 3.settling in）と、それぞれの段階に関連する課題が浮き彫りにされた
Tovey (2001)	社会化	特になし	特になし	インターンシップ・プログラムに関する議論。社会化、企業文化への同化、モチベーション、教育と訓練・職場の関係性についてコメントされている
Williams and Alawiye (2001)	特になし	質問票調査 ペアサンプル	1年間インターンシップに参加した教育実習インターン13人と熟練教員9人	教員養成機関は、学校の現場で実際に起こっていることと、教育内容に整合性を持たせなければならない。要求事項を明確にすること、期待について事前にすり合わせをすることが必要
Knemeyer and Murphy (2002)	特になし	質問票調査	インターンを雇用した企業98社とインターン学生137人	学生と企業のインターンシップについての考え方には差がある。学生は、企業よりも、インターンシップ関連事項に高い評価を与えていた

Clark (2003)	特になし	意見記事	特になし	インターンシップの教育的価値は、大学で課題を与えることを通じて強化できるとし、具体的な課題例として7つが提案された
Rothman (2003)	仕事特性モデル	質問票調査 内容分析	インターンシップコースに参加しているビジネススクールの学生143人	「インターンシップでの職位について、最も気に入っている点、最も気に入らない点は何か?」等の質問に対する回答を報告している
Cook, Parker, and Pettijohn (2004)	特になし	質問票調査 記述的 10年縦断的	12の大学のインターン学生351人	学生はインターンシップの価値を、主に社会的および対人的スキルの獲得を通じて認知していた。学業面での向上との関係性は弱かった
Beggs, Ross, and Goodwin (2008)	体験学習	質問表調査 t検定	73の企業と89人の学生	企業と学生の間で、インターンシップに対する認識のずれが存在することが示された
D'Abate, Youndt, and Wenzel (2009)	Hackman and Oldham のJDSモデル	質問表調査 回帰分析	111人のインターンシップを経験した経営系大学生(3年生と4年生)	仕事の有意味性とフィードバック、学習機会、監督者の支援、会社満足が、インターンシップの満足度の予測変数として提示された
Narayanan, Olk, and Fukami (2010)	人材育成、知識移転	先行研究調査に基づく概念モデル構築、探索的分析(共分散構造分析)	インターンシップを経験した卒業学年の大学生65人	効果的なインターンシップのモデルについて検証した。プログラムに対する認識の寄与が大きい。学生の意見をプログラムに反映することが満足度向上に繋がる
Weible (2010)	特になし	質問表調査 χ二乗検定	大学の経営系学部長180人	9割以上の大学でインターンシップが実施されていたが、十分なメリットは享受されていなかった

(先行研究を基に作成)

第 5 章

キャリアと人的資源管理

　Schein（1978）が人的資源計画・開発システムと題したモデルを発表してから、四半世紀が経った。今日、企業の人的資源管理（HRM）は経営戦略と密接に結びつくとともに、キャリア・マネジメントは HRM や経営戦略に幅広く取り込まれるようになってきた。組織における HRM の様々な活動は、組織と個人の双方の長期的な成果に影響を与えることから、組織と個人がともに利益を得られるように、互いの要求をどのように調和させるかについて考えることは極めて重要である。

　かつてのような日本の伝統的人事制度の土台は揺らぎつつあり、一方、成果主義の考え方を取り入れている企業もある。従業員のキャリア発達には、ワーク・モチベーションや組織コミットメントが関わるが、金銭的報酬に対する適正なモチベーションを持つことは、ワーク・モチベーションを高める上でも、キャリア発達のためにも健全なことである。また、組織の目標管理制度が機能するには、従業員の内発的モチベーションや高次の欲求にどれだけ働きかけることができるかが重要となる。組織コミットメントは、個人が組織の一員として職務に全力を投入し、長期間組織で働くことに関わるが、これには、組織に対する愛着に加え、金銭などに関わるコスト意識や組織人としての忠誠心が大きな影響を与える。

　従業員に備わるスキルや専門性が、教育や訓練、仕事経験の結果、時間をかけて蓄積されてきたものであることを考えると、その人が築いてきたキャリアこそが企業の経営資源といえるのかもしれない。Inkson（2007）は、企業が従業員（および、従業員のキャリア）を経営資源の1つと捉えて開発するということは、人材が持つスキルや専門性、知識が偏る可能性があるだけでなく、

キャリア・マネジメントの主導権を従業員から奪いかねないと指摘する。あらためて考えなければならないのは、「キャリアは誰のものか？」という問いである。キャリアの主役は個人であること、そしてキャリアに対する責任は個人が負うことを忘れてはいけない。

5-1　組織の制度

組織と個人の調和過程

　組織とそこに所属する個人の関係を考えると、組織は個人の職務遂行に依存しているし、一方、個人は仕事の機会や報酬を提供してくれる組織に依存している。したがって、組織と個人がともに利益を得られるように、互いの要求をどのように調和¹させるかについて考えることは、極めて重要である。個人のキャリア発達の視点で考えれば、組織の人事に従順なだけで、キャリアに関する自分の夢やビジョンを全く持たないのは好ましくない。また、個人的なキャリアの目標に向けて取り組む反面、組織に対しては自分の要求を一方的に主張するだけなのも問題である。

　Schein（1978）は、個人と組織の双方にとって有益な関係となるような調和過程を示している。これによると、組織の人的資源管理の活動としての募集、選抜、訓練、職務割当て、業績評価、昇進などは、組織自体の要求を満たすための過程ではなく、調和過程となる。組織における人的資源管理の様々な活動は、組織と個人の双方の長期的な成果に影響を与える。したがって、調和過程が上手く機能すれば、組織にとっては、生産性の向上、創造性、および長期にわたる有効性の維持、そして個人にとっては、職務満足、職の保障や雇用の安定、最適なキャリア発達、および仕事と家庭の最適なバランスを得られることになる。そのために、個人は自分の希望や業績を組織に伝えたり、自分自身をアピールしたり、自分の評判を管理することも重要になるだろう。

　既に述べたとおり、キャリア発達はいくつかの発達段階に分けられ、各発達

1　ここでの調和は妥協のような消極的な意味ではなく、積極的な両立の意味で使用している。

段階には固有の発達課題が存在し、個人の発達課題は時の経過に伴って、個人の成長レベルに合わせて変化するものである。個人と組織の双方の要求が、環境の変化と個人のキャリア発達の過程に応じて変化していくときに、納得のいく調和過程をどう維持するかは組織にとっての重要な課題といえる。(Schein, 1978／二村・三善訳, 1991, 1-6 頁)

キャリア開発のための組織からの支援

　組織は従業員のキャリア開発のために、どのような支援をすべきなのか。Robbins（2005／高木訳, 2009, 412-413 頁）は、企業の支援策として次の 4 点を挙げている。まず、従業員に組織のビジョンや将来的な戦略を明確に伝えることがある。従業員が組織の進むべき方向性を理解していれば、組織の将来像に合わせて自分のキャリアを計画することができるのである。2 つ目は、従業員の成長の機会をつくり出すことである。従業員にとって新しく興味深い、かつ専門的にやりがいのある業務を提供することで、成長する機会をつくり出すことができる。3 つ目は、財政的に支援することである。従業員が職務に必要な最新のスキルや知識を身につけるために、奨学金制度などを設け金銭的な支援を行う。4 つ目は、従業員が学ぶ時間を提供することである。従業員が有給で職場外訓練に参加できるようにするなど、仕事の負荷を軽減させ、従業員が新しいスキル、能力、知識を身につけるための時間的余裕を持てるように配慮することである。

　なお、従業員のキャリア開発において企業が担うべき基本的責任とは、従業員の自立を支援すること、すなわち、従業員が継続的にスキルや知識を身につけることによって、個人の市場価値を維持するうえでの手助けをすることである。また、先進的な企業のキャリア開発プログラムは、従業員が継続的にスキル、能力、知識を向上させていくために支援することを使命としている。

個人と組織の適合

　個人の特性と職業の特性との適合を重視する理論があるのと同様に、個人と組織の適合に関する理論もある。これは個人・組織適合理論 (person-organization fit theory) と呼ばれる。個人にとっては、仕事や職業だけで

はなく組織との一致を達成することもまた重要である。例えば、Betz, Fitzgerald and Hill（1989）は、個人と組織にとっての最適なアウトカムは、個人の特性と、組織のニーズ、要件、報酬の間に一致がみられるときに最も促されると論じる。Argyris（1957）やSchein（1990）は、個人と組織内で支配的な価値観や規範、組織文化との適合の重要性を論じている。また、O'Reilly, Chatman and Cladwell（1991）の研究では、個人と組織の適合が起こっていない場合、従業員が離職する、あるいは退職勧告を受ける傾向があるとし、これによって組織の均質化が徐々に進むことになると述べる。

日本企業の伝統的人事制度の特徴

　日本企業の伝統的な人事制度や慣習の大きな特徴として、年功序列、終身雇用、内部労働市場の活用、の3つを挙げることができる。年功序列制度とは、組織の成員になってからの時間の長さや年齢の高さによって、組織内での待遇の良さが決まる仕組みである。終身雇用制度とは、一度組織の成員になったら、定年退職を迎えるまで、原則としてその組織の一員として雇用が保証される仕組みである。内部労働市場の活用とは、従業員の採用は新卒採用を基本とし、新たに人員が必要になったときは、社外から中途採用せずに、社内で労働者を探すことである。

　こうした日本企業の伝統的人事制度のメリット・デメリットは何か。従業員にとってのメリットとして、基本的に生涯解雇される心配がないため、日々の仕事に安心して取組むことができること、解雇されないことによる企業に対する忠誠心や服従する気持ちが高まること、また、年齢と年収の関係が把握しやすいことから、個人で人生設計がしやすいことなどが挙げられる。一方、デメリットとして、特に能力の高い従業員や若手従業員にとっては、仕事に対する動機づけが高まりにくいことが挙げられる。「若い頃は我慢しなさい。私もそうだった。そうすれば、年配になってから良いことがある」などと若手に対してアドバイスする年配の従業員もいるが、そう言われた若手の中には、成果主義を導入している企業で働いている若手を羨ましく思う人もいるかもしれない。また、企業にとってのデメリットとして、人件費はコストであり、そのコストが固定化されてしまうため、企業の業績が悪化するような状況では、当然

その負担が大きくなってしまう。

　業界や企業によって程度の差はあるものの、日本の伝統的人事制度の土台は揺さぶられており[2]、伝統的人事制度をベースに成果主義の考え方を取り入れている企業もある。

成果主義

　成果主義とは、従業員の報酬や昇進を、企業における年功だけでなく仕事の成果を基準に決める考え方であるが、その意味は曖昧に捉えられていることが多い。

　成果主義の定義的特徴は 3 点ある（廣石, 2009, 52-53 頁）。 1 点目は、成果の評価である。成果とは従業員の業務目標の達成度を意味する。成果を上げられない場合は、従業員の資格が下がる場合があり、賃金は資格と連動するため、賃金も下がる場合もある。 2 点目は、賃金制度である。従業員の賃金は可変的である。賞与はもちろん、毎月の給与まで業績（成果）によって増減する可能性がある。 3 点目は、労働時間制度である。裁量労働制による運用を行い、労働時間とは切り離して従業員に賃金を支払う。このように、成果主義には、評価、賃金、労働時間の諸要素が関連している。

　小野（2011, 133-138 頁）によると、日本企業には 1990 年代後半から急速に、成果主義という考え方が普及した。それはバブル経済崩壊後の不況の中で、企業が人件費をいかに抑制するかに対する 1 つの回答であり、賃金と仕事の結果を近づけようとした試みでもあった。しかし、成果主義は、日本企業に制度として浸透し機能しているとは言えないだろう。成果主義は、働いて結果を出した者が報われるという考えに基づくため、個人の仕事に対するモチベーションを高められるというメリットがある。ただ、制度導入の目的が人件費の抑制のみで、また、成果の判断基準や仕組みが曖昧であれば、制度は機能せず

2　Krumboltz and Levin（2004／花田・大木・宮地訳, 2005, 184-186 頁）は、「永久的な雇用保障への期待は、これまでも決して現実的なものではなかったが、今はそれがますます非現実的になってきている。伝統的な雇用保障に頼ることができないのなら、個人が身を守るために頼れるものはあるのか。その 1 つが「生涯学習」である。どんなに学歴があっても、教育が完了したと思ってはいけない。いつもすぐに役立つことを学んでいるとは限らないが、学習は常に続いている」と伝統的人事制度が崩壊しつつある中で、生涯学習の重要性を指摘している。

に、従業員の公平感や納得感が阻害されるのは当然であろう。

　日本企業が成果主義中心の人事制度に完全に移行するとは思えない。年齢だけではなく経験や実力も加味した人事評価を行い、社内だけではなくヘッドハンティングや中途採用など社外からの人材登用をより積極的に行い、企業にとってより低コストであり、かつ効果的な新たな人事制度の姿が模索されている。

人事異動

　企業が従業員のキャリアを長期的、計画的に考えて、従業員を新たな職位やこれまでとは別の職務に就かせることを人事異動（単に異動とも言われる）という。企業の異動は、大きく縦方向の異動と横方向の異動に分けられる（加藤, 2009, 33 頁）。縦方向の異動とは、昇進や昇格に伴う異動である。一方、横方向の異動とは、従業員が現在就いている職務とほぼ同じレベルの別の職務に移ることであり、これには、同じ職場内で異動する職場内異動と、部門を越えて全く別の職務に異動する職種転換がある。さらに実際には、縦方向の異動と横方向の異動が組み合わされた斜め方向への異動も行われることがある。

　なお、これ以外の異動として、企業が主に中高年の従業員を対象とし、これまで在籍していた企業に籍を残したまま、グループ企業や関連会社に移ってもらう出向や、これまで在籍していた企業との労働契約を解除して、グループ企業や関連会社に移ってもらう転籍などがある。

異動には様々な目的がある

　異動の意味や目的は様々あり、次の7つを挙げることができる（加藤, 2009, 34 頁）。1点目は、昇進・昇格のためである。これは縦方向の異動であり、昇進・昇格によって、より複雑で高度な仕事を割り当てることが可能となる。2点目は、適性の発見のためである。配置転換をし、従業員が新たな職務を経験することで、適性の発見に繋げることができる。3点目は、能力の開発のためである。多くの日本企業は、様々な職務を経験させることによって、多様な能力を持つゼネラリストの育成を行っている。また、近年は従業員に将来目標とする職位や能力を設定させ、その実現のためにどのようなキャリアを形成して

いけばよいのかを、自律的に考えさせるようにしている。こうした従業員の
キャリア形成を支援する制度は、キャリア開発プログラム（CDP: Career
Development Program）と呼ばれる。4点目は、人材交流のためである。
様々な職場経験は人的交流を活発化し、職場と職場のつながりを密接にする。
5点目は、マンネリ化を防止するためである。従業員が長期にわたり同じ職務
に就いていると、作業がルーティン化し、新しい発想も生まれにくくなる。マ
ンネリ化を避けることにより、職場の活性化をはかる。6点目は、不正防止の
ためである。特に金融機関などでは、同じ職場で働き続けることによる特定の
顧客との癒着を避けなければならない。7点目は、企業の経営戦略へ対応する
ためである。例えば、新規部門の設立や既存部門の拡大もしくは縮小、職務再
編成などに伴う異動がこれに該当する³。

　通常、ある従業員がなぜ異動になったのかは、企業からは教えてもらえな
い。本人にとって喜ばしい異動もあれば、不本意な異動の場合もある。本人に
とって不本意な異動の場合は、異動の理由をあれこれ考えることもあるだろう
が、基本的に自分にとっての異動の意味をポジティブに捉え、新たな職場で仕
事に励むことが大事であろう。

昇進と昇格

　従業員個人の視点では、昇進・昇格は組織内キャリア発達のステップとな
る。昇進・昇格により、通常従業員の組織内の権限と責任は大きなものとな
る。昇進とは、企業における役職（ポスト）が上位の地位に進むことである。
係長だった人が課長になる、課長だった人が部長になる、などは昇進である。
一方、昇格とは、企業における資格（従業員の職能等級）が上位の地位に進む
ことを意味する。事務職1〜5等級、主事、副参事、参事などは職能等級であ
る。日本の企業においては、役職と資格は厳格に1対1の対応関係にはなく、
お互いに緩やかに関連している状況にある。したがって、昇格して高い資格に
ある個人が全員昇進しているわけではない。

　昇進・昇格に伴い、従業員が得る報酬も大きなものになる場合が多い。報酬

3　ここで挙げた異動の意味以外に、従業員が何らかの問題やトラブルを起こして異動する場合もあ
ることを記しておく。

には金銭的報酬と心理的報酬がある。金銭的報酬は給与（基本給と諸手当）や賞与といった直接給付に加え、退職金・年金や健康保険、有給休暇といった間接給付がある。一方、心理的報酬とは、新しい仕事に挑戦する楽しさ、お客様から感謝された時の充実感、大きな仕事をやり遂げた時の満足感、自分自身が成長しているという幸福感などといった心理的に得られる報酬である。こうした金銭的報酬と心理的報酬は、次に述べるモチベーションに関連する。

従業員の動機づけ―ワーク・モチベーション

　モチベーション（動機づけ）とは、個人が何らかの欲求を満たそうとすることである。モチベーションはスポーツや余暇など個人の生活の様々な場面で生まれるものであるが、特に仕事の場面における（仕事に対する）動機づけをワーク・モチベーション（work motivation）と呼ぶ。モチベーションに関する理論は様々あるが、ここでは先に述べた金銭的報酬と心理的報酬に関連し、自己決定理論を紹介する。自己決定理論（Deci and Ryan, 2000）とは、外発的モチベーションと内発的モチベーションの両者を統合したものである。

　外発的モチベーション（external motivation）とは、個人の外からもたらされる報酬（これを外発的報酬という）によって、人が動機づけられるものである。例えば、給与を得る、組織で昇進する、賞与を得るなど、外からもたらされる報酬に対する個人の欲求である。確かに金銭的報酬は大きな力を持っている。金銭的報酬のために、辛い仕事に対しても自分を駆り立てることができる（Deci and Flaste, 1995／桜井監訳, 1999, 35 頁）。

　一方、内発的モチベーション（internal motivation）[4]とは、活動自体に内在する報酬（これを内発的報酬という）によって、人が動機づけられるものである。個人が仕事のやりがいや面白さを感じるとき、仕事自体がその人に報酬をもたらしていると捉えることができる。こうした報酬に対する欲求を満たそ

4　Murray は内発的動機の種類をさらに分類し、感性動機（適度な刺激を求める欲求）、好奇動機（新しい経験や好奇心の満足を求める欲求）、活動性動機（活発な行動を楽しむことを求める欲求）、操作動機（様々な試みを楽しむことを求める欲求）、認知動機（頭を使って問題解決する楽しみを求める欲求）、の5つを挙げている（Murray, 1964／八木訳, 1966, 98-118 頁）。

うとすることが内発的モチベーションである。例えば、あるボランティア活動に夢中に取り組んでいる人は、金銭的な報酬によって動機づけられているのではないにも関わらず、ボランティア活動の過程に積極的に関与しているのであり、まさに、ボランティア活動そのものに内発的に動機づけられていると捉えることができる。内発的モチベーションとは、活動それ自体に完全に没頭している心理的な状態といえるだろう（Deci and Flaste, 1995／桜井監訳, 1999, 26-27頁）。

　外発的モチベーションよりも内発的モチベーションの方がより純粋で、真っ当な動機づけであるようにも思える。特に日本人の場合、一般的に、金銭に対する動機づけ（特にそれを表に出すこと）はあまり好ましくないと考える人も少なくないだろう。しかし、金銭的報酬に対する適正なモチベーションを持つことは、ワーク・モチベーションを高める上でも、キャリア発達のためにも極めて健全なことである。

（参考）モチベーションの強さを測る指標

　モチベーションの強さを計測する Amabile, Hill, Hennessey and Tighe (1994) の指標を紹介する。なお、内発的モチベーションは挑戦と喜びから、外発的モチベーションは対面と報酬から構成される。10の質問文で4段階のリカートスケール（全く当てはまらない＝1〜常に当てはまる＝4）で測定。

　内発的モチベーション（下位次元：挑戦 1, 2, 3, 4, 5、喜び 6, 7, 8, 9, 10）

　1．自分にとって全く新たな課題に取り組むことは、楽しい。
　2．複雑な問題の解決にあたるのは楽しい。
　3．問題が難しいほど、それを解こうとするのが楽しい。
　4．自分の知識やスキルが増える機会を提供してくれる仕事がしたい。
　5．自分のする事の大部分は、好奇心が原動力となっている。
　6．自分が仕事でどのくらいやれるのかを知りたい。
　7．物事は自分で解決するほうがいい。
　8．自分にとって最も大事なのは、自分のすることを楽しむことだ。
　9．自分を表現する場所があることは、自分にとって重要だ。
　10．新たな経験が得られたと思えれば、結果はどうであれ自分は満足する。

外発的モチベーション（下位次元：対面 11, 12, 13, 14, 15、報酬 16, 17, 18, 19, 20）

11. 周囲から認められることに、自分は強く動機付けされる。
12. 自分が仕事でどのくらいやれるのかは、周囲の人に判断してもらいたい。
13. 自分にとって成功とは、他人より上に行くことである。
14. 行動を起こすときは、自分にとって何らかのメリットがあると思って取組みたい。
15. 良い仕事をしても、それを誰にも知ってもらえないなら意味がないと思う。
16. 成績点やお金で、自分は強く動機づけられる。
17. 自分で立てた GPA（成績評価値）の目標を強く意識している。
18. 私は滅多に、成績やお金のことを考えない。（逆転）
19. 良い成績を取るために自分で立てた目標を強く意識している。
20. 楽しいと思うことができている限り、成績やお金のことはあまり気にならない。（逆転）

目標管理制度

個人のモチベーション、特に内発的モチベーションを活用した制度に目標管理制度（小林, 2009, 48-51 頁）がある。Drucker は、目標と自己管理という理念に基づき、目標による管理（目標管理）（MBO: Management By Objectives）を提唱した。目標管理は、McGregor の Y 理論や目標設定理論などが理論的な裏付けとなっている。McGregor の Y 理論に基づけば、個人は目標の設定と管理に参加することによって、Maslow が述べる高次の欲求（達成、自己統制、承認など）を満たすことができ、その結果、目標を自ら達成しようとする。また、目標設定理論によると、人は明確で困難な目標を設定する方が、目標がない場合や曖昧でわかりにくい目標を設定する場合よりも、より高いレベルの結果を出すことが実証されている。

　一般に、組織における目標管理制度は 3 つのステップで実施される。はじめは、目標設定の段階である。この段階では、経営層が企業全体の目標を提示し、それを受けて組織の各階層が目標を設定する。そして、従業員は自分の業務目標を上司に提示し、上司との面談を通じて、お互いに納得のいく形で目標

を決定する。次が、自己統制の段階である。目標達成のプロセスは、従業員本人の裁量で管理させること、すなわち、自己統制が重要である。必要に応じて、上司は従業員にアドバイスや支援を行う。最後は、達成度の評価の段階である。この段階では、従業員本人が目標の達成度を評価し、反省し、上司との面談を行い、次の目標に繋げることで、能力開発に結びつける。

　このように、目標管理の主役はあくまで従業員本人であり、この制度を成功させる大切なポイントは、従業員の内発的モチベーションや高次の欲求にどれだけ働きかけることができるか、という点である。それに加えて、目標管理の効果向上のためには、上司による支援やコミュニケーションが極めて重要となる。なお、目標管理はキャリア・マネジメントについても当てはまるものであり、従業員のキャリア目標の設定[5]および自己管理と、キャリアに対する満足度が正の相関関係にあることは実証研究でも示されている（e.g. Murphy and Ensher, 2001）。

組織コミットメント

　モチベーションに類似する概念にコミットメントがある。コミットメントとは、ある目的の達成のために、個人が自分の全力を投入しようとする積極的な姿勢や態度を意味する。コミットメントの中で、所属する組織の一員として、個人が組織からの期待に積極的に応えていこうとする姿勢や態度は、組織コミットメント（organizational commitment）と言われる。組織コミットメントは、個人が組織の一員として職務に全力を投入し、長期間組織で働くこと、すなわち、組織内キャリア発達にプラスの影響を与えるものである。

　Allen and Meyer（1990）によると、個人の組織コミットメントは、主に3つの要素から構成される。1つは、組織に対する愛着である。「今の会社が大好きだ」などと自分が所属する組織に強い愛着を抱いている個人は、組織のために一生懸命仕事にも取組むし、その組織を離れようとはしないだろう。2

　5　個人がキャリアの目標を設定することの意味は大きい。キャリアに明確な目標がないと、学習すべきものも学習されないからである。個人のコンピテンシーが開発されるプロセスや、組織内キャリアに対する個人の認識が形成されるプロセスを理解する上で、個人のキャリア目標に注目することが重要である。

つ目は、組織を辞めると失うものが大きいというコスト意識である。「今の会社を辞めても、ここより待遇の良い会社はなかなか見つからない」とか、「ここで退職したら今まで会社のために自分が積み上げてきた様々なものが全て無駄になってしまう」とか、「今退職すると退職金の額が減ってしまう」とか、そうした自分なりの計算に基づき、個人は組織に留まって働き続けようとする。3 つ目は、組織には従うという規範的な意識や忠誠心である。これは「自分は会社の一員である。会社は自分に対して、長期間全力で働いてほしいと期待している。だから、自分は会社の指示には従うし、会社のために全力を投入して長期間働くべきである。」というような、社会の道徳的ルールを守るような、良心的な気持ちにも近い。

　このように、組織が好きだからという理由は、長期にわたって組織で積極的に仕事に取組むための大きな要因となるが、しかしそれだけでは、組織コミットメントを高めることは難しい。組織に対する愛着に加え、金銭などに関わるコスト意識や、組織人としての忠誠心もまた組織コミットメントに大きな影響を与える。

類似する 3 つの概念の整理

　個人と仕事の関わり、および個人と組織の関わりを意味する重要な概念である、ワーク・モチベーション、組織コミットメント、キャリアは類似するものの、意味はもちろん、想定される場面や時間幅が異なることに注意が必要である（金井, 1999, 66 頁）。

　ワーク・モチベーションは、個人の仕事の場面における（仕事に対する）動機づけを意味し、仕事の場面に限定され、概ね数日から数カ月の時間幅で考える概念である。金井（1999, 67 頁）はモチベーションを「瞬発力の世界」と表現している。一方、組織コミットメントは、所属する組織の一員として、個人が組織からの期待に積極的に応えていこうとする姿勢や態度を意味し、主に仕事や組織（個人の生活も一部含まれる程度）の場面に関わり、概ね数年間という時間幅で考える概念である[6]。そして、キャリアは、個人の生涯にわたる組

6　金井（1999, 69 頁）は、終身雇用（life long commitment）という表現を引用し、コミットメントは時にキャリア全般にわたる期間にまで及ぶことがあると述べている。

織内外での仕事経験の積み重ねであり、それに付随する仕事以外での様々な役割経験の積み重ねを意味する。様々な仕事や組織の場面に加え、個人の生活全般に関わるもので、30 年から 50 年という長期的な時間幅で考える概念である。

　こうした議論から、想定される場面と時間幅という点において、キャリアはワーク・モチベーションと組織コミットメントを包含している。キャリア発達には、より短期的にはワーク・モチベーションが、より長期的には組織コミットメントが影響を与えているといえる。

人材育成の方法

　企業や組織は、従業員の仕事パフォーマンスを向上させることを目的に、知識、能力、スキル等を開発するが、そうした人材育成を通じて、企業は個人のキャリア発達を支援していると捉えることもできる。企業が行う人材育成の方法には OJT と Off-JT がある（宗方, 2009, 77 頁）。

　OJT（On the Job Training）とは職場内訓練のことで、職場で働きながら行われる訓練を指し、職場の先輩のやり方を見て覚えるといったインフォーマルなものから、体系化されたフォーマルなものまで様々な訓練が含まれる。OJT は職場での実際の仕事を通じた学習、すなわち、アクション学習である。現場で仕事を覚えるためには「習うより馴れる」ということも必要になってくるだろう。これに対し、Off-JT（Off the Job Training）とは職場外訓練のことで、職場を離れて行われる訓練や研修を意味する。Off-JT は、階層別研修（例えば、新入社員研修や管理職者研修）、専門的研修（例えば、経理業務に関する研修などの部門別研修）、課題別研修（例えば、全従業員を対象とする IT やコンピュータ技術に関する研修）などに分けられる。

　なお、企業が行う人材育成ではないが、自己啓発は職場から離れて行われるOff-JT の 1 つと捉えることもできる。自己啓発とは、従業員が自分自身の能力向上やキャリアアップのために、自発的に行う様々な取組みを意味する。語学や特定の技術に関する学習など、個人が自発的に行う取組みである。自己啓発は、個人の主体的なキャリア発達のために重要であるだけでなく、企業にとっては従業員の成長を通じて、経営資源の強化にも繋がる可能性があること

から、これを支援している企業も多い。資格取得のための金銭的援助や、社会人大学院への入学支援などは、企業による自己啓発の支援の例である。

OJT と Off-JT の特徴—メリットとデメリット

　OJT と Off-JT は組織による人材育成の実施方法のタイプであり、それぞれにメリットとデメリットがあることを理解しておく必要がある。なお、デメリットはメリットのほぼ裏返しの内容になっており、デメリットがあるというよりは、そうした特徴があると理解すべきであろう。

　OJT の主なメリットは、受講者が担当する職務や仕事に直結する実践的な内容を学ぶことができる点である。受講者の能力のレベルに合わせて、個人的な教育訓練を行うことができるのも利点である。また、職場の上司や先輩が教えることで、教育費がかからない点もメリットである。さらに、マニュアル化や明文化することが難しいような仕事に対する姿勢や考え方まで、経験者から直接教わることができるのも大きなメリットといえる。OJT の主なデメリットは、体系的な知識や技能の習得にまでは結びつきにくい点である。また、受講者の能力のレベルによって研修内容に差が生まれることや、職場の上司や先輩といった教える人間の意欲や能力によって、教育の効果が大きく左右されるのも短所といえよう。

　一方、Off-JT の主なメリットは、受講者全員を会場などに集めて、体系的な知識や技能について一斉に教育できることである。研修の講師として社内外から専門家を招き、専門的知識を学ぶことができるのも利点である。さらに、研修テーマによっては、受講者同士が組織や部門を越えて知り合える貴重な機会になるのも大きなメリットといえるだろう。Off-JT の主なデメリットとしては、受講者が研修期間中に職場から離れるため、特に忙しい職場では、研修に参加しにくい場合もある。また、参加費などのコストがかかることや、研修で学んだ内容が実際の仕事や業務に直接結びつけにくい場合もあることなどが挙げられる。仮にそうした内容があっても、従業員は Off-JT で学んだ内容が実践で役に立たないと決めつけることなく、可能な限り現場の仕事に活かそうとする姿勢を持つことも重要であろう。学んだことをどれだけ活かせるかは本人次第である。OJT と Off-JT のそれぞれの特徴を理解し、両者を組合せて研

修を実施することで、教育はより効果的なものとなる[7]。

キャリアに関わる知識は何に備わっているのか

　本章で紹介したキャリア開発プログラム、仕事に対する動機づけの方法、人材育成の方法といったキャリアに関わる様々な知識は、何に備わっているのか。Peiperl and Arthur（2004, pp.11-13）によると、キャリアを構造的に、静的に、普遍的に捉える場合、キャリアに関わる知識は組織に、および組織の制度に主に備わっていると考える。一方、キャリアを行動的に、適応的に、特殊性という視点で捉える場合は、キャリアに関わる知識は主に個人に備わっていると考える。従来、知識とは明確に形式知化されたものであり、専門性によって細分化されているものであった。この考え方が基礎となり、専門的職業が進化するとともに、組織内の専門化が進み、個人のキャリアもより専門化してきた。また、暗黙知のような公に明確化できない知識は、個人に負うところも大きく、キャリアに関わる個人の行動が様々な知識を生み出し、それが暗黙知の集合的な形として、個人に知識が積み上げられていくという捉え方もある。

　Arthur and Peiperl（2004, pp.279-280）によると、従来、組織に備わる知識と個人に備わる知識は、異なるものとして取り扱われてきた。「学習する組織」という概念が生まれると、調査研究の分析単位は組織レベルが中心となったが、Peiperl and Arthur（2004）は、キャリア概念はこうした分析単位のレベルを超越するものであると主張する。キャリアに関わる知識や学習もまた同じである。すなわち、キャリアに関わる知識は組織内に形式知として存在するとともに、個人にも暗黙知として備わっている。

5-2　戦略的人的資源管理

従業員のキャリアを経営資源として捉える

　経営資源とは、企業活動のもととなる様々な要素や能力のことである。経営

---

7 近年、企業や職場によっては、教育訓練を行う時間的にも金銭的にも余裕がないため、OJT も Off-JT も実施されにくくなってきているところもある。

資源としてのキャリアとは、キャリアを企業の目的を達成するのに活用可能な経営資源として捉えることを意味する。ヒト・モノ・カネといった企業の経営資源にチエ（知識）が追加されたように、知識経済の社会では、知識は経営資源の1つとして捉えられるようになり、組織が保有する様々な知識や専門性が、無形の経営資源として重視されるようになってきた。個人に備わる知識や専門性は、生来備わっているものではなく、教育や訓練、仕事経験の結果、時間をかけて蓄積されてきたものであることを考えると、人そのものというよりも、その人が築いてきたキャリアこそが企業の経営資源といえる（Inkson, 2007, p.200）。したがって、キャリアへの投資は、個人と組織の両者にメリットをもたらすことになる。組織による従業員への投資は、組織の現在あるいは将来の目標に関連する知識や専門性を獲得してもらうことを目的に行われる。組織はこうした従業員に対する投資を無駄にしないために、すなわち、従業員に退職されたり、競合となる会社に転職されたりしないために、賞与や勤続手当の支給などの策を講じて、従業員の保持に努めることも必要になってくる。

　経営戦略論の1つに、Barney（1991）による経営資源に基づく戦略の見方がある。この理論は、企業内に培われた様々な能力は、市場競争のための資源となりうるという考え方であり、企業が他社と競争するための重要な要素として、企業が持つ様々な経営資源に着目している。別の言い方をすれば、企業はコア・コンピタンスを形成することによって、競争優位を確立し、維持しようとするのである。コア・コンピタンスとは、他社には真似のできない自社ならではの価値を顧客に対して提供する、企業の中核的な力である（Hamel and Prahald, 1994）。こうした理論的枠組みを用いると、従業員のキャリアを、企業が競争優位を得るための経営資源の1つとして捉える人的資源管理が可能となる。従業員が持つ知識や専門性は、企業のコア・コンピタンスになりうるものであり、これは個人がキャリア形成する中で築かれるものである。企業はコア・コンピタンスの形成という視点から、経営戦略に沿った形で従業員のキャリア形成に関与できるのである[8]。

---

[8]　企業が従業員のキャリア発達に積極的に関与することで、個人のキャリアが組織にコントロールされる場合もある。こうした例は、一昔前の日本株式会社などと言われた日本の大企業で見られる。日本の大企業は、従業員の終身雇用の見返りとして、新入社員に対して企業が染めたい色に染まるこ

人的資源管理と経営戦略を統合する

これまで企業の人的資源管理（HRM: Human Resource Management）は、従業員の採用、教育、福利厚生などの機能に主眼が置かれ、企業の経営戦略とは密接に関係することなく、基本的に当該部門によって独立して活動が行われてきた[9]（Greenhaus, Callanan and Godshalk, 2010, p.382）。しかし、今日のHRMに関わる様々な施策は経営戦略にも直接関連し、企業が競争優位を確立するための1つの手段になっている（Colarelli, Hemingway and Monnot, 2006）。すなわち、企業のHRMと経営戦略の適合性は、HRMの有効性、労働力の生産性、ひいては企業のパフォーマンスと関連するのである。先行研究によると、HRMと経営戦略が統合されている企業は、そうではない企業に比べて、従業員の離職率が低く、生産性、組織コミットメント、職務満足度、および企業の財務健全性が高いことなどが示されている（e.g. Green, Wu, Whitten and Medlin, 2006; Sun, Ayree and Law, 2007; Wang and Shyu, 2008）。企業が生産性やパフォーマンスを向上させたいのであれば、従業員の採用、人員配置、業績管理、報酬、キャリア・マネジメント、多様性プログラム、人材育成などのHRMの内容は、経営戦略と一貫している必要がある。こうした企業の経営戦略と一貫したHRMを戦略的人的資源管理（SHRM）と呼ぶ。小野（2011, 73頁）も、近年の戦略的人的資源管理は、より企業の戦略に寄り添った、もしくは、企業利益に目に見える貢献をすることを命題とした人的資源管理ということができると述べている。

企業の人的資源を戦略的に考える背景には、個人の才能は組織の価値を創造

とを求め、従業員のキャリアをいわば父親温情主義的に管理した。定期的な昇進・昇格、手厚い退職金や企業年金、社宅や保養所など、まさに幸せな家庭やコミュニティの中にいるような平和な組織内キャリアが約束されていたのである。

9　小野（2011）は、人的資源管理はかつて人事・労務管理と呼ばれていたことについて、その内容の変化についても触れ、「かつて人事・労務管理と呼ばれていたときは、組織の目標達成のためのシステムとして人の組織があり、そこでは個人は、決められた機能を果たす歯車として働くことを求められていた。しかし近年の人的資源管理では、決められた規格品としての歯車ではなく、個々人の能力は組織への参加の後も発達し続け、組織もその能力をより積極的に活用することへの関心を高めた（69頁）」と述べる。「労務管理では労働条件管理と労使関係管理に重点が置かれ、人事管理は科学的管理法以来の人とテクノロジーの関係の中で、働く人々の入社から退社に至るまでの様々な管理に焦点を当て、その中で、個人に焦点を当てた人事管理に行動科学的な"ひと"の側面を追加し、成長し、発達を遂げる人をいかに管理し、活用するかに重きを置いたものが人的資源管理である（73頁）」と述べている。

するための原動力であるという基本的な認識がある。この見地に立てば、顧客
のニーズを満足させるためにも、企業の人的資源は、ビジョンや経営戦略、事
業目標と結びつける必要があり、また、企業のビジョンや経営戦略には、企業
の外部環境から得た情報が反映されなければならない[10]。これらの要素の関係
は、企業の内部環境と外部環境の両方から影響を受けるものである。企業の
HRM担当者は、組織パフォーマンスの向上に必要な人員を提供するために、
この枠組みを理解することが求められる。現代の企業のHRM担当者は、企業
内の人員配置の要求から、顧客や取引業者等のステイクホルダー（企業を取り
巻く利害関係集団）の要求に、注意を向ける先を転換すべきであると指摘して
いる研究者もいる（Ulrich, 1997）。こうした方向転換は、HRMにおいても顧
客が重視されることを意味しており、顧客のニーズ、企業のビジョン、経営戦
略、コア・コンピタンスが、従業員の採用や人材育成に大きな影響を与えるよ
うになったといえるだろう。

SHRMに関する研究のアプローチ

　Marler（2012）によると、SHRMに関する研究は、労使関係、労働経済、
人的資源、産業組織心理学、組織論、経営戦略論などの様々な領域の成果
を活用し、学際的に行われている。研究の主なアプローチは、普遍主義
（universalist）、組合せ（configuration）、条件適合（contingency）、文脈
（context）の4点である。

　普遍主義、組合せ、条件適合のアプローチは、主に米国で1975年以降に発
展したものであり、文脈のアプローチは、主に米国以外の研究者によって導入
されたものである（Martin-Alcazar, Romero-Fernandez and Gardey,
2005）。普遍主義の基本的な見地は、事業を成功に導くSHRMとして、唯一
のベストプラクティスが存在すると考える（Schuler and Jackson, 2005）。
一方、文脈のアプローチの基本的な見地は、普遍主義とは対照的に、社会的、
制度的環境の違いを反映した各国に特有のSHRMが存在すると捉える。例え

10　企業のマネジメントをコンティンジェンシー（条件適合）理論の視点で考えると、経営戦略、ビ
　　ジョン、組織構造、組織制度、組織文化、リーダーシップなどに関する内容は、外部環境や多様なス
　　テイクホルダーからの期待と一致していることが重要である（Bartlett and Ghoshal, 2002）。

ば、米国企業における HRM の基本的な考え方は、米国の文化的特徴である個
人主義、自己主張、達成志向、低い権力距離（分権化）、多様な従業員の異な
る関心をオープンに議論する事に対する受容性（e.g. Hofstede, 1980; Muller,
1999; Pudelko, 2006）などに基づいている。米国企業の HRM のモデルが世
界におけるベストプラクティスとは言えないだろうし、他の国でそのまま機
能するかどうかは大いに疑問がある。一方、欧州の企業は一般的に、HRM の
制度設計に米国企業ほど自由度がないという特徴がある（Brewster, 1995,
2004）。また、日本の場合も、米国企業の HRM 制度がそのまま機能するとは
到底思えない。

　なお、一般的に、労使関係や労働経済の研究者は、普遍主義や組合せのアプ
ローチから、HRM のシステムがどのように組織パフォーマンスと関連してい
るかの解明を試みる傾向がある。一方、経営戦略論を専門とする研究者は、条
件適合の視点から研究を行ったり、人的資源、社会学、政治経済学の分野で
は、文脈のアプローチが採用されたりする傾向にある（Marler, 2012）。

HRM とキャリア・マネジメントを統合する

　HRM は人的資源に関する計画、採用、選抜、訓練、評価、昇進、報酬等の
ための組織大のメカニズムである。組織と従業員にとっての長期的な効果やメ
リットを考えると、HRM とキャリア・マネジメントの間には一貫性が必要で
あり、それによってはじめて組織のニーズと個人のニーズが相互に補完し合え
るようになる。キャリア・マネジメントの効果的なプログラムを策定し、それ
を機能させるためには、HRM からの支援も必要になる。先行研究において
も、企業の HRM の枠組みの中で、キャリア・マネジメント、キャリア開発、
業績管理を統合したモデル創出の必要性について、多くの研究者が指摘してい
る（e.g. Applebaum Ayre, and Shapiro, 2002; Baruch, 2003, 2004; Egan,
Upton and Lynham, 2006; McDonald and Hite, 2005）。

　HRM とキャリア・マネジメントを結びつけることで、組織と個人の相互補
完的な好循環を生み出すことが可能となる（Inkson, 2007, p.209）。すなわち、
組織の目標を達成するために必要なスキルや専門性を蓄積した従業員のキャリ
アが、組織の経営資源になるとすれば、反対に、組織が提供する職務や人材育

成の機会は、従業員のキャリア形成のために利用可能な資源になりうるのである。組織でスキルや専門性を蓄積した従業員は、やがて組織の枠を越えて活躍する（例えば、転職する）かもしれないが、これは、従業員が労働市場において魅力的な市場価値の高い人材になること、すなわち、個人の就業可能性（エンプロイアビリティ）の向上を意味する。こうしたことは、組織にとってみるとジレンマかもしれないが、個人にとってみると、組織の枠を越えて活躍できる可能性が組織内キャリアに存在していると言えるのかもしれない。

HRM のモデル

企業における HRM のモデルの一例を紹介する。Christenson[11] は、企業における SHRM とキャリア・マネジメントを統合したモデルを開発している（Greenhaus et al., 2010, p.385）。このモデルでは HRM の基本的機能として、従業員計画と配置、学習と開発、業績管理、従業員リレーション、組織開発、を挙げている[12]。Christenson は、企業の HRM は従業員のコンピテンシーの活用や、企業が市場で勝者となれるような能力の創造に注力することが大事であると指摘していることから、このモデルは個人の才能を掘り起こし、かつ企業の競争優位を獲得することを目的としたものといえる。

このモデルの機能の中で、組織開発を除く、従業員計画と配置、学習と開発、業績管理と報酬、従業員リレーションが、個人と組織によるキャリア・マネジメントに直接関連することから、これら4つの機能とそれに関連する主要な活動を整理した（図表5-1）。以下、それぞれの機能について Greenhaus et al.（2010）に基づき解説する。

---

11 Christenson は、米国 Hallmark Cards 社で HRM 担当 Vice President を勤めた人物である。
12 Christenson によれば、多様性の尊重、HRM に必要な戦略的および戦術的行動は、全ての機能において重要であるため、5つの基本的機能の礎石とされる。

図表 5-1　企業における人的資源管理の機能と主な活動

機能	従業員計画と配置	学習と開発	業績管理と報酬	従業員リレーション
主な活動	・従業員の需要予測 ・組織大の採用計画 ・配置転換・人員整理 ・採用 ・大学との関係構築と予期的社会化、他	・従業員開発 ・後継者プラン ・オリエンテーション・プログラム ・リーダーシップ開発、他	・業績目標、業績評価、報酬に関する公式システムの構築 ・福利厚生プログラム、他	・コーチング ・カウンセリング ・ワークライフバランス・プログラム ・従業員のモラール向上、他

(Greenhaus et al., 2010, p.385 を基に作成)

HRM の機能

従業員計画と配置

　HRM の従業員計画と配置に関する機能には、従業員の需要予測、組織大の採用計画、配置転換・人員整理、採用、大学との関係構築と予期的社会化などの活動が含まれる。

　従業員の需要予測について、企業の経営戦略が決定されたら、その戦略を実現するために必要な人材のレベルとタイプを検討する必要がある。従業員のスキルや専門性が企業の価値創造のための原動力であるならば、必要な人材を明らかにし獲得することは、SHRM の本質といえる。必要な人材のレベルとタイプが特定されたら、その人材を労働市場から選抜するのか、あるいは社内で育成するのか、意思決定しなければならない。この意思決定には、労働市場からの入手可能性や容易さと、社内での人材開発の可能性とを比較することが必要である。外部労働市場からの人材に 100%依存する場合、社内での人材登用の機会が減少するため、従業員の組織コミットメントが低下すること等が懸念される。反対に、社内の人材活用に 100%依存する場合、斬新なアイディアの獲得や組織改革のスピードに支障が出るなどの弊害が生まれることが予想される。したがって、外部労働市場からの選抜か内部労働市場での育成かは、どちらか一方に過剰に偏ることは好ましくない[13]。

　組織大の採用計画では、企業は従業員の需要予測に基づき、どのような従業

13　外部労働市場からの人材獲得には、企業の外部環境や景気全般なども大きな影響を与える。

員を何名採用するかを決定する。採用すべき従業員のタイプには、スキル、専門性、実務経験、その他能力などが関連する。採用方法は、新卒採用、中途採用、キャリア採用、紹介、ヘッドハンターの活用（ヘッドハンティング）など、複数のチャンネルを使い分ける。新卒採用者は実務経験がなく専門性のレベルは低いものの、入社後に組織の色に染めて計画的に育成することが可能である。一方、キャリア採用者は、実務経験があり専門性は高いかもしれないが、組織の新しいやり方に対しては柔軟性や適応力が低い可能性がある。

　配置転換・人員整理は、企業のHRMの担当者やリーダーにとって最も責任の重い業務の1つである。企業は、必要があれば、従業員をそれまでとは全く異なる業務に異動させたり、あるいは、退職させたりもする。企業が景気低迷期にあるときや余剰人員が発生すると、人員削減が行われる場合もある。技術革新や経営戦略の変更によっても、従業員に求められるスキルや専門性は異なる。いずれの場合でも、企業が配置転換・人員整理する場合は、従業員のモラールに配慮し、組織にかかるコストを考慮して対応していくことが求められる。

　採用について、企業は入社希望者に対してRJPに基づく現実的な採用を行うことが重要である。入社後の従業員の離職率の低下や、職務満足や組織コミットメントの向上などに寄与するためである。採用選考では、書類審査、適性検査、筆記試験、小論文、面接などの方法によって人物評価が行われる。なお、面接にはいくつか種類があるが、例えば、行動観察面接とは、過去に実際に経験した出来事や直面した問題、成功体験や失敗体験などを応募者に回想してもらい、その時どのような状況であったのか、どのようなことが期待されていたのか、どのような行動を取ったのかなどを具体的に詳述してもらう。これにより、応募者の行動様式や、創造性、論理力、人間力などにより応募者の仕事場面での能力に対する示唆を得ることができる[14]。通常面接の機会は、面接官が応募者に関する情報を収集するための場のように見えるが、面接のタイプによっては、応募者が企業の価値観や組織風土の一面について学ぶことも可能である。

　大学との関係構築と予期的社会化は、企業が自社についての良いイメージを

14　その他にも、例えば、組織が直面している具体的問題を応募者に提示し、応募者にその状況を分析させ、解決案を提案させるような面接もある。

大学に広め、才能のある入社希望者にアクセスできる貴重な機会にもなる。社会化（socialization）とは、個人が所属する組織の一員として必要な規範や意識、行動様式などを身につけることを意味する[15]が、予期的社会化（anticipatory socialization）とは、個人が将来与えられる地位や役割を見越して行われる社会化であり、また、将来所属する可能性のある組織から影響を受けることによって行われる社会化を意味する。予期的社会化プログラムの代表的な例は、インターンシップである[16]。インターンシップは、学生にとって入社前に企業や団体の仕事を経験できる貴重な機会になる。また、企業でより長期間の予期的社会化プログラムを経験したインターンは、既にその企業の組織風土や慣行、設備などにもある程度慣れているため、企業にとって即戦力に近い状態での採用が可能となるというメリットがある。

学習と開発

　企業の HRM に関する業務の多くが、従業員の学習と開発のためのプログラムに時間を割かれている。企業の成長と変革に伴い、従業員に必要とされるスキルや専門性も変化する。Christenson（2006）によると、多くのスキルの賞味期限は 3 ないし 5 年であるため、企業は継続的に従業員のスキルの更新に努める必要性がある。

　従業員開発とは、企業の目標を達成するのに必要な人材を獲得できるように、従業員を開発（育成）することである。従業員開発は 2 種類に大別される。1 つは、教育・訓練プログラムであるが、これは一般的に社内外の研修などを通じて行われる公式なものであり、主に Off-JT で実施される。2 つ目は OJT を通じた開発である。従業員の公式な開発プログラムへの投資を積極的に行う企業でも、多くの開発や学習は OJT を通じて実践している。OJT は、従業員が新たに獲得した知識やスキルが定着するのに必要な、訓練と強化を反復する継続的な学習経験であり、学習のコスト面でも効率的である。なお、企業が将来必要となる知識やスキル、専門性を予測することがますます困難に

15　社会化については第 4 章を参照されたい。
16　米国などでは長期実践型のコーオプ教育も盛んに行われている。日本におけるインターンシップに関する内容は、第 4 章を参照のこと。

なっていることもあり、企業の中には、従業員の人材開発への投資を渋るようになってきているところもある。事業環境の変化が激しく不確実性が増す中で、せっかく人材開発に投資をしても、確実な見返りが期待できないこともあるからである (Inkson, 2007, p.212)。

後継者プラン (succession plan) とは、やがては現在のリーダーに代わる次世代のリーダーを企業が選抜し、後継者を育成する計画を意味する。企業の役員人事も定期的な刷新が必要となる。また、経営者の自主的な退職、定年、病気などの理由により、重要な職位に急に欠員ができてしまうこともある。より大きな責任を引き受けられる潜在能力の高い従業員を見つけ出すプロセスは、複雑である。先行研究によると、リーダーとなりうる可能性の高い従業員が持つ特徴として、失敗から学ぶ力、新たなスキルを身につける力、対人能力、新しい考えに対する受容性、結果に対して責任を負う姿勢、などが挙げられる (e.g. McCall, 1998; Zenger and Folkman, 2002)。それに加えて、変化を導く力、優れたコミュニケーション能力、結果を出すためのハードワーク、高い誠実さと倫理観、リスクを適切にとる行動などのリーダーシップも考慮する必要がある (Zenger and Folkman, 2002)。後継者の育成手法には、人事異動、タレントプール[17]、外部からの獲得、少数エリートの育成などがあり、通常それらが複合的に用いられている。

オリエンテーション・プログラムは、新人が組織に加入する際は、必ず新しい環境への適応や準備が必要になるが、それを支援する役割を果たすものである。オリエンテーション・プログラムでは、新人が直面している具体的問題などにも対処することが可能である。

リーダーシップ開発とは、従業員にリーダーシップを身につけてもらうことであり、組織のリーダーを養成することである[18]。リーダーシップ開発の1つの方法がコーチングであるが、21世紀の組織は営利・非営利を問わず人的

---

17 タレントプールとは、企業が自社に興味のある優秀な人材に登録してもらう方法である。採用は求職者の応募と企業の募集のタイミングが合って成立するが、現実には、企業が募集するタイミングで、優秀な人材が職を探しているとは限らないし、反対に、求職者が興味のある企業が、求職者の望むタイミングで、募集するとは限らない。タレントプールは、こうした採用のタイミングのミスマッチを解消しようとするものである。

18 リーダーシップ開発に関する詳細な内容は、第11章を参照のこと。

ネットワークに依存しており、コーチを必要としている企業の経営者も少なくない（Kets de Vries, 2005）。コーチングは、リーダーが効果的に機能することを可能にするものであり、情動知能やコミュニケーション・スキルの開発にも役立つ。なお、コーチングは経営層に限らず、中間管理者や現場監督者にも有効である。

業績管理と報酬

　業績管理と報酬で重要なのは、従業員の業績目標と評価および報酬に関して整合性のとれたシステムを構築することである。企業のHRM部門が、従業員にとっての大切なパートナーとして機能するためには、報酬管理に偏重するのではなく、個人的にも組織的にも望ましい目標を設定し、それに基づき業績を上げられるように従業員に働きかけることにも注力すべきである。なお、Christensonによる企業の業績管理システムでは、業績期待、業績管理、業績承認という流れについて、全社、グループ、個人の単位でそれぞれ検討すべき内容を提案している。

　福利厚生プログラムには、社宅、団体保険、障害所得保障、子育て支援、授業料補助、有給休暇、利益共有制度、通勤費支給など、様々なものが含まれる。キャリア・マネジメントの観点からは、これらに加え、定年退職の準備プログラムも重要である。定年退職を迎えることは、誰にとっても未知の経験であるため、それに伴う金銭面や感情面での問題に十分に対応できない人が多い。今後、団塊の世代やベビーブーム世代の大量退職時代が到来することを考えれば、企業のHRM部門は、定年退職に関するプログラムをより充実させる必要があるだろう。

従業員リレーション

　従業員リレーションとは、従業員が企業でより効果的により充実して働けるように、企業が提供する様々なプログラムを意味する。これには、コーチング、カウンセリング、ワークライフバランス・プログラム、従業員のモラールを向上させるための様々な支援策などが含まれる。

組織による過剰な介入に対する提言

　Schein（1978）が人的資源計画・開発システムと題したモデルを発表してから、四半世紀が経った。企業の HRM は経営戦略と密接に結びつくとともに、キャリア・マネジメントは HRM や経営戦略に幅広く取り込まれるようになってきた。これは、企業と従業員の両者がより長期的なメリットを得るために、重要なことであろう。SHRM と統合されたキャリア・マネジメントは、従業員および従業員のキャリアを経営資源の 1 つと捉え、企業の経営戦略に適合したスキルや専門性、知識を醸成することと密接に関係する。こうした人的資源管理は、結果的に、キャリア・マネジメントが組織主導になってしまうことを意味しているのかもしれない。

　Inkson（2007, p.205）は、企業が従業員を経営資源の 1 つと捉えて開発するということは、人材が持つスキルや専門性、知識が偏る可能性があるだけでなく、キャリア・マネジメントの主導権を従業員から奪うことで、個人の自己決定の権利や能力を減少させていくことにも繋がりかねないと指摘する。実際、従業員のキャリア発達に大きな統制力や影響力を与えている企業は、その見返りとして従業員に生涯における職や身分の保障と安定を提供しなければ、その統制力は正当化できないかもしれない。

　あらためて考えなければならないのは、「キャリアは誰のものか？」という問いである。Cascio（2003）は、現代の労働市場の変化を踏まえて、キャリアは組織主導ではなく、個人主導でマネジメントされるべきであると論じている。企業は従業員のキャリアまで責任を取ってくれないだろう。キャリアの主役は個人であること、そしてキャリアに対する責任は個人が負うことを忘れてはいけない。

第 6 章

現代的キャリア

　今、どのようなタイプのキャリアが新たに生まれつつあるのか。21 世紀に入り、伝統的キャリアから現代的キャリアへの変化が見られる。伝統的キャリアでは雇用の保障や安定が重視されるが、生涯を通じて 1 つの組織でキャリアを形成する組織内キャリア発達は、伝統的キャリアの 1 つである。一方、バウンダリレス・キャリアとプロティアン・キャリアは、現代的キャリアとして認識されている概念である。バウンダリレス・キャリアとは、職務、組織、産業、国などの様々な境界を超えて形成されるキャリアであり、組織内キャリアだけに依存しないキャリアといえる。また、プロティアン・キャリアとは、キャリアが個人の価値観によって方向付けられ、内発的に主導されているキャリアを意味する。現代的キャリアでは、個人のエンプロイアビリティ（就業可能性）を向上させることが特に重要となる。エンプロイアビリティは、組織の成果を上げることにも繋がることから、組織内キャリアを歩む人にも、エンプロイアビリティを向上させることは必要である。

　現代社会で個人が多様な役割を果たし、成功と満足を得るには、絶えず変化する環境に適応できること、すなわち、キャリア・アダプタビリティ（キャリア適応力）が求められる。キャリアの安定性を確保するためにも、個人は変化する環境に適応する必要があると言えよう。また、グローバル化が進む現代社会において、個人がビジネスで成果を出すためには、日本だけでなく世界で通用するグローバルな基本的なものの考え方、すなわち、グローバル・マインドセットが求められる。こうした個人の能力や考え方は、キャリアは個人の行動の産物であるという行動主義に基づくものといえる。

　行動主義は現代的キャリアを理解するのに役立つ。組織の階層を昇る軌跡が

伝統的キャリアの1つである組織内キャリア発達であるとすれば、バウンダリレス・キャリアは組織の階層や構造に促されない、個人の自発的な行動と経験の軌跡である。組織などの社会構造も個人の行動も、キャリア発達に大きな影響を与える要因であることに違いはないが、筆者は個人の行動がより大きな鍵を握っていると考える。

6-1　バウンダリレス・キャリア

キャリアに影響を与える社会構造と個人の行動

　Peiperl and Arthur（2004, pp.3-6）によると、キャリアにおける構造主義とは、キャリアは組織などの社会構造の産物であるという考え方である。社会構造とは、個人を取り巻く社会環境であり、具体的には、社会階層、ジェンダー、人種、政府の規制、権力構造、組織構造、家族など様々である（Inkson, 2007）。特に、家族や家柄、家庭環境がキャリアに大きな影響を与えることは様々な研究で示されているが、これは親から子に相続されることから、キャリアの相続財産とも言えよう[1]。なお、こうした社会構造はキャリアにマイナスの影響を与える、すなわち、キャリアの可能性に一種の限界や障壁を設ける可能性もある。

　構造主義の考え方の根本をなすのは、Weber による官僚機構である。組織が官僚機構を採用する目的は、分業や階層による管理、細かな規則を通じて、迅速性、信頼性、効率性等を向上させることである（Morgan, 1986, p.25）。官僚機構を採用する組織では、組織内でより責任の大きい高い地位に就くことが、個人のキャリア形成に繋がり、昇進・昇格のためには、組織内での経験の豊かさが必須になる。構造主義に基づいた概念の1つが、第3章で紹介した組織内キャリア（e.g. Hall, 1976）である。組織内キャリアのアプローチは、特に 1970 年代に注目を集めたが、最近のキャリア研究にもその影響は及んでいる。組織内キャリアの形成＝（イコール）組織の階層を昇る、というこのアプ

1　根拠は明確ではないが、個人の身長の高さがキャリア成功に影響を与えることを統計的に示している調査研究もある（Judge and Cable, 2004）。

ローチは、徐々に、個人の行動は組織の構造や制約に従うという傾向を強くしていった。なお、組織内キャリアに関連して生まれた理論や概念として、社会化、メンタリング、多様性のマネジメント、仕事と家族の相互作用、キャリアアンカーなどが挙げられる（Sullivan, 1999）。

　一方、行動主義とは、キャリアは個人の行動の産物であるという考え方である。行動主義の考え方では、個人の行動は独立したものとして取り扱われる[2]。行動主義に関わる重要な考え方が、Maslow（1970）らの人間主義の心理学である。Maslow の欲求階層理論や自己実現の考え方は、行動主義的キャリアの概念的な拠り所となり、企業でもこれを取り入れようと様々な取り組みが行われた[3]。また、行動主義の考え方は、組織外のキャリア発達により大きな影響を与えた。後述するバウンダリレス・キャリア（境界のないキャリア）は、行動主義に基づくキャリア概念の1つである。個人が行動を起こし、自分の人生を積極的に切り拓き、社会構造による限界や障壁を克服し、キャリアを創造していくことは可能である。社会構造も個人の行動も、キャリア発達に大きな影響を与える要因であることに違いはないが、現代のキャリア形成においては個人の行動がより大きな鍵を握っている、と筆者は考える。

伝統的キャリア

　そもそも伝統的キャリアは、第二次大戦後に先進国が未曾有の経済成長を経験し、それに伴い企業の人的資源の需要が急増し、個人にとって就職の機会が豊富に存在したことを背景に誕生したものである（Greenhaus, Callanan and Godshalk, 2010, p.21）。組織と従業員との相互の忠誠心のような心理的契約関係の下で、20世紀後半頃まで従業員のキャリアは安定したものと捉えられていた。

　伝統的キャリアでは雇用の保障や安定、組織での昇進が最も重視され、概念の定義的特徴の中にこれらの要素が入っていることも多い。また、キャリアの

2　ライフステージに基づくキャリア（e.g. Super, 1992）は、構造主義と行動主義の関係に介在する概念と考えられている。
3　もちろん、従業員は自己実現を求めつつも、同時に、自らが所属する組織や雇用環境への適応も必要である。

主導権を握っているのは組織であり、キャリアの変化や移動の程度が小さいなどの特徴がある。したがって、あまりに転職の回数が多かったり、生涯を通じて関連性のない仕事を複数経験したりすることは、キャリア発達にとってプラスにならないとも考えられていた。生涯を通じて1つの組織で昇進と安定を築く組織内キャリア発達は、伝統的キャリアの1つであり、いまだに多くの従業員の目標であり続けている（Baruch, 2006）。現代でも、企業は従業員のキャリアに大きな影響を与えているという構図は変わっていないし、企業の終身雇用・年功序列制度が変化していても、多くの従業員は依然として組織内キャリアを選択するであろう。

　加えて、伝統的キャリアの1つと言えるものが**専門職**である。医師や弁護士などに代表される専門性の高い職業に就くことは、理想的なキャリアの1つであり、高い経済的地位、高い自律性、高い報酬をもたらす仕事として捉えられている（Kulick, 2006）。

現代的キャリア

　現在、企業を取り巻く環境が厳しさを増す中で、伝統的キャリアの基礎は徐々に失われつつある。すなわち、個人の職の保障や雇用の安定が失われ、伝統的キャリアの根幹を成していた従業員と企業の間の相互の忠誠心も減少している（Greenhaus et al., 2010, p.23）。従業員と企業の関係は、より短期的で、取引的な性質を増しており、伝統的キャリアでは当たり前のことであった生涯における雇用の保障や、安定的な昇進は、企業によっては例外にさえなりつつある。

　キャリアの研究には、世界の多くの企業で実際に起こった雇用慣行の変化が反映されてきた。80年代に発表された多くの研究が、キャリアとは企業に正社員として雇用され、連続的に仕事を経験し、権限や給与が段階的に大きくなるもの、との前提に基づいていた（Rosenbaum, 1979）。しかし、90年代に入ると、こうしたキャリアモデルに該当する労働者の割合が、多くの先進国で減少してきていることが示された（Arthur, Inkson and Pringle, 1999）。そして、企業の従業員に対する雇用の保障も、従業員の会社に対する忠誠心も低下し（Tsui, Pearce, Porter and Tripoli, 1997）、労働に対する個人の価値観

も多様化していった。これら複合的転換の帰結として、個人は生涯1つの企業で働き続けることを重視しなくなってきており（Arnold, 1997）、21世紀に入ってキャリアに対する新たな見方が生まれた。現代的キャリアは、不確実な環境において、個人がキャリアを上手に構築していくために適応能力を身につける必要性を反映したものである。キャリアの主導権を握っているのは個人であり、様々な境界を越えて、また個人の価値観を重視してキャリア形成されるなどの特徴がある。本章で紹介するバウンダリレス・キャリアとプロティアン・キャリアは、現代的キャリアとして認識されている概念である。

伝統的キャリアから現代的キャリアへ

　グローバル化や人口構成の変化など、個人を取り巻く環境の変化が進む中で、伝統的キャリアから現代的キャリアへの変化が見られる。すなわち、個人が伝統的な組織内キャリア発達を歩むための土台が揺さぶられている一方で、新たなキャリアが生まれつつある。Greenhaus et al.（2010, p.21）によると、こうした変化の傾向は、グローバル経済の競争が激化し始めた80年代からその兆候が表れ、90年代に入って拍車がかかったと言われており、その後リーマンショック以降決定的なものとなったという。このような背景の下、キャリアの自己管理が一層重要になり、キャリアにおける優先順位の見直し、所属する組織に対する忠誠心の再考、主体的で継続的なスキル開発や人的ネットワークの構築などが、個人に求められるようになってきた（Hall, 2002）。キャリア研究の領域でも、伝統的キャリアから現代的（21世紀の）キャリアへの変化に関する議論が行われるようになって久しい[4]。例えば、Arthur and Rousseau（1996）は、様々な境界が明確であった従来型のキャリアが、経済、技術、社会、組織に起こっている変化の中で崩壊し、それに代わって境界のないキャリアが生まれていると述べている。

　なお、個人が組織で働くということは、個人と組織が心理的契約を結ぶことであり、それぞれがお互いに暗黙の期待と義務を抱いているという捉え方もできる（Herriot and Pemberton, 1996）。Robinson, Kraatz and Rousseau

---

4　オールド・キャリアとニュー・キャリアの相違、ニュー・キャリアの特徴の詳細については、金井（2002, 57-66頁）も参照されたい。

（1994）によると、心理的契約（psychological contracts）とは、個人が果たしてくれるであろう貢献に対する組織の期待と、組織が提供してくれるであろう報酬に対する個人の期待に関する暗黙の了解、を意味する。伝統的キャリアでは、個人と組織の心理的契約の内容は関係的契約が中心であったのに対し、現代的キャリアにおける心理的契約は、取引的契約が中心となりつつある。Greenhaus et al.（2010）によると、およそ1980年代までは、心理的契約は関係的契約が主流であった。関係的契約とは、従業員は組織に対して満足のいくパフォーマンスを発揮し忠実であることの代わりに、適正な報酬を受け取るという考え方である（Robinson et al., 1994）。しかしその後、企業が激しい競争にさらされ、組織がより柔軟性を確保する必要が出てくると、企業は主に取引的契約を採るようになってきた。取引的契約は、関係的契約よりも概して期間が短く、その内容も従業員のパフォーマンスや忠誠心と引き換えに職の保障や雇用の安定を提供するのではなく、従業員には常に新しい任務を引き受けられる柔軟性と、組織のニーズに対応し新たなスキルを進んで開発する姿勢が期待される。取引的契約の場合、企業が従業員に提供するものは職の保障や雇用の安定ではなく、専門性の開発や成長の機会であり、Fugate, Kinicki and Ashforth（2004）が指摘するように、多くの人にとって重要となるのは、就業可能性の維持・向上である。図表6-1に伝統的キャリアと現代的キャリアの主な特徴を提示した。

キャリア研究におけるエージェンシーの概念

エージェンシー（agency）とは、個人が何らかの行動をしている状態や、個人が自己の影響力を行使している状態を意味する概念である。Marshall（1989）はキャリア研究にエージェンシーの概念を導入したが、エージェンシー的なキャリア行動をとることで、個人はコントロールされる存在ではなく、自らキャリアのイニシアチブをとり、自己のキャリアに対する統制力を発揮する存在となる（Inkson, 2007）。Bakan（1966）は人生における不確実性に対処するための基本的戦略の1つとして、エージェンシーの概念を挙げている。現代的キャリアでは、個人がより主体的に自己のキャリアの担い手になることが求められるが、これは、キャリア形成においてエージェンシーの概念が

図表 6-1 伝統的キャリアと現代的キャリアの特徴 （キーワードを提示）

伝統的キャリアの特徴	現代的キャリアの特徴
境界に制約されたキャリア	様々な境界を越えるキャリア
キャリアの主導権を持つのは組織	キャリアの主導権を持つのは個人
組織の価値観を重視	個人の価値観を重視
組織内の階層を重視	人的ネットワークを重視
変化や移動が小さい	変化や移動が大きい
組織コミットメントを重視	専門的コミットメントを重視
組織との関係的契約	組織との取引的契約
雇用の保障（組織内キャリア発達）を重視	就業可能性（労働市場における価値）の向上を重視

（先行研究を基に作成）

より重要になっていることを意味している。

バウンダリレス・キャリアとは何か

　バウンダリレス・キャリアという概念は、90年代にArthurらによって提唱された（e.g. Arthur and Rousseau, 1996）。バウンダリレス・キャリア (boundariless career) とは、職務、組織、産業、国などの様々な境界を超えて形成されるキャリアであり、組織内キャリアだけに依存せず、それから独立したキャリアである[5]。組織内キャリアからの独立とは、所属する組織以外の人間からも承認されることで社会関係資本を生みだし、組織内で線形に昇進することからの離脱を意味する。バウンダリレス・キャリアには、伝統的キャリアとは異なる移動性、キャリアコンピテンシー、キャリア戦略、そして自己責任、という定義的特徴が存在する（Greenhaus et al., 2010）。

　バウンダリレス・キャリアは、もともと、構造主義の崩壊によってどのような損失が生まれるのかを探索するために考案されたが、その後の調査研究のほとんどが、行動主義に重点を置いている。すなわち、組織内キャリアとは対照的に、1つの組織や雇用環境の境界を越えて形成されるキャリアを意味してお

　5　Inkson (2007) は、バウンダリレス・キャリアは、組織内キャリアとは反対の超組織キャリアを意味しており、その意味からすると、boundary-crossing career の表現の方がより適切かもしれないと述べる。

り、キャリアの主役は個人という行為者であることを示している。

　このバウンダリレス・キャリアが現代社会で一般的なキャリアパターンなのかどうかについては、様々な議論がある[6]（e.g. Arthur et al., 1999; Ituma and Simpson, 2006）。しかし、変化の激しい環境で競争力を維持するために、企業は外部労働市場に以前より依存するようになり、企業に必要なスキルや能力を持つ従業員が外部から採用される事例が増える一方で、必要なスキルや能力を持たない従業員は、組織を去りゆく運命にあるような雇用環境になりつつあることについては、ある程度異論が無いだろう（Cappelli, 1999）。

個人が越える様々な境界

　キャリアにおいて個人が越える境界（boundary）には、どのようなものが存在するのか。Inkson（2007, p.138）は、個人が越える具体的な境界として、職務、地理、職業、組織、産業、雇用形態、国境、仕事と家庭、心理、を挙げている。職務の境界を越えるとは、企業内の異動や昇進などにより、従業員が担当する職務の内容が変わることである。地理的境界を越えるとは、他の県や市町村に転勤することである。職業的境界を越えるとは、エンジニアが営業担当になるなど、職業の専門性を変えることである。組織的境界を越えるとは、ソニーを辞めてアップルに転職するなど、勤務する企業や組織を変えることである。産業的境界を越えるとは、銀行を辞めて大学教員になるなど、個人が働く業界を変えることである。雇用形態の境界を越えるとは、正社員の身分を捨てて自営業者になるなど、雇用形態を変えることである。国境を越えるとは、母国を離れて新たな国でキャリアを継続するなど、国を変えて仕事を継続することである。仕事と家庭の境界を越えるとは、育児を終えて職場に復帰する、あるいは、企業での管理職を辞退し、家庭重視・子育て中心の生活を選択するなど、仕事をより重視するキャリアに、あるいは、家庭をより重視するキャリアに変えることである。また、心理的境界を越えるとは、自分が未知の新しい任務につくなど、それまで経験したことのない全く新しいことに挑戦すること

　6　配偶者や家庭での役割も、バウンダリレス・キャリアの傾向に影響を与えている可能性がある。例えば、配偶者のキャリアの有無や子供の有無は、経済的、時間的な余裕に影響を与え、それが個人のバウンダリレス・キャリアの傾向に拍車をかける可能性がある。

である。

　キャリアの中で個人がどの境界を越えるかは、人によって異なる。生涯1つの企業だけに勤務する人であっても、ここに挙げた複数の境界を越える経験をする可能性はある。なお、Arthur and Rousseau（1996）は、バウンダリレス・キャリアの重要な特徴は、キャリア選択やキャリア発達に個人の大きな自己責任が伴うことと述べているが、変化の激しい環境の中では、従来型の組織内キャリアを前提にキャリア発達を考えるよりも、バウンダリレス・キャリアに基づいて考えた方がより適合的である。

組織内移動と組織間移動

　キャリアとは、個人の仕事経験のパターン形成（Arthur et al., 1989）と捉えることもできるが、このパターン形成にとって重要な要素の1つが、個人が仕事を変える度合いである。言い換えれば、個人がある仕事から別の仕事へ移動することであるが、それには、伝統的キャリアが重視していた組織内移動と、バウンダリレス・キャリアで特に注目される組織間移動がある。文字通り、組織内移動とは個人が所属する1つの組織内で仕事が変わることであり、組織間移動とは個人が所属する組織を越えて仕事が変わることを意味する。組織間移動は現代キャリア研究の1つの重要なテーマであり、組織内のみならず、組織間移動の決定要因に対する理解を深めることが注目されている（Valcour and Tolbert, 2003）。

　個人の組織間移動に影響を与える要因として、年齢と学歴がある。中高年の労働者は、所属する企業特有の知識やスキルを既に保有しているため、会社を移ることで得るものよりも失うものの方が大きい傾向が強い（Hirsch and Shanley, 1996）。一方、学歴は会社を移ることの潜在的な費用対効果の1つの指標として捉えられる。学歴が高い従業員ほど、会社にとってみると魅力的な知識やスキルを持っていることから、組織間移動の機会は多いという主張と、会社は学歴の高い労働者を維持しようとより大きな誘因を提供するため、会社を移る傾向は低下するという主張の、相反する見地が混在している。

バウンダリレス・キャリアにおける成功とは何か

　Baker and Aldrich（1996）は、現状ではバウンダリレス・キャリアより
も、バウンダリレス組織の方がより浸透していると述べる。すなわち、従業員
よりも、企業側の方がいち早くバウンダリレス・キャリアという名目で、キャ
リアは従業員の自己責任であるという考えを半ば都合よく取り入れている可能
性がある。Sekaran and Hall（1989）によると、従業員は人によって多様な
キャリア発達やキャリア成功があることを受け入れており、自律性、柔軟性、
仕事と家庭のバランスなどを重視し始めている。しかし、企業側にはそれほど
定着していないのではないだろうか。また、厳しい経営環境の中で、企業は教
育訓練の機会や雇用の保障を従業員に十分に提供できなくなり、キャリア発達
の自己責任を押し付けている。実際、複数の転職歴を持つ応募者に対する企業
側の評価基準は曖昧であり、個人の転職の経験が常に評価されるわけではな
い。バウンダリレス・キャリアについて、個人と組織の認識の相違が存在して
いるのかもしれない。

　バウンダリレス・キャリアは特定のタイプに限定できず、決まった型に当て
はまるものではないため、キャリア成功についても共通した理解はない。した
がって、バウンダリレス・キャリアでは、客観的成功に加えて、個人の主観的
成功が特に重要となる。通常、キャリア成功は、給与、昇進、昇格などの達成
度で客観的に評価されることが多く、特に伝統的キャリアではこうした客観的
成功が重視された。しかし、傍から見てキャリア成功していると思われる個人
は、本人も自ら成功していると認識していると思われがちだが、心理学的見地
では、キャリアは個人が認識した人生を通じた仕事関連の経験と活動にかかわ
る姿勢や行動の連続（Hall, 1976）と定義されることから、キャリアの主観的
成功はキャリアが成功しているかどうかに関する個人の認識であり、給与や昇
進等の客観的指標とは独立していると考えることも可能である。実際、先行研
究では、キャリアの客観的成功と主観的成功は必ずしも一致しないことが示さ
れている（Valcour and Tolbert, 2003）。しかし、バウンダリレス・キャリ
アで客観的成功が重視されないわけではなく、主観的成功がより重要であるか
らといって、自己満足だけに陥らないように留意すべきである。

6-2 プロティアン・キャリア

プロティアン・キャリアとは何か

「プロティアン」はギリシャ神話のプロテウスに由来し、変幻自在であることを意味する（大庭, 2007, 147 頁）。プロティアン・キャリア（protean career）とは、キャリアが個人の価値観によって方向付けられ、内発的に主導されているキャリアを意味する（Hall, 2002; Hall and Briscoe, 2004）。プロティアン・キャリア志向の個人は、自分が本当にしたいと考えるキャリアパスを歩み、自己の成長を促すことに動機づけられる[7]（Shepard, 1984）。プロティアン・キャリアを追求するには、新たな能力の獲得や、自省を通じたアイデンティティの成長などのキャリア・メタコンピテンシーの獲得といった個人の変革が求められる。

プロティアン・キャリアにおけるキャリア成功とは、主観的成功を意味する。Hall ら（e.g. Hall 1996; Hall, Briscoe and Kram, 1997; Hall and Moss, 1998）は、現代のビジネス環境に直面する個人に注目し、プロティアン・キャリアを、組織ではなく個人が主導し、個人が決めた目標に基づき、給与、職位、権力などの客観的成功よりも、人生全体を網羅した主観的成功（心理的成功）によって動かされる、と説明している。

このプロティアン・キャリアの究極の形が、コーリング（calling）である（Hall and Chandler, 2005）。コーリングとは、個人が、あたかも自分の進むべき道であるかのように、ある職業や役割に強くひかれる感覚であり、個人が天職に就いていると思う感覚に似ている（柏木, 2015）。先行研究の結果、コーリングは様々な職業に就いている個人が持ちうることが明らかになっており、キャリアに深い意味を与える目的意識となる（Briscoe and Hall, 2006）。

---

[7] 伝統的キャリアの中心は組織と個人の関係であり、自分は組織から尊敬されるか、組織で生き残れるかが重要であるのに対し、プロティアン・キャリアにおけるキャリアの主体は個人であり、自分自身を尊敬できるか、自己の市場価値は高いかがより重要となる。

プロティアン・キャリアの特徴

　Briscoe and Hall（2006）は、プロティアン・キャリアの定義的特徴として、個人の価値観がキャリアの形成や成功の尺度となっていること、キャリア・マネジメントが自律的であること、の2点を挙げている。このように、キャリアが個人の価値観によって動かされているか、および自律的にキャリア・マネジメントができているか、という2点において、キャリアに対する個人の基本姿勢のタイプ分けをすることで、プロティアンの特徴が浮かび上がる（図表 6-2）。

　このタイプ分けでは、キャリアが個人の価値観主導でもなく、また、自律的にキャリア・マネジメントしない人は、優先順位が決められなかったり、キャリアを行動面でマネジメントしたりすることができない「依存的」タイプである。キャリアが価値観主導であるが、自律的にキャリア・マネジメントしない人は、パフォーマンスや学習の必要性がキャリアに浮上しても適応できず、自分で十分にキャリア形成をすることができない「硬直的」タイプである。価値観主導ではないが、自律的にキャリア・マネジメントをする人は、結局自分のキャリアを自分で導くのに十分な認識を持つことがない「反応的」タイプである。そして、価値観主導であり、自律的にキャリア・マネジメントをする人は「プロティアンであり、変革的」である。キャリアに対する姿勢がプロティアンである個人は、価値観によってキャリアの優先事項やアイデンティティを決定し、キャリアにおけるパフォーマンスや学習の要求にも適応しようとする。

図表 6-2　キャリアに対する個人の基本的姿勢のタイプ

	キャリア・マネジメントが自律的ではない	キャリア・マネジメントが自律的である
キャリアが個人の価値観主導ではない	依存的	反応的
キャリアが個人の価値観主導である	硬直的	プロティアン（変革的）

（Briscoe and Hall, 2006）

バウンダリレス・キャリアとプロティアン・キャリアの比較

　バウンダリレス・キャリアもプロティアン・キャリアも、現代的キャリアの特徴的な概念である。伝統的キャリアや組織内キャリアとの対比の中で、両者は一緒に語られることが多いが、概念をどの程度広義に捉えるかによって、当然両者の類似点や相違点は異なってくる。プロティアン・キャリア志向は、キャリアに対する個人のマインドセット（志向性）を示すものである。すなわち、プロティアン・キャリアは、個人のキャリアに対する基本的姿勢を意味するものであり、必ずしも個人の実際の組織間移動などの具体的行動との関連性があるわけではない（Briscoe, Hall and DeMuth, 2006）。これに対し、バウンダリレス・キャリアは、個人がキャリアに関する様々な境界を越える行動に注目する概念である。

　こうした細かい概念上の相違点はあるにしても、バウンダリレス・キャリアとプロティアン・キャリアは、現代的キャリアの特徴を反映しているだけでなく、キャリア成功の鍵となる個人の行動や意思決定の在り方も反映された概念と言えるだろう。

バウンダリレスとプロティアンに基づく現代的キャリアのタイプ分け

　プロティアンの主要な2つの特徴である1）自律的キャリア・マネジメント、2）価値観の重視、およびバウンダリレスの主要な2つの特徴である3）心理的移動性、4）物理的移動性、これらの4つの特徴の程度が高いか低いかの組合せにより、現代的キャリアのタイプ分けと現状維持の手段、キャリア発達の課題を整理した（図表6-3）。

　4つの特徴の程度が全て低いタイプは「迷子」である。こうしたタイプの現状維持の手段は、機会に迅速に反応して生き残ることであり、キャリア発達の課題は優先順位の明確化、キャリア・マネジメントのスキルの獲得、視野の拡大である。反対に、4つの特徴の程度が全て高いタイプは「プロティアン・キャリア・プランナー」であり、自己の能力を使って、意味のある影響を与える。キャリア発達の課題として、より輝き、学び、関与するための舞台の必要性や、時に冷静さも必要であることが挙げられる。

図表6-3 バウンダリレスとプロティアンによるタイプ分けとキャリア発達の課題

プロティアン		バウンダリレス		キャリアのタイプ	現状（現状維持の手段）	キャリア発達の課題
自律的キャリア・マネジメント	価値観の重視	心理的移動性	物理的移動性			
−	−	−	−	迷子（罠にはまった状態）	機会に迅速に反応して生き残る	優先順位の明確化、キャリア・マネジメントのスキルの獲得、視野の拡大
−	+	−	−	頑固者	価値観に適合した組織で、予測可能な安定的機会を発見する	柔軟性と自律性の向上がないと、個人が組織に完全に適合していない限り、個人と組織のどちらにもデメリットが生まれる
−	−	−	+	さまよい人	常に新たな車を見つけては移動する	自律性の向上、自己と組織の適合
−	+	+	−	理想主義者	価値観や興味に適合する組織を発見することに必ずしも物理的移動は伴わない	自己にとって安全な場所から出る挑戦、マインドセットや境界を越えて働く上での適応スキルの構築
+	−	+	−	組織人	自己のパフォーマンスを発揮できる安定した組織を見つける	パフォーマンスが発揮できることに惑わされないこと、リーダーになるための自覚が必要
+	+	+	−	堅実な市民	自己と組織の適合は最低条件、物理的移動は脅威	多様な才能を維持する、堅実な市民としての貢献
+	−	+	+	傭兵	境界に関係なく役務を提供する好機会を見つけそれに応える	何が大事なのかを理解している効果的なリーダーとなる
+	+	+	+	プロティアン・キャリア・プランナー	自己の能力を使って、意味のある影響を与える	より輝き、学び、関与するための舞台が必要。時に冷静さも必要

注：＋は程度が高いこと、－は程度が低いことを表す。（Briscoe and Hall, 2006 を基に作成）

キャリア・ノマド

　Cadin らは、キャリア・ノマドという表現を用いて、21 世紀でキャリアを歩む個人を表現している（Cadin, Bailly-Bender and de Saint-Giniez, 2000）。ノマドとは遊牧民の意味であるが、Cadin らによれば、キャリア・ノマド（career nomad）とは、いずれの組織にも縛られず、頻繁に思い切ったキャリアの転機を経験し、キャリアを自己管理し、強い自律感を醸成している個人を意味する。すなわち、キャリア・ノマドは、大きな自己責任に基づき、移動性の大きいキャリア形成をしている人であり、現代的キャリアの 1 つのタイプと言えよう。なお、IT を駆使し、オフィスだけでなく様々な場所で仕事をする新しい働き方をノマドワーキング、こうした働き方をする人をノマドワーカーと呼ぶことがある[8]。

個人と組織の新たな関係の模索

　現代的キャリアでは、個人が様々な境界を越えてキャリア発達することから、個人のエンプロイアビリティを向上させることが特に重要になってくる。エンプロイアビリティ（employability）とは、個人が職業に就くことができる可能性、すなわち、就業可能性を意味する。これには、個人が持つ職業人材としての価値が大きな影響を与える。終身雇用・年功序列制度の下では、従業員は一度組織の成員になってしまえば、あらためて自分が職業に就ける可能性について考える必要はなかったかもしれない。しかし、現在は状況が異なる。エンプロイアビリティが高い人とは、他社でも通用する高いスキルや専門性を持つ人であり、他社でも必要とされる仕事に対する姿勢や価値観を持つ人であり、市場価値の高い人といえる[9]。なお、エンプロイアビリティは、組織の成果を上げることにも繋がることから、組織内キャリアを歩む人にも、エンプロイアビリティを向上させることは求められる。

　一方、現代の組織は、就業可能性の高い人材をひきつけ、そうした人が満足

---

[8]　筆者はキャリア・ノマドになることを推奨しているわけではない。現代的キャリアの 1 つのタイプとして紹介している。

[9]　組織や職場を問わずに通用するスキルや専門性、人脈などのことを、ポータブル・スキルやポータブル・ナレッジと呼ぶ。

して働けるような、魅力的な職場を提供することを目指すべきである。エンプロイメンタビリティ[10]とは、従業員に魅力ある職場環境を提供することができる組織の力であり、雇用主としての組織の魅力を意味する。エンプロイメンタビリティの高い組織とは、他社でも通用する高いスキルや専門性を持っている人が、進んで集まる組織であり、市場価値の高い人材が満足して働くことができる組織といえる。そうした組織は、個人のキャリア・デザインやキャリア発達を支援してくれるだろう。こうした現代の個人と組織の新しい Win-Win の関係が模索されている（図表6-4）。

図表6-4　現代の組織と個人（キャリア）の特徴（キーワードを提示）

組織の特徴	個人（キャリア）の特徴
エンプロイメンタビリティ	エンプロイアビリティ
コア・コンピタンス	ある分野のスペシャリスト
フラット化	誰にでも求められるリーダーシップ
多様性（個）の尊重	個人のキャリア・デザイン
グローバル化	世界で活躍する人材

（先行研究を基に作成）

キャリアの変化に適応する力：キャリア・アダプタビリティ

　個人は変化する環境の中で、自らも変化して環境に適応することが求められ、それによって自己の可能性を拡大させ、自己実現を目指すことができる（堀越, 2007, 184-185頁）。キャリアの安定性を重視する人は多いかもしれないが、キャリアの安定性を確保するためにも、個人は変化する環境に適応する必要があると言えよう。Savickas（2005）は、安定性を前提とした個人－環境適合モデルだけで現代キャリアを理解することは困難であるとし、キャリアにおける機動性を重視したキャリア・アダプタビリティの概念を主張している。キャリア・アダプタビリティ（career adaptability）とは、キャリア適応力であり、個人がキャリアに関する様々な変化に適応できる力である。

　キャリア・アダプタビリティには、キャリアに対する関心（concern）、

10　花田光世先生の造語である。

キャリアのコントロール（control）、キャリアに対する好奇心（curiosity）、キャリアに対する自信（confidence）の4つのCから始まる下位次元が存在する。キャリアに対する関心とは、職業人としての自分の将来に関心を持つことであり、未来志向であること、つまり未来に備えることが重要であるという感覚を意味する。キャリアに対する関心によって、個人は未来を展望できるようになり、未来が現実になると感じるようになっていく。キャリアのコントロールとは、職業人としての自分の将来を自分が管理することであり、キャリア形成の責任は自分にあると個人が自覚することを意味する。自分の未来は自分のものであるという信念や、主体的な選択によって未来を創造するという信念は、自分の人生に責任を持つという感覚を生じさせる。キャリアに対する好奇心とは、自分の可能性や将来のシナリオを探索することに好奇心を持つことであり、自分自身と職業を適合させるために、好奇心を持ってキャリア環境を探索することを意味している。職業の世界について調べたり、試行錯誤したりすることは、キャリアに関する知識を増やすことに繋がる。また、キャリアに対する自信とは、自分の夢や目標を実現する自信を持つことであり、進路選択や職業選択の際に必要となる行動を適切に実行できるという自己効力感を有することを意味する。キャリアに対する自信を持つことによって、個人は様々な転機に対処し、克服することが可能となるのである。

　なお、Savickas（2005）は、成人発達アプローチや職業適合アプローチ（個人・環境適合理論）などいくつかのキャリア発達理論を統合し、キャリア構築理論（career construction theory）を構築した。キャリア構築理論では、キャリアは個人が行動することで構築されるものと捉えているが、上述した職業発達上の課題への対処能力とも言えるキャリア適応力は特に重要な概念であり、昨今の変化の激しいキャリア環境を考えると、その重要性が増している。Savickas は、キャリアを単なる客観的存在ではなく、社会的に共有される経験を通じて個人が作り上げる現実として捉えているが、これは主観的キャリアの重要性に注目したアプローチといえる。

6-3　キャリア・チェンジとアイデンティティの変化

キャリアとアイデンティティ

　アイデンティティ（identity）は、個性や人格等、自分は何者なのかについて個人の心の中に保持される概念であり、自己同一性とも言われる（Erikson, 1959）。アイデンティティの探求は青年期の重要な発達課題であり、アイデンティティの確立と維持は生涯を通じた発達プロセスでもある。人は様々な役割を担いながら、パフォーマンスを発揮する中で何らかの自分らしさを表現しており、キャリアに関する理論には、アイデンティティの概念が組み込まれているものが多い。例えば、Super（1990）のキャリア発達理論では、キャリアは自己概念の実行として捉えられている。Dalton（1989）は、自己アイデンティティの確立と維持は、キャリア発達にとって極めて重要な要素であると述べる。Hall（2002）は、より幅広いアイデンティティの構成要素の一つとして、キャリア・アイデンティティという概念について言及している。個人が困難な状況にあるときには、このサブアイデンティティが内面におけるコンパスの役目を果たすと述べている。また、Inkson（2007）は、アイデンティティは、個人が自己のキャリアについて語るときに1つの重要な要素となると述べている。

キャリア・チェンジとは自分自身を変えること

　生涯を通じたキャリア発達における課題を考えたとき、特にキャリア中期にさしかかった人にとって、転職（キャリア・チェンジ）は極めて切実な問題である。Ibarra（2003／宮田訳, 2003, 14頁）は、個人がキャリア・チェンジを考えるに際し、前提となる基本的な考え方を示している。1つは、人は基本的に誰でも数多くの可能性を持っているということである。したがって、キャリア・チェンジは、自分の中の数多くの可能性の1つを開花させること、と捉えることができる。そう考えると、新たなキャリアの選択肢は1つではないだろう。2つ目は、キャリア・チェンジは自分自身を変えることに等しいというこ

とである。そして、自分自身を変えることは、キャリア・アイデンティティを変えることを意味する。キャリア・アイデンティティ（career identity）とは、職業人としての役割を果たす自分自身をどのように見るか、働く自分を人にどう伝えるか、自分は職業人生をどのように生きるか、ということを意味する（Ibarra, 2003／宮田訳, 2003, 20 頁）。

　アイデンティティを変えるためには、実際に自分で行動を起こすことが何よりも必要となることから、Ibarra（2003／宮田訳, 2003, 20 頁）は、キャリア・チェンジを成功させるために重要なことは、思考よりも行動であり、計画よりも実行であると述べる。言うまでもないが、このことはキャリア・チェンジでは何も考えずに行動あるのみとか、無計画に実行すれば何とかなるということではなく、うまく転職しようと思案や計画ばかりに偏っていては、逆にキャリア・チェンジは成功しないということを意味している。

キャリアを個人の物語として語るメリット

　私たちが自分のキャリアについて語るとき、それは「自分自身の物語[11]」を語ることにほぼ等しい（Inkson, 2007）。今日では、転職などによって不連続的なキャリア形成は当たり前のようになってきているが、Cohen and Mallon（2001）は、キャリアのストーリーを語ることが、自分のキャリアを理解することに役立つ場合が多いと述べている。自分のキャリアを物語として口に出して他者に語ることで、内省にもなり、あらためて自己の理解に繋がるのである。

　Bujold（2004）は、様々な要素を盛り込んで、一貫性や統一感が出るように自分のキャリアの物語を作ることは、自己アイデンティティの再構築に繋がると述べる。ダイナミックで変化の激しい現代社会においては、自己観が断片化しやすいと Sennett（1998）は指摘する。Young and Collin（2000）は、キャリアの連続性や継続性は、今後崩壊していく可能性があるとまで示唆する。このような状況下で、自分のキャリアを物語として語ることは、不連続で複雑なキャリアの中に一貫性を見いだす貴重な機会となりうるのである。

11　ライフ・ストーリーや自分史とも言われる。

キャリア研究におけるストーリーテリング

　ストーリーテリング（storytelling）、すなわち、個人によって語られた物語の記録・分析は、キャリア研究のための重要な手法の1つである。キャリアがどのように展開するかを理解する上で、本人によって語られた物語は重要な情報でありデータとなる。キャリア研究におけるストーリーテリングやナラティブ（語り）の手法は、主観的キャリアの重要性を認めたアプローチといえる。もちろん、キャリア研究には実証主義というアプローチもある。実証主義のアプローチは、研究の客観性や一般化可能性などの面で優位性はあるものの、キャリアの独自性が失われかねないという短所も存在する。Inkson（2007）は、キャリア研究におけるストーリーテリングは、語る人にとっても、聞く人にとってもメリットがある手法であると述べる。Young and Valach（2000）は、キャリア理論の発展に寄与するためのデータを引き出す貴重な手段になりうると、ストーリーテリング手法の可能性について言及している。また、Collin（2000）は、伝統的キャリアのストーリーは、右肩上がりで、連続性があり、分野も限定されて、男性中心で、まるで一大叙事詩のようであったが、それに対し、最近の変化と自由度が増している現代キャリアのストーリーは、まるで小説のようである、と述べている。

　なお、Savickas（2005）は、私たちがキャリアのストーリーを語るとき、自分のキャリアとその時代を象徴するような事象や出来事（例えば、その時代に注目されている起業家の立身出世物語、最近売上高を伸ばしている企業の物語、不安定な雇用環境など）と暗黙のうちに比較している、と指摘する [12]。

　ストーリーテリングに関連し、著書、戯曲、伝記、自伝、日記などの既に公開されているナラティブ（narrative）、すなわち語りの文章を分析し、その根底にあるメッセージを読み取ることからキャリアを学ぶ、という手法に対しても関心が寄せられている（Gabriel, 2000）。Young, Valach and Collin（2002）は、ナラティブとは、出来事をそのまま再生したものではなく、聞き手が知っておくべきだと語り手が考える1つの解釈である、と述べる。Weick（1995）は、個人が自分の人生を物語にする時には一貫性をもたせようとする

12　Savickas のキャリア構築理論では、個人的なストーリーが重要な要素でありながらも、社会的なストーリーは重要な文脈となっている。

とし、ナラティブには時間（事象は時系列でどのように関連しているか）と因果関係（ある事象がどのように他の事象の原因になっているか）が含まれている、と述べる。ただし、ここでの時間とは正確に計測された時間ではなく主観的なものであり、因果関係もまた合理的で論理的なものというよりは、主観的で甘いものとなる（Gibson, 2004）。Polkinghorne（1988）によれば、私たちは、ナラティブを用いて、自分の経験に意味を与え、一貫性のある１つの大きな物語へと出来事を束ねることができる。そして、自分の過去を理解した上で、未来に対する計画を立てることができるのである[13]。

１つのキャリアに２つのストーリー

　社会で起こっている大部分の現象には、ある問題がよくつきまとう。それは、「何が起こったのか」という客観的事実については意見が一致しても、「その原因は何であるのか」については人によって意見が一致しないことが多いということである。これは、キャリアについても同様に当てはまる。

　Inkson（2007, p.224）は、Human League が 1980 年代に発表した "Don't you want me, baby?" というヒットソングを引用し、１つのキャリアに全く異なる２つのストーリーが存在する例を示して、この点について議論している。歌詞の概要は以下の通りである。

　　５年前、彼は場末の飲み屋で働いていた彼女を発掘した。彼女は彼氏が
　　思っていた以上に成功し、今や別人のように輝いている。その彼女が、
　　彼氏を卒業しようとしている。彼は言う「今のお前があるのは俺のおか
　　げだし、お前をさらに大きく育てることも、つぶすこともできる」と。
　　彼女は言い返す「確かに、きっかけをくれたのはあなたかもしれないけ
　　れど、元々自分は場末の飲み屋で終わるつもりはなかったし、自力で何

13　キャリア研究の１つの手段として、ストーリーテリングやナラティブに対する関心が増す中で、キャリア研究には相対する２つの理論的傾向、すなわち、構成主義と社会構築主義が存在する（Inkson, 2007, p.230）。どちらも、人間の行為は個人の世界観に基づき行われ、人間の学習は経験に基づいた個人的なプロセスを経る、という点では共通している。しかし、構成主義では、人間が学習する際の内的プロセスに重点が置かれ、一方、社会構築主義では、個人の現実の創造は社会的プロセスの１つとされ、マスメディアによって伝えられたものなど社会で共有された情報や経験によって、現実に対する見解が作られるとされる。

　　とかするつもりだった。*これまで楽しかったけど、もう自分の足で立つ*
　　時がきたわ」と。
　　この歌詞を読むと、彼氏は、自分のもとから彼女が離れようとしているとい
う事実に、全ては自分が導いたことによるおかげで、今後の彼女の成功も自分
が鍵を握っている、とやや感情的になっているようだ。一方、彼女は成長の過
程で自信をつけて、これまでの5年間を振り返り、自分の行動が現在の成功に
つながっていると考えるようになり、「偉いのは自分よ」などと考えるように
なったのかもしれない[14]。果たして、どちらのストーリーが真実なのだろう
か。

キャリアには複数のストーリーが存在する

　　キャリアは、偶然の要素も含め複雑に絡み合う様々な要因から成り立つ1つ
の社会現象と捉えることも可能であり、どんなに客観的に評価しようとして
も、キャリアの語り手の主観の中で重要だと認識されている出来事や行為が、
ストーリーの中で存在感を持つのは当然である。1つのキャリアには、そのス
トーリーに対する複数の解釈の仕方があり、唯一の正しいストーリーというも
のは存在し得ないと思ってよいだろう。もちろん、キャリアの担い手である当
事者が語る主観的なストーリーは、キャリアが本人の幸福のためであるとすれ
ば、特別な価値を持っているだろう。しかし、どんなストーリーにもそれ相応
の正当性はある、と Inkson（2007）は述べる。キャリアのストーリーは個人
の解釈であり、1つの事象に対して、語り手の数だけ解釈があり、物語が存在
する。純粋に、客観的に、虚飾も一切なくキャリアを説明しているストーリー
はないといってよい。

14　メンターに期待をかけられたプロテジェが、その期待どおりに成長することを、バーナード・
ショーの戯曲「ピグマリオン」から、ピグマリオン効果と呼ぶ。歌詞を読むと、彼氏は彼女のメン
ターとなり、場末のバーで働く彼女に期待をかけ、プロテジェである彼女はその通りに成長し成功を
収めた、と解釈することもできる。プロテジェがメンターのもとを巣立つということは、プロテジェ
のキャリアを考えれば、メンターとしては喜ぶべきことかもしれない。なお、メンターとプロテジェ
のメンタリング関係については、第8章で詳述する。

キャリア・アイデンティティを変える方法

　Ibarra（2003／宮田訳, 2003, 39-42 頁）は、キャリア・チェンジを成功させた 39 名の事例を考察し、キャリア中期で将来の方向性に疑問を持った人に向けて、新しいキャリアを見つけるための戦略的な考え、すなわち、新しいキャリア・アイデンティティを確立する方法について述べている。

　なお、キャリア・アイデンティティを決定する主な要素は、行動や活動（自分が携わる仕事の内容）、自分と関わる人々（仕事での人間関係や所属する組織）、人生で進行中の出来事や自分の過去と未来をつなげる自分にとって重要なキャリア・ストーリー、の 3 つであるが、これらの要素に働きかけることでキャリア・アイデンティティを変えるのである[15]。1 つは、様々なことを試みることである。キャリア・チェンジという大きな決断をする前に、これまで経験したことがない新しい活動や仕事を少しずつ試してみることである。2 つ目は、人間関係を変えることである。これまで付き合ってきた人だけではなく、新たなキャリアの扉を開いてくれる人と関係を築くことや、キャリアの手本になる人を見つけて、キャリア・チェンジに向けた取組みの進歩を評価してもらうことである。3 つ目が、深く理解し納得することである。自分が変わるためのきっかけや刺激を見つけたり、自分の過去と未来をつなげる自分にとって重要なキャリア・ストーリーを、キャリア・チェンジの根拠として利用したりして、自分と仕事について深く考察し、理解、納得することである。Ibarra（2003）が提示するキャリア・アイデンティティを変える方法は、キャリア・チェンジが失敗するリスクを低減してくれるといえるだろう。

プロフェッショナルのアイデンティティはどうやって形成されるのか

　アイデンティティに関する調査研究は多数存在するが、プロフェッショナル（専門家）のアイデンティティの形成についての知見は、比較的乏しい状況にある。なお、ここで言うプロフェッショナルとは、医師、弁護士、会計士、研究者など、高度な専門知識を取り扱う職業に就いている個人を指す。企業の一

15　これまで形成されたアイデンティティは、自分の新たな価値観や好みと矛盾するようになっても、残り続けるとされる。アイデンティティは自分の日常の活動、強い繋がりを持つ人間関係、人生で重要なキャリア・ストーリーにしっかり根を下ろしていると考えられる。

般従業員はどこの会社に勤務する人かで定義されることが多いのに対し、プロフェッショナルは何をする人かで定義される、という違いがある。企業の一般従業員を対象としたアイデンティティの形成に関する研究成果が、プロフェッショナルのアイデンティティの形成にそのまま応用できるかどうかは不透明である（Van Maanen and Barley, 1984）。

　Pratt, Rockmann and Kaufmann（2006）は、新人の医師を対象に調査研究を行い、医師がプロフェッショナルとしてのアイデンティティを形成するための重要な要素として、アイデンティティを自分のものにするプロセス[16]と、アイデンティティを認めるための源を明らかにしている。なお、アイデンティティを認めるための源には、人伝えに聞くフィードバックとロールモデルがある。ロールモデルは、自分に適合するかどうかを試すことができるプロフェッショナルのアイデンティティを提供する役割を果たし（Ibarra, 1999）、新たに形成したアイデンティティが社会から認められるものかどうかを考える上で重要である（Ashforth, 2001）。

　Prattらによる発見の大きな特徴は、人がプロフェッショナルとして仕事をすること（仕事に関する行動）は、自分が誰なのかということに対する期待と比較され（アイデンティティの評価）、アイデンティティ形成のプロセスが動機付けられることが示されている点である。

仕事に自分を合わせるのか、自分に仕事を合わせるのか

　個人が新たな仕事を担当する際、上司から「早く仕事を自分のものにしなさい」などと言われることがある。この言葉には、仕事自体を覚えることに加え、自分なりの仕事のやり方を習得するという意味も含まれているだろう。では、自分なりの仕事のやり方を習得するとはどういうことなのか。

　キャリアの節目で個人が新たな仕事を学ぶことは、新たなアイデンティティを学ぶことと密接に関連している。Pratt et al.（2006）は、個人のアイデンティティの学習サイクルの中に、仕事の学習サイクルが埋没していると述べる。そして一般的に、はじめに仕事に自分を合わせるという変化が起こり、そ

16　Pratt et al.（2006）はこのプロセスを、アイデンティティの濃縮、補修、接ぎ、と命名している。

の後、自分に仕事を合わせるという変化が起こる。Pratt らの調査研究による
と、個人の仕事の裁量（個人が決められる範囲）が欠如している場合、仕事に
変化を起こすよりも、アイデンティティの変化が起こりがちであることが明ら
かにされている。すなわち、自分に仕事を合わせるよりも、仕事に自分を合わ
せるのである。その後、個人が仕事をより経験し、知識を増やすことによっ
て、仕事の裁量が増えていくほど、仕事の学習サイクルとアイデンティティの
学習サイクルの間に相対的な重要度の変化が起こる。その結果、仕事のカスタ
マイゼーション、すなわち仕事の自分なりの工夫が起こる。すなわち、仕事に
自分を合わせるよりも、自分に仕事を合わせるようになるのである。

転職で失敗する原因

　現代的キャリアの大きな特徴がバウンダリレス・キャリアだとすれば、転職
を経験する人の数も、また1人が経験する転職の回数も増えてくる可能性があ
る。しかし、現在の職場で優秀な従業員が、転職先でも高業績を収めるとは限
らない。また、転職には、会社生活の激変、新たな企業文化への適応など大き
な変化が伴うが、これらについてよく考えずに安易に転職することでキャリア
を台無しにしてしまうケースもある。　図表 6-5 に 2008 年から 2018 年までの
日本の転職者数の推移を示したが、これによると 2010 年が 283 万人と最も少
なく、2008 年が 335 万人と最も多い。2010 年以降、転職者数は緩やかに増加
しており、2018 年は 2008 年の水準に近づいている。

図表 6-5　転職者数の推移 17 （万人）

（総務省統計局（2019）「労働力調査　平成 30 年平均」）

17　転職者とは、就業者のうち前職のある者で、過去1年間に離職を経験した者を指す。

　Groysberg and Abrahams（2010）は、50 以上の業界から集めた 400 名の
エグゼクティブ専門のヘッドハンター、40 ヶ国のビジネス・リーダー 500 名、
多国籍企業 15 社の人事部門責任者を対象に調査を行っている。主な質問の内
容は、転職を考えているときに犯す過ちとして最も一般的なものは何か、それ
らの過ちを犯す理由は何か、である。調査の結果、転職時に犯しやすい過ちと
して、下調べが不十分である、お金に釣られて転職する、「将来のため」でな
く「現状から逃れるため」に転職する、自分を過大評価する、目先のことしか
考えない、の５つと、プレッシャーの存在を明らかにしている。
　１点目の下調べが不十分であることについて、求職者は再就職先の業界や企
業の現実について十分な下調べをせずに、非現実的な期待を抱いてしまうこと
がある。求人情報に示された「見栄えの良い」肩書きや職務内容と、実際の内
容が大きく異なる場合もある。また、転職先の企業文化に自分が合わないこと
が、転職してから初めてわかることもある。十分に現実的な調査を行うこと、
すなわち転職時にも RJP を実践することが重要である。２点目のお金に釣ら
れて転職することについて、転職先が決まる前は判断材料として収入をあまり
重視しない人であっても、最終的には収入を重視して決定したと話す人が実際
には多いという。また、金銭面にこだわりすぎたことが、１点目の下調べを十
分に行わなかった理由として挙げられることも多い。転職して収入を少しでも
アップさせたい気持ちは理解できるが、それが実現できるケースは決して多く
はない。３点目の「将来のため」でなく、「現状から逃れるため」に転職する
ことについて、「自分探し」と言って、自分に合った仕事を見つけようと次か
ら次へと会社を移る人もいるが、これは本当の自分探しではない。今勤めてい
る会社にもチャンスはあるという考え方も必要だろうし、キャリア・チェンジ
は自分が目指す将来像のために、すなわち、個人の長期的なキャリア発達にプ
ラスとなるように考えて行うべきである。４点目の自分を過大評価すること に
ついて、あるヘッドハンターの話によると、求職者は実際よりも自分が会社に
大きく貢献していると思い込んでいる傾向があるという。概して、求職者は少
しでも条件の良い転職先に決めたいので、少しでも自分を良く見せようと過大
評価する人も多いだろうが、それが転職の失敗に繋がっては意味がない。自分
の市場価値は客観的に評価することが必要である。５点目の目先のことしか考

えないとは、求職者が短期的視野を持つ傾向があるということである。短期的視野はこれまで述べた4つの過ちを助長することになる。多くのヘッドハンターも、短期的思考こそがキャリアをつまずかせる深刻な原因の1つとして位置づけていることから、長期的視野を持って自分のキャリア形成を考えて転職することが重要である。最後のプレッシャーの存在は、5つの過ちを引き起こす要因となりうるものである。プレッシャーには、心理的プレッシャー、対人関係のプレッシャー、時間的プレッシャーの3つがある。プレッシャーは誰もが感じるものでそれから逃れることはできないが、その影響を和らげることは可能である。

　Groysberg and Abrahams（2010）によると、キャリア・マネジメントにおける失敗を防ぐ最も有効な方法は、自己認識を高めることである。自己認識には、自分の強みと弱みを理解することに加えて、自分はどのような過ちを犯しやすい傾向にあるかに関する洞察まで含まれる。さらに、そうした傾向をどのように改善すべきか、自分は仕事のどのような要素から真の職務満足を得るのかなどを知ることも大切である。

キャリアは社会構造と個人の行動の産物である

　本章を終えるに当たり、キャリアに影響を与える2つの要因である社会構造（構造主義）と個人の行動（行動主義）の議論に立ち戻りたい。バウンダリレス・キャリアは、制約なく発展するキャリアとして概念化されているわけではないし、非構造化された世界を想定しているわけでもない。バウンダリレス・キャリアに関する主要な研究問題は、「今、どのような構造が新たに出現しつつあるのか、それが個人にどのような影響を与え、どのようなタイプのキャリアが生まれつつあるのか」というものである。変化の激しい雇用環境の中で、従来の組織の境界は部分的には越え易くなったかもしれないが、同時に新たな境界が生まれつつあるのかもしれない。組織構造はより移ろい易くなりつつも、依然として個人のキャリア形成において一定の役割を担っている。

　行動主義は現代的キャリアを理解するのに役立つ。組織の階層を昇る軌跡が伝統的な組織内キャリア発達であるとすれば、バウンダリレス・キャリアは組織の階層や構造に促されない、個人の自発的な行動と経験の軌跡である。その

場合、個人の行動は組織の構造に続くものではなく、むしろ先立つものである
のかもしれない。職業や企業という世界の中で、個人が自らの居場所を見つけ
ようと行動することによって、境界が認識されキャリアが形成されていくとい
う意味において、はじめて構造が重要になるからである。社会構造と個人の行
動は、相互補完的な関係にあるといえるのかもしれない（Arthur and
Peiperl, 2004, pp.273-281）。

第 7 章

偶然に備える

　変化の激しい現代社会において、キャリアに対する偶発的出来事の影響は、これまで考えられていた以上に大きいものである。こうした現実を踏まえると、人生で起こりうる偶発的出来事も含めてキャリアを考える必要がある。偶発的出来事が起こった場合は、個人の意思や行動によって偶然の出来事を自分のチャンスに変えることが重要であり、こうした考え方を計画された偶発性という。個人の行動と反応次第で、望ましい結果が起こる確率を高めることは可能である。また、私たちの取る１つのアクションが、キャリアに想定していなかった影響を与えることも事実である。前もって策定したキャリア戦略に基づいて行動することと、現実に起こるキャリアの出来事に対処するという２つの姿勢が必要である。

　キャリアという現象が持つ複雑さ、現実性、不安定性、予測不可能性といった要素を取り込んだ新たな研究のアプローチとして、キャリア・カオス理論がある。キャリア・カオス理論の大きな貢献の１つは、従来の理論では説明が困難であった偶発性や変化を特徴とする複雑な現実の世界を、理解し、説明しようとする点である。キャリア・カオス理論からの示唆は、閉じた系と開かれた系という人間の２つの思考タイプにも関連する。現実の仕事の世界やキャリアにおける複雑さや予測不可能性は、開かれた系の思考で認識されるものであり、この点において開かれた系と閉じた系の思考の差は特に重要である。

　キャリアに関する意思決定には合理性が必要であると考えがちだが、状況次第で、合理的な意思決定も直感的な意思決定も有効なものになりうる。直感とは、個人がキャリアの平時に丹念な情報収集や分析を行い十分に考え抜いているからこそ、いざという時に高い感受性が働くものである。ビジネスやキャリ

アに関して、自分にとっての好機やチャンスは、自分の目の前に突然訪れることが多い。そのとき、私たちには、速やかに適切な意思決定をしてそのチャンスを出来る限り逃さないことが求められる。

7-1 計画された偶発性

人生は運命で決まっているのか

「上司は選べない」という言葉がある。会社の上司がどんな人であろうと、自分は全力で働くという素晴らしい人もいるかもしれない。しかし一般に、仕事ができて人間性の優れた上司の下で働ける部下は幸せだろうし、そうではない上司の下で働くことになった部下は、上司を反面教師と捉えて働き、次の人事異動の機会を待つことになるだろう。上司の立場であれば、自分の部下を選ぶことはある程度可能かもしれないが、部下の立場からすれば、次の配属の希望を伝えていたとしても、上司はかなりの部分が運命で決まると言えるのかもしれない。そういう意味では、親子関係も同様である。子供は親を選ぶことができない。この世に生を受けることは素晴らしいことであるが、誰の子供としてこの世に生まれてくるかは、運命で決まっているとしかいえない。

Krumboltz and Levin（2004）も、以下の通り述べている。

あなたの人生に影響を与える出来事の多くは、実際にはあなたが生まれるよりもずっと前に起きている。たとえば、自分の親や、母国語、人種や出生地などを自分で選ぶことはできない。最初に通った学校、同級生や先生の選択に関して、あなたはいったいどれほどコントロールできたであろうか？友達は自分で選んだと思うかもしれないが、実際には、住んでいるところや、学校、仕事、家族のつながりなどでお互いに近くにいれば、たいていの人は友達になるものである。キャリアはどうだろう？大学での専攻分野や、職業、会社、同僚、上司にも想定外の出来事が影響を与えている。自分の職業は自分で選んだとだれもが思いたいものだが、私たちには限られた選択肢しか与えられていない。あなたが会社を選んだのだろうか？それとも、会社があなたを選んだのだろうか？

*おそらく、自分で同僚や上司を選ぶことができた人はほとんどいないは
ずである*（Krumboltz and Levin, 2004／花田・大木・宮地訳, 2005,
3-4 頁）。

こうして考えると、会社の上司や親だけでなく、人生のほとんどが運命に
よって決まっているのではないか、人生で自分がコントロールできることはほ
とんどないのではないかとも思えてくる。人生において自分自身でコントロー
ルできることはあるのか。Krumboltz and Levin（2004／花田・大木・宮地
訳, 2005, 3-4 頁）は、個人がコントロールできることとして、自分の行動（ア
クション）と、様々な経験に対する自分の反応（リアクション）を挙げ、この
2 つは、人生の方向を決める重要な要因であると述べている。アクションもリ
アクションも、どちらも自分が起こすものであるため、個人でコントロールす
ることは可能である。アクションとリアクションの結果までコントロールする
のは難しいだろうが、個人の行動と反応次第で、望ましい結果が起こる確率を
高めることは可能である。そして、唯一確かなことは、何もしないでいる限り
どこにもたどり着かないということである。

予測できることと予測できないこと

確かに、キャリアはある程度予測可能な側面を持っている。例えば、両親か
ら受け継いだ遺伝的特性、生まれ育った家庭環境、両親の職業、発達段階の現
状などの要因に基づいて、今後のキャリアをある程度予測することが可能であ
る。一方で、予測していなかった出来事が起こるのが人生である。自分の現状
を客観的に評価してみることで、近い将来はある程度予測できるかもしれない
が、私たちの取る1つのアクションが、キャリアに想定していなかった影響を
与えることも事実であり、また、偶然の機会や思わぬチャンスが訪れることも
ある。

キャリア成功は、個人が生まれ持ったものだけで決定されるのではなく、私
たちのアクションによっても大きく左右される。個人がとるアクションはキャ
リアに対する統制力を生み出す。自己や環境に関する正しい情報を入手して分
析を行い、先を見越して行動し、環境の変化に柔軟に対応していくことが、や
がて私たちのキャリアに大きな果実をもたらすのである。

計画を遂行することと現実に対処すること

　目標設定やキャリア・デザイン、セルフ・マネジメントなどの個人のキャリア戦略と、キャリアに対する満足度との間に正の関係性があることは、先行研究で実証されている（e.g. Murphy and Ensher, 2001）。しかし、過剰なキャリア・デザインは個人の思考や行動の柔軟性を奪い、麻痺状態を起こしかねない。Ibarra（2003）は、キャリアの大きな転機では、個人はまず行動し、その後に自己の行動を内省するという場合が少なくないと指摘する。すなわち、前もって策定したキャリア戦略に基づいて行動することと、現実に起こるキャリアの出来事に対処するという2つの姿勢が必要なのである。幸運に出会う可能性を最大になるように計画を立て、それに基づいて日頃から準備をしておき、実際にチャンスに遭遇した時は迷わず行動する（Krumboltz and Levin, 2002; Mitchell, 2003）というアプローチをとることで、自己のキャリアを成功に導くことが可能になる、という考え方である。

　人生における様々な偶発的出来事の存在と、それらが個人のキャリア発達や人生の転機に影響を与えているという現実が、キャリア研究においても広く受け入れられるようになってきている。特に変化の激しい現代社会で、キャリアに対する偶発的出来事の影響は、これまで考えられていた以上に大きいものであるという認識が広がっている。

人生における偶発的出来事の存在

　偶発的出来事（chance event）とは、計画されていない、偶然の、予測不可能な、意図しない出来事と本人が認知するもの、と定義される（e.g. Rojewski, 1999）。偶発的出来事の具体例は、人との出会い、異動、転勤、引越し、昇進・昇格、会社での研修、病気、事故、宝くじが当たる等、様々である。他にも定義は少し異なるものの、意味の類似する複数の概念として、セレンディピティ（Betsworth and Hanson, 1996）、チャンス（Roe and Baruch, 1967）、ハプンスタンス（Miller, 1983）等がある。

　キャリアが偶発的出来事の影響を多かれ少なかれ受けていることは、先行研究でも示されている。例えば、Betsworth and Hanson（1996）によると、成人男性の63%、女性の58%が、自分のキャリアに偶発的出来事が影響した

と回答している。また、Williams, Soeprapto, Like, Touradji, Hess and Hill（1998）は、偶発的出来事とその文脈的要因がキャリア選択に与えた影響について調査し、調査対象である女性 13 人全員のキャリア選択に対して、最低 1 つの偶発的出来事が重要な影響を与えていたことを発見している。偶発的出来事がキャリアに影響を与えている現実を踏まえると、人生で起こりうる偶発的出来事も含めてキャリアを考える必要がある。

計画された偶発性とは何を意味するのか

　想定外の出来事は現実に誰にでも起こり得るものであり、そうした出来事がキャリアに影響を及ぼすことは避けられないことである。Krumboltz and Levin（2004）は、偶発的出来事が起こった場合は、個人の意思や行動によって偶然の出来事を自分のチャンスに変えることが重要である、と述べる。こうした考え方を計画された偶発性（planned happenstance）という[1]。したがって、私たちにできることは、偶発的出来事を見逃さないように、物事を決めつけて考えるのではなく、新しい考えや経験に対してオープン・マインドでいることであり、偶発的出来事を利用できるように、日頃から準備をしておくことである。そして、実際に出来事が起こったら、日頃の準備を活かし自らの主体性や努力によって、キャリアのチャンスに繋がるように最大限に活用することである。

　ワクチンの開発など様々な業績を上げた細菌学者であり、科学者であるパスツールは「チャンスは、それを迎える準備のできている人にだけやってくる」と述べている。科学者は地道な実験や研究の中で、時に予期せぬ発見（セレンディピティ[2]）をすることがあるが、そうした発見を大きな成功に繋げられるかどうかは、日頃の入念な観察と物事を決めつけないで考える心構えにかかっている。パスツールの名言は、予期せぬ出来事は個人の行動によってチャンスに結びつくことを表している。

1　計画された偶発性は、矛盾する意味を持つ 2 つの言葉を意図的に組み合せて作った用語である。こうした用語は矛盾語（oxymoron）と言われ、ことわざや教訓などで用いられ、キャリア論でも使用されることがある。キャリアとは人生における様々な矛盾をマネジメントすることと言えるのかもしれない。

2　セレンディピティとは、思わぬものを偶然に発見する能力、幸運を招きよせる力、を意味する。

　計画された偶発性と類似する考え方は、日頃度々使われる諺にも存在する。例えば、「禍を転じて福となす」とは、身にふりかかった災難をうまく活用して、かえって幸せになるように取り計らうこと（広辞苑）を意味するが、この諺はネガティブな偶発的出来事が起こった場合の計画された偶発性の考え方に通じるものと言えよう。

（参考）計画外に備えるエクササイズ

　キャリアや人生で起こり得る様々な計画外の出来事に上手く対応するためには、実際に起こったら自分はどう対応するのか、シミュレーションをしておくことも大事である。ここでは一例として、Pryor, Amundson and Bright (2008) のエクササイズを紹介する。ステップ 1、ステップ 2 の順で取り組んでみてほしい。

ステップ 1 :

1．キャリア（人生）に影響を与えそうな偶然の出来事（あるいは、身近にそういうことがあった人を知っている場合は、その人に起こった出来事）を複数（できるだけ多く）挙げなさい。（例）転勤、引越し、病気、人との出会い、留学中の出来事、他

2．上で列挙した出来事の中で、あなたが実際に経験した偶然の出来事を一つ選んで記載しなさい。その結果、何が起こったか。あなたはそこから何を学んだか。

ステップ 2 :

1．あなたのキャリアゴール（キャリアの目標）を述べなさい。

2．ステップ 1 で挙げた偶然の出来事のうち、今後最も起こる可能性の高い出来事を 1 つ選び、それが起こったことを想像しなさい。その出来事が起こった結果、あなたのキャリアはどのように変化すると思うか。

3．状況が変化し、キャリアゴールを変える場合、あなたの第 2 のキャリアゴールは何か。

4．上で答えた第 2 のキャリアゴールは、どうすれば達成できるか。

7-2 キャリア・カオス理論

不確実性に挑む新たな研究のアプローチ

　先述のとおり、キャリア研究のアプローチは、基本的に、個人と職業を安定したものとして捉える考え方を前提にして発展してきた。個人のパーソナリティ、環境、それらの相互作用の心理学的類似性を提示する Holland の六角形モデルでは、個人と仕事環境の特性には十分な安定性があり、マッチングの段階で両者は変化しない、という考えに基づいている。

　一方、現代のような変化の激しい環境においては、個人と仕事環境の安定的側面の適合モデルについて不十分さが指摘されており、変化や複雑さ、現実性もまた、キャリア研究における基本的要素であることを認めざるを得ない、とする研究者が増えている。キャリアという現象が持つ複雑さ、現実性、不安定性、予測不可能性といった要素を取り込んだアプローチとして、キャリア研究にカオス理論を導入する研究への関心が高まってきている。相対性理論、量子力学に続く、20 世紀の科学における第 3 の革命とも言われるカオス理論とはどのようなものか。複雑系、創発性、自己組織化等の主なキーワードを追いながら概観する。

複雑系とは何か

　複雑系という概念は、その広い応用可能性が注目されており、カオス理論ではわが国の第 1 人者と言われる上田らも、複雑系が持つ学際性は特筆に値すると述べている（上田・西村・稲垣, 1999, 109 頁）。カオス、自己組織化、創発、秩序・無秩序などの特徴を示すシステムは、一般的に複雑系 (complex system) と呼ばれている（上田・西村・稲垣, 1999, 106 頁）。複雑系とは、システムを構成する要素の振る舞いのルールが、全体の文脈によって劇的に変化してしまうシステムである（中村, 2007, 200 頁）。

　一般に、複雑系では、個々の要素とそれら相互の関係性やネットワークによって全体の動きを説明する全包括的方法が用いられる（上田・西村・稲垣,

1999, 107 頁）。一方、現象を構成するいくつかの概念を取り上げ、それにスポットライトを当てて研究を行う要素還元主義的な研究手法では、厳格に追求すればするほど、研究自体はわれわれが経験している現実からかけ離れていき、現象の特性は見失われてしまう傾向にある。複雑系が解明するものは、要素還元主義的な研究手法では説明ができなかった、創発、自己組織化などのキーワードで表される現象である（上田・西村・稲垣, 1999, 107 頁）。

カオスとは何か

　カオス理論は、数学および物理学にその起源がある（Kauffman, 1995／米沢訳, 2008, 43 頁）。約半世紀前、気象学者の Lorenz は、天気予報に関する様々な実験を試みる中で、一見ランダムで予測不可能な振る舞いに思えるものの、実際には明確な規則に従って起こっている現象に行き当たる。それが後にカオスと呼ばれる現象であった。

　複雑系（の科学）が対象とする現象の1つがカオスである。自然科学の分野では、カオスは一見無秩序に見えるが背後に無数の秩序構造をもつもの、という力学現象を表すものとして理解されている（中村, 2007, 201 頁）。すなわち、カオス（chaos）とは、一見その振る舞いは乱雑で出たら目に見えるが、実際には秩序に従って発生している現象を指す。言い換えると、複雑系におけるカオスとはランダムではなく、ランダムに見えるだけの現象である（Lorenz, 1993）。カオス理論とは、説明することが困難な現象の説明を可能にしてくれる理論である（Kauffman, 1995／米沢訳, 2008, 44 頁）。カオスの構造を理解することによって、予測不可能と考えられる事象についても予測・制御が可能になるのではないかということが、カオスが注目されている理由の1つでもある（中村, 2007, 201 頁）。キャリアの複雑性や不確実性もまた、カオス理論によって理解を深めることができるのではないかとして、カオス理論を応用する試みが行われている。

カオスの特徴

　カオス理論のパイオニアの1人である Lorenz は、カオスは初期条件に対する敏感な依存性を有すると述べる（Lorenz, 1993／杉山・杉山訳, 1997, 7

頁）。Lorenz は天気の正確な予測を試みるうち、入力する初期値として小数点以下第何位までを取り扱うのか、すなわち、結果に微小な影響しか与えないと考えられていた差が、実は予測結果に多大な影響を与えていることを突き止めた。このような初期条件に対する敏感な依存性は、カオスの大きな特徴の1つで、バタフライ効果[3] としても知られている。

バタフライ効果とは、力学系の状態をほんの少し変化させたとき、それに伴って、その後の状態が、変化を与えなかった場合にとったであろう状態から大きく異なってしまう現象（Lorenz, 1993／杉山・杉山訳, 1997, 210 頁）を指す。簡潔に言えば、初期条件に対する敏感な依存性とは、通常なら無視してしまうような極めて小さな差が、やがては無視できない大きな差となって出現することである。中村（2007, 207 頁）は、「最初のわずかな違いは全く違う結論を導き出す」というカオス理論は、日々の生活の中でのわずかな違いが、私たちの未来を大きく左右することを示している、と述べる。

カオスの2つ目の特徴として、創発性が挙げられる。創発性とは、複雑系の科学の研究者がカオスの縁に見られる現象を表すのに、哲学の分野で用いられている「創発」という用語を当てたことがその名の由来である（上田・西村・稲垣, 1999, 146 頁）。複雑系にはカオスの縁（edge of chaos）と呼ばれる状態がある。カオスの縁とは、混沌と秩序の間で平衡が保たれた状況であり、秩序と意外性の妥協点を意味する（Kauffman, 1995／米沢訳, 2008, 61-67 頁）。このカオスの縁に見られる現象が創発（創発性）である。創発性（emergence）とは、全体は部分の総和以上のものであることであり（Kauffman, 1995／米沢訳, 2008, 56 頁）、もともと下位の階層にない特性が上位の階層で発現するという、伝統的な科学のアプローチに反して出現するプロセスである（中村, 2007, 204 頁）。これは、システムにはそのどの部分にも存在しない驚くべき特性があることを意味している（Kauffman, 1995／米沢訳, 2008, 57頁）。創発性は科学の研究における新たな視点であり（Kellert, 1993, p.3）、そ

---

3 Lorenz（1993／杉山・杉山訳, 1997, 12 頁）によると、バタフライという言葉が生まれたいきさつには諸説ある。「ブラジルで1匹の蝶がはばたくとテキサスで大竜巻が起こるか」という学会での発表から生まれたという説や、ストレンジ・アトラクターとして知られる特殊な一群の状態を簡略化して図に表したものが、蝶の形に似ていることからバタフライとして知られるようになったという説等がある。

のためには、現実を全包括的に捉える必要がある。

　なお、創発という現象は自己組織化と言い換えることもできる（上田・西村・稲垣, 1999, 146 頁）。Kauffman（1995／米沢訳, 2008, 13 頁）によれば、自己組織化（self-organization）とは、システムに十分な多様性が存在するときに、秩序が自然に自己発生的に生まれること、と定義される。Kaffman（1995／米沢訳, 2008, 99 頁）は、自己組織化を、現象に対してあたかも神の手のように目に見えない自然の理が働いていることから、「無償の秩序」と呼んでいる。

キャリア領域へのカオス理論の応用―キャリア・カオス理論

　Pryor and Bright（2007）は、宇宙を理解するために用いられる理論や基本原則が、宇宙を構成する人間の思考や行動を理解する際にも応用できると述べる。その中で、カオス理論はキャリア発達や人生の転機に対する1つの理解を提供できる可能性があるとして、ここ数年注目されてきた。中村（2007, 200頁）が、キャリア研究の新たな動向としてカオス理論の応用について著す上で根拠としている Bright and Pryor（2005）は、キャリア領域へのカオス理論の応用の第一人者であり、キャリア・カオス理論（chaos theory of career）を提唱している。

　キャリア・カオス理論では、個人とその仕事経験を含むキャリアの現実は複雑力学系として理解し、現実を全体として捉える（Bright and Pryor, 2005）。全体を構成する個々の要素に注目して精査することも重要であるが、これだけでは複雑系が持つ創発性という特徴を見逃してしまう危険性が存在するからである。システムが複雑になるほど、システムの振る舞いの中で予測していない出来事が出現する可能性が高くなるが、私たちがこれを見逃すことは、キャリア発達や人生の転機を経験する上で、またキャリア研究において、大きな損失となる可能性がある。

実在論的アプローチ

　キャリア・カオス理論では、キャリアの現実には、秩序と無秩序、予測可能性と予測不可能性の両者が存在するものとして、現実を概念化している[4]。こ

うしたキャリア・カオス理論による現実の概念化の根底には、実在論的アプローチがある（Pryor and Bright, 2007）。実在論的アプローチでは、個人は社会の現実を直接知ることが可能であり、現実に対する自己の認識を持つことができるとし、現実は「実存（現実存在）」と「関係」で構成されるという立場をとる（Maze, 1973）。実存とは、客観的に知ることが可能な特性を持つ実体であり、関係とは、実存が互いに関係し合っていることである[5]。

　これに加えて Bright らは、人間は現実の全ては知覚できず、現実の複雑性の全ては理解できないという認識を持つことが必要であると論じる。たいていの人は、自分が直接経験で知ることができない客観的現実が存在するのは当然であると考えているだろう。現実は、自分の感覚で知る知覚だけで作られているわけではない。そういう意味では、カオス理論は人間の創造性に関する理論であると同時に、人間の限界に関する理論とも言えるだろう。その限界のいくつかは、我々が直接知ることができない現実の世界で起こっており、現実イコール人間の知覚、と決めつけるのは、複雑性を持つ社会において人間の力を過大評価することにつながる。

　実在論的アプローチに基づけば、キャリアは、個人という実存と他者、企業、制度、従業員などの複数の実存との相互作用から生まれる創発的特性として捉えられる。キャリアは、キャリアが生まれた関係性から独立したところ

4　カオス理論は、秩序と無秩序は共に複雑性がもたらすものとして捉えており、状況は秩序や法則に従って発展するため未来予測は可能であるという決定主義と、秩序や法則は存在せず、状況は無秩序であるため未来予測は不可能であるという非決定主義を同時に捉えることを可能にする。すなわち、安定と不安定、秩序と無秩序、予測可能性（因果関係）と予測不可能性は対極にあるのではなく、何らかの自然の法則でシステムのコントロールをめぐって競い合っている可能性がある。

5　実在論的な考え方に基づくキャリア・カオス理論は、現実を現象論的に捉える立場に基づくキャリア論とは異なる立場をとる。現象論とは、個人が知る現実は個人の知覚のみであることを前提とする考え方であり、「認識論においては、主体と客体との相互作用において主体によって構築された現実が唯一の現実である（Patton and McMahon, 2006, p180）」という考え方である。主体とは、主観とほぼ同じ意味で、認識し、行為し、評価する我を指す。また、客体とは、客観とほぼ同じ意味で、主体に対応する存在、また主体の作用の及ぶ存在を指す。この考え方を極端に捉えれば、18世紀の英国の哲学者 D. Hume が示したように、独我論になると Bright らは述べる。独我論（solipsism）とは、実在するのは自我とその所産のみであって、他我や外界など全ては自我の観念または意識内容にすぎないとする主観的認識論である。独我論では、自分にとって存在していると確信できるのは自分の精神だけであり、それ以外のあらゆるものの存在やそれに関する知識・認識は信用されない。

で、それ自体で存在するものではないといえる。

アトラクション、アトラクターの概念

　仕事や人生における様々な節目を乗り越え、キャリア発達している個人は、企業、市場、国、あるいはグローバルな社会の中で相互作用している複雑力学系の一部と捉えることができる。複雑力学系の作用を理解する上で重要な概念が、アトラクション、およびアトラクターである。数学と物理学にその起源を持つカオス理論において、アトラクション、およびアトラクターは、自然のシステムの作用を説明するのに用いられている。

　Pryor and Bright（2007）によると、アトラクション（attraction）とは、システムが何らかの内的作用による変化や外的影響からの変化にさらされたとき、一貫した秩序に自己組織化する過程として、秩序を維持、保存、再生するために適応するプロセスを意味する。そして、このプロセスの特徴的なパターンは、アトラクター（attractor）と呼ばれる。Sanders（1998, p.66）によれば、アトラクターとは、非線形の力学系が向かう最終状態、あるいは最終的な振る舞いを意味する。Kauffman は、「複数の軌道が、同じ状態サイクルに落ち込むことがありうる。これらの軌道の異なる初期パターン、そのどれからネットワークが出発しても、一連の状態を通過して激しく変化したあと、同じ状態サイクルに落ち着くことがある。力学系の言葉を用いれば、この状態サイクルがアトラクターである（Kauffman, 1995／米沢訳, 2008, 159-160 頁）」と説明している。中村（2007, 201-206 頁）は、アトラクターとは、何かを引きつけたり吸い寄せたりすることを意味し、カオス特有の不規則な振る舞いには、特定の隠れた秩序があり、それらの結果として得られる点を集めた独特なパターン、と解説している。心理学的に捉えると、アトラクターは生活環境に対する個人の反応の仕方、個人の習慣、性向、挑戦や変化に対する反応等の特徴を示すものである（Pryor and Bright, 2007）。

アトラクターの特徴

　アトラクターにはいくつかの特徴があるが、ここでは主要な 3 つを紹介する。特徴の 1 つはフィードバック・メカニズムである。Pryor and Bright

（2007）によると、アトラクターはフィードバック・メカニズムを持っており、そのメカニズムによって、システムは安定を保ったり、摂動[6]に反応したり、変化を起こしたりすることができる。人は、自分と自分の周囲で起こっていることに関して何らかのフィードバックを受け取っている。例えば、個人の職業上のスキルの多くは、自分のどの行動が仕事で望ましい結果を生み、反対に、どの行動は望ましい結果を生まなかったのかについてフィードバックを得た結果、獲得されていくものである。キャリア研究における行動重視派のKrumboltz らは、様々な仕事を試してフィードバック情報を得てそれを処理することは、キャリアに関する意思決定のための効果的な方法になると述べている（Mitchell, Levin and Krumboltz, 1999）。

　アトラクターの 2 つ目の特徴は、最終状態を示すことである。Kauffman は、アトラクターとは、軌道の集合が最終的に流れ込む湖のようなもの、と述べている（Kauffman, 1995／米沢訳, 2008, 159-160 頁）。例えば、小さな金属の球が大きな水盤の縁を転がって回り、最終的には水盤の平らな底で止まる様子は、最終状態を表すわかりやすい物理的現象の 1 例である。Pryor and Bright （2007）は、最終状態が企業経営にどのように応用できるかを表す 1 つの例として、職場の変革や事業環境の変化に企業が効果的に対応するためには、企業が目指すべきビジョンを職場で共有することが重要である、という例で説明している。

　3 つ目の特徴は、アトラクターはシステムには境界が存在するという規則有界性を持つという点である。境界が無ければシステムは存在しないため、この意味でアトラクターは境界である。アトラクターという境界の中でシステムは作用し、境界によってシステムは他のシステムと区別される。キャリアの領域では、個人にとって受け入れ可能かどうかという境界、例えば、仕事や職業に関する興味、動機づけ、倫理観、開発されたスキルなどが存在するが、これは規則有界性の具体例である。Pryor and Bright （2007）は、規則有界性をキャリアの意思決定という状況に当てはめて、賭け事が嫌いで受け入れられない人にとっては、不動産投資は担当してもよいと思える受け入れ可能な範囲の

6　摂動とは、力学系において、主要な力の作用による運動が副次的な力の影響で乱されることを意味する。

仕事かもしれないが、競馬産業で働くことは自分には無理だと思うかもしれない、と説明している。

アトラクターの4つのタイプ

カオス理論の研究者はアトラクターの種類を特定しているが、Bright and Pryor（2005）はこれをキャリア研究に応用し、点アトラクター、振子アトラクター、円環アトラクター、ストレンジ・アトラクター、の4つのタイプに分類している（図表7-1）。以下、Pryor and Bright（2007）に基づき、各アトラクターを紹介する。

図表7-1　アトラクターのタイプ

名称	点アトラクター	振子アトラクター	円環アトラクター	ストレンジ・アトラクター
システムの特徴	1つの点、1つの場所、1つの結果に向かって動き、時間の経過とともに停止する	2つの点、2つの場所、2つの結果の間を規則的な振幅によって動く	複雑であり、一定の、あるいはおおよその時間の経過とともに、ある振舞いを繰り返す	複雑であり、創発的な秩序に自己組織化する
予測	可能	可能	可能	不可能
物理的事象の例	水盤の中で動いている金属のボールや、水が排水口に向かって流れている様子	2極の間を往き来する振子の動き	入口から出口までの道順が1つで、最終的に出発点に戻るようになっているような迷路	気象
心理的事象の例	何かに取り付かれたような個人の思考や挙動の表出	個人が意思決定において2つの選択肢の間を揺れ動いている状態	個人の習慣や予測可能な思考および挙動。一貫性を持った典型的な気質にも似た反応	人間の知識や影響力の限界とともに、人間の適応、発達、成長の可能性が現れている様子

（Pryor and Bright, 2007 を基に作成）

点アトラクター

点アトラクター（point attractors）は、ポイント・アトラクターとも呼ばれ、1つの点、1つの場所、1つの結果に向かって動き、時間の経過とともに停止する予測可能なパターンである。こうしたシステムの物理的現象の典型例

として、水盤の中で動いている金属のボールや、水が排水口に向かって流れている様子が挙げられる。心理的には、点アトラクターは、何かに取り付かれたような個人の思考や挙動の表出と捉えることが可能であり、偏った思想、偏った目標に支配された思考、執拗なあるいは不安にかられた振る舞い等である。Pryor and Bright（2007）は、点アトラクターをキャリアの領域で説明し、例えば、スポーツ選手が大会に備えて黙々と練習や準備に打ち込む様子、企業の幹部従業員が仕事中毒になって働いている状態、どんな些細なことでも自分がコントロールしていないと気がすまない企業の管理者、個人が自分の現在の仕事を生涯の仕事であると強い信念を持って取組むこと、等を挙げている。

振子アトラクター

　振子アトラクター（pendulum attractors）とは、2つの点、2つの場所、2つの結果の間を規則的な振幅によって動く予測可能なパターンである。振子アトラクターは、周期アトラクターや平衡アトラクターとも呼ばれる。このシステムの典型的な物理的な事例としては、その名のとおり、2極の間を往き来する振子の動きがある。心理的には、振子アトラクターは、個人が意思決定において2つの選択肢の間を揺れ動いている状態、二項対立の認識、接近と回避などの振る舞いなどが該当する。Pryor and Bright（2007）は、振子アトラクターをキャリアという領域で捉えた具体例として、仕事と家庭における個人の役割間葛藤、キャリアの大きな意志決定で個人の気持ちが揺れ動いている状態、転職時における個人のリスクテイクに対する感受性、等を挙げている。

円環アトラクター

　円環アトラクター（torus attractors）は、複雑であるものの予測可能であり、一定の、あるいはおおよその時間の経過とともに、ある振舞いを繰り返すパターンである。円環アトラクターは、トーラス・アトラクターとも呼ばれる。このシステムの典型例として、入口から出口までの道順が1つで、最終的に出発点に戻るようになっているような迷路が挙げられる。また、円環アトラクターはドーナツ環にまかれた長い1本のワイヤーにも例えられるが、ドーナツ環にワイヤーが巻かれていくと、ワイヤーはドーナツ環の外側と内側で巻幅

にばらつきがあるだけで、全体では独特のループを描いていく。すなわち、円環アトラクターは、システムには実質的な影響を与えない程度の微細な違いはあるものの、ある動きを正確に繰り返すものである。

　心理的には、円環アトラクターは、個人の習慣や予測可能な思考および挙動と捉えられ、一貫性を持った典型的な気質にも似た反応として個人に現れるものに例えられる。世の中が複雑であることを認識した上で、だからこそ人間や物事を整理してコントロールしようとし、決まった時間に決まった場所で物事を行うというシステムを作り上げる。そうした個人にとって大事なのは、一貫性、ルーティン、分類、階層、組織化である。Pryor and Bright（2007）は、円環アトラクターをキャリア領域に当てはめて、常に1人でいつもの組立作業に従事して組織の裏方として働く技術者や、企業で同じ事務職を長年担当している従業員が、退屈しながらも定年までぶら下がって勤務している様子を例として挙げている。また、企業でルーティン業務を担当する従業員は、正社員として雇用されている間は、生活も安定しており、将来も予測可能で、比較的幸福感を持ち、組織に適応しながら仕事をしているように見えるが、これも円環アトラクターのような振る舞いである。

ストレンジ・アトラクター

　ストレンジ・アトラクター（strange attractors）は、複雑であると同時に、創発的な秩序に自己組織化する予測不可能なパターンである。不規則であるが、自己相似形という特徴（フラクタル[7]）の構造を持つストレンジ・アトラクターは、カオス特有のパターンといえる。ストレンジ・アトラクターでは、時間の経過とともにある種のパターンが浮かび上がってくるが（中村, 2007, 206頁）、そのパターンは決して正確には繰り返さない。このシステムの特徴を示す物理的現象の典型例は、気象である。気象の世界では、様々な要因が相互作用しながら複雑に絡み合うため、地球上のほとんどの地域では、1週間程度を越える期間の天気予報を正確に行おうとしても、予測は信頼性に欠け

---

[7]　フラクタル（fractal）とは、多角形や多面体の分割されたどんなに小さな部分でも全体に相似しているような図形や面を意味する。自然界では、例えば、リアス式海岸の海岸線や木々の枝ぶり等が挙げられる。

てしまう。一方、1年における四季のように、長時間の経過とともに出現する秩序のパターンは明確に認識することが可能である。

　Bright らによれば、ストレンジ・アトラクターはいわばカオスの縁であり、心理的には、人間の知識や影響力の限界とともに、人間の適応、発達、成長の可能性が現れている様子として捉えられる。カオスの縁では、変化や偶然は、秩序や安定と対立するものではなく、実存が織り成す統合された現実として捉えられる。ストレンジ・アトラクターをビジネスやキャリアの領域で例を挙げると、合理的で論理的な計画と、創造的な意思決定の両方を合わせ持ち、個人がコントロールできない脅威や複雑な機会に立ち向かう状況などがある。現実が複雑であるということは、完全な支配という驕りに対する戒めと同時に、個人の独創性の発揮、成長、変革の機会を提示している。

人間の思考のタイプとアトラクターとの関連性

　Pryor and Bright（2007）は、アトラクターは人間の2つの思考タイプに関連していると指摘する。2つの思考タイプとは、閉じた系の思考と開かれた系の思考である（図表7-2）。閉じた系（closed system）の思考は、人生は安定しており、不測の事態は起こらない、起こるはずがないと期待するという特徴を持つ。こうした思考を持つ人は、人間は常に世界をコントロールし、人生を自分が思うように、人生は公平に扱われるべきだと思っている傾向がある。さらに、自分が過去に知覚した秩序やパターン、安定性から自信を得て、

図表7-2　閉じた系の思考と開かれた系の思考の比較

閉じた系の思考	開かれた系の思考
不測の事は起こるべきではないし、起こらない	不測の事は起こりうるし、時々起こる
私は、無敵だ	私は、時々は弱い
バックアップ戦略無しにリスクをとる	バックアップ戦略を持ってリスクをとる
人生は皆公平である	人生に保障はない
人間がコントロールできると強く思う	人間の限界を認識している
不測の事態を考えない	不測の事態に備える
秩序と過去を信じる	変化が起こる現実を認める
変化は線形である	変化は非線形である
変化に対応するために入力される情報が限定的	変化に対応するために創造性を発揮

（Pryor and Bright, 2007 を基に作成）

結果として、変化は起こりうるがその変化の性質は線形で、将来は予測可能なので、計画を立てればコントロールできると考えている。そして、実際に何か予期せぬことが起こった場合、例外的な出来事として処理されるので、自分の人生に対して十分な知識とコントロールを持つという信念には影響を与えない。すなわち、偶発的出来事に遭遇しても世界観は変わらないのである。閉じた系の思考には、変化に対応すべくシステムに入力される情報を限定的にするという傾向がある。さらに、このタイプの思考は、過去に成功したということを根拠に、同じ事を継続する傾向も見られる。

　一方、開かれた系（open system）の思考の前提にあるのは、知識や現実に対する人間のコントロールは限定的であるという考えである（Pryor and Bright, 2007）。開かれた系の思考の特徴として、不測の事は起こりうるし、実際時々起こるという認識がある。結果として、人間はコントロールできない変化に対しては、時として弱いものであると考える。そして、人生は公平であって欲しいと考えながらも、何の保障もないのが人生であるという認識を持つ。したがって、開かれた系の思考を持つ人は、ある状況に対してはコントロールしようとするが、偶発性に対するコントロールについては、人間の限界を認識している。個人の過去の経験から、秩序やパターン、安定性を認め、現在にまでそれを持ち越していても、自分の人生で大きな変化が現実に起こりうる、という潜在的可能性については認識されている。開かれた系の思考では、過去は現在を保障しないし、現在は未来を保障しないこと、すなわち、変化の可能性は非線形で、小さな変化や差が最終的には大きな変化や再構成をもたらすことも認識されている。したがって、偶発的出来事や不測の事態は、現実の安定や秩序に対する単なる例外ではなく、むしろ自然の一部と捉える。不測の事態や現状を変えてしまうような大きな変化を、常に不安に感じたり、そこから逃げたりしないで受け入れる。人間には時に変化の創造は必要であり、またそれによる影響は必然であるとして現実を捉え、最悪の場合でも、変化は受け入れて流されるしかないと考える。

　開かれた系の思考に基づくと、人間が知ることができるものには限界があるため、特に長期的な計画については、弾力的な姿勢を持つことが重要となる。事前に全ての情報を知ることは不可能であり、長期的な計画は推測の域を出な

いという認識がなされるからである。現実の仕事の世界やキャリアにおける複雑さや予測不可能性は、開かれた系の思考で認識されるものであり、この点において開かれた系と閉じた系の思考の差は特に重要であろう。しかしながら、閉じた系の思考が常に効果的ではないということではない。当然、閉じた系の思考は閉じた系の世界では効果的であり、近い将来計画されている出来事や短期的な課題にも効果的である可能性が高い。また、ストレスやプレッシャー、変化に晒されていない開かれた系は、閉じた系のように振る舞うため、こうした状況でも閉じた系の思考は効果的であろう。

　Pryor and Bright（2007）によれば、4つのタイプのアトラクターは、上で述べた閉じた系の思考と開かれた系の思考の2つのタイプに分類して考えることができる。点アトラクター、振子アトラクター、円環アトラクターは、閉じた系の思考のタイプに分類され、ストレンジ・アトラクターだけが開かれた系の思考のタイプに分類される。閉じた系の思考を持つ人は、現実を単純化し、将来を予測し、秩序を作って支配しようとする傾向がある。自分が歓迎できないような変化は、コントロールしようと目標設定し、ルーティン的な行動をする。したがって、点アトラクター、振子アトラクター、円環アトラクターは、一部の短期的な行動に限定すれば、上手く機能する可能性があるだろう。しかし、想定外の変化が起こる可能性については、これらのアトラクターでは説明されないままとなり、現実の裏に潜むものとして残ってしまう[8]。

　一方、キャリア・カオス理論では、ストレンジ・アトラクターだけが開かれた系の思考であり、複雑で予測不可能な現実について、すなわちキャリア発達と人生の転機を説明する概念である。個人がストレンジ・アトラクターや開かれた系の思考を受け入れることは、カオスの縁に生きることを意味する（Pryor and Bright, 2004）。これまで述べてきたように、人間の経験という現実の世界は開かれた系であり、複雑に絡み合っていて要素還元することが難

8　関沢（2010）は著書「偶然ベタな若者たち」の中で、「知らない世界には立ち入らない。リスクは最小限に減らす。不確定なことは避ける。こうした傾向が、とくに30歳以下の層には顕著になっている。（中略）縮こまって動かずにいることで、いろいろな機会や可能性を失っているのではないか（関沢, 2010, 4-5頁）」と述べている。こうした若者の傾向は、点アトラクター、振子アトラクター、円環アトラクターに代表される閉じた系の思考のタイプで現実を捉えて行動し、それによって、様々な成長のチャンスや変化の可能性を失っていると理解することが可能である。

しい一連のシステムであるため、完全な定義や明確化、完全なコントロールは
不可能である[9]。

キャリア・カオス理論の理論的貢献―キャリア英知に対する示唆

　これまで述べたように、キャリア・カオス理論の大きな貢献の 1 つは、従来
の理論では説明が困難であった偶発性や変化を特徴とする複雑な現実の世界
を、理解し、説明しようとする点である。特にアトラクターの概念を応用し、
個人の複雑なキャリア行動や思考の特徴を解釈することが可能となった。

　さらに、キャリア・カオス理論の考え方を用いれば、キャリア英知に対する
示唆を得られる可能性がある。キャリア英知（career wisdom）とは、「賢明
にキャリアを歩む、賢明に生きるとはどういうことなのか」という問いに対す
る答えとなるものである（Pryor and Bright, 2007）。閉じた系の思考では偶
発的出来事の利用や創造は困難であるが、開かれた系の思考では、将来非線形
の変化は起こりうるという基本的な現実認識の下で、個人が最善を尽くすこと
は、偶発性に対する備えがある状態を作り、したがって、偶発的出来事を利用
したり、創造したりできる可能性が生まれる。こうした開かれた系の思考はカ
オスの縁に通じる思考であり、カオスの縁でキャリアを考えれば、個人に潜在
的な創造力があることを意味する（Lewin and Regine, 1999）。Kauffman
（1995／米沢訳, 2008, 370 頁）は、個人がカオスの縁に生きるとき、最も頑強
で柔軟性に富み、構造と振る舞いの安定性が高いであろうと述べる。また、
Lewin and Regine（1999）は、カオスの縁に生きることは、創造的に適応
できる能力の高い領域に生きることであり、賢明に生きるとはカオスの縁に生
きることに等しいと論じる。賢明にキャリアを歩む、賢明に生きるとは、偶発
性のある人生において人間の限界を認めつつも、状況に対応して自己の可能性
を活用して生きること、と捉えることが可能になる（Pryor and Bright, 2007）。

　賢明に生きることの意味は、過去の賢者たちの言葉にも表されている。例え

9　例えば、これまで安定していた大企業の従業員がリストラによる予測していなかった解雇に遭え
ば、生活の安定は大きく揺さぶられる。「会社を信じて今まで働いてきたのに、明日から自分は何を
信じて何をすればいいのか」などのコメントが表すように、不安、混乱、敵意を覚えるだろう。その
時、個人はそれまでの閉じた系の現実から離れ、開かれた系の現実に直面させられる。

ば、キリストの教えである、「最も偉大な者は最も小さき者」の言葉や、孔子
による「中庸」の教え、般若心経の「色即是空、空即是色」、あるいは、アリ
ストテレスの「ゴールデンミーン」等、洋の東西を問わず、時代を超えて現代
に生きる教えには一見矛盾するような内容や表現が見られる。キャリア研究の
分野でも、近年最も多く引用された論文の1つが、Gelatt（1989）の「前向き
に捉える不確実性（positive uncertainty）」である（Pryor and Bright,
2007）。この論文はタイトルに矛盾する表現が用いられ、「慎重かつ大胆にあ
れ」、「現実的でありながら夢を見よ」、「急がば回れ」などの矛盾語（oxymo-
ron）になっている。Krumboltz らも、「計画された偶発性（planned
happenstance）」という概念の命名は、意図的に矛盾語にしていると述べて
いる（Mitchell et al., 1999）[10]。なお、ここで言う矛盾語は2つの要素のどち
らか一方という意味ではなく、両方の要素が高い次元で止揚的に融合すること
と言い換えられるかもしれない[11]。慎重でありかつ大胆なのであり、これが、
慎重か大胆かのような二項対立の考え方になってしまうと、振子アトラクター
の思考に捕らわれてしまう可能性がある。キャリアの意思決定に関わる事柄
は、全てがコントロール可能であるわけでもなければ、全てが不確実なわけで
もない。キャリア英知を理論的根拠に基づいて理解できるようになれば、我々
は、現実に起こる一見矛盾する経験の特徴を認識できるようになり、人生を価
値と意味により溢れるものとして構築することに活用することが可能となるだ
ろう。

キャリア・カオス理論の実務的貢献—カウンセリングへの応用

　キャリア・カオス理論の実務面での貢献として、キャリア・カウンセリング

10　中村（2007, 199頁）は、計画された偶発性や前向きに捉える不確実性といった概念は、キャリ
ア研究に複雑さ、変化、偶然といった新たな視点を取り入れたものといえる、と述べる。
11　止揚的融合に関して、アウフヘーベン（aufheben）とは、ドイツの観念論哲学者であるヘーゲ
ルによる弁証法の概念であり、2つの矛盾・対立する事象、立場を統合統一し、より高次な段階へと
導くことを意味する。弁証法によると、事象は絶えず、正（テーゼ）と、反（アンチテーゼ）と、合
（ジンテーゼ）のプロセスで発展生成しており、正と反を止揚する（アウフヘーベン）のが、合であ
る。すなわち、止揚的融合は、単に2つの対極するものの一方に偏らないことや、中間で妥協するよ
うなことではなく、一見対立すると考えられていた2つの事象が実は対立しておらず、2つの相反す
るものが新たな1つのものに質的に変化すること、と言えるのかもしれない。

への応用が挙げられる。Pryor and Bright（2007）は、キャリア・カウンセラーがクライアントの夢を実現させたいと思うあまり、やればできる、思い描けるものは実現する、などとクライアントを勇気付けることは、残酷なまやかしになりかねないとし、ポジティブ思考だけで片付けるのではなく、労働環境など様々な客観的現実を考慮しなければならない、と述べる。そして、カオス理論をキャリア・カウンセリングに応用するには、特にストレンジ・アトラクターの概念を活用することが効果的である（Pryor and Bright, 2007）。この場合のキャリア・カウンセリングにおける重要な課題は、まずクライアントが現実を正しく認識できるようになることである。その上で、現実を上手に乗り切り、あるいは活用できるように、カウンセラーがクライアントを助け促すことが必要である。

　Pryor and Bright（2007）は、キャリア・カウンセリングを行う上で求められる現実認識について、以下の通り整理している。

・　自分と人生、および、それらを取り巻く状況に対する知識やコントロールは、常に限定的である。
・　状況の成り行きを予測する能力は限定されるが、それは情報源が不十分であるからだけでなく、現実が複雑だからでもある。
・　人生に起こる変化は、時には回避できるが、究極的には逃れることができない。
・　変化を起こすこと、影響を与えること、変化に適応することは可能だが、時には勇気を持って、変化を受け入れることも必要である。
・　計画外の変化や出来事は、人生で大いに起こりうるものである。人生や私たちを取り巻く環境は変化しないという考え方に依存することはできない。
・　安定と変化は、ともに人間が経験する基本的な要素である。
・　場合によっては、計画外の変化の影響があまりに大きく、人生が不可逆的に良い方にも、悪い方にも変わりうる。
・　小さな変化が、状況や人生の変化を引き起こしうる。

　人間は、過去から学んだ様々な知識やパターンを現在に活用し、未来に備えて準備をし、将来起こりうる変化に対応しようとする。一方で、複雑性からも

たらされた偶発的出来事や不測の事態については、それを否定したり回避したりする傾向があるが、ストレンジ・アトラクターの考え方を応用することで、偶発的出来事も現実として取り込むことが可能になる。中村（2007, 202 頁）は、キャリア発達の専門家は、クライアントの過去の行動、知識、スキル、興味に基づいて、より望ましい方向性を助言するものなので、偶発的出来事の影響を考慮することは大きな挑戦であると述べる。現在、キャリア・カウンセリングの分野では、メタファー（隠喩、暗喩）、物語、詩、神話などを活用して、クライアントが現実に直面する変化、チャンス、偶然を取り扱う試みがなされている [12]。

7-3　キャリアの意思決定

キャリア・デザインとキャリア・ドリフト

　キャリア・デザインという言葉をよく耳にするようになった。大学でもキャリア・デザインの重要性を学生に説いている。金井（2002, 111 頁）は、キャリアは、もしデザインされなければ、ドリフトする。つまり流されていってしまう。常にデザインするのは無理だが、節目にもそれを怠っていると、人生のドリフターズ（漂流者）になってしまう、と述べる。キャリア・デザイン（career design）とは、個人が仕事を含む人生の基本設計図を作ることである。節目などの個人の大きな意思決定が求められる場面で、主体的に、積極的にキャリアを選択できるように、キャリア・デザインは必要である。なお、人生の設計図を作るといっても、あまり細かく規定しては臨機応変さを失ってしまう。したがって、設計図はある程度大まかであってよい。

　人生の基本設計図を作るためには、夢を持つことが必要である。夢は、将来のキャリアの目標をつくるのに役立つ。金井（2002, 116 頁）は、「一回限りの

12　Krumboltz and Levin（2004／花田・大木・宮地訳, 2005, 34-35 頁）によると、伝統的なキャリア・カウンセリングは、多くの場合、クライアントの優柔不断さを治療し、明確なキャリア目標を設定する手助けをするためのものであった。キャリア目標を持つのはよいが、1 つの職業にこだわりすぎると視野が狭くなり、他の選択肢が見えなくなってしまう危険性があることから、キャリア・カオス理論に基づくカウンセリングでは、オープン・マインドの重要性を説いている。

人生やキャリアの全体を、自然な流れに任せっぱなしにできない。大きな方向づけや、夢や抱負が必要である。キャリアを選び取るときに、人がやっていることは、ある意味では、夢と現実との間のダイナミックなすりあわせ（夢の現実吟味）である。どういう人生を歩みたいか、どのようなキャリアにしたいか、について大まかでもいいから、まずは方向感覚が不可欠である」と、夢を持つことの必要性について述べている[13]。

　キャリア・デザインする主体はあくまで個人であり、所属する組織ではない。組織内キャリアは、個人のキャリア・デザインと会社の方針のすりあわせによって形成されるが、個人のキャリア・デザインがなければ、会社の方針に流されるままとなる。個人が設計図を持つことで、自分自身を目指す将来像に近づけることができるのである。

　また、キャリア・デザインはキャリア・ドリフトの恩恵を受けるためにも必要である。金井（2002, 111頁）は、デザインの対語として、ドリフトという言葉が最もふさわしいと述べる。ドリフトとは流れに身を任せるという意味であるため、キャリア・ドリフト（career drift）とは、キャリアの流れに自分の身を任せること、キャリアの中でさまようことである。金井（2002, 266頁）によると、ドリフトの余地がないデザインは息が詰まる。ドリフトという自由の余地が必要である。まず選んでみて、一生懸命走っていたら、当初は思いもしなかったことが見えてくる。偶然のような計画されたような出会いもいっぱいあるだろう。すなわち、キャリア・ドリフトは、想定外の出来事や偶然の機会に出会うことや、それまで歩んできた自分のキャリアを見つめ直すことに繋がるのである。

　金井（2002, 115頁）は、「どんなに慎重に自分のキャリアをデザインしようと思う人でも、何十年にも及ぶキャリアの全体をデザインしきれると思ったら不遜である。ドリフトの要素も積極的効用があり、それに気がつかないと、過

13　夢はなかなか実現しないかもしれない。夢を実現できなかった人たちは、そのことに幻滅する。「どうせ実現しないのだから、夢を持つ必要はない」という人もいるかもしれないが、実現困難だから持たなくてよいという考えは正しくない。Krumboltz and Levin,（2004／花田・大木・宮地訳, 2005, 52-83頁）は、夢が計画どおりに実現しなくても、驚かないでほしい。夢から醒めたことが最もよい出来事だったと気づいた人もいる。「夢は消えてしまった」と言うのではなく、「状況が変わった。さらに自分にとってよいチャンスを探すにはどうしたらいいだろう」と考えよう、と述べる。

剰な計画や過剰な設計をめざして疲れてしまう。考えすぎて元気よく歩めなくなるようなら、本末転倒である。デザインは元気よく歩むための助走なのだから、デザインという面ばかりが王者にならないほうがいい」と述べ、キャリアを活き活きと歩むためには、キャリア・デザインもキャリア・ドリフトもどちらも大事であることを指摘している。

キャリアの意思決定に有効な方法はあるか

　Parsons（1909）は、人は自己探索や環境探索から得られた情報を、キャリアの合理的な意思決定をするために用いると論じる。しかし、純粋に合理的な意思決定は、非現実的な条件に依存することから（Huber, 1993）、現実的に行うのは難しいことである。自己探索や環境探索から得られた情報が100％正確であるということはあり得ないし、将来起こりうることを正確に予測することにも限界があるからである。キャリアは予測不可能な出来事や偶発的出来事によって大きな影響を受けるものであり、キャリアの意思決定には常に何らかのリスクがつきものである。

　Simon（1976）は、意思決定に関わる複雑で無数の要因や条件適合（コンティンジェンシー）について、個人が完全に論理的に判断する能力には限界があると論じた。これは限定的合理性と呼ばれる概念である。実際、個人は複雑な意思決定をしなければならない時、理性よりも直感に従って行動するなど、単純で合理的ではない判断をすることがあると指摘されている。また、Tversky and Kahneman（1983）は、人は一般的に、最も目立つ情報に基づいて意思決定を行い、最適化ではなく満足化（最初の最もあり得そうな選択肢を選び、最善の選択肢を追求し続けることはしない）する傾向にある、と論じている。すなわち、人は情報を丹念に収集し慎重に分析し、長期的視野に立って合理的に意思決定しようとしても、感情や想像力に頼り、どちらかと言えば、短期的視野に立って、直感的に意思決定してしまう傾向を完全にコントロールすることはできないということになる。

　しかし、Arnold（1997）は、状況次第で合理的な意思決定も直感的な意思決定も有効なものになりうると論じている。例えば、キャリアの平時には、長期的視野に立って、丹念な情報収集や分析に基づき、合理的な意志決定をする

方が有効であろう。一方、想定外の出来事に直面した際は、丹念な情報収集や分析をしている時間的余裕がなく、迅速な意思決定が求められる場合も少なくない。そうした機会には、個人の感情や想像力も活用し、直感的な意志決定をすることが求められるだろうし、またその方が有効である可能性が高い(Inkson, 2007, p.120)。なお、直感的な意志決定というと、深く考えずに単なる感覚だけで決めるというイメージがあるかもしれないが、そうではない。直感とは、個人がキャリアの平時に丹念な情報収集や分析を行い十分に考え抜いているからこそ、いざという時に高い感受性が働くものである。さらに、感情や想像力は迅速な意志決定を促してくれるだろう。

チャンスの神様には前髪しかない

　ビジネスやキャリアに関して、自分にとっての好機やチャンスは、自分の目の前に突然訪れることが多い。突然訪れるということは、自分がそのチャンスに対して十分な準備ができていない状況にあることを意味している。そのとき、私たちには、速やかに適切な意思決定をしてそのチャンスを出来る限り逃さないことが求められる。なぜなら、同じチャンスは同じ人に二度は訪れないと考えるべきだからである。チャンスを引き受けようと意思決定したら、何らかの挑戦を伴うことになるかもしれないし、チャンスをうまく活用できずに最終的に失敗してしまうリスクもあるかもしれない。一方、チャンスを引き受けないという意思決定をすれば、変化に伴う苦労やリスクは生まれないだろうが、成長や飛躍の機会は自ら逃すことに繋がるだろう。

　カイロスとは、ギリシャ神話に登場する時（好機、ここぞというチャンス）の神である。カイロスは、ひとつかみの前髪だけが生えた、肩とかかとに翼を持った少年のような姿をしているという。一瞬にして目の前を走り抜けるカイロスを捕まえるには、前髪をつかむしかない。通り過ぎた後を追いかけても、カイロスには後ろ髪が無いので捕まえることができない。このカイロスの教訓は、例えば、企業から選抜された留学の機会、上司から推薦された予想していなかった昇進の機会、異性からのプロポーズなど、人生の様々な状況に当てはまるものである。

キャリアの意思決定のプロセス

　個人がキャリアに関する意思決定を行う際には、大切なプロセスがある。Krumboltz（1979）によると、キャリアの意思決定のプロセスは、以下の7つの段階で構成される。

　1．これから解決すべき問題を明確にし、その上で選択肢をあげる。
　2．課題解決を行うための具体的な行動計画を立てる。
　3．課題解決において、大切にしたい価値基準を明らかにする。
　4．代替案を作成する。
　5．それぞれの代替案の予想される結果について考える。
　6．必要な情報を収集することにより、代替案を絞り込む。
　7．絞り込まれた代替案を実際に行動に移す。

　意思決定のプロセスは、まず課題や問題を明確にすることから始まる。そして、課題を解決するための具体的な行動計画を立てたら、次は、課題を解決する上で大切にしたい価値基準を明らかにする段階である。個人がどのような価値観を重視するかによって、選択する解決案は変わってくるからである。大切にしたい価値基準として、例えば、Scheinのキャリア・アンカーやSchwartzの普遍的価値観の概念などが参考になるだろう。4つ目の段階で、いくつかの代替案を作成する。この代替案のことをプランBと呼ぶことがある。例えば、就職活動中の学生は、就職先が最終的に確定するまでは、常にプランB（現在志望している企業から内定をもらえなかった場合、どの企業を志望するのかという代替案）を持ち続けておくことが必要である[14]。5つ目の段階として、各代替案の結果を予想し、6つ目で、必要な情報収集を行い、代替案を絞り込み、最後は、絞り込まれた案を行動に移す段階となる。なお、実際の状況によっては、例えば、段階4と段階5が同時に行われたりすることもありうるだろう。キャリアの意思決定において個人がこうした適切なプロセスを踏むことは、就職や転職などキャリアの大きな転機で特に重要である。

14　「最善を望み、最悪に備えよ」とは月並みな表現ではあるが、有効なアドバイスである。

キャリアの意思決定に影響を与える4つの要因

　人はなぜ特定の職業を選択するのか、なぜ職業を変えるのか。それは、人が
キャリア選択を行う際、様々な要因が個人の意思決定に影響を与えるからであ
る。Krumboltz（1979）は、キャリアに関する個人の意思決定に影響を与え
る要因として、遺伝的特性・特別な能力、環境的状況や出来事、学習経験、課
題接近スキル、の4つを挙げている（大庭, 2007, 79-84 頁）。

　遺伝的特性・特別な能力は、職業の好みやスキルの獲得に影響を与える要因
である。遺伝的特性には、人種、性別、身体的特徴、外見などが、特別な能力
には、知能、芸術的才能、運動能力などの才能が含まれる。環境的状況や出来
事とは、社会、政治、経済に関する様々な状況や出来事であり、地理的環境、
気候、労働環境、自然災害など多岐にわたる内容が含まれる。学習経験とは、
個人のそれまでの様々な学習経験のことである。なお、学習のタイプには、個
人が直接経験することによる学習（道具的学習）と、外部からの何らかの刺激
と個人の反応が関連づけられることによる学習（連合的学習）や[15]、他者を観
察することによる学習（観察学習）がある。課題接近スキルとは、個人の課題
への取り組み方や適応するためのスキルを意味する。例えば、個人による状況
の認識、課題の設定、情報収集などが含まれる。

　遺伝的特性・特別な能力と環境的状況や出来事は、個人がコントロールでき
ない要因であるのに対し、学習経験と課題接近スキルは、個人がコントロール
可能な要因である。もちろん、特別な能力は与えられた才能だけで決まるもの
ではなく、周囲の環境や訓練によって高めることは可能である。4つの要因は
複雑に影響し合って、結果として、個人の信念やスキル、行動が生まれるので
ある。

　なお、キャリア発達は学習プロセスの結果であるという考えをキャリアにお
ける社会的学習理論という。この理論は、キャリアに関わる個人の行動は学習

15　道具的学習とは、タスク志向な問題解決と因果関係の特定に集中する学習法（Taylor, 1998）
で、本人の行動に対して周囲から報酬を得ることで、正の強化が行われ、学習者はその行動を継続す
るが、嘲笑などの罰を受ける場合、学習者はその行動を放棄する可能性がある。Krumboltz は、先
行因子の存在、学習者の行動、それに対する結果の3段階で構成されると説く。連合的学習は、それ
まで中立的であった出来事が、特定の感情と結びついた場合に起こる（Mitchll and Krumboltz,
1996）。

した上で習得されるものとの見解に基づき、いくつかの学習に関する理論によって説明する。キャリアの社会的学習理論によれば、職業選択は、計画された、そして計画外の学習経験の結果なされるものであり、そうした経験は、生涯を通じて様々な社会的事象や活動を通過していく中で生まれるものである（Krumboltz and Jacobs, 2006）。

とりあえず就職するという意思決定

就職には個人の大きな意思決定が伴う。大学等におけるキャリア教育では、学生は自己分析を行った上で、自分が将来就きたい1つの職業をできるだけ早く見つけるべき、という考え方が一般的である。しかし、自分が本当に就きたい職業を見つけることは、簡単なことではない。現実として、学生時代に自分が本当にやりたいことを見つけられずに、内定をもらった企業だから就職すると決める人もいるかもしれない。しかし、筆者は、そうしたとりあえず就職するという意思決定も悪くはないと考える。Krumboltz and Levin（2004／花田・大木・宮地訳, 2005, 32-46 頁）は、一刻も早く就職する必要があるのならば、最初に見つけた仕事に就いてから、他の選択肢を探し続けるのもよいと述べている。学生時代に自分がやりたいことが見つからなかったといって、就職しないという選択はすべきではない。なぜなら、基本的にどんな仕事にも楽しさややりがいはあるし、自分が本当に何の職業に向いているかは実際にやってみないとわからないことだし、何よりも、新卒で就職するという人生で一度きりの貴重な機会を自ら放棄することになるからである。

就職後は、学生時代に自分が立てたキャリアの計画に縛られる必要はない。就職して働きだせば、自分を取り巻く環境は大きく変わるため、また新たにキャリアの計画は立てるべきである。キャリアの選択肢は無限にある。Krumboltz and Levin（2004／花田・大木・宮地訳, 2005, 32-46 頁）は、もし人が自分で立てた計画にとらわれていると感じるなら、それはよいことではない、と述べる。キャリア教育では、将来の計画を立てること、キャリアを設計することが必要であると教えるが、状況が変わるなどして、当初の計画が自分の現在の意に沿わないことが明らかになってきたら、その計画にとらわれる必要はない。

キャリア研究における普遍性と特殊性

　Peiperl and Arthur（2004, pp.9-11）は、これまでのキャリア研究は主に普遍主義の立場に従ってきたと述べる。Burrell（1996）によると、普遍主義（普遍性）はモダニズムの立場をとる。要素還元主義や実証主義の考え方に支えられており、仮説検証、従属変数と独立変数の区別、因果関係、介在変数のコントロール、信頼性と妥当性、追試可能性の重視など、一般化可能性や普遍的な真実を追求しようとする立場である。この普遍性と対極にある立場が特殊主義であり、ポストモダニズムの立場である。特殊主義（特殊性）が重視するのは、特殊な事例、ローカルなもの、行為者に特有なもの、主観的自己、環境との相互依存性などであって、一般化可能性ではない。モダニズムの立場は自然科学に端を発しているのに対し、ポストモダニズムは社会科学に端を発するものである。なお、自然科学に端を発するモダニズムに代わる考え方も存在し、それが複雑系の科学の考え方である。普遍主義と特殊主義のアプローチは対立する場合も多い。Peiperl and Arthur（2004）は、その理由について、研究者がキャリアの一般的原則を探求しようとするのに対し、実務家は現実に存在する特定のキャリア問題に対する解決策を提供しようとするという相違に端を発する、と分析している。

　昨今、研究者もキャリアという現象を理解するには、特殊主義のアプローチが必要であるどころか、重要であると捉えるようになってきている。普遍主義の立場でキャリアの一般的原則を理解しようとするならば、働く人の大多数が経験している普遍的概念を研究に組み込むことが求められる。例えば、採用、配属、適合、昇進などのキャリア発達のプロセスなどについて、系統的に考察することが求められるだろう。また、従来の普遍的キャリアは男性中心に考える傾向が強かったが、現代では当然女性も含めて考える必要がある。このように、普遍的概念を再構築することで、キャリア研究の普遍性と特殊性を関連付けることが可能になる。特殊主義の立場でキャリアの事例を研究する際、キャリアの多様性や特徴的な側面を重視し、個人のキャリア・ストーリーを様々な角度から検討するというアプローチがある。第 6 章で紹介した、調査対象者が自身のキャリア（自分史）を他者に語るストーリーテリングという方法は、調査のプロセス自体が調査対象者のキャリア発達にも寄与するものである[16]。ま

た、本章で紹介した新しい科学の思考である複雑系やキャリア・カオス理論は、キャリアにより大きな意味合いをもたらす可能性のある新たな研究のアプローチとして注目されている（Arthur and Peiperl, 2004, pp.277-279）。

---

16 調査対象者が他者に自身のキャリアを語ることが、調査対象者本人のキャリア発達に寄与することには、観察者は複雑に影響し合う行為の一部（Wheatley, 1992）、という考えが暗示されている。

第 8 章

キャリア発達を促す人間関係

　キャリア成功のためには、個人がキャリアに関わる様々な資源を獲得することが必要であり、人的ネットワークは貴重な資源の1つである。人的ネットワークは、日常の社交の中から突然セレンディピティ的に生まれる場合もあるが、一度構築されれば終わりではなく、メンバーによる互恵的関係が継続されることが望ましい。両者がお互いに学習できて、キャリア発達を促す人間関係のことを発達的関係と呼ぶ。発達的関係の具体例として、メンタリング関係やピア関係などがある。

　メンタリングの機能には、プロテジェの昇進・昇格などを直接促す働きであるキャリア的機能と、プロテジェの不安を軽減し、発揮される能力や自信を高める働きである心理・社会的機能がある。メンタリングは、個人のニーズや組織の状況の変化などによって、一方あるいは双方にとって、望ましくない経験をもたらす場合があることや、継続期間に限界があることなどをあらかじめ理解しておくべきである。ピアとは、知人、同僚、親友などの仲間を意味するが、ピア関係の特徴として、援助を提供すると同時に援助を提供されるという各自が両方の役割を担うこと、基本的に関係を形成しやすいこと、メンタリング関係より長期にわたって持続可能であること、などが挙げられる。メンタリング関係やピア関係、さらに上司、家族、友人等も含め、キャリア発達に良い影響を与えてくれる様々な関係性の組合せを、自分の周囲に作り上げるべきである。

　男性優位の傾向が強い社会では、キャリアを歩む上で、多くの女性はジェンダーに関する何かしらの障壁を経験している。ジェンダーは、女性のキャリア発達や男性と女性が共に輝く社会を目指す上で、1つの重要なテーマである。

女性に男性優位の職場で活躍してもらうためには、経営者や管理者自らが女性活用の重要性を理解し、積極的に推進するなどの組織全体での取組みが欠かせない。働く女性には、女性であり、かつプロフェッショナルであるという、両者の良さを自分自身の中で統合することが求められると言えよう。

8-1　ネットワーキング

キャリア・コンピテンシーとキャリア関連資本

　Singh, Ragins and Tharenou（2009）によると、キャリア・コンピテンシーやキャリア関連資本という概念は、キャリア成功のためには、個人がキャリアに関わる様々な知識や資源を獲得する術を開発することが必要であるという考え方から生まれた。

　コンピテンシーとは、一般的に、ある業務に従事する高業績者がとる思考特性・行動特性を意味することから、キャリア・コンピテンシー（career competency）とは、キャリアを積極的に形成しようとする個人の思考や行動の特性を意味する。Defillippi and Arthur（1994）によると、キャリア・コンピテンシーは、knowing how（スキルや専門知識）、knowing why（動機づけや価値観）、knowing whom（人間関係や人的ネットワーク）の３つのコンピテンシーから構成される。なお、knowing how と knowing why は、個人に関するコンピテンシーであるのに対し、knowing whom は他者との関係性に関するコンピテンシーである。

　また、キャリア関連資本（career capital）とは、個人のキャリア・コンピテンシーの基となる様々なキャリアに関わる資源を意味する。したがって、キャリア関連資本も個人に関するものと他者との関係性に関するもので構成される。個人に関する資本は人的資本やエージェンシー的資本であり、他者との関係性に関する資本は社会関係資本（social capital）である（図表8-1）。

　人的資本は knowing how のコンピテンシーの基となるものであり、学歴を含む教育、訓練、様々な仕事経験など、個人のスキルや専門性を開発し、向上させることに関する資源である（Tharenou, 1997）。また、エージェンシー

図表 8-1　キャリア・コンピテンシーとキャリア関連資本

個人に関する資源		他者との関係性に関する資源
人的資本 例）学歴、訓練、仕事経験、他（knowing how のコンピテンシー）	エージェンー的資本 例）モチベーション、将来を見据えた積極的な行動、他（knowing why のコンピテンシー）	社会関係資本（発達的関係） 例）メンタリング関係、ピア関係、先輩と後輩の関係、他（knowing whom のコンピテンシー）

（Singh et al., 2009 を基に作成）

的資本は knowing why のコンピテンシーの基となるものであり、高いモチベーションや個人が重視する価値観、キャリアゴールを達成することを目的として、先見的に計画的に行動することなどを指す[1]。

　一方、他者との関係性に関する資本は、knowing whom のコンピテンシーの基になるものであり、仕事環境において重要な人間関係や人的ネットワークなどを指す。社会関係資本の代表的なものがメンタリング関係であり、メンタリング関係とは、年上で経験豊富なメンターと年下で経験が少ないプロテジェとの間で、プロテジェのキャリア発達を支援することを目的とした関係である（Kram, 1985）。また、キャリア発達のためには、メンタリング関係以外にも発達的関係を構築することが重要であり（Higgins and Kram, 2001）、これには、同僚や親友などのピア関係や先輩との関係などが含まれる。これらはメンターの役割は果たさないものの、断続的にキャリア支援と励ましを提供してくれる関係である（Fletcher and Ragins, 2007）。

キャリア関連資本に投資する際の基本原則

　キャリア形成のためには、自己のキャリア関連資本へ投資することが重要である。Inkson and Arthur（2001）は、キャリアへの投資は金融資産への投資に類似していると述べ、キャリア関連資本に投資する際の基本原則を以下の通り提示している。

・　機動性を持つ：予測していなかった投資の機会が現れたら、突然現れた機会を前向きに捉え、それに自分自身を投じる姿勢が大事である。

1　エージェンシー（agency）とは、個人が何らかの行動をしている状態や、個人が自己の影響力を行使している状態を意味する概念である。詳細は第 6 章を参照のこと。

- ポートフォリオの拡大を心がける：これまでの投資内容に固執せず、投資内容に新たな要素を加えていくことも大事である。すなわち、自分が得意な仕事や既に持っているスキルや専門性を高めていくだけでなく、自己のジョブ・ポートフォリオ（仕事領域の範囲）を広げる姿勢を持つことも大事である。
- 信頼できる関係を維持する：相手が企業であれ人であれ、信頼関係を維持することは基本的に重要である。信頼関係は、自分が仕事で結果を出すことで、更に良くなる場合が多い。
- 業界の擁護者たらんとする：自分が所属する企業だけでなく、業界にも付加価値をもたらすような投資を考える。
- 混沌とした状況を受け入れる：君子危うきに近寄らず、と言われるが、混沌へ投資することが良い結果に結びつく場合もある。自己のキャリア関連資本を使って、状況を変えるチャンスも、混沌の中には存在する。仮にうまくいかなくても、キャリア形成に必要なスキルや専門知識（knowing how のコンピテンシー）を学ぶことができる。
- 持っているものを上手に活用する：個人が既に持っている強みや徳（例えば、勇気や、やり遂げようとする強固な意志など）、知識、スキル、人脈などを上手く活用して投資するとともに、キャリア発達に合わせて、それらを更新していく必要がある。

キャリアとネットワーキング

　キャリアに影響を与える人間関係の中で最も基本的な単位は家族であるため、家族は個人のキャリア選択や将来像などに幅広く影響を与える（Jepsen, 2006）。しかし、家族以外にも様々な人間関係がキャリアに影響を与えている。例えば、大学時代に知り合った友人や先輩などは、生涯を通じて就職や転職、キャリアアップのための情報源やサポート源となりうる。また、自分と同じ業界の人間や会社の仲間、さらにゴルフやテニスなど趣味の集まりのメンバーなどもキャリアの情報を提供してくれることがある。個人が構築した様々な人間関係の結果生まれた人的ネットワークは、現在および将来のキャリアに影響を与えている。

このように、個人がキャリアに関する情報、影響力、指導、サポートを提供する可能性のある人間と関係を構築し、そうした関係を維持する活動のことをネットワーキング（networking）という。ネットワーキングは、キャリアに関する価値のある資本の構築にとって重要なものである。

人的ネットワークがもたらすメリット

キャリアは社会的なものであり、個人のキャリア形成は他者との相互作用や人間関係の中で行われていく。Hofstede（1980）は、国が持つ文化の特徴について調査し、主に北米やアングロサクソン系ヨーロッパ諸国では個人主義の文化が優勢で、一方、アジアや南米、アフリカなどでは集団主義の文化が優勢であることを示しているが、こうした国が持つ文化や風土は、人間の相互作用や人的ネットワークの形成に影響を与え、結果的に、個人のキャリア形成に影響を与える。

人的ネットワークと就業機会に関する研究では、人的ネットワークは個人の就業可能性を向上させる要因となることが示されている。例えば、Granovetter（1974）の調査では、調査対象の企業の技術職者や管理職者などの半数以上の人が、個人的なツテ（縁故）を通じて現職に就いていた。これは海外で行われた調査結果であるが、閉鎖性の高い社会構造を持つ日本では（最近は人物重視の採用とは言われるものの）、ツテやコネを使って就職する人は決して少なくはないだろう。

それ以外の人的ネットワークから得られるキャリア関連のメリットとしては、例えば、同じ業界や企業に所属する従業員同士の集まりのような言わば「関係の濃い」人的ネットワークでは、安心感や精神的な支援を与え合い、お互いにモチベーションを高め、ビジネスに関わる知識や情報交換が可能となる、などが挙げられる。

人的ネットワークを形成するに当たり

そもそも人的ネットワークは、個人の行動や働きかけによって形成されるものであるが、個人の社交性だけで成立するものではなく、社会構造的要因からも大きな影響を受けている。社会構造的要因とは、例えば、個人が所属する組

織や部門、業種、地理的条件、出自などで、こうした社会構造的要因と個人の行動が相まって、人的ネットワークは形成されていく。しかし、全ての人的ネットワークやそれに伴うキャリアの機会が、行動や働きかけの積み重ねで形成されるものではない。日常の社交の中から突然、セレンディピティ的に生まれる場合もある。人との出会いは、予測できないことがほとんどである。実際、人的ネットワークは第7章で紹介した計画された偶発性（Mitchell, Levin and Krumboltz, 1999）の源となる場合が多いのである。

　また、人的ネットワークは一度構築されれば終わりではなく、継続的に再構築されるプロセスで、メンバーによる互恵的関係が維持されることが望ましい。自分が欲しい情報やツテを一方的に入手したがる人もいるが、それでは自分の利益だけを追求する人間のように他者に映ってしまい、信頼を失うことがある。さらに、人的ネットワークは実際に面と向かったメンバー同士のやり取りだけでなく、評判や噂によっても形成されることを忘れてはならない。特にITが発達した現代社会では、個人の良い噂も悪い噂も瞬時に広まってしまうだろう。

強い繋がりと弱い繋がり

　キャリアに影響を与える人的ネットワークは、ある特定のメンバーのみで構成されているものも多い（Inkson, 2007）。例えば、若者のキャリア形成にとって最初の人的ネットワークは家族であり、家族が若者のキャリア全般に影響を与え続ける場合も多い。また、個人が所属する企業や部門、業界などの集団は、メンバー限定の人的ネットワークであり、キャリアに関する価値のある情報提供者になりうるものである。Parker and Arthur（2000）は、このように個人のキャリアを支援する特定のメンバーで構成されるコミュニティのことを、キャリア・コミュニティ（career communities）と呼んでいる。

　人的ネットワークやキャリア・コミュニティは、人間関係の密度などによってその性格が異なる。Granovetter（1974）は、繋がりの弱い人間関係を数多く持つ人の方が、繋がりの強い人間関係のみを有する人よりも、職業に関する情報や機会にアクセスできているという調査結果から、「弱い繋がりの強み（strength of weak ties）」という概念を生み出した。Granovetter（1982）

によると、親しい人間関係から成る密度の濃い集団と別の密度の濃い集団の間の橋渡しをする人との人間関係が、この弱い繋がりであり、こうした関係は職業に関する情報の入手や働き口を見つけるのに重要な役割を果たしている。密度の濃い集団の中には、同じような情報が蓄積されている可能性があるが、その構成員はそれぞれまた別の密度の濃いネットワークに所属し、その別の集団への橋渡しをしてくれる可能性がある。すなわち、**就職先や転職先を見つけたいときにより重要となってくるのは、多様性や異質性に富むネットワークなのである**。Higgins（2001）も、人的ネットワークの多様性が大きいほど、就職活動の際に他者から紹介してもらえる仕事の数は多いことから、キャリアチェンジが成功する可能性も高いと述べる。確かに、同じ業界や企業、部門内の人的ネットワークは、仕事に関する情報も密度が濃いものかもしれないが、その反面重複したり、狭い世界だけで通用する情報であったりする。強い繋がりの人的ネットワークは、精神的サポートや安心感を与えてくれる社会関係資本となり居心地もよいのだが、キャリア形成にとっては必ずしも良いことばかりではないのである。キャリアの担い手が個人に移り、企業や職種の境界を越えてキャリア発達を考えていくことが求められるようになった今日、限られたメンバーで構成される狭い人的ネットワークだけに依存するのは、むしろ危険でさえあるのかもしれない。

8-2　メンタリング関係とピア関係

発達的関係

　個人のキャリア関連資本の1つに、他者との関係性に関する資本がある。これは人間関係に関わるキャリア・コンピテンシーであり、仕事環境において人間関係を構築する能力である（Defillippi and Arthur, 1994）。他者との関係性に関する資本には、社会関係資本や発達的ネットワークがあると述べたが、様々な人間関係の中でお互いに学び合うことでキャリアは発達するという考え方を、キャリア論の関係性アプローチという。関係性アプローチの特徴は、人間関係の中でどちらか一方のキャリアだけが発達していくのではなく、両者が

キャリアの段階に関係なく相互に学び合うことができると捉えている点である（大庭，2007，154-155 頁）。Hall は、両者がお互いに学習できて、キャリア発達を促す人間関係のことを、発達的関係（developmental relationship）と呼んでいる。発達的関係の例としては、メンタリング関係、ピア関係、上司や同僚との関係、コーチと選手の関係などが挙げられる。

メンタリング関係

　メンタリング関係は代表的な発達的関係である。Higgins and Kram（2001）は、個人が幅広い人的資源から支援や情報を得られる発達的関係の 1 つとして、メンタリングを定義している。メンタリング（mentoring）とは、経験豊かな年長者（メンター）が、未熟な若年者（プロテジェ）に対して、若年者のキャリア発達のために行う様々な支援のことであり、メンターとプロテジェの関係がメンタリング関係（メンター関係）である。メンターになりうる人は、会社の直属の上司や他部門の管理者、別の会社の年長者、学生時代の先生、年配の知人など様々である。例えば、日頃仕事で最も頻繁に関わりを持ち、部下である自分をよく理解してくれる直属の上司がメンターとなるメリットは大きい。一方、異なる部門の管理者や社外の人間がメンターになると、日頃一緒に仕事をしない関係だからこそ、本当のことを話せたり、相談したりできるというメリットもある。なお、社内にメンタリング制度を設けて、会社が従業員にメンターを紹介する場合もあれば、会社の制度とは無関係にインフォーマルに形成される場合もある。

メンタリングの機能

　メンタリングは様々な働きをしてキャリアにメリットをもたらすが、その働きはキャリア的機能と心理・社会的機能の大きく 2 つの機能に整理することができる（図表 8-2）。キャリア的機能とは、主にプロテジェの組織内キャリア発達（昇進・昇格など）を直接促す働きである。それに対し、心理・社会的機能とは、主にプロテジェを心理的、社会的にサポートすることで、プロテジェの不安を軽減し、発揮される能力や自信を高める働きである[2]。

図表 8-2　メンタリングの機能

キャリア的機能	心理・社会的機能
・　スポンサーシップ ・　推薦と可視性 ・　コーチング ・　保護 ・　やりがいのある仕事の割り当て	・　役割モデリング ・　受容と確認 ・　カウンセリング ・　交友

(Kram, 1988／渡辺・伊藤訳, 2003, 28 頁)

メンタリングのキャリア的機能

　メンタリングのキャリア的機能である、スポンサーシップ、推薦と可視性、コーチング、保護、やりがいのある仕事の割り当てとは何か、以下に説明する (Kram, 1988／渡辺・伊藤訳, 2003, 30-40 頁)。なお、実際にどのような具体的支援が提供されるかは、メンターによって違いはある。また、支援の内容が組み合わされて提供されることもある。

　スポンサーシップとは、プロテジェの昇進・昇格をメンターが支援することである。メンターのスポンサーシップが全くなければ、プロテジェの能力や業績がいかに高くても、昇進の機会を逃してしまう場合もありうるため、プロテジェはメンターと良好な人間関係を築くとともに、昇進の意欲をアピールすることも必要であろう。なお、スポンサーシップはプロテジェだけが恩恵を受けるものではない。昇進したプロテジェがその後優れた業績を達成すれば、そうした人を支援したことでメンターは優れた判断力、いわゆる人を見る目を持っているとみなされ、組織における信用や影響力が高まる。すなわち、スポンサーシップは、プロテジェにとっての昇進機会を生み出し、メンターにとっては組織における信用と影響力を生み出すものといえる。

　推薦と可視性とは、メンターがプロテジェに対して、他部門のマネジャーと連絡を取ったり、会ったりするための紹介やきっかけを与えることである。これによって、プロテジェが興味を持っている他部門への異動や昇進に繋げるこ

　2　メンタリングの機能に関連し、Schein（1978／二村・三善訳, 1991, 207-208 頁）は、キャリア中期以降における課題の1つとして、下位者に対する助言の責任を挙げ、企業における上位者が果たすべき役割として、教師、コーチ、訓練者としての役割、肯定的なモデルの役割、才能開発者としての役割、門戸開放者としての役割、保護者としての役割、後援者としての役割、成功したリーダーとしての役割、の7つを示している。

とができる。プロテジェの希望やキャリアを考えれば、他部門への異動も重要であるだろうが、一般にメンターはこの推薦と可視性の機能を実行することに気乗りしないことが多い。もしプロテジェが優秀な人材であれば、現在の部門に残ってほしいとメンターは思うかもしれないし、他部門へのプロテジェの異動が実現した場合は、他部門でのプロテジェの仕事ぶりがメンターの評判に影響を与える可能性がある。推薦と可視性は、プロテジェにとっては希望する他部門への異動に繋がることからメリットは大きいが、メンターにとってはメリットばかりではなく誰を支援するかという選択が重要となる。

コーチングとは、メンターがプロテジェの仕事上のコーチとなり、仕事のやり方やキャリア開発の戦略等についてアドバイスをすることである。また、組織で新しくマネジャーの地位に就く者に対して、必要なアドバイスを行うことも含まれる。若手のプロテジェは、コーチングを通じて、メンターの職業観や価値観からも大きな影響を受ける可能性があるため、できればコーチは複数いることが望ましいだろう。メンターが自分の知識や考え方をプロテジェに伝えることは、これまでの仕事経験の価値を再確認することに繋がるため、コーチングの機能を果たすことにより、プロテジェだけでなくメンターも成長することができる。特に、キャリア中期以降のメンターの場合は、自分がコーチとなり組織のために若い才能を育てることで自らの有能性を感じ、成功したコーチングは組織内で評価されるだろう。

保護とは、あまり好ましくない影響を与える可能性のあるメンターや先輩からプロテジェを守ることである。また、メンターはかつての自分の経験から、プロテジェの仕事がうまくいっていない場合に守ってあげることもある。ただし、過度な保護は、プロテジェの学習や成長の機会を妨げてしまうことに繋がることがあるので注意が必要である。メンターが男性でプロテジェが女性の場合は、特に注意が必要であろう。また、メンターによっては、部門の、または自分の評判を守るという目的で、プロテジェを困難な状況から守ってあげる場合もあることから、保護の機能で大切な点は、メンターによる保護がプロテジェの成長を妨げないようにすることである。

やりがいのある仕事の割り当てとは、文字通り、メンターがプロテジェに対して、プロテジェの学習や成長の機会となるような仕事を意図的に割り当てる

ことである。ここで重要なのは、必要なフィードバックと支援も併せて行うことである。プロテジェは高い動機づけを持ってやりがいのある仕事を担当し、技術的な指導や仕事の達成度のフィードバックを受けることで、達成感を味わうとともに、重要な知識やスキルを獲得できる。特に、メンターの仕事の一部をプロテジェに割り当てる場合には、プロテジェはメンターの仕事を担当できるというやりがいを感じ、若手従業員がマネジャーとなるための重要な学びの機会となるだけでなく、メンターにとっては仕事上の負担を軽減できるというメリットもある。

メンタリングの心理・社会的機能

メンタリングの心理・社会的機能である、役割モデリング、受容と確認、カウンセリング、交友とは何か、以下に説明する（Kram, 1988／渡辺・伊藤訳, 2003, 40-49頁）。

役割モデリングとは、メンターがプロテジェにとって見習うべきロールモデルとなるような態度や行動を示すことであり、一般に最もよく見られるメンタリングの心理・社会的機能である。メンターが示す態度や価値観、行動はプロテジェの手本となり、プロテジェは自分が将来なりうる人物像をメンターの中に見出す。また、メンターが上級マネジャーの場合、プロテジェはメンターと自分とを同一視して、その地位についた時の自分を想像することができる。このように役割モデリングは、プロテジェが望ましいと考えるメンターと自分を同一視することが重要である。この同一視のプロセスは複雑であり、プロテジェは見習うべきメンターの全てを真似る場合もあれば、メンターの態度のある面は模倣し、他の面は拒絶する場合もある。

受容と確認とは、メンターがプロテジェを心理的に受入れ、尊重し、プロテジェに対して肯定的な関心を示し、心理的にサポートしてあげることである。受容と確認により、両者の間にはより大きな信頼関係が生まれる。この信頼関係を支えに、プロテジェは新しい仕事にも恐れずにチャレンジできるし、メンターとの意見の不一致や衝突が生じることもいとわなくなる。一方、メンターはプロテジェからの感謝と尊敬の気持ちを受け取ることで、自分自身の価値を見出すことができる。

カウンセリングとは、メンターがプロテジェのキャリアに関する悩みや心配事の相談役となり、積極的な傾聴とフィードバックを通じて、問題解決を支援することである。経験豊富なメンターは、プロテジェとは異なる視点からアドバイスすることができる。既に述べた通り、キャリアに関する課題はキャリア発達の段階で異なるが、様々な心配事や課題について、同様の経験を持つがゆえに共感してくれる信頼のおけるメンターと共に解決していくことが、キャリアの全期間を通じて望まれる。

交友とは、メンターとプロテジェが、仕事および仕事以外の場で、インフォーマルな楽しい付き合いをすることである。日頃昼食を共にしたり、仕事が終わった後で夕食を共にしたり、休日にゴルフを共にしたり、部内で慰安旅行に行ったりなど、両者は様々な経験を共有することで、お互いをより理解し合うことができる。通常、組織で大きな権限を持つ人に対して、プロテジェは精神的に大きな距離感を感じる場合が多いが、インフォーマルな付き合いを重ねることで、プロテジェはメンターとの精神的な距離感を小さくすることができる。また、メンターが年長者の場合、若手とのインフォーマルなやりとりを通じて、メンターは自己の若々しい部分を維持し、活気を保つことができるというメリットもある。

なお、Kram（1988／渡辺・伊藤訳, 2003, 69頁）によると、メンタリングのキャリア的機能と心理・社会的機能により、プロテジェには様々な相乗効果がもたらされる。一般に、プロテジェはより自信を持てるようになり、将来に対してより希望も持てるようになる。メンターと同一視することで、新しい態度や価値観、仕事のやり方を模倣し、自分の中に取り入れることもできる。また、プロテジェは大切な仕事上のスキルを獲得したり、組織の内部事情を把握したりできるだけではなく、組織内で知り合いになりたいと思う人物に接触できる機会も持つことができる。

メンタリングとスポンサーシップ

Kram（1988）によると、スポンサーシップはメンターがプロテジェの昇進・昇格を積極的に支援することであり、メンタリングのキャリア的機能の一つとして整理される。しかし、メンタリングとスポンサーシップを明確に区別

するという考え方もある。Ibarra, Carter and Silva（2010）によると、プロ
テジェは、1人のメンターからメンタリングのキャリア的機能と心理・社会的
機能のどちらか一方しか得られないことがあるという。これは、1人の人間が
メンタリング（ここでは主に心理・社会的機能を意味する）とスポンサーシッ
プの両方を行うことが容易ではないことを意味している。その理由は、思いや
りがあり、相手のためになる助言とカウンセリングを与えられるようなタイプ
の人は、組織内でプロテジェを引き上げる影響力を持つ有力者ではない場合が
多いからである。また、その逆も言えるかもしれない。したがって、プロテ
ジェがメンタリングの全ての機能を享受するためには、1人だけに頼らずに複
数のメンターを持つことが必要であるかもしれない。

従業員の自立に関する矛盾「根っこと翼」

　メンタリングの目的にも関連するが、組織では従業員（部下）の自立が求め
られる。分権化が進んだ組織では特にそうであろう。従業員がより自立して仕
事に取組めるためには、専門知識やスキル、経験が必要となるが、それに加え
て、個人の精神的な自立も重要となってくる。Kahn（2002）は、組織には従
業員の自立に関する矛盾が存在すると述べる。

　Kahn（2002）によると、人間は信頼できる人と安心して一緒にいられると
きに、精神的に最も自立できるという。仕事で失敗する恐怖、事業の不確実
性、職務の困難さ等から不安が生まれると、従業員は自ら進んで未知の領域を
探索することが困難となる。従業員の不安を緩和するのは、いざというときに
頼れる管理者（上司）が支援してくれるという感覚である。これが、組織の管
理者が直面する矛盾である。すなわち、どうすれば管理者は従業員をコント
ロール型のスタイルで管理することなく、管理者に依存しがちな従業員に自立
してもらえるか、という問題である。

　この矛盾を解決するために、組織の管理者は、従業員の指揮官から促進者に
変わらなければならない。特に分権化された組織の従業員には、やりがいと責
任の大きい仕事に挑戦してもらわなければならない。そこで重要なのは、従業
員に「根っこ」があるような感覚、すなわち、従業員が何か安全で安定したも
のに根ざしている感覚を持ち、同時に自分自身の「翼」で飛べるようにしてあ

げることである。そのためには、管理者が従業員の不安をマネジメントしてあげることが必要である。

従業員の自立を促す不安のマネジメント

Kahn（2002）は、従業員の自立のためには、管理者（上司）が従業員（部下）の不安をマネジメントすることが必要であると述べる。不安のマネジメントの具体的内容として、管理者がすべき対応を以下に示すが、これはメンタリングの心理・社会的機能にも関わるものである。

・　従業員から支援の要請があったら、個人的に対応できるようにしておく。
・　従業員の不安や混乱、恐怖の体験を、注意深く、積極的に聞いてあげる機会を作る。
・　従業員に対して、命令ではなく、コーチングによって支援してあげる。
・　従業員の職務への取り組みや業績を、公の場で、また個人的にも認めて感謝する。
・　従業員の仕事に関する管理者の不安は、他の従業員には話さずに心に閉まっておく。
・　従業員から支援の求めがあったときは、管理者はコントロールしたい、変わって自分が行いたいという衝動や、避けたり無視したりしたくなる気持ちに耐える。

　これらの内容は、管理者にとってみると、対人スキル（対人アイデンティティに関するスキル）を開発することに近い。管理者が新たな対人スキルを開発するためには、何を変える必要があるのかに対する気づき、現状の環境で新しい行動を実践して学習すること、新しいアイデンティティを継続的に学習するためのフィードバック、の3つのステップが必要になる。

　一方、管理者が変わるだけではなく、従業員もまたどのように働けばよいのかを学ぶ必要がある。例えば、異なる意見を持つ他の従業員と協働するためにはどうしたらよいか、葛藤や不確実性のある中で、心のよりどころとなる組織のビジョンをどう作るのか、部下である自分よりも専門知識が少ない管理者の場合、どのようにして自分の安心の基として利用したらよいか、などについて学習する必要がある。そして、従業員の学習プロセスも、管理者と同様、気

づきが必要である。気づきの内容には、自立の必要性、自分は管理者に頼るタイプなのか、自律的なタイプなのか、といった自分自身の傾向を知ることも含まれる。こうした従業員の学習は、従来のヒエラルキー型組織で働く従業員のメンタリティから、自分で設定した目標を達成するために、必要な経営資源を求めて利用するという起業家的なメンタリティへ移行することにも繋がっていく。こうした管理者と従業員の両者の取組みによって、組織は効果的な自立という組織文化を醸成していく。

メンタリングによってメンターは何を得るのか

　Kram（1988／渡辺・伊藤訳, 2003, 242-243 頁）によると、メンタリングに対する大きな誤解の1つに、メンタリング関係の主要な受益者はプロテジェである、というものがある。すなわち、メンタリングでメリットを得るのはプロテジェだけで、メンターは得るものがないという誤解である。しかし、実際にはメンターも多くのものを得ることができる。

　若手マネジャーと上級マネジャーの関係性に関するこれまでの研究から、メンタリングはメンターである上級マネジャーにとってもかなりの利益があることが明らかになっている。例えば、上級マネジャーは若手マネジャーの才能を育てたことで、同僚や上位者に認められたり、次世代の若者に自分の知恵を伝えることで満足感を得たりする。自分の分身のような存在を組織に残すことができたという喜びも得られるかもしれない。若手マネジャーの活躍を通じて、組織における自分の影響力を誇示することもできるだろう。また、反対に、若手マネジャーから最近のビジネスの動向について教わったり、技術的、心理的な支援を受けたりすることもある。こうして得られるメリットは、組織内キャリア後期にいる上級マネジャーの充実にとって重要なものである。

　メンタリング関係は互恵的で、メンターとプロテジェ双方のニーズを満たすものである。したがって、プロテジェは、メンタリング関係から恩恵を受けるのは自分だけで、メンターにとっては負担だけであると考える必要はない。実際にメンターを体験したことのない組織の上位者の中には、メンタリングをやってみたいと思う者もいる。こうしたことを理解することで、プロテジェがメンターを求めるにあたっての罪悪感は軽減するだろう。

メンタリング関係の変化

　人間関係は通常どのような関係であっても、時間の経過とともに変化する。メンタリング関係の大きな特徴は、関係性の進化のプロセスにある。メンタリングで提供される機能、個人の経験、相互作用の質は、時間の経過とともに変化する。一般的にメンタリング関係は、2 人がお互いに強く引き付けられることから始まり、数年後には相手に対する感謝の気持ち、あるいは失望や不満の感情で終わることが多い。こうした関係は恋愛関係にも類似するが、関係の終了によってメンターとプロテジェは両者の発達上のニーズに合致した新しい関係性へと移行する（Kram, 1988／渡辺・伊藤訳, 2003, 59-79 頁）。

　Kram（1988／渡辺・伊藤訳, 2003, 62 頁）によると、メンタリング関係は、主に 2 つの力が働くことで新しい段階に移行する。1 つは個人的な力である。例えば、プロテジェが能力や自信をつけ、より自律的に行動したいと望むにつれて、プロテジェはもはやメンターに対してカウンセリングやコーチングを求めなくなるであろう。2 つ目は組織的な力である。組織の異動のため両者の一方の職場が変わったり、または、昇進が決定したりすると、相互作用の機会は減少し、メンタリングの機会が無くなっていく場合もある。こうした個人的、組織的な要因が、メンタリングで提供される機能、関係性の情緒的側面、そして、相互作用の質に影響を与える。

メンタリング関係の発展段階

　メンタリング関係は、一般に、開始段階、養成段階、分離段階、再定義段階の順で発展していく（Kram, 1988／渡辺・伊藤訳, 2003, 59-79 頁）。開始段階とは、メンターとプロテジェの関係が始まり、それが双方にとって重要になっていく時期である[3]。関係が始まるきっかけは、配属先での出会い、直属の上司と部下の関係、同僚からの紹介による出会い等、様々である。プロテジェはメンターに対する敬意の気持ちや仕事上のコーチを受けたい等の希望を伝える。一方、メンターはプロテジェに対して自分の知識や経験を伝え、誠実でお互いに効果のある関係を築きたいと望み、コーチング等を提供し始める。開始段階は、プロテジェの幻想が具体的な期待となり、メンターとの相互作用の機会が増えるとともに、その期待が満たされ始めるステージといえる。

　養成段階とは、メンタリングの機能が最大限に発揮される時期であり、両者が大いに恩恵を得るステージである[4]。プロテジェとメンターによる意義のある相互作用の機会が増えるとともに、葛藤や不確実さは減少し、両者の感情的な絆が深まり、親密さは増す。一般に、メンタリング関係では、初めにキャリア的機能が提供され、両者の関係の絆が深まるにつれて、心理・社会的機能が提供されるようになる。キャリア的機能がメンターの組織での地位や経験に依存するのに対し、心理・社会的機能は、両者の信頼や親密さの度合いに左右されるからである。養成段階でメンタリング関係は、より双方向の交換関係へと移行していく。プロテジェが仕事上の能力や技術を身につけていくにつれプロテジェはメンターに感謝し、一方、メンターは関係性の中に自分の努力の成果を見て誇らしく思う。こうした互恵的関係への移行は、メンタリング関係で個人の成長が進んだことを示している。

　分離段階とは、組織の構造的変化や両者の心理的変化などによって、メンタリングの役割関係や感情面で大きな変化が起きる時期である[5]。例えば、組織内の異動や昇進があると、関係を続けることが困難になる。また、プロテジェがメンターからの支援をあまり必要としなくなると、自律的に仕事をする機会を望むようになる。一方、メンターが自分自身のキャリアの問題に直面すると、関係を続ける余裕はなくなる。このように、メンタリング関係が両者にとって重要ではなくなってくると、双方が関係性の価値を再評価しはじめる。分離段階は、構造的にも心理的にも分離が起こり、両者に喪失感がもたらされるステージである。そして、両者がこれまでのようなメンタリング関係を必要としないことを認識したとき、分離段階は終了する。

　再定義段階とは、分離段階を経てメンタリング関係が終了するか、同僚同士の関係のように、メンタリング関係とは異なる新しい関係に変化する時期である[6]。プロテジェとメンターにとって、メンタリング関係は必要ではなくなり、お互いに対する感謝や賞賛の気持ちが起こるとともに、両者は対等な同僚

3　一般に、開始段階の期間の目安は半年から1年程度とされる。

4　一般に、養成段階の期間の目安は2年から5年程度とされる。

5　一般に、分離段階の期間の目安は半年から2年程度とされる。

6　再定義段階の期間は不定である。

同士のような友情関係に至る場合が多い。再定義段階への移行は、両者に変化や成長が起こった証拠でもある。プロテジェとメンターはそれぞれ同僚や部下との新たな関係を構築していくことになる。このように、メンタリングは最終的に終了することが運命づけられた関係性である。

メンタリングは常に望ましいメリットをもたらすものか

　Kram（1988／渡辺・伊藤訳, 2003, 241-242 頁）は、メンタリングがメディアなどによって誇張されて取り扱われてきたと述べている。そして、メディアでは、メンタリングはあらゆるキャリア発達の問題を解決できるものとして取り上げられ、また容易に形成され、維持することができる関係性として報道されてきた、と指摘する。日本でも、メンタリングやコーチングは言葉が 1 人歩きし、ビジネスやスポーツの分野における 1 つの万能薬のように、期待され取り上げられてきたかもしれない。メンタリング関係は、基本的にメンターとプロテジェの双方にメリットをもたらすものであるが、個人のニーズや組織の状況などによって、一方あるいは双方にとって、望ましくない経験をもたらす場合がある（Kram, 1988／渡辺・伊藤訳, 2003, 242-249 頁）。

　例えば、プロテジェがメンターから自立する段階に入ると、メンターからのコーチングは必要がないばかりか苦痛にさえなりかねず、それが原因で両者の関係が悪化することもある。一方、メンター自身が組織の昇進から外れた場合、意気消沈し、コーチングをする意欲も余裕もなくなるばかりか、ついプロテジェに八つ当たりしプロテジェにとって何のメリットにもならないことだってある。仮にメンタリング関係が形成されても、両者が親しくなりすぎると効果があまり生まれない場合もある。反対に、メンタリングの効果が生まれるのはいいが、若いプロテジェが 1 人のメンターから強い影響を受け、言わば洗脳されたような状態になるのも好ましくない。メンターとなる人が良い人ばかりとは限らないだろう。メンターとなる個人のメンタリング能力や、組織のメンタリング活動に対する取組みが欠如していれば、組織の誰もがメンタリングを活用してメリットを得ることは困難である（Kram, 1988／渡辺・伊藤訳, 2003, 171 頁）。

　ビジネスやスポーツの分野を中心に、メンタリングが注目されてきたこと

で、「キャリアで成功するためには、メンターを見つけなければならない」と
強く思っている人もいる。また、多くの人は自分のメンターを見つけることに
腐心する。しかし、メンタリングには大きな可能性があると同時に、限界や危
険性も存在することを理解しておくべきである。

キャリアに大きな影響を与える直属の上司の存在

　組織における直属の上司は、部下に対して最も大きな影響を与える存在とい
える。しかし、残念ながら、部下の立場から上司を選ぶことはできず、主に運
命的な要素で決定される。上司が優秀で人間的にも素晴らしい人とは限らな
い。しかし、日々の仕事で最も関わりを持つ相手が直属の上司である。した
がって、上司がどんな人であれ、毎日気持ちよく仕事をするためにも、上司と
は良い人間関係を築くことが必要である。

　直属の上司が優秀で人間的にも素晴らしい人である場合、そうした幸運は実
際あまりないことなので、上司から様々なことを吸収し大いに学ぶべきであ
る。一方、あまり仕事が出来ず性格的に合わない人が自分の上司になることも
ある。しかし、どんな上司からも学ぶべきことはある。仮に好ましくない上司
と思っても、反面教師として学び、自分のキャリアにプラスにしていくことも
可能であろう。

　筆者がビジネスパーソンにインタビューした結果においても、キャリアに大
きな影響を与えた存在として会社の直属の上司が挙げられた。例えば、日本を
代表する大手総合商社のあるマネジャーは、東南アジアに駐在したときに初め
て海外での大きなプロジェクトリーダーを担当した際、当時の上司が「万が一
うまくいかなかった場合には、私が一緒に責任をとってやるから、心配せずに
思い切ってやれ」と言ってくれたと語り、上司の存在は大きかったと振り返っ
た。また、世界で圧倒的シェアを誇る技術系中堅メーカーのあるマネジャー
は、海外の子会社の経営を任された際、財務面で厳しくなったため日本の本社
に安易に支援をお願いしたとき、当時の上司から「そういうことをして恥ずか
しくないのか」と喝を入れられて目が覚め、もう二度とそんなことは言わせな
いと頑張ったという。そうした上司との仕事経験は生涯忘れられない貴重なも
ので、キャリアの財産になりうるものである。

ピア関係

　メンタリング関係と同様、大切な発達的関係にピア関係がある。ピア（peer）とは仲間のことであり、ここでは知人、同僚、親友を意味する。そうした仲間との間で形成された発達的関係をピア関係という。メンタリング関係も、再定義段階を経て最終的にピア関係に進展することが多い。組織には直属の上司やメンターよりも多くの同僚が存在するのが普通である。ピア関係はメンタリング関係と異なり、組織内の職位による上下関係がないために、コミュニケーションや相互支援などを容易に行うことができる。

　なお、組織内で自分と職位を同じくするピアをレベル・ピア、一方、自分と年齢が同じであるピアをエイジ・ピアと呼ぶこともある（Kram, 1988／渡辺・伊藤訳, 2003, 172 頁）。特に同年齢のレベル・ピアの場合、その関係性はより親密で、長期にわたることが多くなる。反対に、年齢差が大きいレベル・ピアの場合は、その関係性はメンタリング関係に類似してくる。

ピア関係の機能

　ピア関係の機能は、メンタリングと同様、キャリア的機能と心理・社会的機能に整理され、メンタリング関係と共通する機能を有するものの、多くの異なる機能も持っている（図表 8-3）。

　ピア関係のキャリア的機能について、情報の共有とは、同僚らと仕事に役立つ知識や組織のビジョンや方向性などに関する情報交換を行うことである。キャリアの戦略化とは、自分のキャリアを探求しつつ、今後のキャリアの選択肢や課題について同僚らと議論することである。また、これまでの仕事経験を評価し、自分自身の長所と短所を明らかにするために、お互いに仕事関連の

図表 8-3　ピア関係の機能

キャリア的機能	心理・社会的機能
・　情報の共有 ※ ・　キャリアの戦略化 ※ ・　仕事関連のフィードバック ※	・　確認 ・　情緒的サポート ※ ・　個人的フィードバック ※ ・　交友

　注：表の※はメンタリングには含まれない機能を表す。（Kram, 1988／渡辺・伊藤訳, 2003, 173 頁を基に作成）

フィードバックを行う。

　また、ピア関係の心理・社会的機能について、確認とは、仕事に対する見方や価値観、信念などを同僚らと話して共有したり、皆で共有する展望などを確認したりすることである。情緒的サポートとは、キャリアの移行期やストレスの多い時などに、お互いにリスニングやカウンセリングなどを行い、メンタル面のサポートを行うことである。個人的フィードバックとは、例えば、仕事と家庭に対するコミットメントやバランスなどを考える際に、重要な個人情報について話すことである。また、同僚らとお互いの興味や関心を仕事以外の場面にまで広げて交友し、キャリア発達に伴う疎外感やストレスを軽減する（Kram, 1988／渡辺・伊藤訳, 2003, 174-175 頁）。なお、ここで紹介した機能は、仲間同士の自然な付き合いの中で、複数の機能が組み合わされて提供されたりすることもある。

ピア関係の特徴

　ピア関係の機能の多くは、メンタリング関係と類似するものであるが、Kram（1988／渡辺・伊藤訳, 2003, 175-176 頁）によると、ピア関係はメンタリング関係にはない特徴を持つ。第 1 に、ピア関係は相互性を持つという点である。ピアは仲間であるため、両者とも援助を提供する者であると同時に援助される者であり、各自が両方の役割を担う。第 2 に、ピア関係は、基本的にどの発達段階にあっても形成しやすい。メンタリング関係を築くには、年齢も組織内階層も異なる人と接触する必要があるのに対し、ピア関係の場合は、自分と同じ年齢や同じ階層の人と容易に接触できるからである。第 3 に、ピア関係はメンタリング関係より長期にわたって持続可能である。一般的に、メンタリング関係の継続期間は 3 年から 8 年程度と言われているが、ピア関係では 20 年から 30 年間も持続する場合もある。最後に、これはピア関係のマイナス面の特徴であるが、ピア同士の過度な競争が発達的関係の形成を妨げることに繋がる場合があるという点である。メンタリング関係ではこうしたことはほとんど起こりえないが、ピア関係では、将来的にお互いライバルの存在となりうることから、信頼や支援的な関係が形成されにくい場合がある。良好な関係を形成し維持するためにも、こうしたピア関係の特徴について理解しておくべきで

ある。

ピア関係の種類

　ピア関係は、主に自己開示と信頼関係のレベルによって、知人ピア関係、同僚ピア関係、親友ピア関係、の3つの種類に分けることができる。ピア関係のほとんどが、最初は知人ピア関係として始まり、そこから同僚ピア関係へ発展する場合もあり、さらに時間の経過とともに関係が深くなって、親友ピア関係へと進展する場合がある。ピア関係の種類と主な特徴について以下に示す（図表8-4）。

　知人ピア関係は、一般に、仕事や組織に関する情報を交換することから始まる。そして、関係がより進展すれば、キャリアの機会（チャンス）に関する特別の情報などが共有される場合もあり、得られるメリットは大きい。知人ピア関係は社交レベルであり、自己開示が少なく信頼関係も低い。情報の共有に主眼が置かれ、接触する頻度もあまり多くないことから、確認や情緒的サポートなどの機能は発揮されない。

　同僚ピア関係は、ある程度の自己開示と信頼関係があることが特徴である。この関係では、情報の共有の他に、キャリアの戦略化、仕事関連のフィードバックの機能が加わり、場合によっては、確認や情緒的サポートが含まれる。

図表8-4　ピア関係の種類

	知人ピア関係	同僚ピア関係	親友ピア関係
提供される主な機能	情報の共有	情報の共有 キャリアの戦略化 仕事関連のフィードバック	確認 情緒的サポート 個人的フィードバック 交友
関係の主な特徴	社交的	自己開示と信頼	強い絆の感覚
取組まれる課題	仕事や組織に対する関心を増すこと	仕事と家庭の問題の探求	仕事と家庭の問題について広くて深い探求
満たされるニーズ	キャリアの機会に関する情報を得る（メリットは大きい）	仕事に関する評価やフィードバックを直接得る	本音や自分の弱みを表現できる

（Kram, 1988／渡辺・伊藤訳, 2003, 177-180 頁を基に作成）

仕事と家庭に関する問題などについてお互いに話すことができ、仕事に関する評価やフィードバックを直接得ることができる。

　親友ピア関係は、ピア関係の中で最も親密であり、この関係まで進展することは多くはない。関係が構築されるまでには数年を要するが、いったん形成されると持続する傾向がある。見せかけの付き合いではなく、個人の本音や弱みといった深いレベルでの自己表現が行われ、信頼関係も強い。ピア関係が持つ全ての機能が提供され、親密性や情緒的な結びつきだけでなく、関係の継続性と安定性がもたらされる。また、強い絆の感覚が存在し、この絆の感覚によって安心さや快適さも得られる。

　なお、3つのピア関係の中で最も得られるものが大きいのは、最も親密性の高い親友ピア関係である、と考えるのは正しくない。それぞれの関係にはそれぞれのメリットがある。例えば、知人ピア関係は最も親密性は低いが、幅広い社交性から貴重な外部情報を共有できる場合があり、キャリアの転機等において大きなメリットをもたらすことが期待される。

自分の周囲に様々な関係性を作り上げる

　特にキャリアの初期段階にある人は、メンターだけに頼らずに、自分が必要とする機能を提供してもらえる複数の関係性について考えることが重要である。ピア関係は、メンタリング関係と同様、発達支援的機能をもたらすもので

図表 8-5　キャリア発達に影響を与える人間関係

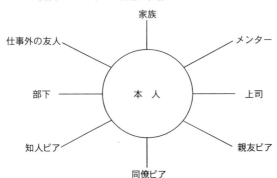

(Kram, 1988／渡辺・伊藤訳, 2003, 189 頁)

あり、知人、同僚、親友などの複数の関係性から構成される。また、メンタリング関係やピア関係に加え、上司、部下、家族、友人との関係もまた、キャリア発達に大きな影響を与える。キャリア発達に良い影響を与えてくれる様々な関係性の組合せを、自分の周囲に作り上げるべきである（図表 8-5）。

8-3　女性とキャリア

女性のキャリアを阻む障壁

　今や女性の社会進出は様々な分野で進んでいるが、企業の女性経営者はどれだけいるかとなると極めて少ない状況にある。かつてウォールストリート・ジャーナル紙は、「出世の階段を着実に上ってきた女性も、やがて目に見えないバリアにぶつかる。経営陣の座まではあと少しなのに、どうしてもこのガラスの天井（glass ceiling）を破れない（1986 年 3 月 24 日）」と、女性のキャリアを阻む障壁を表現した。

　しかし、Eagly and Carli（2007）は、今日ではガラスの天井という比喩は現状にそぐわないと指摘している。1 つのバリアだけが問題なのではなく、女性がリーダーを目指す過程で直面する問題は、女性への偏見の名残、女性リーダーへの反発、家庭との両立など様々な要因が絡み合っており、キャリアの迷宮（career labyrinth）と呼ぶのがふさわしいと述べる。キャリアの迷宮とは、ゴールを目指した旅は山あり谷ありの連続であり、ゴールへの道は開かれているとはいえ、紆余曲折の連続で、予想外の出来事もあり、粘り強さが求められることを表現している。

異性間でメンタリング関係を築くことの難しさ

　本章ではメンタリングについて詳述したが、現在企業では、男性と女性によるメンタリング関係も多くなりつつある。メンターが男性でプロテジェが女性の組合せもあれば、メンターが女性でプロテジェが男性の組合せもありうるだろう。いずれにしても、同じ企業や部門に所属する異性間でメンタリング関係を築く場合は、双方にとって好ましくない経験にならないように、特に注意が

必要である。性別の相違が組織におけるメンタリング関係の構築に、マイナスの影響を与える可能性があるからである。

　異性とのメンタリング関係をうまく築くためには、内的関係性と外的関係性の両者をマネジメントすることが必要である、と Kram（1988／渡辺・伊藤訳, 2003, 134 頁）は指摘する。内的関係性とは、メンタリング関係を築くメンターとプロテジェとの関係性を指すのに対し、外的関係性とは、メンタリング関係を築く 2 人と組織の他の人間との関係性を意味する。内的関係性と外的関係性のどちらの管理も大切であるが、異性間の関係では、特に外的関係性のマネジメントが重要になってくる。

　Kram（1988／渡辺・伊藤訳, 2003, 133-164 頁）は、内的関係性に関わる留意点として、性別にとらわれた役割を受け持つ、役割モデリングの限界、親密さと性的な緊張感、の 3 点を、また、外的関係性に関わる留意点として周囲の人の環視、同僚の恨み、の 2 点を挙げている。以下で説明したい。

性別にとらわれた役割を受け持つ

　男性と女性は、仕事の場面でそれぞれの性別にふさわしい固定的な役割を伝統的に引き受ける傾向がある。一般に、人はステレオタイプ的な役割を引き受けがちである。男性だからこの仕事を引き受ける、女性だからこの仕事を引き受ける、などと性別にとらわれて役割を決定することは、個人のコンピテンシーや有効性を低下させてしまうことがある。例えば、プロテジェである若い女性は、男性に依存する女性らしい態度を示して、男性のメンターにやや過剰な指導やアドバイスを求めることもあるかもしれない。一方、男性のメンターは、彼女の保護者のような役割を果たすことで、男性である自分をより力強く支配的に感じることもあるかもしれない[7]。仕事という文脈の中で、男性と女性がどうしたら性別にとらわれずに、適切な役割を受け持つことができるかが課題である。

7　こうした性別によるステレオタイプ的な役割を演じてしまう傾向には、お互いの年齢も大きな影響を与えるだろう。特にプロテジェが若い女性で、メンターが年配の男性という組合せでは、どうしても娘と父親のような関係になりがちかもしれない。娘と父親のような関係が悪いのではなく、お互いの成長にマイナスの影響を与えないことが重要である。

役割モデリングの限界

　異性間のメンタリング関係では、性別の違いから役割モデリング（ロールモデル）に限界があり、両者にとって満足のゆくものにならない場合がある。男性にとってうまくいくことが、女性にとってはうまくいくとは限らないし、またその逆もありうる。また、女性だけに当てはまるような問題の解決については、男性は手本を示すことが困難であるし、その課題を本当に理解することも難しいかもしれない。例えば、会社でのキャリア形成と家庭における母親としての役割を両立させようとしている女性にとっては、ワーク・ライフ・バランスを維持することが重要な課題である。しかし、男性の場合は、仕事と家庭を両立させることは女性ほど難しくないかもしれないため、有益なアドバイスができないかもしれない。メンターである男性が、プロテジェである女性だけに当てはまるような問題に共感したり、手本を示したりすることは難しい。

親密さと性的な緊張感

　仕事上のお互いに対する好意や尊敬の念は、本来メンタリング関係の重要な特徴であるが、異性間の関係においては両者の親密さを増大させ、それが性的な緊張感に繋がる可能性がある。お互いの親密さと性的な緊張感は、一緒に仕事をする男性と女性にとってエキサイティングであると同時に、ストレスにもなりうることから、メンタリング関係の構築にマイナスの影響を与える可能性がある。親密な関係になること自体が問題なのではなく、それがメンタリングの効果にマイナスの影響を与えることを問題としているのである。

　両者の間の性的な緊張感を緩和するためによくとられる対応策は、父親と娘のような関係性を強調し、意識することである。メンタリング関係の相手が、親や子どもに類似する場合には、お互いに性的な感情や幻想を持ちにくくなるからである。しかし、こうした父親と娘の結びつきに似た関係性は、先に述べた両者が性別にとらわれた役割を受け持つことに結びついてしまう。Kram（1988／渡辺・伊藤訳, 2003, 157 頁）は、異性間の親密さや性的な緊張感を緩和するほとんどの対応策は、メンタリング関係そのものの価値を低下させることに繋がってしまうと指摘している。

周囲の人の環視

　男性と女性によるメンタリング関係は、組織の他の人にとって詮索の対象となる。周囲の人間は2人のことを、非常に興味本位で、また疑惑の眼で注視するようになる。仕事や能力が理由ではなく、性的な関係によってメンターにひいきされているのではないか、などと噂されたりもする。こうした周囲の噂は両者の評判にも影響を与え、メンタリング関係にストレスを与えることで、メンタリングの機能が十分に発揮されなくなる危険性がある。外的関係性をマネジメントするためには、組織の他の人たちが自分たちのメンタリング関係をどのように見ているのかを意識すること、また、2人の行動がメンタリング関係のイメージにどのような影響を与えているのか注意することが必要である。

同僚の恨み

　異性間のメンタリング関係は、同僚の恨みを買う場合がある。これは特に、プロテジェが若い女性で、メンターが同じ職場の上司の男性である場合に起こることが多い。例えば、ある女性が男性のメンターから懇切丁寧なコーチングを定期的に受けると、その女性は上司から特別に配慮されていると目立つことになる。女性にとってメンタリング関係は重要であるにもかかわらず、職場の同僚から孤立し、冷笑されたり、いじめを受けたりすることを恐れて、メンタリング関係を維持するのに気が進まないことがある。結果として、同僚から孤立無援となった女性は、同僚との人間関係か、上司とのメンタリング関係かのどちらかの選択を迫られるかもしれない。そのため、彼女は職場で相当なストレスを経験する。同僚の恨みはメンターである上位者よりも、直接女性本人に向けられがちなので、メンターは同僚の恨みから生じる彼女のストレスに気づかないことが多い。この問題を解決するためには、特にメンターである上位者が対応することが重要であり、職場の他の従業員に対する配慮をすることが求められる。

メンタリングが女性の昇進に結びつくために

　Ibarra et al.（2010）は、社内で女性がメンターから支援と指導を受けていても、メンタリングのおかげで昇進に結びついた件数は、男性のそれに遠く及

ばないと指摘している。その理由の1つとして、男性が受けているようなスポンサーシップを、女性は得られない場合が多いことが挙げられる。既に述べた通り、スポンサーシップはメンターがプロテジェの昇進を積極的に支援することであり、スポンサーシップが得られないと、プロテジェがいくら優秀であっても昇進の候補として見落とされる可能性がある。

　こうした事例は日本企業においても見られる。女性はメンターに対して社内の人間関係に関わる悩みを話したり、家族のことを相談したりするが、昇進については相談しないことが多いのかもしれない。すなわち、女性にはカウンセリング等の心理・社会的機能は提供されやすいが、スポンサーシップは提供されていない場合がある。企業が有能な女性の昇進を期待するのであれば、メンタリングの心理・社会的機能だけでなく、スポンサーシップまで提供されるような制度を確立することも必要であろう。

女性が活き活きと働くことができる組織

　女性が活き活きと働くために、企業には何が求められるのか。女性を積極的に活用している日本の中小企業の事例を調査した結果から、以下の4点を挙げることができる（東京商工会議所, 2009）。

- ・　出産・育児に関わる休暇制度や復職制度、子育ての支援、ワーク・ライフ・バランスの支援など、女性が働きやすさを感じられる職場環境の整備[8]。
- ・　性別で区別しない配属、適性による異動、女性本人のやる気や希望の尊重、職能マップを活用した職能レベルと人材育成の方向性の明示など、女性本人のやる気を向上させる公正で透明性ある仕組み作り。
- ・　男性と比較して女性が不利にならないような業務、緻密で細かな積み上げが必要な研究開発業務、女性ならではの感性や視点を活かせる創造的な仕事など、女性の持ち味が活かせる仕事や機会の提供。
- ・　社長と女性従業員による積極的なコミュニケーション、社長自ら女性研究者の直接指導に当たるなど、社長自らが女性活用の重要性を理解し、積極

8　従業員のワーク・ライフ・バランスについては、第9章で詳述する。

的に推進する。

特に、4つ目の経営者による率先垂範、すなわち、リーダーシップは重要である。女性が働きやすい職場作りのためには、また、女性による新しいアイディアやものの見方が生まれるためには、そうした組織風土を醸成する必要があるが、組織風土の醸成には、経営者のリーダーシップが大きな影響を与える。経営者が女性を活用するという信念を持って自ら実践する姿は、従業員全員の意識に影響を与え、女性が活き活きと働く組織風土の醸成に繋がっていくと考える。

ジェンダーとは何か

ジェンダー (gender) は、「男性らしさ」や「女性らしさ」といった平易な言葉で表現されることもあるが、その意味は、生物的な雌雄を示す性別とは異なり、社会的、文化的に形成される男女の差異である。例えば、Beauvoir (1949) は、ジェンダーは生物学的でも、心理学的でも、経済学的でもないとし、女性と男性との相違点を形成する要因は、社会的に女性は男性から見た他者として概念化されていることからきていると述べる。Borgerson and Rehn (2004) は、男性らしさと女性らしさという2つの「らしさ」は、男性と女性が生まれつき異なる性別的気質を持ち、それに伴う役割を担う社会の中で正反対に位置する者であることを意味すると述べる。また、West and Zimmerman (1987) は、ジェンダーとは、性別というカテゴリーにおける規範的な姿勢や行動に照らし合わせ、様々な状況下での自分の行為をマネジメントすること、と定義している。男性も女性も、自分は性別にとらわれず中立的に行動していると思っていても、社会的な相互作用の中で実際には無意識にジェンダーを演じているのである (West and Zimmerman, 1987)。

Gherardi (1994) は、社会における男性と女性の相互依存の形は階層的であるとし、男性は女性より優位で、女性らしさは男性らしさに派生したものと捉えられていると述べる。こうした男性と女性の位置づけでは、一方で肯定されるものが、他方では否定されるという二項対立的な構図になりかねない。ジェンダーに関わる問題には、矛盾やジレンマ、曖昧さなどが伴い、これらは男性と女性の間のコンフリクトや男女差別を生み出す要素となる。ジェンダー

は、女性のキャリア発達や男性と女性が共に輝く社会を目指す上で、1つの重要なテーマといえる。

ジェンダーに関わる問題

Etzkowitz, Kemelgor and Uzzi（2000）は、男性優位の社会でキャリアを歩む上で、女性はジェンダーに関する何かしらの障壁を経験していると述べる[9]。また、Butler（2004）は、人がジェンダーを演じることは、本来の自分の存在価値を損なう結果に繋がる可能性があると指摘している。例えば、女性が男性優位の組織文化のある職場で働く際、組織に自分を受け入れてもらうために、男性らしさを演じることがある。しかし、これは気づかぬうちに自分が女性であるということの価値を損なうことになってしまう場合がある。すなわち、組織に適合しようとする選択をすることで、女性としての価値を低めてしまう可能性があるのである（Powell, Bagilhole and Dainty, 2009）。

Evetts（1997）は、女性の管理職者が有能で効率的に仕事を進める場合、その女性は周囲から「女性らしくないマネジャー（優秀なマネジャーだが女性らしくない）」と決め付けられたり、反対に、優しさや感受性などの女性らしい一面を示すと、管理職者として不適切で「女性らしいマネジャー（女性らしいが優秀なマネジャーではない）」と評価されたりする場合が多いと述べる。すなわち、仕事上の能力がある女性は女性らしくないとみなされ、反対に、女性らしいと思われる女性は仕事上の能力がないとみなされることがあるという。なお、Kanter（1977）は、組織で支配的である男性が、女性はこうあるべきで、こう行動すべき、という固定観念的イメージに適合するように、女性の行動を歪めていくことを同化と呼んでいる。女性が同化を受け入れた場合、例えば、職場の優しい面倒見の良いお母さんのような、何らかの「役割の罠」

9　ジェンダーの問題に関連し、Hakim（1979）は、労働市場には水平の分離と垂直の分離が存在すると述べる。水平の分離（horizontal segregation）とは、仕事を男性がすべきものと女性がすべきものに分離することである。また、垂直の分離（vertical segregation）とは、仕事を階層的に捉えて、人の上に立つ責任が大きい給与水準が高い仕事と、補佐的で責任が少なく給与水準が低い仕事に分離することである。こうした水平の分離と垂直の分離が顕著に見られる組織は、旧態依然とした権力構造を生み出すことになり、女性の力のみならず、多様な人的資源を十分に活用できず、やがて組織全体の業績にも悪影響を与えかねない。

を受け入れることになりかねない。

　多くの先行研究で、男性優位の文化を持つ業界や企業に女性が進出しようとする時には、そこで上手くやっていくために男性のように振舞わなければならない、文化に馴染めないがゆえに業界や企業を去る、あるいは、男性のように行動しない代償として、組織内のあまり重要ではない地位に居ながらその業界に残る、等の実例があることが示されている（e.g. Bennett, Davidson and Gale, 1999）。Dryburgh（1999）は、女性が所属する業界や組織の支配的な文化を受け入れ、それに自分自身を合わせることは、女性にとってのプロフェッショナル化の1つのプロセスであると述べる。そこでは、女性はプロフェッショナルの文化に適応し、プロフェッショナルとしてのアイデンティティを内在化し、他者との連帯を形成することが求められる。また、Meyerson and Scully（1995）は、女性は、女性としてのアイデンティティとプロフェッショナルとしてのアイデンティティとの間で、テンションのマネジメントを継続的に行わなければならないと述べる。働く女性には、女性であり、かつプロフェッショナルであるという、両者の良さを自分自身の中で統合することが求められると言えよう。

女性の活用を企業のイノベーションの観点から考える

　石倉（2008）は、企業における女性の活用をイノベーションと関連付けて説明している。イノベーション（技術革新）は企業が競争優位性を獲得する手段となるものだが、イノベーションを維持するには新しい発想や組合せが必要である。一昔前まで、国籍、人種、性別等の多様性は、人権や平等といった文脈の中で議論されることが多かったが、今ではグローバル化やイノベーションにおける要件の1つとして認識されているという。なぜなら、企業がグローバルに事業展開するなら、顧客の多様性に対処しなければならず、新しい発想や組合せを生み出すためには、従業員の多様性も必要であるからである。女性の活用を企業のイノベーションの観点から考えることで、「女性ならではの感性」を売り物にしたヒット商品が生まれてきたように、「女性の異質性」は日本企業の同質化に揺さぶりをかけ、差別化を生み出すのではないかと述べる。

　また、石倉（2008）は、女性が企業のイノベーションの牽引役になるため

に、女性のための新しいワークスタイルを確立することも提案する。そうした新たなやり方を導入することは企業にとって挑戦であり、実際多くの問題が起こるかもしれない。しかし、それはイノベーションにある程度のリスクが伴うのと同様である。リスクや問題があるからといって導入しないのではなく、企業は女性を活用する際に生じる問題にも積極的に対処することが求められる。

（参考）女性ならではの感性を活用している企業の事例

　男性優位の文化を持つ職場で、女性ならではの感性を活用している企業の一例として、有限会社原田左官工業所（東京都文京区、代表者　原田宗亮）を紹介する（東京商工会議所, 2009）。当社は左官工事等を行う従業員数 32 名の中小企業である。職人気質の男性の親方が幅を利かせる左官業界にあって、当社には女性職人（左官工、タイル工）が職人全体の 2 割を占める 6 名在籍する。女性職人は、第二子出産後に復帰した職人や、ホームページでその魅力に惹かれ左官業に飛び込んだ元 OL、美術大学卒業生など様々である。ベテランから若手まで 70 名を超える男性職人たちとの切磋琢磨をしながら、女性ならではの感性や視点を活かした新商品開発に日々取り組んでいる。

　例えば、シックハウス対策に効果が認められたオリジナル漆喰（しっくい）など、自社商品の開発と提案営業が当社の強みであるが、これには、若手職人による自主研究の積み重ねに加え、男性には思いつかないような材料の活用など、女性職人たちの斬新な発想が活かされている。店舗等の商業施設中心から住宅分野への本格参入を図る当社にあって、女性職人の感性・技量は欠かせないものとなっている。

第 9 章

ストレスに対処する

　人は職場や仕事を含む様々な場面でストレスを感じるが、それに上手に対処していかなければならない。本章では、役割ストレス、ライフイベント・ストレス、キャリア・ストレスなどについて紹介する。ストレスに対処する（コーピング）方法には、問題中心の対処と情動中心の対処がある。問題中心の対処は、困難な問題や状況をある程度自分の力で変えることができると判断したときに特に有効な方法であり、一方、情動中心の対処は、自分では問題や状況を変えることができないと判断したときに特に有効な方法といえる。ストレスは適度である限り、動機づけ要因にもなると考えられている。大切なのは、ストレスを無くそうとすることではなく、マネジメントすることと言えよう。

　人が様々な経験に伴って純粋な感情を経験することは、人生の変化に適応し、健全な成長のために必要なことである。個人が充実した人生を送るためには、大きな夢や理想に向かって楽観的に進むだけでなく、時には直面する危機に対して、悲観的にも考えて乗り越えることが必要である。人間のポジティブな心理的能力は開発可能であるという見地に立てば、人はキャリア発達に伴い、プラスの感情をより経験できるようになる可能性がある。適切な意思決定には、そして、仕事やキャリアでの成功には、考える知性（知）と感じる知性（情）を調和させることが重要である。知と情が調和した生き方をするためには、私たちは感情をマネジメントする方法を知らなくてはならない。

　仕事上のキャリア（ワーク・キャリア）は、個人の仕事以外の役割からも影響を受けるものである。ワーク・ファミリー・コンフリクトとは、組織からの要求が家庭における個人の欲求の達成を阻害する、また家庭からの要求が組織における個人の欲求の達成を阻害することであり、役割間葛藤の 1 つと言え

る。重要なのは、ワーク・ライフ・バランスの支援制度を整備するだけではなく、従業員がそうした支援制度を十分に活用できることである。余暇の活動レベルや活動につぎ込む時間は、人生の満足度と強い正の相関関係があることが示されている。余暇とレクリエーション活動は、私たちに多くのポジティブな感情をもたらし、人生の満足度を高めてくれる。

9-1　ストレス

仕事に対する不満

　キャリア発達に伴って、上手く付き合っていかなければならないものがある。その代表的なものがストレスである。田尾（1999, 67 頁）によると、ストレス（stress）とは、何らかの外力によって心身に歪みが生じた状態のことである。何らかの外圧が加わったときに生じる個人の防御的な反応をストレスとする場合もある。なお、ストレスを生み出す原因は、ストレッサー（stressor）と呼ばれる。人は様々な場面でストレスを感じるが、人生の中で仕事をしている時間が最も長いとすれば、職場や仕事のストレスにいかに対処するかは特に重要な問題といえる。

　まず、仕事に対する不満はストレスの大きな原因の 1 つである。加藤監修・第一生命経済研究所編（2011）によると、仕事に対する不満の内容として男性も女性も多く挙げているのは、最も多い順に「仕事に見合った給料が得られない（男性 27.5％、女性 25.0％）」、「仕事が忙しすぎる（男性 23.1％、女性 23.8％）」であった。3 番目に多かったものは男女で異なり、男性は「会社の将来性が見込めない（21.3％）」、女性は「上司や同僚、部下との人間関係がうまくいかない（12.3％）」であった（図表 9-1）。男性と女性では、ストレスの原因となる仕事に対する不満の内容が少し異なっていることがわかる。

　ストレスはその原因や内容の違いによって、いくつかの種類に分けられるが、ここでは、役割ストレス、バーンアウト、ライフイベント・ストレス、キャリア・ストレスを紹介する。

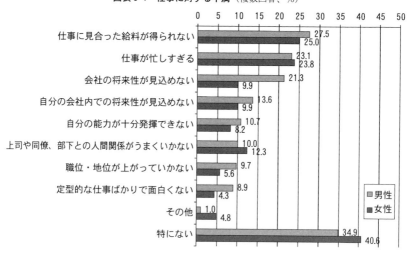

図表 9-1 **仕事に対する不満** (複数回答、%)

(加藤監修・第一生命経済研究所編, 2011, 68 頁)

役割ストレス

　社会で個人が果たすべき役割に伴って発生するストレスを役割ストレスという。Kahn, Wolfe, Quinn, Snoek and Rosenthal (1964) は、役割ストレスを、役割間葛藤、役割過重、役割の曖昧さ、の3つに分類している。

　役割間葛藤とは、複数の人（あるいは組織）から同時に異なる役割を期待されるときに生じるストレスである。これには、期待の内容が相反する場合や、期待される役割や思惑と当事者の価値観が相反する場合、家庭での役割と会社での役割が衝突する場合が含まれる（Katz and Kahn, 1966)。また、個人が優先順位をつけられない場合、葛藤は特に深刻なものになる。例えば、会社の残業と恋人とのデートの約束がかち合った場合の葛藤や、働いている女性が職場での役割と主婦としての役割が折り合わないことなどが挙げられる。

　役割過重とは、個人の果たすべき役割が過重な負担になる場合に生じるストレスである。例えば、個人の能力以上に仕事を消化しなければならなくなった場合や、仕事の時間的、金銭的制約、高いクオリティの要求などの圧力が個人に加わることが挙げられる。

　役割の曖昧さとは、個人の果たすべき役割や仕事の内容や手順が明確ではないようなときに、また、責任の所在や範囲がわからないようなときに生じるストレスである。特に、職場でのコミュニケーションが不十分なときや、目標が不明確なときは、曖昧さは一層大きくなる。こうした役割の曖昧さは、特に役割の大きさが過大なときや、その状態が長く続いて耐えきれなくなる場合に、ストレスに繋がりやすくなる。

バーンアウト

　田尾（1999, 74頁）によれば、バーンアウト（burnout）とは、過度で持続的なストレスに対処できずに、張りつめていた緊張が緩み、意欲が急速に萎えてしまったときに表出される極度の身体疲労と感情の枯渇に関する症状である。バーンアウトは燃え尽き症候群とも言われることから、個人の気力も体力もなくなったような状態といえる。心身症状以外にも、思いやりを欠くようになるなどの行動異常が伴うことや、職場の人間関係や家族、欠勤や離転職などに影響が及ぶこともある。

　バーンアウトを引き起こす要因は様々存在する。個人的要因として、自我関与の傾向が強く、完璧主義の性格の人や、熱意はあっても経験不足などで空回りした場合、バーンアウトしやすくなる。また、役割間葛藤や役割の曖昧さが多い仕事や、クライアントとの頻繁な接触、慌ただしい、ゆとりのない関係もバーンアウトの原因となる。さらに、職場の状況要因として、過重な負担を押し付けられたり、規則や基準が厳格であったり、休憩が十分ではなかったりするとバーンアウトを経験する人は多くなる（田尾, 1999, 77頁）。こうした要因によって、誰でもバーンアウトする可能性があるのである。

　バーンアウトと聞いて思い当たるのが、スポーツ選手の例である。特に、オリンピックや世界大会など、個人にとって極めて重要な意味を持つ大会が終わった直後に、経験する人も少なくない。また、バーンアウトは、医療、福祉、教育などのヒューマン・サービスの従事者に多発している（田尾, 1999, 75頁）という。こうしたヒューマン・サービスの従事者は、厳しい作業条件のもとで働く機会が多く、一方で、患者、来談者、生徒、障害者などのクライアントに対して、温かく人間的に、献身的に接することが求められ、他方で

は、冷静で客観的な態度を堅持しなければならない。これらの2つの態度を両立させ、それを長く続けることは容易ではないであろう。クライアントの生活に関与する機会が多くなるほど、強い緊張にさらされるようになるのに、それに耐えることで相応の成果が得られるとは限らず、クライアントの生活が楽になる、病気が治る、人間的に成長するなどの成果は、サービス従事者の努力に見合って得られるものではない。実際、バーンアウトは、看護婦、ソーシャル・ワーカー、教師などの職業病とされることもある。

ライフイベント・ストレス

　個人の身の回りに起こる様々な出来事や環境の変化もストレスの原因となる。Holmes and Rahe（1967）は、人生で起こる（起こりうる）出来事（ライフイベント）を、個人が経験した環境の変化の程度によって尺度化を試み、点数の高いイベントであるほど、その後に健康に異常が生じやすいことを明らかにしている。この研究は約半世紀前のものであるが、人の一生の歩みの中で多くの人に共通して起こる様々な出来事は、21世紀の今を生きる私たちにも通用するものである。このライフイベント・ストレスでは、ライフイベントが引き起こす生活の変化を乗り越えて、個人が再び普段の生活に戻るまでに必要なエネルギーの量をストレスとして捉えている[1]（田尾, 1999, 74頁）。ストレスの評価点が特に高い出来事とは、配偶者の死（100）、離婚（73）、夫婦の別居（65）など、夫婦に関係する出来事である。なお、仕事に関わる出来事では、失業（47）、退職や引退（45）、合併・組織変更など勤務先の大きな変化（39）、職種替えまたは転職（36）などが挙げられている（図表9-2）。興味深いのは、結婚などの肯定的な出来事もまたストレスの原因となることである。したがって、自分への負担を過度に大きくしないために、個人がコントロールできるものであれば、ライフイベントは重複しないように管理することも必要であろう。

1　ライフイベント・ストレスについては、出来事の個人的な意味合いは異なるはずなのに、それが考慮されていない点や、ライフイベント・ストレスと疾病との相関関係は実際にはそれほど大きくない、などの批判も存在する。

図表 9-2 ライフイベント・ストレス（社会再適応評価尺度）

	生活の出来事	ストレスの評価点
1	配偶者の死	100
2	離婚	73
3	夫婦の別居	65
4	刑務所などへの拘留	63
5	近親者の死	63
6	本人の怪我や病気	53
7	結婚	50
8	失業	47
9	夫婦の和解	45
10	退職や引退	45
11	家族が健康を害する	44
12	妊娠	40
13	性生活がうまくいかない	39
14	新しく家族のメンバーが増える	39
15	合併・組織変更など勤務先の大きな変化	39
16	経済状態の変化	38
17	親友の死	37
18	職種替えまたは転職	36
19	夫婦の口論の回数の変化	35
20	1万ドル以上の抵当（借金）	31

注：人生に起こる様々な出来事が引き起こす生活の変化の程度と、その変化
への適応までの時間の長さ等を評価して点数化。ストレスの大きい出来事上
位20を提示。(Holmes and Rahe, 1967, p.214より抜粋)

キャリア・ストレス

　金井（2000, 20頁）は、個人がキャリアを展開する際に生じるストレスを
キャリア・ストレスと呼んでいる。キャリア・ストレスは、個人的要因と環境
要因の不適合が原因となって生まれるものである。個人的要因には、個人の
キャリア志向と家庭志向が関わり、環境要因には、個人が所属する職場からの
要求と家庭からの要求が関わる。個人的要因と環境要因が適合的であれば、
キャリア・ストレスは大きな問題にはならない。例えば、個人のキャリア開発

志向と職場からのキャリア開発圧力が適合的であれば、個人には挑戦や意欲、スキルの獲得など、ポジティブな結果が生まれることが期待される。

　反対に、個人的要因と環境要因が不適合の場合、キャリア・ストレスが問題になってくる。例えば、個人のキャリア開発志向に対して、職場からの過剰なキャリア開発圧力がかかった場合、個人の過剰適応としてのワーカホリズムが生じ、最悪の結果として過労死に結びつくことさえある。反対に、個人のキャリア開発に対して職場からの阻害的な圧力がかかった場合は、被差別感や疎外感が生じ、結果として、職務不満足、意欲低下、抑うつ、転職、退職などに結びつく。個人のキャリア開発志向と家庭からの要求が不適合であれば、ワーク・ファミリー・コンフリクトが生じる。この結果、家庭と職場の双方でネガティブな結果が引き起こされる[2]。

ストレスに対処する―コーピング

　様々な状況で生まれるストレスに、私たちはどのように対処すればいいのだろうか。コーピング（対処行動）とは、個人がストレスに対処し、その影響をなくしたり、軽減しようとしたりする行動である（田尾, 1999, 80頁）。コーピングには、心身に苦痛をもたらす問題そのものに対処して状況を変えていく方法と、そのような問題に対する個人の情動反応を調節していく方法の2つがある。Folkman and Lazarus（1980）は、前者を問題中心の対処、後者を情動中心の対処と呼んでいる。問題中心の対処は、困難な問題や状況を（全てではなくても）自分の力で変えることができると判断したときに特に有効な方法であり、一方、情動中心の対処は、自分では問題や状況を変えることができないと判断したときに特に有効な方法といえる。実際には、両者は様々な状況で組み合わせて行われる場合が多い。

ストレスへの問題中心の対処

　ストレスへの問題中心の対処では、問題の所在を明らかにする、いくつかの解決策を当てはめてみる、そうした解決策によってもたらされる利益や損失を秤に

2　こうした議論から、キャリア・ストレスは役割間葛藤の1つとして捉えることもできる。

かけてみる、解決策の中からいくつか選んで実際に試してみる、などが行われる (Lazarus and Folkman, 1984／本明・春木・織田監訳, 1991, 158-159 頁)。Kahn et al. (1964) によると、問題中心の対処には、外部環境に向けられるものと自分の内部に向けられるものがある。前者は、外部からの圧力や妨害、周囲の環境の中で何か利用できるものや対処の手段となるものを変化させていくというやり方である。後者は、個人の欲求のレベルを低くしていくとか、自分の行動のよりどころとなる何か新しいものを考え出すとか、何か新しい技術を学びとるというやり方である。

　Lazarus and Folkman (1984) は、問題中心の対処の具体的方法として、直面化、計画的な問題解決、ソーシャル・サポートの３つを挙げている。直面化とは、ストレスの原因となる問題を正面から捉えて解決しようとする対処法である。自ら主体的に働きかけて問題を解決しようとする、いわば最もストレートな対処の仕方である。計画的な問題解決とは、時間をかけて客観的な状況を変えることで、問題そのものを解決しようと努力する対処法である。自ら主体的に働きかけなくても、時間が経って周囲の状況が変わることで、問題の解決に繋がる場合もあることから、時間をかけることの意味は大きい。ソーシャル・サポート（社会的支援）とは、支援を求めることのできる人間関係を指し、他者に問題解決の支援を求め、相談する対処法である[3]。支援を求める対象は、家族、友人関係、職場や地域の人間関係、医師、カウンセラーなど幅広く含まれる。なお、ソーシャル・サポートは、多くの先行研究でその高い有効性が実証されている。

ストレスへの情動中心の対処

　Lazarus and Folkman (1984／本明・春木・織田監訳, 199, 155-156 頁) は、ストレスへの情動中心の対処の具体的方法として、否認、自己コントロール、責任の受容、逃避・回避、肯定的な再評価、を挙げている。否認とは、ストレスの原因となっている問題があることをそもそも認めないという対処法である。これには、自分で自分の考えを変えるという強い意志も必要であろう。

3　ソーシャル・サポートは、問題中心の対処と情動中心の対処の両方の要素を合わせ持つ方法と捉えることもできる。

自己コントロールとは、問題に対して取り乱さないように、自分の感情をコントロールするという対処法である。感情をコントロールするためには、その前提として、自分の中に起こっている感情の中身を理解することが必要になってくる。責任の受容とは、問題の責任は自分にもあると考える対処法である。こうした考え方は、自分の姿勢や行動を見直す機会や、前向きに変えることに繋がっていく可能性がある。逃避・回避とは、問題が存在することは認識しているが、その問題をとりあえず考えないようにする対処法である。いわば問題を無視することで、時間が経過し、先に述べた計画的な問題解決に繋がることもある。肯定的な再評価とは、例えば、ストレスの原因となっている問題は自分の試練のためにあるとか、はるかに悪いことも起こり得ることを考えてみるとか、自分が思っているほど実際は悪いことではないと考えるなど、同じ状況を再度考え直し、前向きに解釈するという対処法である。問題を前向きに捉える良い対処法であるが、自分自身を追い込みすぎないように注意が必要であろう。

　こうした情動中心の対処法[4]は、個人の精神的な苦痛を低減させるためになされるものであり、ストレスフルな問題や出来事に遭遇したほとんど全ての場合に適用することができる。人は解釈を変えるという認知的な対処によって、客観的な状況を変えることなしに、楽になることができるのである。なお、Lazarus らは、必ずしも問題に直面し、有効な解決を図ることだけが重要であるとは考えていない。個人が直面する問題は必ずしも簡単に解決できるものばかりではないため、ときには、問題の否認や逃避・回避が有効な場合もあるし、友人に愚痴を言うことが有効な場合もあるかもしれない。対処法を限定してしまうと、その方法では乗り越えられない問題に遭遇することもあるので、柔軟にいくつかの方法を選択できることが望ましい。

ソーシャル・サポート

　コーピングの中で最も効果的な方法は、ソーシャル・サポート (social support) である。House (1981) によれば、ソーシャル・サポートには4つの機

4　情動中心の対処は、回避、最小化、遠ざかる、注意をそらす、肯定的な対比、積極的な価値を見出す、などで表現される場合もある(Lazarus and Folkman, 1984／本明・春木・織田監訳, 1991, 155 頁)。

能がある。1つ目は、話を聞いてもらう、愚痴を聞いてもらう、慰めてもらうといった、同情、共感、配慮、信頼など、人と人の情緒的な結びつきを強化する情緒的サポートである。2つ目は、仕事を手伝ってもらう、お金を貸してもらうといった、自分ができないことを実際にしてもらうといった直接的な行為による道具的サポートである。3つ目は、専門的な知識など有益な情報を伝えて助けるような情報的サポートである。そして4つ目は、意見に対する賛成を得る、仕事ぶりを認めてもらう、良いか悪いか判断してもらうといった、個人の考えや行為を評価するような評価的サポートである。これら全てのサポートを提供する人が同一である必要はなく、人によって提供されるサポートは異なって構わない。こうしたサポートを調達できるような人的ネットワークの中にいる人ほど、ストレスは軽減されることになる。

　特に働く女性の場合、家事と職場の仕事の2つを同時にこなすのは負担であり、ストレスの原因になる。その場合、家族の存在はソーシャル・サポートとして重要である。夫から働くことについて合意を得て、また、家事を分担するなどのサポートを得ることは、役割間葛藤を少なくする。田尾（1987）も、配偶者を相談相手にする場合、バーンアウトの程度は小さくなることを報告している。組織で働く個人にとって、職場の同僚や上司は信頼できる存在になりうるが、そうは言っても他人であるため、悩みを心から打ち明けることは困難な場合もある。自分の妻や夫に相談できることは、ストレスを軽減することに有効である（田尾, 1999, 81-83 頁）。

問題中心の対処と情動中心の対処を組合せる

　Lazarus and Folkman（1984／本明・春木・織田監訳, 1991, 160 頁）は、問題中心の対処と情動中心の対処の組合せは、常に良い効果をもたらすわけではないと述べる。両者の組合せによって、ストレス軽減の効果をお互いに促進する場合もあれば、お互いに抑制する場合もあることを知っておくべきである。

　具体例で考えてみよう。ストレス軽減の効果を促進する場合とは、例えば、大切なプレゼンテーションの前に不安になる人は、まず深呼吸し、気分を落ち着かせて不安を取り除こうとする。こうした情動中心の対処をすることによっ

て、次第に問題中心の対処をできるようになり、再度資料に目を通したり最初の文章を練習したりする。また効果を促進する別の例として、採用試験の直前に不安を抱いている学生が、試験が始まり問題を解くことに没頭することで、不安はいつのまにか解消されていく場合などは、問題中心の対処が不安を克服するという、問題中心の対処が結果的に情動中心の対処にも繋がっている例といえる。

　一方、お互いの効果を抑制する場合とは、例えば、キャリアの意思決定で難しい決断を迫られている人にとって、精神的な苦痛は耐えがたいものとなり、現状の苦しみから逃れたいあまり早まった決断をしてしまうことがあるが、これは、情動中心の対処が問題中心の対処への努力を抑制してしまう例といえる。また別の例として、自分が重い病気にかかっていることがわかると、しきりに情報収集してその内容を詮索し、その結果自分がこれからどうなるのかがよりわからなくなり、不安を募らせていく人は、問題中心の対処（情報収集、分析）と情動中心の対処（不安の解消）との悪循環に陥り、情報を集めれば集めるほどますます不安になっていく。これは、問題中心の対処の努力が情動中心の対処を抑制している例である。ここで挙げたどちらの例も、問題中心の対処と情動中心の対処のどちらか一方だけを推し進めるのではなく、両者を同時に進めていった方が良い結果を導くと考えられる。問題中心の対処と情動中心の対処は、上手く組合せることが求められる。

ストレスは全く必要のないものか

　ストレスの原因から判断して、不必要なストレスは無くすべきであるが、ではストレスは全く必要ないものなのだろうか。田尾（1999, 70-71頁）は、ストレスのない弛緩した状態では、モラール（職場の士気）は低下し、仕事の生産性も乏しく効率的ではなくなってしまうと指摘する。しかし、逆に、極度に緊張した状態でもモラールは低下する。ストレスは適度である限り、**組織の成果に対して機能的であり、動機づけ要因にもなる**と考えられている（McGrath, 1976）。すなわち、適度のストレスは、高い生産性や効率にとって必要なものであり、ストレスの強度と生産性や効率は、図表9-3のような逆U字型の関係にある。

図表 9-3　ストレス強度と生産性の関係

高↑生産性や効率

適度なストレス

弱←　　　ストレス強度　　　→強

（田尾, 1999, 71 頁）

　職場における不必要なストレスは減らさなければならないが、他方では、組織で個人がいきいきと仕事をする上で、また個人が高いパフォーマンスを発揮する上で、適度なストレス（良い意味での心理的プレッシャー）は必要である[5]。大切なのは、ストレスを無くそうとすることではなく、マネジメントすることと言えよう。

9-2　感情のコントロール

純粋な感情の重要性

　人が幸せを追求したり、ストレスを避けようとしたりするのは当然のことであるが、Deci and Flaste（1995／桜井監訳, 1999, 262-264 頁）は、個人の行き過ぎた幸福の追求が、純粋な感情を経験することを妨げてはいけないとし、自己実現的な生き方における感情の重要性について述べている[6]。

---

[5]　後述する Feldman らによる感情の分類において、ストレスと良い緊張は別のタイプの感情であることが示されている。

[6]　Deci and Flaste（1995／桜井監訳, 1999, 256 頁）によると、感情（emotion）とは、現在の状況や記憶内における、実在の、または想像上の刺激に対する反応である。例えば、社内で初めて自分がトップの営業成績を収めた達成経験、若いころ仕事でミスをして顧客からひどく叱られた出来事、会社の業績が芳しくないために近い将来自分がリストラされるかもしれないという思い他、様々なものが感情につながる刺激となりうる。なお、感情を生起させる刺激は、誰に対しても普遍的な意味を持つわけではない。人は出会う刺激に対して自分自身で意味づけを行う。したがって、同じ刺激に対して、ある人は喜びを感じるのに、別の人は怒りを感じることもあり得る。刺激に対する意味づけ

人は幸福を追求しすぎると、自分を幸福にしない悲しみや恐怖といった感情をできる限り避けるようになるという弊害が生まれるという。幸せ以外の感情が抑圧されることで、健全な心の発達が阻害される可能性がある。生きていることの本当の意味は、幸福だけを感じることではなく、様々な感情を経験することである。

そもそも、悲しみと抑うつは明確に異なるものである。悲しみは純粋な感情で、それを感じることは心の栄養となる。一方、抑うつは純粋な感情ではなく、自己卑下や不安、疑いが伴い、心の栄養にはならずに、人をうろたえさせたりして、不適応をもたらすという。人生は様々な経験に満ちている。好ましい経験だけでなく、辛い経験もある。もちろん失敗したり、愛する人を失ったりすることを望む人はいないが、様々な経験に伴って純粋な感情を経験することは、人生の変化に適応し、健全な成長のために必要なことである。

感情が与える影響

感情には、基本的感情（喜び、愛情、怒りなど）、社会的感情（恥、罪悪、嫉妬、興味、関心など）、さらには情動、センチメント、ムードなど様々なものがあり、また、その状態についても、激しさ、持続性、一貫性、プラス・マイナスなど様々であるが、本書では、職場で頻繁に経験する基本的感情に注目する。

先行研究によると、人間が行う判断や意思決定、記憶から呼び起こされる事柄、成功や失敗についての帰属、創造性や演繹的および帰納的思考などに、感情が影響を与えることが明らかになってきている。例えば、合理的な意思決定をする者と言えば、感情は交えずにベストの行動を計算して、問題に冷静に対処できる人、というステレオタイプが存在するが、脳生理学の分野での研究結果では、良い意思決定を行うためには感情が不可欠であるということが示唆されている（Damasio, 1994; Goleman, 1995）。確かに、非常に激しい感情は効果的な意思決定を妨げる可能性はあるが、神経学者で神経科医であるDamasio（1994）の研究結果に基づけば、感情の減少もまた同様に非合理的

は、刺激と個人の欲求や期待との関わりから引き出される（Deci and Flaste, 1995／桜井監訳, 1999, 256-258 頁）。

な行動の源となりうるのである。

感情の分類

　人間が経験する感情を分類している研究は数多いが、その中でも信頼性が高い研究の1つとして、Feldman Barrett and Russell（1998）による分類がある（図表9-4）。

　これによると感情は、プラス（快）／マイナス（不快）の横軸と活性／不活性の縦軸により、4象限に分類される。X＋Yは高揚などのプラスで活性している感情、X−Yはくつろぎなどのプラスで活性していない感情、−X＋Yは神経質などのマイナスで活性している感情、−X−Yは消沈などのマイナスで活性していない感情を表す。なお、先に説明したストレスは、マイナスで活性している感情に分類される。Feldmanらによる感情の分類はわかりやすく、自分の現在の感情を知る際などに参考になるものである。

　筆者が2005年に実施したベンチャー企業C社における参与観察（インタ

図表9-4　感情の分類

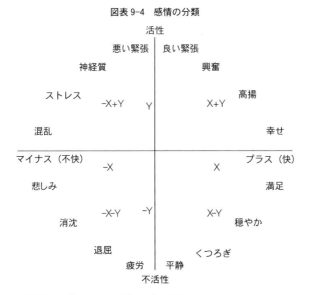

(Feldman Barrett and Russell, 1998)

ビューを含む）の結果では、従業員が仕事を通じて成長する過程において、プラスで活性した感情を職場で頻繁に経験していることが明らかになった（柏木, 2005）。プラスの感情は、レパートリーを広げる、マイナスの感情を一掃する、心理的強さを高めるなどの働きをすることが議論されている。また、ポジティブ心理学では、人間のポジティブな心理的能力は開発可能なものであるため（e.g. Seligman, 1990; 2002）、この見地に立てば、人はキャリア発達に伴い、プラスの感情をより経験できるようになる可能性がある。

考える知性と感じる知性

Goleman（1995／土屋訳, 1998, 64-65頁）によると、人には2種類の知性があり、人生をうまく生きられるかどうかは、両方の知性のバランスで決まるという。2種類の知性とは、考える知性と感じる知性である。感じる知性（感情的知性）は、情動知能（EI: Emotional Intelligence）とも呼ばれている[7]。情動知能とは、自分を取り巻く周りからの要求や圧力にうまく対処する能力を左右する、非認知スキル、才能、技能を組み合せたものである（Robbins, 2005／高木訳, 2009, 73頁）。なお、考える知性を示す指標が知能指数（IQ: Intelligence Quotient）であるのに対し、感じる知性を示す指標はこころの知能指数（EQ: Emotional Quotient）などと言われる。

Goleman（1995／土屋訳, 1998, 72頁）は、米国の中年男性を対象としたある調査結果を紹介し、EQの重要性を述べている。それによると、IQの高さと社会経済的地位との相関関係は認められたものの、IQが80未満の人たちの中で十年以上失業状態にある人は7％であり、IQが100以上の人たちの中でも、十年以上失業状態にある人は7％であった。すなわち、IQは確かに大切な能力であるかもしれないが、それだけでは仕事や人生全般における成功は説明できない。人生に大きな差をつけたのは、IQよりも挫折を克服する能力や感情をコントロールする能力や他者と協調する能力があるかどうかであった。

感じる知性がなければ、考える知性は充分に機能できない[8]。これまでの定

7　本書では、情動と感情は同じ意味の用語として用いている。
8　Damasioによれば、意思決定ができないのは情動に関わる記憶が失われてしまったからである。前頭前野と扁桃核をむすぶ回路は思考と情動が出会う場であり、人生の様々な経験を通じて蓄積され

説的な考え方では、個人は感情の影響を受けずに、理性に基づき冷静に意思決定することが理想である。しかし、個人が適切な意思決定をするためには、そして、仕事やキャリアで成功するためには、考える知性（知）と感じる知性（情）のどちらも必要である。

感じる知性を構成する要素

　感じる知性とは具体的にどのような能力なのか。Goleman（1995／土屋訳, 1998, 85-87 頁）によると、感じる知性である EI は次の 5 つの要素で構成される。

- 自分自身の情動を知る（自己認識）：自分の感情を認識できる力は、自分自身を理解する上で必要なものであり、EI の最も基本的な要素といえる。自分が何をどのように感じているのかを把握できなければ、感情に押し流されてしまうこともある。自分の気持ちを理解できることは、正直に生きることにも繋がる。就職するにしても、結婚するにしても、自分の本当の気持ちに自信が持てるからである。
- 感情を制御する（自己統制）：自分の感情や衝動を制御できる力は、情動の自己認識の上に成り立つ能力である。感情をうまく制御できない人は、自分の不快な気分と闘わなければならない。一方、感情をうまく制御できる人は、気持ちを切り替えて、逆境や混乱から早く立ち直ることができる。
- 自分を動機づける（モチベーション）：目標達成に向かって自分の気持ちを奮い立たせる力は、何かに集中したり何かを創造したりする上で不可欠なものである。挫折や失敗の中で耐え抜く力ともいえる。大いに集中し、フロー状態にまで自分自身を高められる力は、生産的で傑出した仕事に繋がるものである。
- 他人の感情を認識する（共感）：他人の感情を察することができる力もま

た情動の貯蔵庫への大切な入口である。大脳新皮質が情動を記憶している扁桃核と切り離されてしまうと、何を考えても情動が喚起されることはない。すなわち、Damasio は、理性的な判断を下すために感情は不可欠な要素である、と一種逆説的な主張をしている。感情によって私たちはまず大まかな方向性を与えられ、そこではじめて論理的知力を発揮できる（Goleman, 1995／土屋訳, 1998, 63 頁）。

た、情動の自己認識の上に成り立つ能力である。共感する力に優れている
人は、他者の欲求を表す社会的信号を敏感に受け止めることができる。そ
うした力は、他者の世話をする職業や教師、セールス、経営などに向いて
いる。

・ 人間関係をうまく処理する（社会的スキル）：他人の感情に対処できる力
　は、人間関係にうまく対処する力に繋がるものである。この力はリーダー
　シップや調和のとれた人間関係を支える基礎となる。こうした能力に優れ
　ている人は、他者との協調が必要な仕事を上手にこなすことができる。

なお、先行研究では、EI に関する能力が職務において重要な役割を果たし
ている可能性が示されている。Robbins（2005／高木訳, 2009, 73-74 頁）によ
ると、優秀な社員と評価されているエンジニアを調査したところ、彼らは他者
との関わりに優れていることが明らかにされた。すなわち、優れた従業員を優
れていると特徴づけていたのは EI であった。

そして、EI に関する力は学習によって向上させることが可能である
（Goleman, 1995／土屋訳, 1998, 87 頁）という。もちろん、EI の構成要素に
ついては人によって得意・不得意があり、例えば、自分の感情をコントロール
するのは上手く出来ても、他者を慰めるのは上手く出来ないという人もいるの
だが、EI を司るのは、驚異的な順応性と学習能力を持つ脳の神経細胞である。
したがって、EI に関する能力の多くは、脳が学習した習慣や反応であるため、
正しい方向で開発すれば向上させることが可能なのである。

楽観はなぜ必要か

楽観（楽観傾向、楽観性）という言葉を聞くと、楽天的というイメージを抱
いてしまいがちだが、「何とかなるだろう」という楽天的と楽観は異なる。
Goleman（1995／土屋訳, 1998, 167-169 頁）によると、楽観（optimism）と
は、後退や挫折があっても最後はうまくいくという強い期待を維持できる個人
の能力である。楽観が個人の能力であるということは、基本的に、誰でも向上
させることが可能であることを意味する。EQ の観点から言えば、楽観とは個
人が困難に直面した時に、無気力や絶望や抑うつに陥らないように自分を守る
態勢を意味する。

　楽観と類似する概念に希望がある。希望（hope）は、EI の構成要素の中の特に自分を動機づける力に関連している。希望を持ち続けることは、仕事に取組む上で極めて重要な力となり、難題に遭遇したり一歩後退を余儀なくされたとき不安に負けない、敗北主義に陥らない、沈み込んだりしないことに繋がる（Goleman, 1995／土屋訳, 1998, 165-166 頁）。希望を持ち続けられる人は、目標を目指して頑張っているときに落ち込むケースが少ないし、全般的に不安や情動ストレスも少ないことがわかってきている。希望という言葉は、苦悩の闇の中のささやかな光というイメージもあるが、実際はそれ以上のメリットを人にもたらすものである。学校での活躍から仕事の完遂にいたるまで、希望は人生の様々な局面に極めて強い影響を及ぼしている。楽観も希望も人生に恩恵をもたらしてくれるものだが、その楽観は現実に裏付けられていることが前提である。

　Goleman（1995／土屋訳, 1998, 167-169 頁）は、楽観的な人間と悲観的な人間の仕事上の失敗の捉え方について、楽観的な人間は失敗の原因を変更可能であると受け止め、次は成功できるだろうと考えるのに対し、悲観的な人間は失敗の原因が自分のせいだと思い、性格だから変えようがないと考えてしまうと指摘する。こうした個人の失敗に対する解釈の違いは、人生に立ち向かう姿勢を非常に大きく左右することは容易に想像がつくだろう。望んだ会社に採用されなかった場合、楽観的な人間は新しい行動計画を立てるなり、誰かに援助やアドバイスや求めるなり、希望を捨てず積極的に対処する。反対に、悲観的な人間は一度挫折したら次に成功する方法はないと思い込み、問題を解決しようとせず、挫折した原因は自分自身に欠点があるせいで、それは今後もずっと自分についてまわる、と考える。こうして比較すると、一般的に、悲観的な人間よりも楽観的な人間の方が、最終的に仕事で成功する可能性が高そうであり、より充実した人生を送ることができそうである。実際、営業職を対象に実施された調査では、楽観性はワーク・モチベーションに大きな影響を与え、個人の営業成績を左右することが明らかになっている[9]。

　9　楽観性によって個人の営業成績に大きな差が出る理由は、楽観性が EQ の高い側面を表しているからと考えられる。

悲観は必要ないのか

　悲観的な人と楽観的な人の違いを考えると、悲観的な人は自分に厳しいストイックな人間で、楽観的な人は自分に甘いやや都合の良い人間のようにも見えてくる。総じて、楽観的な人間の方がうまく生きられるようにも見えるが、果たして、本当に楽観だけが重要なのだろうか。

　Seligman（1990, pp.172-173）は、悲観（pessimism）が役に立つ場合もあることを、企業経営の例を用いて説明している。経営がうまくいっている大企業の場合、研究開発、企画、市場での売買などの仕事に携わる人は、夢や可能性を追うタイプでなければならない。すなわち、職務の性格上、基本的に楽観的であることが求められる。しかし、従業員が将来の可能性だけを追求する楽観的な人間ばかりなら、企業は破産する。企業には現在の状況を緻密に把握している従業員も必要である。経理、会計、財務、安全管理などの仕事を担当する人は、会社がどれだけ資金を出せるのか、リスクはどの程度かを認識している必要がある。すなわち、職務の性格上、基本的に悲観的であることが求められる。つまり、成功している企業には、楽観的な人も悲観的な人も必要であり、企業のトップには、両者のバランスを取るだけの知恵と柔軟性のある経営者がいなければならない。

　企業に楽観と悲観の両者が必要であるように、成果が求められる個人もまた、最悪の結果を想定した上で、最高の結果を出すように仕事に取組むことが必要であるばかりか、個人が充実した人生を送るためには、大きな夢や理想に向かって楽観的に進むだけでなく、時には直面する危機に対して、悲観的にも考えて乗り越えることが必要なのである。

9-3　ワーク・ライフ・バランス

個人が担う様々な役割

　「役割」という言葉の意味を辞書（大辞泉）で調べると、1. 役目を割り当てること、また割り当てられた役目、2. 社会生活において、その人の地位や職務に応じて期待され、あるいは遂行している働きや役目」と示されている。個

人はキャリアや人生の中で様々な役割を経験していくが、役割という言葉の意味に照らして考えれば、個人が役割を担うということは、パフォーマンスに対する他者からの期待を受けること、任された機能や仕事をやり遂げること、ということになる。ある意味、キャリアとは個人が役割を担うことの連続である。そして、個人が担う役割の内容は、キャリアの持ち主（個人）ではなく、個人が所属する組織によって決定されることが多い[10]。

　個人の社会的役割、アイデンティティ、およびそれらに関連するメカニズムを、キャリアの社会的枠組みの説明に持ち込もうとする初期の試みは、Hughes（1937, 1958）をはじめとするシカゴ学派の社会学者によって主に行われた[11]。個人が担う役割は社会と密接な関係があり、組織などの社会構造や制度による部分が大きいが、Inkson（2007）によると、個人の役割に関する特徴として、以下の点について認識しておくことも必要である。まず、1つの仕事には複数の役割が関連し、しかも、役割は時間とともに変化するものであること、次に、個人の役割は、自分自身、他者、勤務する組織、キャリアに影響を与える社会的制度などによって定義され、仕事上のキャリア（ワーク・キャリア）は、個人の仕事以外の役割からも影響を受けるものであること、そして、多くの役割を通して、個人が自己アイデンティティを維持し発達させることは、キャリアの重要な課題である、ということである。

家庭生活にネガティブな影響を与える仕事要因

　仕事に関するどのような要因が、家庭生活に好ましくない影響を与える可能性があるのか。Schein（1978／二村・三善（訳）1991, 59-60頁）によると、第1の要因として、仕事にかける時間数（実働時間数）が挙げられる。海外で行われた調査では、給与水準において中の下クラスの職業に従事する人が、実働時間数が最も少なく、愛のある結婚生活を営み、夫婦で家事の多くを分担し

10　個人が担う役割の内容が、所属する組織によって決定されることに関連し、Inkson（2007）は、個人の賃金と雇用の代償は、雇用主である組織に対する服従と個人の時間と努力は組織のものという認識であると述べる。
11　社会の縮図としてキャリアを取り扱うことができると考え、異なる職業におけるキャリアを調査するために、エスノグラフィーの手法なども考案された（e.g. Becker, Geer, Hughes and Strauss, 1961）。

合っている。一方、大学教員は実働時間数が最も多く、家に持ち帰る仕事量も多く、家事を分担する時間が最も少ない（Kanter, 1977, p.32）。この調査結果から、大学教員のように個人の裁量の大きい職業に就く人ほど、より自己管理が求められると言える。

出張および転勤（の回数、程度）は、家庭生活に悪影響を与えかねない第2の要因である。出張が家庭生活にもたらす不安材料として、出張による疲労、家を留守にしがちな夫（あるいは妻）には家庭を任せられないことによる配偶者の責任の増大、孤独に対する配偶者の不満や不安、浮気などの余計な心配、などが挙げられる（Kanter, 1977, p.36）。また、Seidenberg（1973）は、転勤が頻繁な場合、夫婦はお互いに愛着を抱く機会や支持的な関係を育てる機会が減少し、配偶者は情緒の混乱に陥りやすくなると指摘する。なお、転勤については、回数や程度だけでなく、どこに異動するのかという勤務地も家庭生活に影響を与える大きな要因となる。

第3の要因は、仕事の性格と職務満足度である。Kanter（1977）は、個人の裁量の小さい仕事や、個人の成績が明確にわかるような仕事、時には自分が打ち負かされるような経験をする仕事に就いている人は、職場での不満や敗北感を埋め合わせようとして、家庭ではよりわがままに独裁的になるかもしれないと述べる。頻繁に他者と接する仕事に従事する人は、人との相互作用や人間関係による疲労が重なり、職場で燃え尽きたようになり、家庭では家族と触れ合うことを避けるかもしれない。また、個人の職務満足度が低いほど、家庭での緊張度は高い（円満度は低い）という調査結果も報告されている（Kanter, 1977）。

もちろん、ここで挙げた要因が存在するからといって、即不幸な家庭生活となるわけではない。大学教員の実働時間数が仮に最も多いとしても、大学教員の仕事には通常大きな自律性が伴うため、個人でマネジメントできれば、ワーク・ライフ・バランスを実践することは十分可能である。勤務地や出張、転勤に関する問題についても、メールやスマートフォンなどの活用によって、夫婦間の不安材料を少しは減らすことができるはずである。

職業生活と家庭生活の葛藤—ワーク・ファミリー・コンフリクト

　日常生活の中で、職業生活と家庭生活を両立させることは実際には簡単なことではない。仕事と家庭の両立についての悩みを尋ねた調査によると、「特になし（52.0%）」という回答が約半数を占めたものの、最も多い悩みとして「子供や家族が病気になったときに、休みを取りにくい（23.9%）」が、次いで、「仕事のための自己啓発や勉強が後回しになる（10.8%）」、「子供の遊び相手をしたり、勉強をみる時間がない（10.8%）」が挙げられている（図表9-5）。

　ワーク・ファミリー・コンフリクト（work family conflict）とは、組織からの要求が家庭における個人の欲求の達成を阻害し、また家庭からの要求が組織における個人の欲求の達成を阻害することである。すなわち、ワーク・ファミリー・コンフリクトは役割間葛藤の1つと言える（Netemeyer, Boles and McMurrian, 1996）。なお、葛藤（コンフリクト）とは、心の中に複数の欲求が同時に存在し、個人がどの欲求を優先すべきか選択できずにいる状態である。

図表9-5　仕事と家庭の両立についての悩み（複数回答）

	(%)
子供や家族が病気になったときに、休みを取りにくい	23.9
仕事のための自己啓発や勉強が後回しになる	10.8
子供の遊び相手をしたり、勉強をみる時間がない	10.8
家事・育児を行う時間がない	9.5
家事・育児のために、労働時間や仕事量を制限しなければならない	7.6
転勤に応じられない	6.6
仕事と家庭の両立に、上司や職場の理解がない	4.8
職場の付き合いに応じられない	4.6
家庭内での家事・育児分担がうまくいかない	3.9
子供を預けられる場がない	3.9
責任のある仕事を引き受けられない	3.9
宿泊を伴う出張に応じられない	2.6
特になし	52.0

（加藤監修・第一生命経済研究所編, 2011, 70頁）

　Greenhaus and Beutell（1985）によると、ワーク・ファミリー・コンフリクトには3つの種類がある。1つ目は時間による葛藤である。これは仕事（家庭）に費やす時間が長いために、家庭（仕事）に費やす時間が短くなり、役割の遂行が妨害されることである。残業で帰宅が遅くなり、子供と十分に接する時間がとれないなどは、多くの人が経験していることだろう。企業が厳しいグローバル競争にさらされている今日、長時間労働や時間外勤務、不規則な出勤時刻と退社時刻などに従業員が対応することは、当たり前のようになっている。仕事で何らかの緊急事態が発生した場合には、24時間いつでも即応が求められる職種もある。こうした不規則な勤務時間や仕事に奪われる時間は、家庭生活に大きな影響を与えている。特に、乳幼児や病人がいる家庭や共働き世帯では、大きな問題になる場合が少なくない。

　2つ目はストレスによる葛藤である。これは仕事（家庭）でのストレスやいらいらが、家庭（仕事）での役割の遂行を妨害することである。特に仕事での役割の曖昧さや過剰な負荷は、個人のストレスの原因となる。これに加えて、世帯の大きさ（両親と同居か別居か、子供が独立しているか否か他）、配偶者が協力的か否か、子供の様々な問題といった家庭の状況もまたストレスの原因となる。仕事と家庭は完全に切り離せるものではないため、どちらかの領域で抱えるストレスが他方の領域に影響することを避けるのは難しいことである。結果的に、仕事と家庭の両方の役割で満足のいくパフォーマンスや成果が発揮できなくなることが懸念される。

　3つ目は感情や行動による葛藤である。これは、一方の役割で求められる感情や行動のパターンが、もう一方の役割においては望ましくない場合に生じる対立、矛盾である。例えば、仕事では合理的で効率的な行動が求められ、一方、家庭では時間をかけた丁寧な行動が求められる場合、個人の中でうまく切り替えができなければ、2つの役割がお互いに妨害されてしまう。感情を強く抑制する、競争心をむき出しにする、相手に対して攻撃的な発言をするなどは、仕事上の役割の中ではある程度つきものであったりもするが、そうした感情や行動を家庭にそのまま持ち込むことは、適切ではない。反対に、他者に対して温かさや思いやり、愛情を表現するなどの家庭的な行動は、職場ではあまり相応しくない場合もある。個人の高ぶった感情や行動を上手に切り替えるこ

とは、難しいことである[12]。

ワーク・ライフ・バランス支援制度の整備・利用状況

　従業員のワーク・ライフ・バランスを支援する企業も増えてきた。ワーク・ライフ・バランス（work life balance）とは、仕事と個人の生活のバランスを維持しながら、その両方を充実、発展させることを意味する[13]（守島，2004，169頁）。ワーク・ライフ・バランスを支援する主な具体的制度として、半日休暇、育児休暇、介護休暇、短時間勤務、事務所内託児施設、ジョブ・シェアリング、フレックスタイム、在宅勤務などが挙げられる[14]。

　図表9-6は、企業の従業員に対して、ワーク・ライフ・バランスの支援を目的としたどのような制度が整備されており、そうした制度がどの程度利用しやすいかについて尋ねた結果である。これによると、半日休暇や家族が病気になったときの休暇制度は、50%を超える企業で導入しているが、在宅勤務制度については、10%程度と導入している企業は一部に留まる。また、どの支援制度についても「利用しやすい」と回答した比率は、4割程度以下という状況にある。重要なのは、ワーク・ライフ・バランスの支援制度を整備するだけではなく、制度が機能すること、すなわち、従業員がそうした支援制度を十分に利用できることである。

12　こうした葛藤の結果に大きな影響を与えるのが、個人がどちらの領域での役割をより重視しているかである（Greenhaus and Beutell, 1985）。家庭での役割よりも仕事での役割の方が重要だと考える人と、その逆の優先順位を持つ人では、葛藤の結果が異なってくる。

13　ワーク・ライフ・バランスという表現は、個人には仕事以外にも人生の中で担うべき役割があることを意味している。もし、ワークを「仕事」、ライフを「人生」と捉えると、ワークとライフのバランスを取るということは、仕事は人生の一部ではなく、仕事と人生を切り離して取り扱われることにもなりかねない。しかし、現実に自分の人生を歩まずに、仕事だけの役割を担うということはありえない。こうした議論から、Inkson（2007）は、ワーク・ライフ・バランスという表現よりも、ワーク・ノンワーク・バランスやワーク・ファミリー・バランスの方が、誤解を与えずより適していると述べている。

14　ワーク・ライフ・バランスを支援する制度は、ライフスタイルの多様化を受け、必ずしも女性や家庭生活に限定するものではない。1980年代以降アメリカ企業は、他社との競争に勝ち抜くためには人種や性別、未婚・既婚などを問わず優秀な人材確保をすることが必要との考え方を示した。一方で、優秀な人材ほど仕事と個人生活の両立を重視する傾向が強まったため、企業にとっては、社員の仕事と個人生活の両立支援が人事施策上避けて通れない課題となったことから、ワーク・ライフ・バランスの考え方が導入された（守島，2004，169頁）。

図表 9-6　主なワーク・ライフ・バランス支援制度に対する意識

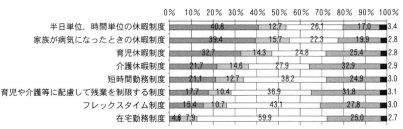

（加藤監修・第一生命経済研究所編, 2011, 73 頁）

ワーク・ライフ・バランスを阻害する要因

　ワーク・ライフ・バランスを支援する制度が導入されていても、制度を利用しにくい職場は少なくない。例えば、介護休暇を取得したいのに、今まで実際に取得した人はおらず、介護と仕事は両立させるのが当然のような雰囲気が職場にあれば、申請できずに我慢する人はいるだろう。ワーク・ライフ・バランスを推進するためには、何がワーク・ライフ・バランスを阻害しているのか、阻害要因を認識することが重要である。従業員が職場のワーク・ライフ・バランス支援制度を利用しやすくない理由として、「仕事に支障が生じる可能性がある（63.5％）」、「職場に利用しにくい雰囲気がある（55.3％）」、「収入が減る可能性がある（24.6％）」などが挙げられている（図表 9-7）。

　先行研究では、従業員のワーク・ライフ・バランスの実現を阻害する大きな

図表 9-7　ワーク・ライフ・バランス支援制度が利用しやすくない理由

理由	(%)
仕事に支障が生じる可能性がある	63.5
職場に利用しにくい雰囲気がある	55.3
収入が減る可能性がある	24.6
職場での評価が下がる可能性がある	22.0
昇進・昇格が遅れる可能性がある	6.1
その他	5.3

（加藤監修・第一生命経済研究所編, 2011, 75 頁）

要因の1つとして、マネジャー（管理職者）の考え方や職場風土が挙げられている（藤本, 2009, 116-117頁）。企業のマネジャーが何を基準に部下を評価するかは、ワーク・ライフ・バランスの実践に影響を与える重要な要因である。例えば、かつての日本企業にありがちな、仕事のためなら私生活を犠牲にしても構わないという部下の態度がマネジャーから評価される場合、理由が何であれ、私生活よりも仕事を優先しない態度は、マイナスの評価を受ける可能性が高い。また、フェイス・タイム（従業員が実際に職場にいて仕事をしている時間）が、従業員の仕事に対するコミットメントの証として認識されている風土を持つ職場では、従業員が残業せずに定時帰宅するために朝一番で出社し仕事をしようが、実際の仕事の生産性が高かろうが、職場にいる時間が長い人ほど仕事に対するやる気があるとみなされる場合がある。こうした職場風土では、例えば家族の介護のために早目に帰宅したくても、実践しにくいであろう。マネジャーは職場風土の醸成に大きな影響を与えることを考えると、ワーク・ライフ・バランスの実現のために極めて重要なのは、マネジャーの考え方といえる。

余暇の過ごし方

　余暇をとらずに働き続けることが美しい生き方であるといった価値観は、一部の日本人にまだ残っているのかもしれない。国際比較して日本人は働きすぎと言われた時代もあり、現在まで日本人の労働時間は、統計上は大分短縮されてきたようにも見えるが、それでもドイツやフランスに比べればまだ多い現状にある（図表9-8）。2010年の1人当たりの平均年間総実労働時間は、日本が1733時間であるのに対し、ドイツは1419時間、フランスは1562時間である。

　日本人は余暇に何をして過ごしているのか。厚生労働省（2014）には、20〜39歳、40〜64歳、65歳以上の世帯別に余暇の主な過ごし方が示されている（図表9-9）。

　あらためて、休日に何をして過ごしているかが年齢によって異なることがわかる。例えば、加齢に伴って行わなくなることとして、「何もせずにゴロ寝で過ごす」、「子どもと遊んだりして、家族とともに家で過ごす」などが挙げられる。反対に、加齢に伴ってより行うようになることとして、「運動・スポー

図表9-8 1人当たり平均年間総実労働時間の国際比較 （時間）

	1990 年	2000 年	2010 年
ドイツ	1578	1471	1405
フランス	1665	1535	1494
イギリス	1765	1700	1652
カナダ	1796	1777	1701
アメリカ	1831	1836	1777
韓国	2677	2512	2187
日本	2031	1821	1733

（独立行政法人労働政策研究・研修機構, 2015『国際労働比較 2015』199 頁）

図表9-9 実際の休日の過ごし方 （世帯別）

（複数回答） （単位：%）

	何もせずにゴロ寝で過ごす	テレビを見たり、ラジオを聴いたりして過ごす	インターネットをして過ごす	子どもと遊んだりして、家族とともに家で過ごす	運動・スポーツ・散歩などをする	ドライブや小旅行に出かける	新聞・雑誌・本を読む	音楽を聴く	碁・将棋・マージャンなどをする	手芸・庭いじり・日曜大工などをする	家事をする	仕事・勉強をする	映画等の娯楽施設に出かける	ショッピング・買い物をする	地域や社会のためのボランティア活動をする	その他
計	25.0	31.4	41.5	12.4	19.1	15.7	12.8	9.8	1.4	10.2	14.3	3.9	5.3	19.7	2.6	5.7
20～39 歳	34.2	25.1	41.2	22.2	10.8	11.6	8.9	10.1	1.1	3.5	17.6	5.1	4.9	25.3	0.7	6.1
40～64 歳	29.6	33.0	41.8	11.2	16.4	16.3	11.0	8.4	0.9	7.2	13.5	3.3	5.6	18.2	1.5	5.8
65 歳以上	9.3	35.4	41.5	4.3	31.2	19.0	19.3	11.0	2.2	21.2	12.2	3.6	5.0	16.4	6.1	5.1

（厚生労働省, 2014「健康意識に関する調査」）

ツ・散歩などをする」、「地域や社会のためのボランティア活動をする」などが挙げられる。一方、年齢を問わず最も多かった回答は「インターネットをして過ごす」である。

余暇の意義

余暇が充実している人は仕事も充実している（またはその逆も言える）などと言われるように、余暇は人生の中で重要な意義を持っており、必要なもので

ある。Peterson（2006／宇野訳, 2010, 253-258 頁）によると、余暇やレクリエーションが持つ重要性は、青年期、中年期、老年期によって異なる。青年期における意義として重要な点は、様々なレクリエーション活動によって、人はポジティブなアイデンティティを獲得できることである。レクリエーション活動は特に青年期に、つまりアイデンティティの形成が生涯発達における重要な課題である時期に、重要なものである。いわば余暇とレクリエーション活動を通じた自分探しである。一般に、人は青年期の大半を学生として過ごすが、個人のアイデンティティは学業以外の様々な活動を通じて形成される。

　次に、多くの人にとって中年期は、人生の中で最も仕事が充実している時期である。また、体力面での衰えを自覚し始めるのも中年期である。余暇やレクリエーション活動は、充実した職業生活を送る上でも必要である。仕事がどんなに忙しくても、余暇やレクリエーション活動に積極的に取組む人も少なくない。例えば、水泳、散歩、ゴルフなどの運動は、ポジティブな感情や活力感を増大させる。定期的に有酸素運動を行っている人は、より優れた精神的健康（メンタルヘルス）を保ち、ストレス耐性も増すことが報告されている。

　老年期には多くの人が退職し、社会との接点をいかに持つか、新たな生きがいの創造が大きな課題となる。老年期におけるレクリエーション活動に参加する大きな理由の 1 つが、他者と交流するきっかけを与えてくれることである[15]。他者との交流によって、個人の社会的欲求を満たすことができる。なお、退職した人は余暇やレクリエーションの時間を十分にとれる環境にあるものの、実際にはほんの少数の人しか新たなことに興味を示さないという。退職してから新たな生きがいに取組もうとしても、すぐには見つかるものではないため、人は加齢とともに新たなものに対する好奇心を失わないようにしなければならない。Peterson（2006／宇野訳, 2010, 255 頁）は、「あなたが心に描く、働くのを辞めたときにやりたいことに対して、いまから興味を持ちなさい」と、退職に関する実践的な教訓を述べている。

　余暇の活動レベルや活動につぎ込む時間は、人生の満足度と強い正の相関関係があることが示されている（Peterson, 2006／宇野訳, 2010, 123 頁）。自分

15　一般に、男性同士の友情は共通の活動を中心に育まれ、女性同士の友情は会話を交わすことを中心に育まれる、という特徴がある。

が持つ技能や個性を余暇の活動に活かせることで生まれる満足感、数多くのレクリエーション活動が直接的にもたらす喜びなど、余暇やレクリエーション活動は、私たちに多くのポジティブな感情をもたらし、人生の満足度を高めてくれる。

デュアル・キャリア家族

　図表 9-10 は夫婦の就業・非就業別世帯数の推移を示したものである。これによると、夫婦共に就業者（共働き）の世帯数は、2000 年の約 1,313 万 9 千世帯から 2015 年の約 1,308 万世帯に減少しているものの、夫婦のいる一般世帯全体に占める割合でみると、45.3％から 47.6％に増加している。一方、夫が就業者で妻が非就業者（専業主婦）の世帯数は、2000 年の約 1,065 万 2 千世帯（36.7％）から 2015 年の約 727 万 2,000 世帯（26.4％）へと、世帯数および全体に占める割合において共に低下している。

　デュアル・キャリア家族とは、夫も妻も生涯キャリアを追求する家族を意味する言葉である。夫婦共に就業者の世帯の中には、デュアル・キャリア家族が存在している。Schein（1978／二村・三善（訳）1991, 61-63 頁）は、デュアル・キャリア家族が職業生活と家庭生活を両立させるために、家事の分担について 2 つの方法を提案している。1 つは、人生のある期間に夫婦のどちらが家

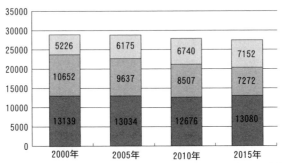

図表 9-10　夫婦の就業・非就業別世帯数の推移（千世帯）

（総務省統計局（2017）「平成 27 年国勢調査　就業状態等基本集計結果」）

事をより多く担当するか、事前に話し合っておくことである。例えば、子育て
の時期には、妻が家事に専念し、夫は仕事に専念する。子育てが一段落した
ら、今度は妻が仕事に専念し、夫は家事をより多く担当する。この方法は、夫
婦のどちらが家事に責任を持つのかが明確であり、管理しやすいかもしれない
が、一方により大きな負担がかかることに注意する必要がある。もう1つは、
夫婦が平等に家事を分担し、ライフサイクル全体にわたってそれを継続するこ
とである。平等に分担するといっても実際には難しいかもしれないが、パート
ナーがある程度協調的であれば、長期的にはメリットが大きい方法である。こ
うした議論から、デュアル・キャリア家族が幸せな生活を送れるかどうかは、
特に夫の姿勢に大きくかかっていると言えよう。夫が家庭志向（協調）的であ
れば、両パートナーはキャリアを追求しながら、幸せな生活を送れる可能性は
高くなる。

第 10 章

キャリア発達のアウトカム

　人は仕事経験を積み重ね、キャリア発達することで、様々なアウトカム（成果）を得ることができる。自己効力感とは、ある課題に対して「自分ならうまくできる」という自信を持てることである。自己効力感はキャリア発達に伴い個人にもたらされる成果であると同時に、自己の成長にとって好循環を作り出し、個人の職務パフォーマンスの向上やキャリア発達を促す上で重要な要因となる。自己効力感は生まれつき人に備わっているのではなく、醸成されていくものである。遂行による習得は、自己効力感を最も強力に向上させる要因である。

　キャリア発達がもたらすアウトカムは、Maslow が欲求階層説で述べた人間の基本的欲求の充足にも関係する。人は仕事経験を積み重ねることで、基本的欲求を満たすことができる。所属と愛、自尊、自己実現といった人間の欲求が高次になればなるほど、キャリア発達なしでこれらの欲求を満たすことは、困難であると言えるかもしれない。

　キャリア成功は、客観的成功と主観的成功の 2 つの視点で捉えることができる。キャリアの主観的成功は、客観的成功から直接的な影響を受けると考えられてきたが、今日では、キャリアの客観的成功は、必ずしも主観的成功に結び付かない場合があることを理解しておくべきである。キャリア成功、イコール組織で出世して安定を得ること、と考える人は今でも多いかもしれないが、キャリア成功には多面性がある。価値観が多様化している現代では、キャリア成功において何を重視するのかも人によって異なる可能性がある。

　キャリア論を学ぶ意義の 1 つは、キャリア発達とともに、皆が充実した幸せな人生を送れるようになることと筆者は考える。人は誰でも幸せになりたいと

願うが、本章では幸せを得る3つの原則として、快楽を得る、意味の追及、エンゲージメントの追及、を紹介する。快楽を得るとは、幸せになるための直接的な方法であり、人が歓喜、満足、well-being（安寧）などのプラスの心理的状態を得ることである。意味の追求とは、自分の強みや長所を最大限発揮し、仕事に一生懸命取組み社会に貢献することで、生きがいを得ることである。また、エンゲージメントの追及とは、フローを生み出す活動に従事することであるが、フローとは、個人が何らかの活動に大いに集中し、没入している状態を意味する。

　幸せは人生のゴールであり、どうすれば幸せになれるのか、と人は考えがちである。しかし、幸せはよい人生の結果や指標ではなく、要因でもある。幸せを感じる人は、雇用、収入、職務の遂行、友情、精神衛生などで実際に成功を収めていることを示す研究結果もある。そして、幸せを感じるためには、前向きに物事に取組もうとするなどの意思の力も重要なのである。

10-1　自己効力感

自己効力感とは何か

　人は自分が持っている能力を自分なりに評価し、それにしたがって、様々な職務や直面する課題に対する選択や取り組み方を調節している（Bandura, Adams, Hardy and Howells, 1980）。自己効力感（self-efficacy）とは、ある職務を遂行する能力に対する個人の信念であり、個人がある職務を遂行できるという自信をどの程度持っているかを表す概念である。ある課題に対して「自分ならうまくできる」という自信を持てることである。自分ならうまくできるという自信があれば、課題に挑戦するという選択ができるだろうし、前向きで持続的な取り組みが期待できるであろう。

　自己効力感の概念には、大きさ、強さ、一般性という3つの次元が存在する（Gist, 1987）。大きさとは、自分がうまく遂行できると信じている職務の困難さのレベルである。つまり、自己効力感の大きさとは、自分はどのくらい困難な課題までできそうなのかを意味する。2つ目の強さとは、自分がうまく遂行

できるという信念の強弱である。すなわち、自己効力感の強さとは、自分はある課題をどのくらい確実にできそうなのかを意味する。また、3つ目の一般性とは、自分がうまく遂行できるという期待が、他の状況に一般化できる程度を指す（Bandura, 1977）。すなわち、自己効力感の一般性とは、ある課題に対する自己効力感が、他の課題にどの程度当てはまりそうなのかを意味する。人は様々な職務や課題、領域に対して自己効力感を持ちうるが、その大きさ、強さ、一般性は、課題によって異なるといえる[1]。

　自己効力感は、Bandura の社会的学習理論における主要な概念であり、個人が、認知的、社会的、言語的、身体的スキルを様々な経験を通じて習得し、習得した自分自身の能力を認知的に評価することによって生まれるものである。自己効力感は、キャリア発達に伴い個人にもたらされる成果と言えよう[2]。

自己効力感はなぜ重要なのか

　個人の自己効力感と職務パフォーマンスとの間に、統計的に有意な相関関係があることを示す研究結果は多い。しかも、個人の過去の行動よりも自己効力感の方が、将来の職務パフォーマンスをより正確に予測できることも示されている[3]（e.g. Bandura, 1982）。

　Bandura（1982）によると、自己効力感は、スキルの習得、職務への取り組みにかけるエネルギー、困難な課題に対処する開始時期や粘り強さ、に関する個人の意思決定に影響を与える。自己効力感が高い人は、職務によく取り組み、より難しい課題に対しても長時間粘れる傾向にある。そしてこれが習得経験となり、更に自己効力感が向上する。反対に、自己効力感が低い人は、職務

1　Bandura and Adams（1977）は、自己効力感に関する調査研究においては、個人の行動は正確に計測されなければならないこと、そして、計測のための指標は、調査対象の分野や領域に合わせたものを使用することが重要であることを主張している。

2　自己効力感は、社会的学習理論で述べた様々な学習形態を通じて習得されていく。自分は仕事を遂行できる、あるいはできる潜在能力がある、という思いは、その仕事に自己を向かわせるか、あるいは回避させるかというところで大きな影響を与える。結果期待とは、人がある特定の行動方針をとろうとする時にこれから何が起こるのか、結果はどうなるのかに対してその人が抱く期待であり、自己効力感に影響される。

3　自己効力感は、評価対象者の職務に沿ったものである限り、将来の職務パフォーマンスを予測することが可能である。

に対して十分に取り組まず、逆境で簡単にあきらめてしまう傾向がある。結果として、習得経験が少なくなり、これが自己効力感をより低下させてしまうのである。逆に言うと、粘り強く取り組める人は、自己効力感を向上させるような矯正経験をする傾向にあるのに対し、途中ですぐあきらめてしまう人の自己効力感は低いままでいる傾向がある。

さらに、自己効力感の高低は個人の職場環境の選択にも影響を与える（Bandura, 1977）。例えば、他の条件が同じであるとすると、自己効力感が高い人は、より挑戦的でより給与の高い求人に応募しようとするのに対し、自己効力感が低い人は、企業で将来性のあまり無い地位であってもそのまま居続けようとする可能性が高い。このように、自己効力感は自己の成長にとって好循環を作り出し、個人の職務パフォーマンスの向上やキャリア発達を促す上で重要な要因となる。

なお、自己効力感と類似する概念に有能感がある。Deci and Flaste（1995／桜井監訳, 1999, 86頁）によると、人間の行動がボーナスや昇進のような外発的報酬を得るためであったとしても、あるいは、活動を楽しむ感覚や達成感のような内発的報酬を得るためのものであったとしても、個人が望む結果を達成するための活動を十分こなせるという感覚をもつ必要がある。すなわち、「できる」という感覚が、内発的動機づけと外発的動機づけの両方にとって重要であり、自分には「できる」という感覚が有能感である。

Deci and Flaste（1995／桜井監訳, 1999, 88-90頁）によると、有能感は個人が自分自身の考えで活動できるときで、それが最適の挑戦となる場合にももたらされる。取るに足らない易しいことができても、人は有能感を感じることはできない。こうした考え方は、Csikszentmihalyi のフローの概念に類似するものである。人は何らかの達成に向けて努力するときに、有能感を感じることができる。自分にとって意味のある挑戦に対して、ベストを尽くすことが必要である。

どうすれば自己効力感を醸成できるのか

自己効力感はキャリア発達に重要な意味を持つが、生まれつき人に備わっているのではなく、醸成されるものである。では、どうすれば自己効力感を醸成

することができるのだろうか。Bandura（1982）は、個人の自己効力感の醸成
に影響を与える 4 つの要因を明らかにしている。その 4 つの要因とは影響力が
大きい順に、遂行による習得、代理経験、言語による説得、情動喚起である[4]。

　1 つ目の遂行による習得は、パフォーマンスの反復達成（Bandura, 1982）
とも言われ、自己効力感を最も強力に向上させる要因である。個人が実際に何
らかの課題を達成し、そうした達成経験が徐々に積み上がっていく中で、職務
を遂行するのに必要なスキルや対応力などが構築され、自信を習得していく。
なお、成功した経験は自己効力感を高めるが、失敗した経験は自己効力感を減
じる傾向がある。

　2 つ目の要因は、代理経験（モデリング）である。遂行による習得と比べや
や影響力が落ちるものの、遂行による習得が行えない場合にも有効な方法であ
る。代理経験とは、自分以外の人がしている様子を見ることで、自分もできる
という自信を持つことである。最初は、自分がモデルとする人（先輩でも友人
でも構わない）が易々と高いパフォーマンスを発揮している様子を見るより
も、困難を克服して成功している様子を見る方がより効果的である。また、モ
デルとする人を真似た行動によって明確な結果が出ると有効であり、自分とモ
デルとする人との間に、年齢、能力、個人的な特質面で何らかの類似性がある
とさらに効果的である。なお、セルフ・モデリングとは、自分が仕事をしてい
る様子や自分の職務パフォーマンスを映像として記録し、その中で自分が上手
くできなかった部分などを編集で削除・訂正し、自分が職務を正しく成し遂げ
ている姿を見ることでポジティブなフィードバックを得るという方法である。
このセルフ・モデリングは、代理経験の一種であり、特に職務パフォーマンス
の高くない人にとってより効果的であるという実証研究（Gonzales and
Dowrick, 1982）もある。

　3 つ目は、言語による説得である。文字通り、個人に職務を遂行する能力が
あると自信を持たせるために言葉で説得する方法で、メンターから励ましの言
葉をかけてもらうこともあれば、自分自身で「私ならやれる」と繰り返し言葉

4　Mortimer, Lorence and Kumka（1986）は、子供が自分自身でする意思決定に対して、親が
支持的である場合、子供の自信が助長されることを示している。親の支持は子供の自己効力感を高め
る 1 つの大きな要因と考えられる。

を唱える場合もこれに当たる。言語による説得は、遂行による習得や代理経験と比べ、自己効力感を認識させるには効果的であるものの、その醸成という点では影響力が劣ると考えられている（Bandura, 1982）。

　4つ目の要因は、情動喚起である。これは、音楽を聴くなどして感情を盛り上げることによって、自分はできるという気持ちを高める方法である。なお、Bandura and Adams（1977）は、個人の不安を誘発するような状況においては、情動喚起によるよりも、代理経験を活用する方が高い自己効力感とパフォーマンスを生み出すという研究結果を示している。

（参考）キャリアに対する自己効力感を測る指標

　柏木（2015）では、質問票調査でキャリアに対する自己効力感を計測している。以下に使用された指標を1例として紹介する。キャリアに対する自己効力感とは、自分のキャリアや仕事に関する目標や課題を成功裏に果たすことができる能力に関して、個人が感じる自信である。なお、指標は Higgins, Dobrow and Chandler（2008）の3つの質問文を用いて、7段階のリカートスケール（全く違う＝1〜全くその通り＝7）で測定している。

　1．私は、自分のキャリアについて意思決定をするとき、自分の判断には自信がある。
　2．私は、プロとして成長し向上する能力に自信を持っている。
　3．私は、自分のキャリアで生じる問題の大部分を、自分で対処できるように感じている。

（信頼性係数 $\alpha = 0.814$）

自己効力感と統制の所在の関係

　自己効力感は、統制の所在（locus of control）の概念と比較して議論されることがある。統制の所在は、それが個人の内にあるのか、外にあるのかが重要となる。Rotter（1966）によると、統制の所在が内にある（統制の内的所在が高い）個人は、自分への報酬は自分次第であるという認識を持つ傾向にある。反対に、統制の所在が外にある（統制の外的所在が高い）個人は、自分への報酬は偶発性などの自分以外の外的要因に支配されているという認識を持つ

傾向にある。統制の内的所在が高い人の中には、自分の能力に自信を持っている人も多いため、統制の内的所在が高い、イコール自己効力感も高いと誤解されることが多い。

　しかし、自己効力感と統制の所在には主に 2 つの相違点がある。統制の所在は、様々な状況を網羅した一般化された概念であるのに対し、自己効力感はある特定の専門領域における職務や課題を遂行できるという個人の信念を意味するものである。Bandura（1977）は、一般的に、統制の内的所在が大きい個人であっても、ある特定の分野における能力のレベルが低いと、それに関連する課題に対しては、低い自己効力感を認識すると述べている。また、統制の所在の概念は、Rotter の I-E（内的・外的）尺度によって計測可能であるが、この尺度には個人の行動の予測に加えて、結果の予測も含まれている。一方、自己効力感の概念には個人の結果の予測まで含まれていない。

　このように、相違点はあるものの、自己効力感と統制の所在には密接な関係があるのも事実である。例えば、Chambliss and Murray（1979）は、喫煙量の低下に関する調査で、2 つの概念の交互作用効果を計測し、統制の内的所在と高い自己効力感とが相まって、最大の喫煙低下に繋がったとの研究結果を示している。この交互作用に関する研究は、2 つの概念の理論的な類似点と相違点の理解にも寄与するものといえる[5]。

　また、統制の内的所在が高い個人は、遂行による習得の体験が少なくても、自己効力感に対する認識やパフォーマンスが向上する可能性が高く、代理経験に対する反応も良い可能性が高いと考えられる。なぜなら、自分のモデルとする人がそうであるように、自分自身も外部環境をコントロールしていると信じる傾向にあるからである。この場合、代理経験が最も効果的なのは、モデルの能力と特質に自分自身をダブらせることができるケースである（e.g. Kazdin, 1974）。

　一方、統制の外的所在が高い個人は、遂行による習得の体験を単なる幸運な出来事と捉える傾向がある。加えて、代理経験についても、モデルが成功した

5　さらに、自己効力感は個人の目標レベルの設定と、目標達成のためのコミットメントに影響を与えることが明らかになっていることから（Locke, Frederick, Lee and Bobko, 1984）、自己効力感、統制の所在、目標レベルの設定、の 3 者の間に 3 様の交互作用が存在する可能性がある。

理由は、自分が持っていないスキルを持っているからだ、と考える傾向があるので、統制の外的所在が高い個人は代理経験の効果も小さい可能性が高い。したがって、統制の外的所在が高い個人に対しては、鍵となる行動に対する統制の内的所在を向上させるために、言語的説得で導きながら、遂行による習得を積み重ねることで、自己効力感による効果を向上させることが必要かもしれない。Brockner and Guare（1983）は、自己効力感の低い個人のパフォーマンスを向上させるためには、言語的説得を用いて、パフォーマンスが向上しない原因は、職務や課題の困難さや複雑さといった外的要因にあり、自分の能力などの内的要因ではないと鼓舞することを提案している。統制の所在の概念をうまく活用することで、自己効力感の低い個人に対してコーチングすることが可能となる。

自己効力感と楽観傾向の関係

　気質と聞くと、人が生まれながら持っている性格のようなもので、変えることができないもののように思いがちだが、ここでいう気質とは、個人が楽観傾向（ポジティブ志向）であるのか、悲観傾向（ネガティブ志向）であるのか、という志向性のことである。人が楽観的か悲観的かは、ある程度は生まれながら決まっているかもしれないし、国民性も影響を与えるかもしれない。しかし、それで全てが決まるわけではないのは明らかである。個人が様々な成功や失敗の経験を積んで学習し、身につけていく部分も少なくないはずである。そして、個人の自己効力感と楽観傾向は密接に関係している。

　両者の関係について、Goleman は次のように述べている。

　ものごとを楽観的に見るか悲観的に見るかは、生まれつきの気質かもしれないが、気質は経験によってある程度変えられる。楽観も希望も－その意味では無力感も絶望も－学習可能である。楽観や希望の根源にあるのは自己効力感であり、つまり、自分は自分の人生を掌握できている、難題に対応できるという自信である。何であれ得意な分野ができるとその人の自己効力感は強まり、より大きな目標を目指して冒険したり挑戦したりする意欲が出る。そうして難局を乗り切ると、それがまた自己効力感を強化する。自己効力感によって人間は自分の持っている才能を最

大限に生かすことができる（Goleman, 1995／土屋訳, 1998, 170頁）。

　人が悲観的になるのは、楽観的になるよりも、容易で自然なことかもしれない。人が楽観的になるには、強い意志が必要と言われることもある。しかし、ここで重要なのは、個人の中で醸成される自己効力感は、楽観傾向を持つためのベースとなり、それによって人は自分の気質を、生まれつき悲観的であったとしても、ある程度変えることができるという点である。

10-2　キャリア成功

キャリア発達がもたらす人生の果実

　人は仕事経験を積み重ね、キャリア発達することで、言わば「人生の果実」を得ることができる。ここで言う人生の果実とは、キャリア発達のアウトカムを意味しており、例えば、仕事をして給与を得ることで、毎日好きな食事をすることができる（食欲）、毎日安心できる住居で暮らすことができる（安全）、企業に就職することで、組織に所属して望ましい人間関係を築くことができる（所属と愛）、企業で責任の大きなプロジェクトをやり遂げて、周囲の人間からの高い評価と尊敬を得る（自尊）、そして、生涯の仕事経験を通じて自分の潜在能力を開花させ、理想とするプロフェッショナルになる（自己実現）、などを指している。

　これらのキャリア発達がもたらす人生の果実は、Maslow が欲求階層理論で述べた人間の基本的欲求の充足に関係している。人は仕事経験を積み重ねることで、基本的欲求を満たすことができる。もし個人に莫大な資産があれば、一生働かなくても、食欲などの生理的欲求を満たしたり、安全な国の安全な住居に住んで安全欲求を満たしたりできるかもしれないが、これらは Maslow が述べる人間の低次の欲求である。所属と愛、自尊、そして自己実現という人間の欲求が高次になればなるほど、キャリア発達なしでこれらの欲求を満たすことは困難であるかもしれない。

仕事を通じた自己実現

　一般に、人は働くことに人生の最も多くの時間とエネルギーを費やしている。したがって、仕事（ワーク・キャリア）を通じて自己実現を目指すことは、人生の充実に大きな影響を与えるといえる。

　自己実現という言葉は、様々な場面で少し都合よく使われているように思える。また、仕事を通じた自己実現と聞くと、辛くて嫌な仕事はせずに、自分が好きな仕事を見つけて、それに楽しみながら専念する、といった意味で（あるいは、これに近い意味で）解釈する人も少なくないだろう。しかし、Maslowの述べる自己実現とは、自分の好きな仕事を好きなようにするとか、自分の趣味に没頭するという意味ではない。自己実現（self-actualization）とは、個人の才能や能力などを十分に用いていること、潜在能力を開拓し、自分ができる最大限のことをしていること、と定義される（Maslow, 1970）。より自分らしくなっていくことでもある。人間生まれながら持っている才能は異なっているが、経験の積み重ねや学習、訓練によって開発できる能力もある。自分らしさとは、そうした自分を開発していく中で生まれてくる個性なのであろう。仕事を通じた自己実現とは、自分が持っている才能や能力を仕事で最大限に発揮している状態であり、自己実現には終わりはなく、生涯を通じた自分自身との闘いといえるのかもしれない[6]。

　Maslowは、人間が手にすることができる最も素晴らしい幸運は、情熱を傾けてできることを行うことで、生計を立てられるようになることである、と述べている。自分の人生で何よりもやりたいと思うことがあって、それを仕事にしている人ほど、幸せな人はいないのではないだろうか。仕事を通じて自己実現を目指すことは、人生をより充実した素晴らしいものにすると言えよう。

6　自己実現に関連し、Deci and Flaste（1995／桜井監訳, 1999, 107-108頁）は、人は主体的に周囲の世界に参加していく中で、生命としての統合プロセスを経て発達するという、統合の概念について述べている。人間には、自分の内的世界を組織化していく中で、より大きな一貫性と統合性へと向かって移行していこうとする基本的傾向がある。すなわち、人間の発達は、内的世界においてより大きな一貫性と調和に向かおうとする性質を、本来的に持っているという考え方である。類似する考え方に、フロイトは自我の統合機能を提唱しており、これは、人が一生涯を通じて、自らの経験に対して、さらには自らのパーソナリティの発達に対して一貫性を持たせようとしていることを指している。

キャリア成功の2つの視点

　キャリア成功するとは一体何を意味するのか。先に、キャリアは生涯続く長い旅路に喩えられると述べた。しかし、旅の目的地、速度、道の勾配、迷わずに目的地に着けるかどうか、脇道にそれるか否かなど、旅路の内容に万人に共通する唯一のパターンというものは存在しない。また、企業の出世街道まっしぐらのキャリアを歩む人が皆人生を楽しいと感じ、成功感や満足感に溢れているとは限らない[7]。

　キャリア成功（career success）とは、キャリア発達に伴って生まれる様々な成果であり、個人の仕事や活動、経験の結果生まれる物質的、精神的両面における成果である（Greenhaus, Callanan and Godshalk, 2010）。キャリアに客観的キャリアと主観的キャリアの2つの視点があるのと同様に、キャリア成功も客観的成功と主観的成功の2つの視点で捉えることができる。**客観的成功**とは、収入、昇進、職位など、キャリア成功の（個人の）外から見える側面であるのに対し、**主観的成功**とは、職務満足、自覚、適応力、学習など、キャリア成功を個人の視点で捉える側面である。

客観的成功と主観的成功の関係

　キャリアの主観的成功は、客観的成功から直接的な影響を受けると考えられてきた（図表 10-1）。例えば、Arthur, Khapova and Wilderom（2005）は、キャリア成功に関する 68 の先行研究について調査し、44 の先行研究がキャリア成功には主観的側面も存在することを踏まえており、そのうち 37 の研究が、客観的成功が主観的成功に影響を与えるという因果関係に言及していると述べる。

　もとより、主観的要素は個人の価値観にもよるはずであるから、個人の価値

　7　職務成功とは個人がある仕事で高い成果を収めることであり、より客観的な評価に基づく。これに対して、職務満足とは個人の仕事に対する満足度であり、主観的な評価である。職務成功と職務満足は密接に関係しているものの、両者の意味は同じではない。同様に、Inkson（2007）は、キャリア成功とキャリア満足の意味も同じではないと述べる。キャリア満足（career satisfaction）とは個人のキャリアに対する満足度であり、主観的な評価である。キャリア満足には、キャリアの客観的成功に加え、主観的成功が大きく関わる。現代では、高い地位や報酬を得るといった客観的成功を収めたとしても、キャリア満足は得られない可能性もある。

図表 10-1　キャリア成功のモデル

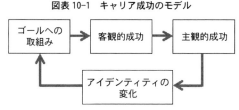

(Hall and Chandler, 2005)

観が多様化してくると、キャリア成功に対する評価は一般的認識だけでは語れなくなるだろう。また、今日のように変化の激しい環境において、特にキャリアの移行期で不確実性の高い時期などには、客観的にはキャリア成功していると思われる場合でさえも、主観的には満足できないことも起こるかもしれない。新たに獲得した地位に必要な能力を身につけなければならない場合が、この1例として挙げられよう。キャリアの主観的評価は、必ずしも、個人が獲得した地位、報酬、名誉をそのまま映し出すものではないかもしれないのである。そうは言っても、客観的成功が重要であることに変わりはなく、客観的成功より主観的成功を重視することを主張しているのではない。今日では、キャリアの客観的成功は、必ずしも主観的成功に結び付かない場合があることを理解しておくべきである。

本人にとってキャリア成功と認識しにくいケース

　価値観の多様化やキャリアを取り巻く環境の変化で、個人が主観的キャリアの探求をより重視するようになると、条件次第では、客観的成功が主観的成功の要因とはならないということが起こる。具体例を提示しながら考察してみる。

・　キャリア成功のための行動が私生活の失敗を招いてしまうケース：この場合、客観的成功は主観的成功の要因とはならないことがある。こうした状況は、特にワーク・ライフ・バランスに関する事例でしばしば確認される。仕事に多くの時間を費やすことが、仕事への過剰な関与に繋がり、その結果、例え組織で大きな昇進を果たしたとしても、家族との関係や絆を損ないかねない。失った家族との時間は取り戻すことはできない。

- 課題の達成が個人のアイデンティティの変化に繋がらないケース：何らか
  の仕事上の課題を達成できても、それが個人のアイデンティティの変化に
  繋がらない場合は、主観的成功にまで結びつかないことがあると指摘され
  ている。アイデンティティの変化とは、自分は課題を達成できる能力を
  持った人に成長した、という心理的成功による自己認識の変化である。す
  なわち、このケースは、個人が仕事上の目標やゴールを達成しても、何ら
  かの理由で心理的成功のサイクルが短絡化し、達成した能力のレベルが自
  己アイデンティティに内在化されない場合といえる。
- 変化したアイデンティティが自分にとって重要な周囲の人間に理解されな
  いケース：変化した自己アイデンティティが、自分にとって大切な周囲の
  人間に理解されない場合、客観的成功は主観的成功に繋がらないことがあ
  る。例えば、企業の従業員が海外赴任をし、海外で一皮むけるような様々
  なビジネス経験をし、優れた業績を残して別人のように成長して帰国した
  のに、職場の上司や同僚は、以前のままの自分としてしか見ていない場合
  がこのケースに当てはまる。
- キャリアの 1 つの段階における客観的成功が、個人を新たな次の学習サイ
  クルへと推し進める時：先に述べたように、現代のキャリア発達段階は、
  ミニ発達段階の連続として捉えることが可能である。ミニ発達段階は、個
  人の学習サイクルでもある。Hall（1993）によると、キャリアにおけるミ
  ニ発達段階は、1）新たなキャリア探索を行う、2）新しいキャリア行動を
  試してみる、3）新しい役割を担う自分が周囲から受容される（確立）、4）
  高いパフォーマンスを発揮できるようになる（熟達）、の 4 つの段階から
  構成される。個人が 1 つの役割を熟達するか、あるいは外部環境が変化す
  るなどで次のキャリア探索を開始すると、新しい学習サイクルがスタート
  する。この時、個人は心理的成功サイクルの振り出しの位置に戻ってい
  て、新しい学習サイクルにおける初期段階にいることになる。周囲の人間
  が客観的成功を認めても、本人の中では自分は新しい学習サイクルにおけ
  る学習者であって、まだ熟達していないと捉えている。すなわち、個人の
  ある客観的成功が動機づけとなり、新たなキャリア探索が開始されると、
  その人は主観的成功をその時点ではまだ感じられない場合がある。

キャリア成功の多面性

　客観的成功と主観的成功という二元的視点以外にも、キャリア成功の捉え方はある。

　例えば、Derr（1986）は、キャリア成功の5つの要素として、出世する、安定を得る、高揚感を得る、自由を得る、両立させる、を挙げている。出世するとは、文字通り組織で昇進することであり、従来のキャリア成功は主にこの出世することを意味していたし、現代でも企業で働く従業員にとって極めて重要な尺度であることに変わりはないであろう。2つ目の安定を得るとは、組織や社会で確固たる安定した地位を確保することであり、出世することと強く関係している要素といえる。3つ目の高揚感を得るとは、仕事の内容によって刺激されたり動機づけられたりすることを意味する。仕事に対する動機づけというと、その誘因として給与や報酬といった外発的なものをまず考えるが、ここで言う高揚感を得ることには、仕事自体から刺激を受けるという内発的動機づけも含まれる。4つ目の自由を得るとは、自律と自分自身の仕事環境に対する統制力を獲得することであり、他者が自分をコントロールするのではなく、自分が自分をコントロールできるようになることである。そして5つ目の、両立させるとは、仕事と仕事以外のバランスをとることであり、ワーク・ライフ・バランスを獲得することである。

　また、Nash and Stevenson（2004）は、色褪せることなく長続きする成功のための必須要素として、幸福感（人生から喜びと満足感を得ること）、達成感（何かの業績で他に抜きん出ること）、存在意義（身近な人にとって意味のある存在であること）、育成（自分の価値観や業績によって、誰かの未来の成功を助けること）の4つを挙げている。これら全ての要素を含んだ成功は充実感にあふれ、長続きすることから、1つだけでなく、4つの要素についてバランスよく得ることが重要であると述べる。

　キャリア成功、イコール組織で出世して安定を得ること、と考える人は今でも多いかもしれないが、キャリア成功にはこのように多面性がある。そして、人によってキャリア成功の要素の優先順位は異なる可能性がある。

コーリングを用いたキャリア成功の統合モデル

　キャリアの客観的成功が最も主観的に成功したと感じられる時とはどのような場合なのか。それは、個人が仕事を職務や昇進の手段としてではなく、コーリング（天職）として捉えている場合と考えられる。コーリングがある個人は、仕事に対する職務志向や昇進志向を持つ個人に比べ、自己の主観的成功の基準が客観的成功や他者が重視する基準よりも重要になるからである（Heslin, 2005）。

　図表10-2は、Hall and Chandler（2005）によるコーリングを用いたキャリア成功のモデルである。このモデルは、目的意識／コーリング、自信、ゴールへの取組み、客観的成功、主観的成功、外部からの承認、アイデンティティの変化、の関係性を示しており、各要因がダイナミックに相互作用し、キャリアの成功循環を構成している。

　このモデルは、コーリングと自信が主観的成功を高め、アイデンティティの変化に繋がることを示すと同時に、アイデンティティの変化からのフィードバックがコーリングと自信を強化することを示している。目標設定に関する多くの研究が、こうしたフィードバック循環を想定しているのに、そこに焦点を当てた研究は少ないことが指摘されていることから（e.g. Austin and Klein, 1996）、このフィードバックは重要である。これは、時間をかけて継続的に

図表10-2　コーリングを用いたキャリア成功のモデル

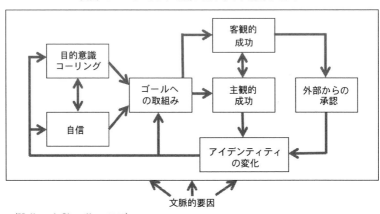

（Hall and Chandler, 2005）

フィードバック循環が反復されることによって、個人が新たなキャリア環境へ適応することも意味している。こうした循環の中で、個人のコーリングが育つとともに、自信はより強固となり、新しい学習サイクルに取組み、乗り越えることが可能となる。今日の変化の激しい環境において、個人はより多くの学習サイクルに関わり、一時的な後退や失敗を経験する機会も増えているかもしれない。その中でコーリングを持たないと、自信やアイデンティティの発達を損なってしまう可能性がある。

　コーリングを用いることによって、キャリアの客観的成功と主観的成功の因果関係は双方向に働くものと考えることができる。客観的成功が主観的成功に繋がるとともに、主観的成功とアイデンティティの変化からのフィードバックがキャリアの成功循環全体を繰り返すように促す。主観的成功は目的でもあり、さらなる客観的成功を駆動するものでもある。

10-3　幸せ

幸せを得るための原則

　キャリア論を学ぶ意義の1つは、キャリア発達とともに、皆が充実した幸せな人生を送れるようになることと筆者は考えている。人は幸せになりたいと願うが、そもそも幸せとは一体どういう意味なのか。そして、どうすれば幸せな人生を送れるのか。Peterson（2006）は、幸せを得る3つの原則として、快楽を得る、意味の追及、エンゲージメントの追及、について述べている[8]。

快楽を得る

　Peterson（2006／宇野訳, 2010, 104-107 頁）によると、幸せを得る1つ目の原則は快楽を得ることである。快感を最大限にして苦痛を最小限にするとい

8　比較的最近では、Seligman が幸せに至るもう1つの道として、勝利の追及の可能性について提案している。例えば、スポーツの試合でも仕事の場面でも、何事においても自分たちにとって最も大切なものを勝ち取ることである。Peterson（2006／宇野訳, 2010, 107 頁）によると、この勝利の追及が人生の満足度に繋がっているのかどうか、現在模索の途上にある。

う快楽主義の原則によると、幸せとは、良い気持ち（快感）が最大限に引き出され、嫌な気持ち（苦痛）が最小限に抑えられるものである。特に、現代社会では、快楽の追及は満足感を得るための方法として広く支持されている。

　快楽という言葉に対して好ましくないイメージを持つ人もいるかもしれないが、ここでの快楽は、個人のプラスの心理的状態を幅広く意味しており、強烈で興奮を伴うもの（歓喜、エクスタシー）から、静かで落ち着いたもの（満足、well-being）まで含まれている[9]。スポーツ観戦で大いに盛り上がる、とても疲れているときに上手なマッサージを受けて快感を得る、美味しいものを食べて幸せを感じる、家族全員が笑顔でいる様子を見て心が穏やかになるなど、様々なものが含まれる。このように、快楽を得ることは、幸せになるための直接的な方法であり、人生の現在に焦点を当て、この今の時間に幸せを得るための方法でもある。

意味の追及

　2つ目の原則は、意味の追求である（Peterson, 2006／宇野訳, 2010, 104-107頁）。意味の追及とは、自分にとって意味（意義）のあることを見つけ、それに対して自分の可能性を引き出して全力で取り組むことである。別の言い方をすれば、アリストテレスのエウダイモニアの概念－内なる自己（ダイモン）に忠実であること－である。エウダイモニア（eudaemonia）とは、自己の可能性を最大限に引き出し、社会に貢献することであり、真の幸せは自分の美徳を見つけ、それを育み、その美徳にしたがって生きることで生み出されるとされている。言い換えれば、自分の強みや長所を最大限発揮し、仕事に一生懸命取組み社会に貢献することで、生きがいを得ることである。こうした考え方は、Rogers の十分に機能している人間（Rogers, 1961）、Maslow の自己

9　well-being（安寧）とは、無事でやすらかなこと、穏やかで安定していることを意味する言葉である。幸福、満足、well-being は、いずれも個人の主観的評価であり、ほぼ同じ意味で用いられることが多い。ただ、微妙な違いがあることから、古屋・三谷（2005）、Peterson（2006／宇野訳, 2010, 114-115頁）を参考にここで整理したい。幸福とは感情的評価であり、どちらかと言えば個人特有のもので、広く一般的に使われることが多い。満足とは幸福という感情的評価に加えて、個人の認知的評価を総合した評価である。また、well-being とは無事でやすらかなこと、穏やかで安定していることを意味する言葉であるが、自分の人生は全体としてよい人生だと思えることである。したがって、well-being と人生に対する満足はほぼ同じ意味と言える。

実現 (Maslow, 1970)、Ryff の well-being (Ryff, 1989)、Deci と Ryan の自己決定理論 (Deci and Ryan, 1985)、などによって補強され発展してきた。また、エウダイモニアや自己実現に関連するが、Handy (1997) は適正な自己中心性 (proper selfishness) という概念について議論している。人が適正な自己中心性を追求することは、個人が自己を超えた大きな目的を見出すことによって、自分自身を最大限に活用する責任を受け入れることを意味する。こうした適正な自己中心性は、究極的には他者の自己実現にも奉仕するという点で、本人だけでなく社会全体の幸福にとっても重要な意味を持つ可能性がある。

　現代社会において意味の追求は、人生の満足感を得るために広く支持されている。個人が幸せを得る上で、意味の追及は先述した快楽を得ることとは対照的である。というのも、意味の追及という行為には、試練、訓練、努力、苦痛が伴うからである。Peterson (2006／宇野訳, 2010, 105 頁) によると、エウダイモニア的な目標を追求し活動する人は、快楽を追求する人よりも人生の満足度が高いという。また、意味の追及は生涯を通じて継続して行われるものであるため、今に焦点を当てる快楽を得ることと比べ、現在から将来にかけて幸せを得ることができる方法と言えるだろう。だからと言って、快楽が人生の満足度と関係ないということではないし、人生の満足のために快楽とエウダイモニアのいずれかを選ばなければならないということではない。実際、充実した人生とは両方の要因によって特徴づけられるものだろうし、人生の満足はこれら 2 つが相乗効果を成して得られるものであろう。

エンゲージメントの追及

　幸せを得る 3 つ目の原則は、エンゲージメントを追及することである (Peterson, 2006／宇野訳, 2010, 104-107 頁)。エンゲージメント (engagement) とは、フローを生み出す活動に人が従事することを意味する。フローとは、ある行為に没入している時に人が感じる包括的感覚である (Csikszentmihalyi, 1975／今村訳, 2000, 66 頁)。すなわち、フロー (flow) とは、個人が何らかの活動に大いに集中し、没入している状態を意味する。個人の能力が自然にほとばしっている状態、と言ってもよい。

Csikszentmihalyi はインタビューで、多くの人が最高の楽しみの瞬間を外部の力で運ばれる、エネルギーの流れで努力せずに流されていく、といった類似する表現で語るところから、この共通の体験をフローと命名したと述べている。外科医が手術に集中する、会議での議論に夢中になる、楽器の演奏に没頭する、テニスの試合で集中するなど、人は様々な活動でフローを体験することができる。スポーツの分野では、こうした心理的状態はゾーン (zone) と呼ばれ、「ゾーンに入る」などと表現されることも多い。

　現在の幸せに焦点を当てている点では、快楽を得ることもフローに従事することも同じだが、快楽では個人のプラスの心理的状態や感情経験が中心となるのに対し、フローは快楽主義とは異なり、個人が何らかの活動に大いに集中している時の心理的状態を指す。したがって、快楽の追求とエンゲージメントの追及は厳密には異なる。一方、エウダイモニア的な人生の追及は、時にはフローを生み出すことができるかもしれないが、その逆の、フローを生み出す全ての活動が、個人にとっての意味の追及に繋がるとは限らない。

フロー体験の特徴

　フロー体験の主な特徴を以下に挙げる。まず、フロー体験では、自分が今行っている活動に完全に没頭するため、日常生活の心配事や仕事での悩み事が心に浮かぶ隙はない。現在に集中しているため、過去や未来の出来事は意識のなかに存在しない (Csikszentmihalyi, 2003／大森監訳, 2008, 61-72 頁)。また、今行っていることに集中している間は、自分自身までも忘れがちである。強い精神集中の結果、自分が今取り組んでいる活動に直接関係ないことが、意識の外へ押し出されるからである。すなわち、フローでは自我意識の喪失も起こる。(Csikszentmihalyi, 1975／今村訳, 2000, 68-84 頁)。

　フロー体験の間、人は現在の状況をコントロールしているという感覚を持つ。フローは人を一点に集中させ、気持ちの分散をなくさせる結果、人は自分の行動や環境をまるで支配しているような感覚を得る (Csikszentmihalyi, 1975／今村訳, 2000, 68-84 頁)。また、時間の流れがいつもと異なるように感じられることがある。時間があっという間に過ぎ去るように感じたり、反対に、非常に長く引き伸ばされたように感じたりすることもある。フロー

における時間の感覚は、そのとき行っている活動に順応して変化する
（Csikszentmihalyi, 2003／大森監訳, 2008, 61-72 頁）。

　加えて、フロー体験は、自己目的的な性質を持つ。自己目的的（autotelic）
とは、活動自体に活動の目的まで含まれている、つまり、活動自体が活動の目
的であることを意味する。活動から得られる報酬は活動に従事していることで
あり、これを内発的報酬があるという。言い換えれば、活動自体以外の目的や
報酬（これを外発的報酬という）を必要としない。フロー体験には個人の内発
的モチベーションが大きく関係している（Csikszentmihalyi, 2003／大森監
訳, 2008, 61-72 頁）。

フロー体験の後、人にはどのような変化が起こるのか

　フローの体験後、人にはどのような変化が起こるのだろうか。フローの最中
は今の活動に没頭し、自分自身まで忘れてしまっているが、活動が終われば、
自分が取組んだ活動の内容を振り返ることができる。そして、活動のレベルや
成果がこれまでよりも向上していると認識できれば、自分にはできるという自
信を得ることができる。すなわち、フロー体験の後、個人の自己効力感が高ま
る可能性がある。自己効力感によって、次はもっと高いレベルでの活動に取組
もうという好循環が生まれることが期待される。

　また、Csikszentmihalyi（2003／大森監訳, 2008, 70-71 頁）の調査による
と、一般に人はフローの間は自己を忘れるが、その後、自尊心は以前の状態以
上に強くなるという結果が示されている。自尊（self-esteem）とは、自己に
対する肯定的な姿勢、自分自身を尊重しそのまま受け入れる態度、を意味す
る。一日における個人の自尊心の変化を測定した結果、フロー状態に近づいた
後、自尊心は高いレベルに達すること、また、多くのフロー体験をした人はよ
り高い自尊心を示すことが明らかになっている。

どうしたらフローを体験できるのか

　Csikszentmihalyi（2003／大森監訳, 2008, 52-61 頁）は、人がフローを体
験するために必要な要因を以下の通り挙げている。まず、どのような種類の活
動からもフローは生まれる。仕事、遊び、趣味など、様々な場面で、人はフ

ローを経験することができる。

　フローを体験するためには、成し遂げるべき目標を正確に理解している必要がある。目標を明確に把握しているからこそ、活動のプロセスに集中できる。人はしばしば活動の結果に関心を持つあまり、活動のプロセスを楽しむことを逸してしまうことがあるが、真の楽しみは目標を達成するためのプロセスから生まれる。

　今自分が取組んでいる活動をどの程度うまくできているのかタイムリーに把握できなければ、活動に没頭し続けることは難しい。フロー体験をするには、自分の活動の評価について迅速なフィードバックを得られることが必要である。仕事の場合、上司や同僚からフィードバックを得ることはできるが、最も望ましいのは、自分の行動から自分で知ることである。

　人は取組む課題の難易度（挑戦のレベル）と自分の能力のレベルを比較し、自分がやり遂げられると思えばその課題に没頭できる。しかし、課題が難しすぎると不安になり、反対に、課題が易しすぎると退屈してしまう。フローは、挑戦のレベルと自分の能力のレベルがともに高く、釣り合っているときに起こりやすい（図表 10-3）。

図表 10-3　フローのモデル

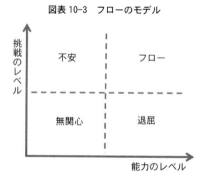

(Csikszentmihalyi, 2003／大森監訳, 2008, 83 頁を基に作成)

　フローにおいて、人の行動と意識はエネルギーの絶え間ない波のなかに没入する、と Csikszentmihalyi は表現している。フロー体験に必要なのは深い集中であり、自分の活動に入り込むことである。

幸せの正体

　Ben-Shaharは、個人が追及する幸せを現在の利益と未来の利益という2つの視点で捉え、幸せとは喜びと意義の同時体験である、と定義している（Ben-Shahar, 2007／坂本訳, 2007, 67-68頁）。人の幸せには喜びも意義もどちらも必要なのである。どんなに有意義だと思える仕事や活動も、それを行う喜びを感じられないとしたら、継続することは困難である。反対に、ある活動で喜びだけを得られても、活動自体に意味がなければ、快楽に溺れてしまうか、あるいは、そのうちそうした活動に飽きてしまう。

　喜びとは人が得る現在の利益である。人の幸せには喜びが不可欠であることに関しては、議論の余地がないだろう。喜びは感情であり、言わば心の必需品である。幸せな人は、時々ネガティブな感情を体験しながらも、基本的に常にポジティブな心理状態を保っているからである。一方、意義とは未来にわたる利益である。意義を見出すのは人の感情ではなく理性（思考）の働きである。人は未来の利益をもたらしてくれる目標や活動に意義を見出すとともに、意義のある活動に取組むことで充実感を得ることができる。有意義な人生とは充実した人生である。喜びと意義の双方をもたらしてくれる体験は、それ自体が幸せな体験である。

幸せはお金で買えるのか

　人はお金で幸せになれるのだろうか。人はお金のために働いているのだからそれは当然のことで、お金はあればあるほど幸せになれると思う人もいるだろう。また、人並みに生活していけるお金があればそれで幸せだ、と答える人もいるだろう。意図的にこの問題を避けたり、お金は幸せの源には成り得ないと教えたりする教科書もあったりする。幸せがお金で買えるかどうかの議論は続いているが、2009年に米国で行われた調査では、年収と人生に対する満足度との間に一定の相関関係が確認された（Blanchflower and Oswald, 2011）。個人の年収が高くなればなるほど、人生に対する満足度も高くなる、すなわち、幸せはお金で買えるという結果が示されたのである。この調査では、年収が1000ドル（約10万円）上がる毎に、人生に対する満足度が0.00246ポイント上がることが示されている。例えば、年収が5万ドル（約500万円）の個人

は、満足度が 0.123 ポイントであり、年収がその 2 倍の 10 万ドル（約 1,000 万円）の個人は、満足度も 2 倍で 0.246 ポイントになる。

　なお、この調査では幸せを人生に対する満足度の尺度で測定していること、また、調査対象者はアメリカ人であることなどから、調査結果の一般化可能性については今後更に検証する必要があるだろう。ただ、この調査結果から、お金があれば幸せになれる（因果関係）のではなく、お金と幸せは極めて密接な関係にあるということは読み取れるであろう。

幸せはよい人生を送るために必要な要因でもある

　Peterson（2006／宇野訳, 2010, 121-123 頁）は、幸福感や well-being と、人生に影響を与える様々な要因との間の関係性について調査を行っている。結果をみると、年齢、性別、学歴、収入、知能などの要因は、幸せとの関連性は低水準であった。この結果からは、基本的に人は誰でも幸せになることができるという解釈が成り立つ。では、幸せの決定因子としてより強い関連性を示したものは何だったのであろうか。それは、友人、結婚、外向性、感謝などの社会的因子や対人的因子であった。すなわち、良好な社会的関係を築くことは、幸せになるための重要な要因なのである。

　幸せとは人生のゴールであり、幸せになるためには何が必要か、と人は考えがちである。しかし、Peterson（2006／宇野訳, 2010, 124-125 頁）は、逆に幸せはよい人生を送るために必要な要因であると述べる。これは 1 つの発想の転換であり、重要な指摘である。幸せは、幸せと相関関係にある結果に実際に繋がっていくものであり、幸せを感じる人は、雇用、収入、職務遂行能力、結婚、友情、精神衛生などで実際に成功を収めていることを示す研究結果もある。幸せとはよい人生の結果や単なる指標ではなく、要因でもあるのである。

　Peterson（2006／宇野訳, 2010, 127-129 頁）は、幸せを促すものとして個人の意志の力の重要性について述べている。すなわち、もし今日を幸せな 1 日にしたいのならば、幸せな 1 日となるための状況や環境を考え、意図的にそのような状況を自らもっと作り出すようにしなければならない。自分が最も得意とする仕事を見つけることができると思って活動する、あるいは、自分の健康と体力をより向上させるという意思に基づいて活動することは、幸せを促すた

めに必要なものである。

人生と職業生活のクオリティを考える

　もしあなたが余命 1 年と言われたら、残りの人生をどのように過ごすだろう
か。QOL（Quality Of Life）とは、個人の全般的な生活の質的向上や、質の
高い人生を重視することを意味する概念である（Dallimore and Mickel,
2006）。QOL には、幸福、満足、well-being などの心の状態、身体的健康、
仕事と家庭のバランス、様々な生活領域における満足や領域間のバランス、時
間やお金などのリソースの所有、仕事・レクリエーション・余暇・ボランティ
ア活動など、幅広いものが含まれる。Nettle（2005, pp.153-160）が、QOL は
人生の可能性の充足に関わると述べているように、QOL に重要なのは、ポジ
ティブ心理学におけるフロー（Csikszentmihalyi, 1975／今村訳, 2000, 66
頁）や authentic happiness（Seligman, 2002／小林訳, 2004, 9 頁）等と同
様に、人生を積極的に肯定的に生きることである。なお、QOL は主として個
人が経験した生活の質を反映した知覚であるが、この概念もまた主観的要素と
客観的要素から構成され、個人的要因と環境要因に影響される[10]。

　QOL に関連し、個人の職業生活の質の重視を意味する概念に QWL
（Quality of Working Life）がある。個人の生活全体の中で仕事に費やす時
間やエネルギーは増加していることから、QOL と QWL はお互いに影響を与
え合う概念といえる。一般的に、QWL は従業員の仕事に関する幸福感や
well-being を取り扱うものであり、職務満足も含まれる[11]。QWL は様々な要
素から構成されるが、例えば、小野（1986）は、主に米国における先行研究を
調査し、以下の 12 の構成要素に要約している（図表 10-4）。

　これによると、QWL は仕事そのものに関わる要因や、上司や同僚との関

10　QOL は複数の下位次元を持つ概念である。幸福感、満足度、well-being、身体的・精神的健康
などの様々な変数を用いて、定量的な調査研究が行われている。例えば、小野（2010, 182-185 頁）
は、看護師と会社員を対象に、キャリア満足感、職務満足感、全体的生活満足感、働き甲斐、等の変
数を用いてパス解析を行い、働く人々の生きがいのモデルを構築している。一方、Utsey, Bolden,
Brown and Chae（2001, pp.191-211）は、QOL の概念の複雑さを丸ごと捉えるために、定性的手
法の有効性について述べている。
11　Danna and Griffin（1999）は、QWL を、人生の満足（階層の最上位）、職務満足（階層の中
位）、そして、給与、同僚、上司など、仕事固有の各側面に対する満足などの概念から成る階層とし

図表 10-4　QWL の構成要素

① 上司が自分を尊重し、自分の能力を信頼してくれる程度
② 同僚との相互依存・協力関係
③ 仕事の多様性：要求される知識・技能の多様さ
④ 仕事のもつ挑戦性：要求される諸能力・エネルギーと責任
⑤ 仕事を通しての個人の成長や学習の機会
⑥ ⑤が、将来のよりよい職務に繋がる可能性
⑦ 自律性：個人の意思決定枠の大きさ、計画および結果の判断
⑧ 結果に対する的確なフィードバックを含む正確な情報
⑨ 公正で十分な賃金および報酬
⑩ 健康で安全な作業環境（心身両面）
⑪ 仕事以外の生活と仕事との生活のバランスおよび相互作用
⑫ 自分の仕事が社会に貢献する程度

（小野, 1986）

係、労働環境、ワーク・ライフ・バランスに関わる要因などから構成されていることがわかる。

QOL, QWL の理論的根拠—欲求満足とスピルオーバー

　QOL および QWL の概念は、主に欲求満足とスピルオーバーが理論的根拠となっている。欲求満足とは、文字通り、人は様々な欲求を持ち、それを満足させようとすることであり、Maslow（1970）、Herzberg（1968）、Alderfer（1969）等の欲求理論が基礎となっている。例えば、Maslow（1970／小口訳, 1987, 56-72 頁）は、人間の基本的欲求を、生理的欲求、安全の欲求、所属と愛の欲求、承認の欲求、自己実現の欲求、の5つに整理しているが、人間がこうした多様な欲求を満たそうとすることと、QOL および QWL は大きく関係している。

　また、スピルオーバー（spill-over, 流出）とは、人生のある役割領域における満足（不満足）が、他の役割領域の満足（不満足）に影響を与えること、と定義される（Staines, 1980）。私生活が充実している人は仕事も充実しているし、反対に、仕事が充実している人は私生活も充実している、などと言われることがある。私生活での幸せと職業生活での幸せ、両者は相まって人生全体を

て捉えている。

充実したものにする可能性がある。なお、個人のスピルオーバーには、分離モデル（segmentation）と代償モデル（compensation）がある（Staines, 1980）。分離モデルとは、人生のある領域における情動が他の領域に出来る限り影響しないよう、個人がその領域内だけに留めておこうとするものである。代償モデルとは、人生の様々な領域間で個人が情動のバランスを取ろうとするものである。例えば、職業生活において不満がある場合、家庭では楽しい活動に励み満足を得ることで、仕事における満足感の欠如を埋合せしようとするものである[12]。

どうすれば職務満足を得られるのか

　人は人生の中の長い時間を仕事に費やすので、職務満足を得られるか否かは、人生全体の満足度に大きな影響を与えるだろう。では、人が職務満足を得るためにはどのような要因が必要なのだろうか。職務満足に関する重要な一つの調査研究を紹介する。Herzberg（1968）は、エンジニアや経理担当者など企業の従業員 200 名を対象にアンケート調査を実施し、その結果、職務満足につながる要因と職務不満足につながる要因は異なることを明らかにした。すなわち、満足の反対は不満足（あるいはその逆）ではなく、満足の反対は満足を抱けない、不満足の反対は不満がない、である。

　会社の方針と管理、監督、監督者との関係、労働条件、給与、同僚との関係、個人生活、身分、保障などは、主に職務不満足につながる要因であり、これらは衛生要因（hygiene factor）と呼ばれる。衛生要因を整備すれば、仕事に対する不満は解消されるが、それだけでは従業員の職務満足にまではつながらない。一方、達成、承認、仕事そのもの、責任、昇進、成長などは、主に

12　Sirgy, Efraty, Siegel and Lee（2001）は、スピルオーバーには垂直方向があると述べる。垂直方向のスピルオーバーを理解するには、領域の階層の考え方を理解する必要があり、仕事、家庭、余暇、コミュニティなどの人生の様々な領域は、個人の心の中で階層として（意識的に、また無意識に）整理されている。階層の最上位には人生全般という領域が存在し、この下に人生の主要な各領域である、仕事、家庭、余暇、コミュニティなどが位置する。例えば、職業生活の領域に対する満足（あるいは不満足）が、人生全般に対する満足（あるいは不満足）に影響を与えるならば、こうした垂直方向の効果は、ボトムアップのスピルオーバーと言われる。反対に、人生全般に対する満足が、例えば家庭生活の領域に対する満足に影響を与えるならば、トップダウンのスピルオーバーと言われる。

職務満足につながる要因であり、これらは動機づけ要因（motivator）と呼ばれる。したがって、従業員が仕事で大きな満足を得るためには、衛生要因を整備することに加え、動機づけ要因を整備することが必要となる（Herzberg の動機づけ・衛生理論）。Herzberg（1968）によると、動機づけ要因は人が仕事を達成し、それを通じて精神的に成長しようとする成長への欲求に基づくと述べている。働く人が仕事そのものからより多くのものを得られるようにすること（仕事の充実化）が、職務満足に繋がる。

日本人は幸せを感じにくいのか

　Diener と Lucas は、仕事、健康、家族、余暇の活動などの領域限定の満足度と、全体的な人生の満足度についての国際比較をしている（Diener and Lucas, 1999）。それによると、日米で対照的な興味深い結果が出ている。アメリカでは、人生全体の満足度の最も大きな予測因子となっていたものは、自分が「最も満足している」領域をどう評価しているか、であった。これは、具体的に言うと、ある人は、自分の仕事、結婚生活、あるいは身体の健康については不幸だと思っていたとしても、子供の成長については幸せを感じていれば、それでその人は人生全体を素晴らしいものと判断している、という意味である。すなわち、アメリカ人は最も多いもので人生全体の満足をはかる人が多い。それに対し日本では、全体的な人生の満足度は、自分が「最も満足していない」領域によって最もよく予測されていた。つまり、仕事、結婚生活、健康の全てが幸せだとしても、子供の成長だけが順調でないと思えば、人生全体も不幸なものになってしまうのである。すなわち、日本人は最も少ないもので人生全体の満足をはかる人が多いのである。

　この結果は全体的な傾向を示したものであるが、日本人はアメリカ人に比べて、人生全体の幸せを感じにくいと言えそうである。このように、国によって幸せの判断の仕方が異なることは興味深い（Peterson, 2006／宇野訳, 2010, 117-118 頁）。

日本人が充実感を得るとき

　日本人はどのような時に充実感を得るのかについて調査した結果がある（図

表 10-5)。男性で多い回答は、「趣味やスポーツをしているとき（49.7％)」、「家族と一緒に過ごすとき（43.2％)」、「仕事をしているとき（36.4％)」他である。一方、女性で多い回答は、「友人や仲間と過ごすとき（52.2％)」、「家族と一緒に過ごすとき（51.2％)」、「趣味やスポーツをしているとき（32.7％)」他である。人は仕事を含む様々な場面で充実感を得ること、また男性と女性では充実感を得るときが少し異なっていることが確認できる。

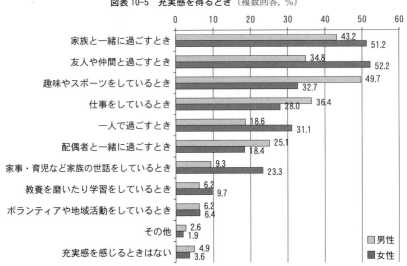

図表 10-5　充実感を得るとき（複数回答, ％）

（加藤監修・第一生命経済研究所編, 2011, 122 頁）

QOL，QWL とキャリアの関係

　QOL を考える上で職業生活は重要な1つの領域であり、調査研究でも QOL と職業生活との相関関係が確認されている（Kahneman, Diener and Schwarz, 1999, pp.3-25)。また、Dallimore and Mickel（2006）は、QOL を高めることは企業と従業員のどちらにもメリットをもたらすため、企業にとってもより重要な関心事項となってしかるべきと主張する。例えば、Bailyn, Fletcher and Kolb（1997）は、従業員にとっての QOL のメリットとして、ストレスやプレッシャーの軽減、仕事に対するコントロールの増加、

家族と過ごす時間の増加などを挙げ、一方、企業のメリットとして、欠勤率の減少、パフォーマンスの向上などを挙げている。また、QWL は、従業員の会社に対する同一化、職務満足、職務パフォーマンス、退職の意思、離職率など、従業員の姿勢や行動に影響を与えることを示唆する調査研究は多い。例えば、Danna and Griffin（1999）が行った調査では、従業員の職場におけるwell-being が低いと、欠勤率の増加、生産性の低下、製品やサービスの質の低下などが見られることが確認されている。

　QOL は、主に医学や心理学の領域（e.g. Seligman and Csikszentmihalyi, 2000）などで重要な研究テーマとして取り上げられてきたものの、キャリア研究の領域で QOL が調査対象として直接的に取り上げられている例はそれほど多くはない。現代のペースの非常に速い余裕の無い生活の中で、QOL は現実離れした綺麗ごとのような概念のように思われてしまっているのかもしれないが、もしそうだとしたら大変悲しいことである。しかし、ほとんどの人は、直感的に QOL が重要であることは理解できているはずである。なお、キャリアカウンセリングの領域においても、QOL や well-being は重視されている[13]。

（参考）知的障害者の働く幸せ

　筆者は 2010 年に、知的障害者の働く幸せについて調査するため、日本理化学工業株式会社の取締役会長である大山泰弘氏にインタビューを実施した（柏木, 2010）。同社は人体に害がないダストレス・チョーク（国内トップシェア）を中心とする文具・事務用品製造などを手がける中小企業である。1960 年に知的障害者をはじめて雇用し、50 年以上経過した現在も、全従業員の 7 割以上を占める 57 名もの知的障害者が働いている。知的障害者が現場で作業をしやすいように、また、働く幸せを得られるように様々な工夫や取り組みをし、

13　誰が QOL の問題に対する責任を負うべきなのかについては、現在も論議がなされており、国によってその考え方も異なる。例えば、Lewis and Smithson（2001）によれば、スウェーデンとノルウェイでは、国と企業が主体となって個人の QOL に責任を負うべきであると考えられているのに対し、アイルランド、ポルトガル、英国では、国や企業に対してあまり期待をせず、個人と家族で責任を負うべきと考えられている。また、米国においては、伝統的に QOL の問題に責任を負うべき主体は唯一個人であるとされてきた。その一方で、QOL の問題はより多様な主体の間で共有されるべき問題であるという意見も増えつつある（Dallimore and Mickel, 2006）。

図表 10-6　知的障害者の QOL を構成する要素

要素	関連する主な内容
心理的充足	職業人としての自尊心、自信、自己認識、職場での肯定的処遇、雇用維持の努力、他
人間関係	同僚や上司との親密な関係、職場の受容、行事への参加、友人関係、家族関係、他
物質的充足	収入、昇給、所有、財産、他
人間としての成長	出来ることの喜び、技術・技能の習得、資格の取得、研修の機会、昇進・昇格、教育、リハビリテーション、他
健康	生活の自己管理、企業での生活指導、健康管理、メンタルヘルス、他
自己決定	情報に基づく自己選択・自己決定、他
社会統合	他者との協働、役割の獲得、組織への参加、地域への関わり、他
権利の行使と擁護	非差別、非搾取、平等、プライバシー、選挙権、市民としての責任、他

（独立行政法人高齢・障害者雇用支援機構障害者職業総合センター NIVR, 2004 を基に作成）

営利と障害者雇用を両立させている日本でも数少ない企業である。

　QOL は障害者にとっても重要なテーマであり、知的障害者を健常者と異なる存在として捉えるのではなく、より支援が必要な状態として理解することが重要である。支援には、訓練、指導、および特別に設計された環境や社会的整備が含まれる。知的障害者の QOL も健常者の QOL も基本的な相違はなく、健常者を対象とするキャリア発達に関する理論の多くが、障害者のキャリア形成にも適用可能である（NIVR, 2004）。図表 10-6 で、知的障害者の QOL を構成する要素を紹介する。

　日本の特に民間企業では、障害者の雇用率が未だ低い状況にある。今後、障害者雇用を量的に増やすことに加え、障害者の働く幸せを質的に向上させるための長期的視野による取組みの重要性が増している。

第 11 章

リーダーになる

　キャリア発達とリーダーとしての成長は大きく関係している。リーダーシップとは人を動かすことであり、リーダーとは人を動かすことができる人のことである。リーダーシップは性格等の個人的要素の影響を受けるものの、基本的に誰でも身につけることができるものであり、座学に加え何よりもビジネスの現場で、個人が実践しながら習得する必要がある。リーダーシップ開発とは、リーダーシップの役割とプロセスに組織のメンバーを関与させ、組織における集団的能力の構築を目指すものである。本章では、組織におけるリーダーシップ開発に有効なツールとして、360度評価、コーチング、メンタリング、職務の割り当て、アクション学習、ネットワーキングを紹介する。

　リーダーシップを習得可能なスキルと捉えれば、個人がそのスキルをどの程度習得しているかによって、リーダーの成長レベルのようなものが存在する可能性がある。新米レベルのリーダーは、他のリーダーを観察することで学習した自分なりの理想的なリーダー像と一致した行動をとることが多い。ミドルレベルのリーダーは、リーダーシップのスキルを手順化し、それを記憶しておくことで、より様々な状況で使えるようになる。エキスパートレベルになると、リーダーとしてのアイデンティティや重視する価値観はより明確になり、原理原則に基づいて、様々な問題に対処できるようになる。また、リーダーとして成長するのに伴い、個人の内面に様々な変化が起こることが議論されている。本章では、個人の内面に起こる変化として、アイデンティティ、感情、モニタリング、価値観を取り上げている。こうした個人の内面の変化は、心のキャリアアップと言える。

　人がリーダーであることには大きな道義的責任が伴う。邪悪なリーダーや

リーダーシップの悪用が現実として存在することを忘れてはならない。オーセンティック・リーダーシップは、リーダーの道義的責任を重視し、邪悪なリーダーシップとフォロワーの盲従を回避することを背景に生まれたものである。オーセンティックの源である「自分自身に正直である」という考えは、リーダーは思う通りに自分を表現すればよい、という意味ではない。オーセンティック・リーダーシップの開発には、善も悪も含め自己認識を高めることが欠かせない。様々な経験の積み重ねを通じ、自分らしさとリーダーとしての役割を自分自身の中で融合させていくことで、人は本物のリーダーに近づいていく。

11-1 リーダーシップ開発

キャリアとリーダーシップの関係

本書の最終章として、リーダーシップをテーマに述べることとする。なぜなら、筆者はキャリアとリーダーシップには密接な関係があると考えているからである。

まず、Schein（1978）は「管理職に就く」ことを組織内キャリア発達における主要な課題の1つとして挙げており、これには組織でリーダーの役割を果たすことも関わってくる。また、管理職に就いていない人でも、キャリアを歩む上でリーダーシップを発揮する機会に直面するはずである。キャリア発達において、リーダーシップの発揮は避けて通れない課題であり、この発達課題を乗り越えることで人間の内面は大きく成長すると考える。

また、人が主体的にキャリアを歩むことは、キャリアに対して自分自身がリーダーシップを発揮することと捉えることが可能である。人生におけるセルフ・リーダーシップの発揮と言えるかもしれない。セルフ・リーダーシップ（self-leadership）とは、職務を遂行するために必要な自分の方向性の模索や職務に対する動機づけに対して、自分自身で影響力を及ぼすことと定義される（Manz, 1986）。すなわち、セルフ・リーダーシップとは、自分自身を動かすプロセスであり、私たちは皆自分自身のリーダーといえる（Manz and Neck,

1999)。あらためてキャリアの主役は自分自身であることを認識するとともに、自分がどこに向かうかは自らがリーダーとなって意思決定し、自らを鼓舞しながら歩んでいく必要がある。

　加えて、道義的責任感と自分らしさを兼ね備えた良きリーダーになることが、人生を良く生きることに繋がる可能性がある。人生で様々な役割を担う中で、会社で良きリーダーとなる、家庭で良きリーダーとなる、地域社会で良きリーダーとなることは、周囲の人間に対して良き影響を与えるとともに、周囲の人間から信頼され、それが良く生きることに繋がると考えられる。

リーダーシップは身につけることができるのか

　「リーダーになる」とは、人が単に何らかのリーダー職に就くことではなく、リーダーシップを発揮できるようになることを意味している。本書では、リーダー（leader）とはリーダーシップを発揮する個人であり、リーダーシップ（leadership）とは個人が組織の成果を上げるために他者に影響力を与えること、と定義する。また、リーダーシップとは、組織のメンバーが仕事に対して共に同じ意義を認識して出来るようになるプロセスということもできる（Keys and Wolfe, 1988）。端的に言えば、リーダーシップとは人を動かすことであり、リーダーとは人を動かすことができる人のことである。

　リーダーやリーダーシップと聞くと、組織の特定の地位に就いている人だけに必要なものであるとか、リーダーシップの発揮には個人の性格で向き不向きがあるとか、考える人もいるだろう。しかし、企業での実際の仕事を考えると、一担当者であっても何らかのプロジェクトを任せられ、リーダーシップが求められることはよくあることだし、性格が内向的な人であっても、その人なりのリーダーシップを発揮して組織の成果を上げる人はいる[1]。先行研究でも、リーダーシップの発揮には性格や体格など個人の持って生まれた要素が影響を与えるものの、リーダーシップは基本的に誰でも身につけることができる

1　筆者は、リーダーシップはどのような場合でも必ず必要とは考えていない。例えば、単純な繰り返しの多い仕事や、十分にマニュアル化されている仕事に従事する場合は、リーダーシップは求められない。また、従業員が組織の経営理念や使命を十分に理解して共有し、それを仕事で実践できている場合には、リーダーシップの必要性は小さいだろう。

ものと捉えている。

フラット化した組織の管理職者に求められるもの

　組織のフラット化が進むことに伴い、従業員に対する権限委譲（empower-ment）も進んでいる。部門横断型の組織やチームで行う仕事やプロジェクトでは、担当する個人により大きな意思決定の権限と責任が与えられている。これによって、組織における管理職者の役割が変わりつつある。フラット化した組織の管理職者には、部下と同じようにチームの効果的な一員であるとともに、有能なリーダーであることが求められる。チームへの積極的な参加を通じて情報を入手し、認知度を高め、権力と影響力を発揮していかなければならない。すなわち、フラット化した組織では、従来のような管理は難しく、管理職者の仕事の性質は変化する。概して組織の管理職のポストは減少傾向にあるが、残った管理職者も、組織の階層に伴う力ではなく、個人の専門性や他者からの敬意に基づく影響力をより発揮することが求められるようになってきた。

管理者養成とリーダーシップ開発の違い

　リーダーシップを企業の競争優位の源泉の１つとして捉え、組織内でリーダーシップをいかにして創り出すか、すなわち、リーダーシップ開発に積極的に取組んでいる企業は少なくない。ここで注意すべきは、組織の成果向上にはマネジメントとリーダーシップのどちらも重要であるが、管理者（manager）とリーダーの意味や果たす役割が異なるように、マネジメントとリーダーシップもまた異なる概念である（Yukl, 1998）ということである。

　管理者養成は、組織の役職に就いている者が、主に教育と訓練を通じて、特定の知識、スキル、能力を身につけ、管理者としての役割を果たすことで、職務パフォーマンスの向上を目指すものである（Baldwin and Padgett, 1994）。
　管理者としての役割とは、組織内の地位や役職に伴うものであることから、管理者養成は、管理者が組織の公式の役割を担うことによって職務パフォーマンスを向上させることに重点が置かれている。一方、リーダーシップ開発（leadership development）とは、リーダーシップの役割とプロセスに組織のメンバーを効果的に関与させ、組織における集団的能力の構築を目指すもので

ある[2]（Day, 2000）。管理者の役割が、組織内の地位や役職に伴うものであるのに対し、リーダーシップの役割には、組織の役職が伴う公式のものと、役職には関わらない非公式なものの両方が含まれる。また、管理者養成は役職者だけが対象であるのに対し、リーダーシップ開発は役職者だけに求められるものではない。

組織でリーダーシップを開発する

　リーダーシップは組織内で浮かび上がる特性の 1 つであり、組織のメンバーに共有された意味（ビジョンや使命等）を創造するプロセスの 1 つとして理解することもできる。組織のビジョンや使命を全員で実現するためには、経営者だけでなく、組織の全ての階層においてリーダーシップ開発のための適切な取り組みや投資が行われる必要がある。したがって、リーダーシップ開発の成否にとってまず重要なのは、各階層のリーダーシップ開発に取り組む従業員が、ベクトルを同じにして、適切な準備をして取り組むことである。

　現在、企業の管理者などを対象としたリーダーシップ研修が行われているが、リーダーシップは座学だけで習得することは難しい。座学に加え、何よりもビジネスの現場で、個人がリーダーシップを実践しながら習得することが必要である。ここでは、Day（2000）を参考に、組織におけるリーダーシップ開発に有効なツールとして、360 度評価、コーチング、メンタリング、職務の割り当て、アクション学習、ネットワーキング、を紹介する。

360 度評価

　360 度評価とは、評価される者（被評価者）を取り巻く複数の人が評価する方法である。この評価方法を実施している企業は日本でも増えている。評価者は、直属の上司、同僚、部下であり、ときには顧客や取引業者など外部の利害関係者（ステイクホルダー）が含まれることもある。複数の評価者からフィードバックを得ることで、自分が周囲の人にどのような影響を与えているかについ

2　本章では、リーダー養成とリーダーシップ開発はほぼ同じ意味で使用しているが、リーダーシップ開発の方が、リーダーシップは組織の特定の個人だけに求められるものではないことをより適切に表現していると考え、リーダーシップ開発という用語を用いている。

いて、より明確に自覚できるようになる。これによって、自己認識が向上し、周囲から信頼されるリーダーの育成を促す。つまり、360度評価は、リーダーシップに必要な対人コンピタンスを形成する有益な開発ツールの一つとなりうるのである。

360度評価の内容は、評価者間でばらつきがあっても構わない。実際、先行研究では、複数の評価者による評価内容は、評価者間で中程度の相関関係しかないことが明らかにされている（e.g. Awater and Yammarino, 1997）。同じような観察の機会がある評価者の間でも、評価が一致するという証拠も明確には示されていない。このことは、個人の職務パフォーマンスは、様々な立場の評価者によって異なる受け止められ方をされるものであることの証拠でもあるが、そもそも、360度評価のような複数による評価は、個人の見方の多様さを捉えるためのものであり、また、評価の信頼度向上という観点から理にかなっている。McKnight, Cummings and Chervany（1998）は、評価の内容が適切にフィードバックされると、被評価者の他者を信頼しようという気持ちが高まると述べる。信頼は組織のチームワークに必要な協調を促すため、360度評価は間接的にチームワークや社会関係資本の構築を促す可能性がある。

しかし、先行研究では、360度評価のフィードバック情報を得た被評価者の約三分の一以上で、パフォーマンスが低下していたことが示されている（e.g. Kluger and Denisi, 1996）。評価のフィードバックを得た後に、パフォーマンスが低下した、あるいは、行動に変化が起こらなかった理由の一つに、人は脅威を感じるようなフィードバック情報に対して、自己を防御するメカニズムが働くことが挙げられるかもしれない。一生懸命努力しているのに、他者からマイナス評価をされたら、不愉快な気持ちになる人は多いだろうし、評価者のことを批判的に捉える人もいるかもしれない。また、フィードバック情報が被評価者にとって有益な内容であっても、被評価者本人に変化に対する柔軟性やオープンな姿勢が無いと、360度評価のフィードバック情報は受け入れられないであろう。変化することは誰にとっても決して容易ではないため、精神的な強さと現実的な対応が求められる。人の実際の行動の中に、必要とされる変化が取り込まれるまでには、時間とエネルギーが必要になる。実際、先行研究で

は、フィードバック情報の内容について、被評価者の管理者が懇談やフォローアップをしてあげると、パフォーマンスの向上に繋がりやすいという結果も出ている（Walker and Smither, 1999）。

このように、360度評価では、フィードバック情報を受け入れて活用したいという前向きな気持ちだけでは不十分で、フィードバック情報が複雑だったり、矛盾していたり、あるいは受け手の側にその内容を解釈し、新しい行動に繋げる技術が欠けていたりすれば、個人の変化にまでは結びつかない。この点をフォローすべく、リーダーシップ開発のツールとして、次に述べる管理者によるコーチングが浮上してきたのである。360度評価の効果は、その後のコーチングやフォローアップに大きく左右されるといえる。

コーチング

コーチングとは、ある目標を達成するための実践的なマンツーマンの学習である[3]（Hall, Otazo and Hollenbeck, 1999）。コーチングの目的は、個人の職務パフォーマンスや職務満足度の向上、キャリア発達に重点が置かれているが、それによって、結果的に組織のパフォーマンスや有効性の向上にも繋がることから、個人の問題だけでなく、組織文化の変革など組織的な問題に対処するときにもコーチングは用いられている（Katz and Miller, 1996）。一般的に、コーチングは継続的に行われるプロセスであるが、具体的な問題解決を目的とした短期的な取組みの場合もあれば、多数回のミーティングを伴う長期間にわたる取組みの場合もある。

通常、コーチングの過程には、評価（360度評価を含む）、診断、挑戦的な取組み、支援等の内容が含まれる。リーダーシップ開発を目的としてコーチングを受ける側の主な動機としては、対人コンピテンスや影響力の欠如に関するものがよく挙げられる（Hellervik, Hazucha and Schneider, 1992）。コーチングは目的を明確にして戦略的に実施しないと、時間や資金の無駄遣いになり、せっかくのリーダーシップ開発の機会の価値が減少し、悪くすると、デメリットしか得られない機会になる危険性がある。したがって、コーチングの効

3　コーチングについては、第8章も参照のこと。

果は、コーチングを受ける人が本気で変わろうとしているかどうかで左右される
し、また、コーチの人選によっても大きく左右される[4]。

メンタリング

　メンタリングとは、知識と経験の豊かな年長者（メンター）が、未熟な若年
者（プロテジェ）に対して、若年者のキャリア発達のために行う様々な支援の
ことである[5]（Kram, 1988）。メンタリングとコーチングは混同されることが
多いが、実際、コーチングはメンタリングの中の一部として提案されている。
組織で公式に行われるメンタリング・プログラムは、組織によって計画されモ
ニタリングされるが、非公式に行われるメンタリングは組織が率先して計画的
に行われるものではなく、個人によって自発的に実施されるものである。公式
であろうがなかろうが、メンタリング関係のような効果的な発達的関係は、機
会と意思の両者が組み合わされて生まれるものである。一般に、企業のジュニ
ア・マネジャー（初めて管理者になった人）を対象とした公式のメンタリン
グ・プログラムは、同じライン上にはないジュニア・マネジャーとシニア・マ
ネジャーの組合せで行われることが多いが、コンサルタント等の組織外の人間
とのペアの場合もある。

　メンタリングはリーダーシップ開発においても効果的な方法の1つと考えら
れており、実践している企業も少なくない。約350社の企業を対象とした調査
では、リーダーシップ開発で最も効果的なものは何かという質問に対して、
メンタリング、アクション学習、360度評価が挙げられている（Gilbert,
Stead and Ivancevich, 1999）。なお、あるインタビューによる調査結果で
は、理想的なメンターに必要な要素として、相手の発言を聞く能力、コミュニ

4　個人が目標を達成するための行動を起こすのが難しいと感じている場合は、状況的きっかけを活
用することで、個人が反応して行動できるようにするというコーチングの方法がある。すなわち、
「状況 X が生じたら、私は Y の行動を行う」というような認知的枠組みを作る方法であり
（Gollwitzer, 1999）、個人は事前に具体的な行動を決めておき、ある状況が起こったら積極的に対応
する。コーチは単に行動を促すだけでなく、目標を具体的な行動計画と結び付ける方法をコーチす
る。ここで、具体的な行動計画は、個人の行動を変える触媒の役目を果たす。
5　メンターとプロテジェの関係をメンタリング関係（メンター関係）といい、発達的関係の一つで
ある。発達的関係とは、お互いにキャリア発達を促す人間関係のことである。メンタリングの詳細に
ついては、第8章を参照のこと。

ケーション能力、忍耐力、業界と組織に関する知識、相手を理解する能力、嘘が無いこと、信頼できること、などが挙げられている。

職務の割り当て

　次に述べるアクション学習もそうだが、実際に経験することは最も重要な師であり、同じことがリーダーシップ開発にも当てはまる。従業員はどのような職務を割り当てられ、どのような仕事経験をすればリーダーとして成長できるのか。

　リーダーシップ開発は、希望する職務で自分自身を成長させたいという個人の成長欲求に合致した配属が行われたときに、より効果が期待される。しかし、希望の有無だけでなく、リーダーシップ開発に結びつく職務には、通常本人にとって「背伸び」的な要素が含まれるものである。「背伸び」的な要素とは、例えば、責任も裁量も大きくなるような新たな職務である。従業員がそのような職務に新たに配属されると、組織変革、新たな人間関係の構築、より強いコミットメント等がその人に要求されるのである。この場合、もし新たな職務で失敗を経験しても、失敗から学ぶことは挑戦的な職務や変化に対する精神的強さを作ることから、長期的に見ると成長にとってプラスとなるはずであるが、実際にはそうした見方ができるシニア・マネジャーは多くないようである。

　リーダーシップ開発にとって、適当な職務はどれかを見極めることは難しい。例えば、GE 社の Welch 氏は、リーダーとして有望な従業員には「背伸び」の体験ができるような配属を進んで行っていたし (Ohlott, 1998)、また、ある外資系銀行では、現状で 6 割から 7 割程度しか準備できていないような「背伸び」が求められる職務に幹部候補の従業員を配属し、人材育成している (Clark and Lyness, 1991)。「背伸び」の機会となる配属には、本人にとって挑戦的な職務の内容に加えて、周囲からの評価や支援が必要である。そのような配属は、個人の業績を上げることを目的とするのではなく、個人の学習や成長を促すことを目的としているからである。

アクション学習

　アクション学習（アクション・ラーニング）の根底にある哲学は、人は現実

の問題に取り組んでいるときに、最も効果的に学習するというものである（Revans, 1980）。アクション学習は、一時的な訓練とは異なり、実際の行動による学習と内省による継続的なプロセスである。アクション学習の効果を最大化するためには、実際にやってみるだけでなく、その後の内省が伴わなければならない。

　企業の現場でアクション学習は様々な形で行われているが、成功しているものには共通点がある。その共通点とは、企業の現場で従業員が新しいことを試したり、他者をより信頼して任せてみたり、自分の考えや行動を飛躍させようと努めたりできる現実的で心理的に安心できる環境や世界が作られている（Senge, 1990）、ということである。アクション学習には組織における心理的安全性が重要になる。Edmondson（1999）によれば、組織の心理的安全性とは、組織で個人が安心して仕事上のリスクをとれるような状態であり、組織のメンバーがお互いを尊重する空気に似ていて、強い組織を作るための重要な要素の1つとされている[6]（Weick, 1993）。組織の心理的安全性が高いと、個人は失敗などに伴う不安や気まずさを克服し易くなり、間違いを認め、助けを求め、問題を議論し易くなる。組織の心理的安全性を整備することで、アクション学習の効果は大きくなる可能性がある。

ネットワーキング

　リーダーシップ開発におけるネットワーキングに関する重要な目標は、リーダーとしての問題解決に必要な「何」を、「どのように」知るだけでなく、「誰」を知っているリーダーを開発することである。ネットワーキングを通じて他者の思考や考えに触れ、「何」や「どのように」に関する内容を知り、思考の枠組みを拡大することが可能となる。ネットワーキングは、社内の人間関係や業界の枠を超えて構築され、新たな社会関係資本の創造に繋がっていく。

6　心理的安全性と組織パフォーマンスには、正の関係性があることがわかってきている。例えば、51の企業を対象とした調査によれば、組織の心理的安全性は学習行動を強め、そして学習行動は組織のパフォーマンスにプラスの影響を与えていた。また、米国の自動車業界の大手三社（ビッグスリー）を対象とした調査では、信頼と権限委譲のレベルが高いチームは、チームの関与が高く、それが高いチームパフォーマンスに影響を与えていたことが示されている（Spreitzer, Noble, Mishra and Coole, 1999）。

日本におけるリーダーシップ開発に関する調査研究の例

　柏木（2010）は、企業のミドルマネジャー（以下、ミドル）とシニアマネジャー（以下、シニア）を対象に、ミドルの成長に影響を与えるシニアとの相互作用の内容について事例研究を行っている。グローバルな事業展開をする技術系中小企業のマネジャーから、リーダーとして成長しているミドルとシニアの事例を複数選び、両者に対するインタビュー調査を実施し、データの収集と分析を実施した[7]。

　分析の結果、ミドルとシニアの相互作用を構成する要素の中で、ミドルに強く認知されているものとして、相互信頼（ミドルがシニアを信頼していることに加え、シニアから信頼されているとミドル自身が認知していること[8]）、誠実さ（ミドルがシニアの日頃示す仕事に対する誠実さや高潔さを認知していること）、コンピテンス（ミドルがシニアの日頃発揮する仕事上の優れた能力を認知していること）、受容（シニアはミドルの仕事の進め方や仕事上のミスや相談を受け入れてくれる、とミドルが認知していること）、が明らかにされた。一方、シニアのみが認識している要素として、リスク管理（シニアがミドルに権限委譲するのに伴い、ミドルに気付かれないように仕事上のリスクを管理していること）、感情のマネジメント（ミドルに気付かれないようにシニアは自分の感情をマネジメントしていること）、が明らかにされた（図表11-1）。

　このように、ミドルが認識している内容とシニアが認識している内容には相違があった。ミドルはシニアとの関係で、相互信頼、シニアのリソースである仕事に対する誠実さやコンピテンス、自分を受容してくれることを認知しているが、これは、ミドルが安心して精一杯仕事に取り組める場の創造へと繋がっている。一方、シニアはミドルに権限委譲するとともに、ミドルの認識外でリスク管理と感情のマネジメントを行い、ミドルと組織を成長させるための黒子

7　データの収集方法や分析方法の詳細については、柏木（2010）を参考にされたい。
8　シニアがミドルのことを実際にどれだけ信頼しているかという事実よりも、シニアはミドルに対して信頼を表出し、ミドルが相互信頼を認知するように接することが重要であるという示唆を得ることができた。大切なのは、ミドルがリーダーとしてその気になるように接することであり、こうしたシニアの対応は、優れたリーダーのいわば「人たらし」の術の1つと言えるのではないだろうか。ミドルは、シニアから信頼されていると認識し（実際、シニアはある程度ミドルを信頼し、また信頼せざるを得ない状況にあるのだが）、かつ、シニアを信頼する、そうした人間関係づくりにシニアは長けていると考察される（柏木, 2010）。

図表 11-1　ミドルとシニアの相互作用

	ミドルの認識	シニアがミドルの認識外で行っていること
特徴概念	安心して精一杯仕事に取り組める場 ・シニアとの相互信頼 ・シニアの受容 ・シニアの誠実さとコンピテンス	人と組織を成長させるための黒子の働き ・リスク管理 ・感情のマネジメント （ミドルに対する権限委譲）

（柏木, 2010）

の働きをしている。こうしたシニアとの相互作用は、変化の起点がミドル本人にあるような状態を維持しており、これがミドルのリーダーへの成長を促している可能性が示された[9]。

キャリアにとって重要だった仕事経験

　人はこれまで経験した仕事について、あのときの経験が自分のキャリアや成長にとって重要だったと振り返ることがある。図表 11-2 と図表 11-3 には、管理職に就く前と管理職に就いた後で、それぞれ非常に重要だった上位 10 の仕事経験が示されている。これによると、管理職前と管理職後の両方で重要だった仕事経験として、「尊敬できる上司・先輩と一緒に働いた経験（管理職前 35.3％、管理職後 31.3％）」、「プレッシャーの大きい仕事をこなした経験（管理職前 27.3％、管理職後 35.6％）」、「「あの失敗が今の自分の糧となっている」というような失敗経験（管理職前 29.0％、管理職後 27.4％）」などが挙げられている。

　管理職前に重要だった仕事経験としては、「自分に対する期待や信頼している旨を提示してもらった経験（26.8％）」、「膨大な量の仕事をこなした経験（23.7％）」、「経験がないにもかかわらず、挑戦的な仕事を任せてもらった経験（22.2％）」などが挙げられている。一方、管理職後に重要だった仕事経験とし

9　この調査では、高いパフォーマンスを持続している組織でリーダーとして成長しているミドルとシニアを対象としたが、組織の業績が悪化している場合でも、また、ミドルのトラブル時であっても、シニアは黒子に徹していた。一方、ミドルはシニアから任されたことで、逆境時にもリーダーの意識と高い動機付けを持って職務に取り組んでいた。シニアはミドルの職務に対する余計な口出しを我慢し、ミドルが自ら気づくことを待っているが、こうしたシニアの放任しながら待つ姿勢がミドルの成長を促しているといえる（柏木, 2010）。

図表11-2 キャリア上で非常に重要だった仕事経験（管理職前）

	(%)
尊敬できる上司・先輩と一緒に働いた経験	35.3
「あの失敗が今の自分の糧となっている」というような失敗経験	29.0
プレッシャーの大きい仕事をこなした経験	27.3
自分に対する期待や信頼している旨を提示してもらった経験	26.8
スケジュールがタイトな仕事をこなした経験	25.6
膨大な量の仕事をこなした経験	23.7
経験がないにもかかわらず、挑戦的な仕事を任せてもらった経験	22.2
自分の能力を超える仕事をこなした経験	21.7
社内の他部門と連携して仕事をした経験	21.6
仕事を任せてもらい、悩んだ際に明確な指示をもらった経験	21.3

（厚生労働省，2014『平成26年版労働経済白書』142頁より抜粋）

図表11-3 キャリア上で非常に重要だった仕事経験（管理職後）

	(%)
プレッシャーの大きい仕事をこなした経験	35.6
尊敬できる上司・先輩と一緒に働いた経験	31.3
社内の他部門と連携して仕事をした経験	30.7
部下、後輩の育成に苦労した経験	30.0
社内の役員等の上位者と対話した経験	29.8
社外の有識者やキーパーソンと対話した経験	28.5
スケジュールがタイトな仕事をこなした経験	28.4
「あの失敗が今の自分の糧となっている」というような失敗経験	27.4
自分が中心となって既存のやり方を全面的に見直した経験	26.9
自分が中心となって社内に前例のないような仕事をこなした経験	26.8

（厚生労働省，2014『平成26年版労働経済白書』142頁より抜粋）

て、「部下、後輩の育成に苦労した経験（30.0％）」、「社内の役員等の上位者と対話した経験（29.8％）」、「社外の有識者やキーパーソンと対話した経験（28.5％）」などが挙げられている。こうした調査結果は、仕事を通じた部下の人材育成や管理者養成を考える際に非常に参考になるものである。

　人がリーダーになることに影響を与える仕事や出来事に関する調査研究は、

他にも、背伸びの経験（Day, 2000）、厳しい試練（Bennis and Thomas, 2002）、きっかけとなる出来事（Gardner, Avolio, Luthans, May and Walumbwa, 2005）などがある。また、柏木（2009）では、ミドルのリーダーとしての成長のきっかけとなった出来事として、会社の命運を左右するような責任の大きい任務に就いたことが確認されたが、これは、管理職後に重要だった経験の1位に挙げられている「プレッシャーの大きい仕事をこなした経験」を支持する調査結果といえる。このように、個人が管理者やリーダーとして成長するためには、机上で学ぶだけでなく、有意義な仕事経験が必要である。

リーダーシップの源泉となる力

　リーダーシップを発揮するということは、個人が他者に何らかの影響力を与えることである。すなわち、個人がリーダーシップを発揮するためには、影響力の源泉となるものが必要であり、それがパワー（power）という概念である。パワーの源泉は公式の力と個人的な力の2つに分けられる（図表11-4）。公式の力とは、言わば組織に基づく力であり、組織における個人の地位に基づき、強制する力や報酬を与える力、公式の権限、あるいは情報のコントロールから生じる力である。一方、個人的な力とは、組織内の地位には関係なく、個人が持つ独自の特性から生まれる力であり、専門力、同一化による力、およびカリスマ性がある。こうしたパワーはリーダーシップを発揮する際の源泉となるものであり、リーダーシップの研究では、優れたリーダーは公式の力だけでなく、個人的な力も行使して部下を導くことが示されている。

部下から信頼される上司になるためには何が必要か

　リーダーシップをより効果的なものにするには、リーダーとフォロワーの信頼関係、特にリーダーがフォロワーから信頼されることが重要となる。では、どうすれば信頼される人になれるのか。Robbins（2005／高木訳, 2009, 287-288頁）によると、信頼関係を構築する方法を身につけた企業のマネジャーは、以下に示すある共通の行動をとっていることがわかっている。
・　開放的である：部下の上司に対する不信は、上司について知っていること

図表11-4 パワーの分類

公式の力	個人的な力
強制力： 人の恐怖心に依存するもの。人が強制力に従うのは、そうしなければ良くない結果が起こるかもしれないという恐怖心があるから。例えば、上司が部下を解雇、停職、あるいは降格できる場合、上司は部下に対して強制力を有する。	専門力： 個人が持つ専門技術、特殊なスキル、専門知識を有する結果として行使される影響力。業務の専門化に伴い、人が専門家に依存するとき、専門家は専門力という影響力を持つ。
報酬力： 人が他者の指示に従うのは、それが自分にプラスのメリットをもたらすから。報酬には、金銭的報酬（賃金水準、昇給、ボーナスなど）と非金銭的報酬（昇進、興味の持てる仕事の割り当て、勤務時間などの優遇など）がある。	同一化による力： 他者への称賛やその人のようになりたいという欲求から生まれる力。部下が上司を尊敬し、自分も上司のようになりたい（同一化）と思っているとき、上司は部下に対して影響力を行使できる。
正当権力： 組織の公式の階層における地位に就くことで得られる様々な権力や権限。権威ある地位には、強制力も報酬力も備わっている。	カリスマ性： 個人が持つパーソナリティや対人スタイルから生まれるもので、同一化による力の延長線上にある影響力。
情報力： 情報へのアクセスと情報のコントロールから生まれる力。上司は費用、給与、利益などに関するデータを入手、利用し、部下の行動を管理したり、方向づけたりする。	

(French and Raven, 1959; Robbins, 2005 を基に作成)

のみならず、知らないことからも生じる。したがって、上司は部下に情報を与え、決定基準について明確にするよう心がけ、自分が下した決断の根拠を説明し、問題点についても率直に語り、関連情報を開示することが必要である。こうした情報の開示は、次に述べる部下に対する公正さにも繋がるといえる。

・ 公正である：上司は意思決定や行動を実行に移す前に、全ての部下がそれを客観性や公正さの点からどのように受け取るかを考慮しなければならない。評価されるべき相手を評価し、客観的かつ公平な業績評価を行い、部下が公平であるとみなすような報酬分配を行うことが必要となる。言うことは簡単であるが、実際に全ての部下に対して常に公正であることは難しいことである。

- 感情を言葉に表す：厳然たる事実だけを告げる上司は、部下の立場から見ると、冷淡でよそよそしく感じられる。事実や情報だけでなく、喜びや怒りといった自分の気持ちや感情も伝えれば、部下は上司を生身の人間として見てくれるだろう。どのような人間であるかがわかれば、親近感や尊敬の念も増すことになる。上司が適切に感情まで表現することで、部下は上司という人間をより理解することができ、それが部下からの信頼に繋がるのである。

- 真実を話す：誠実さが信頼にとって重要であるならば、上司は部下に真実を話す必要がある。そして、上司が真実を話す人であることを、部下に認識してもらわなければならない。部下は、一般的に、上司が自分たちに嘘をつくよりも、「聞きたくないこと」でも真実を話してくれるほうがよいと考えている。上司は自分を信用していないから、真実を話してくれない、と部下は考えがちである。

- 一貫性を示す：人は予測可能性を好む。すなわち、部下は上司の考えや姿勢、態度、行動が基本的に一貫していることを望んでいる。考えや姿勢がころころと頻繁に変わるようでは、何を信じていいのか部下は迷ってしまうだろう。もちろん、上司が自らに誤りがあると気づいたら、変えることに躊躇してはいけない。大切なことは、自分がどのような価値観や信念を重視しているのかを熟考し、常にそれらに基づいて意思決定することである。

- 約束を果たす：部下が上司のことを頼りがいがある人間であると感じることが必要である。したがって、上司は部下との約束やコミットメントを確実に果たさなければならない。いったん約束したことは、必ず守らなければならない。基本的なことだが、重要なことである。

- 秘密を守る：人は、口が堅く頼りにできる相手を信頼する。部下から悩みや秘密を打ち明けられた場合には、他人に話したり、信頼を裏切ったりしてはいけない。上司は何でも相談できる人間であることを、部下に確信させる必要がある。

- 能力を示す：上司は自分の技術的および専門的能力を発揮し、部下の称賛や尊敬を集めるべきである。特にコミュニケーションや交渉、その他の対

人スキルを磨き、そうした能力を発揮することに注力することが重要である。

　ここで挙げた要因は、企業の上司に限らず、人として大切なことが含まれている。また、当然であるが、部下が上司を信頼しているかどうかは、部下自身が判断することであり、上司が自分で判断することではない。同様に、上司によって発揮されたリーダーシップの有効性についても、上司は自己満足しないよう客観的に評価することが重要となる。

11-2　心のキャリアアップ

リーダーとしての成長と個人の内面の変化

　リーダーシップを誰でも習得可能な 1 つのスキルと捉えれば、個人がそのスキルをどの程度習得しているかによって、リーダーシップやリーダーのレベルのようなものが存在する可能性がある。組織で役職に就いている者は多数いるが、リーダーシップを上手く発揮できる人もいれば、そうではない人もいる。ここでは、Lord and Hall（2005）を参考に、リーダーとしての成長段階を新米レベル、ミドルレベル、エキスパートレベルの 3 つに分けて、各段階のリーダーの特徴や課題について議論する。

新米レベルのリーダーの特徴と課題

　新米レベルのリーダーとは、初めてリーダーとしての役割を担うような、過去にリーダーシップを発揮した経験の少ない人間である。新米レベルのリーダーは、リーダーとは一般的にどういう人で、どのような行動をとるべきか、といった社会で広く受け入れられている規範的なリーダー像を学習することから始める。中には、自分なりのリーダーシップの暗黙のセオリー（持論）を持っている者もいるかもしれないが、新米リーダーの暗黙のセオリーは、他のリーダーを観察することで得られた自分なりの理想的なリーダー像である場合が多い。そして、新米リーダーはリーダーシップを発揮する機会が与えられると、自分の暗黙のセオリーと一致した行動を取ろうとする。つまり、新米リー

ダーにとってのリーダーシップ開発は、他者や社会からリーダーとして認識されるような行動様式を作ることを中心に行われるのである。

　新米リーダーによるリーダーシップは、しばしば自己満足に陥り、良かれと思ってとった行動も逆効果となる場合がある。新米リーダーはまだ自分自身をモニタリングする能力が低いため、自分のリーダーシップが機能していないことに対する認識や、周囲の反応に対する認識が不十分であったり、対応が遅れたりすることがあって、うまくいかない場合があるのである。新米リーダーのリーダーシップに関する知識は、状況や相手に合わせて個別に開発されていくので、馴染みのない状況や初対面の相手に対する場合には、適切なリーダーシップ行動を新たに作り出さなければならない。

　Ibarra (1999) は、社会的、認知的、動機的要因が、どのように個人のアイデンティティの開発とスキル学習に関わっているのかを調査しているが、個人が新しい役割を受け入れる場合は、しばしば暫定アイデンティティ (provisional identity) を身につけ、新しい行動を試しながら発見的に学んでいくという。その際、失敗に繋がった行動は無視され、上手くいった行動だけが残されて、暫定アイデンティティの一部となっていくという結果も示されている。この考え方をリーダーシップ開発に応用すると、個人がフォロワーからリーダーに変わるプロセスでは、「リーダーとしての暫定アイデンティティ」を身につけることと新たな行動スキルの開発が行われている、と考えることができる[10]。新米リーダーにとって、暫定アイデンティティと新たな行動スキルは、発揮されたリーダーシップに対する周囲からのフィードバックを通じて磨きがかけられていく。肯定的なフィードバックの場合には、リーダーとしての暫定アイデンティティが強固なものとなり、反対に、フィードバックが否定的な場合は、それを根拠に暫定アイデンティティや行動のタイプの一部を捨てていく。したがって、学ぶことにオープンで、好奇心があり、柔軟であろうとする人のほうが、リーダーシップ開発の可能性が大きいと言えるであろう。

10　Hall, Lord, Ritter, Swee and Dubois (2004) は陸軍士官学校で調査を行い、高校時代に何らかのリーダーの経験をした士官候補生のほうが、リーダーとしてのパフォーマンスが高く、リーダーの成長がより長期間続くことを発見している。この結果は、個人がリーダーの経験をしたことで暫定アイデンティティが形成され、それがリーダーシップのスキルを学習する準備態勢に繋がった可能性があることを示唆している。

ミドルレベルのリーダーの特徴と課題

　ミドルリーダーは、初めての状況や人に対する時も、これまでの様々な経験で学習したパターンを活用することで、自分の記憶の中からその場に適した知識を引き出せるようになる。こうした認知的な変化は、自己の中に形成されつつあるリーダーのアイデンティティに一体化されていく。この変化は、リーダーシップを規範的に定義することから、状況によって最も適切なものとして定義することへの変化でもある。このレベルになると、自分の行動に磨きがかかってくるだけでなく、状況からの要求に対して自分の行動を適合させるのが上手くなる。また、ミドルリーダーは、フォロワーにも注目できるようになり、フォロワーの欲求やリーダーに対する反応について知識を構築するようになる。

　ミドルレベルのリーダーの課題は、リーダーシップのスキルを手順化し、それを記憶しておくことで、より様々な状況で使えるようになることである。これは状況によってリーダーの適切な役割や行動を判断できるようになることであり、状況がどのようなリーダーシップを必要としていて、それをどうすれば自分が演じられるようになるのかを習得することが課題となる。

　ミドルレベルのリーダーにとって重要となるのが、アイデンティティの構築である。新米リーダーは一つの暫定アイデンティティを開発するが、ミドルリーダーは異なる環境や状況に特化したリーダーのスタイル、すなわち、複数の異なるリーダーのアイデンティティを構築する。環境や状況が変わることで異なる自己概念が活性化されて浮かび上がるように（Lord and Brown, 2004）、環境や状況によって異なるリーダーのアイデンティティが活性化すると、自己調整によってアイデンティティに応じた知識、動機、感情が誘発されるのである。

　ミドルレベルの学習では、様々な状況でのリーダーとしての経験が重要となる。新米リーダーが持つリーダーシップの持論（暗黙のセオリー）は、他者を観察することで作られるが、ミドルレベルでは、自分のリーダーとしての経験とそれに対する周囲からの反応、および成果で作られる[11]。リーダーが様々な

11　リーダーは学習過程で様々な環境や状況でリーダーシップを試みなければならないし、自分のリーダーシップがそれに適合するように、正確なフィードバックをもらう必要がある。リーダーシップ開発には、リーダー自らが経験から学ぼうとするモチベーションが重要である。

環境や状況に馴染み、それを理解し、実践とフィードバックを通じてリーダーシップ・スキルは強化されるため、ミドルレベルの学習にはある程度時間が必要である。リーダーが新しい環境や状況に遭遇した時や、好ましくない反応を得た時は、一時的にパフォーマンスが落ちるかもしれないが、学習を繰り返すことでリーダーとしてのアイデンティティはより固定化し、効果的なメタ認知構造が作られ、自己と同化していくと考えられる。

エキスパートレベルのリーダーの特徴

　エキスパートレベルになると、リーダーとしてのアイデンティティや重視する価値観はより明確になり、原理原則に基づいて、様々な問題に対処できるようになる。エキスパートレベルのリーダーの学習には、仕事および社会的な専門知識や、感情の調節能力等の専門能力がより重要になってくる。新米リーダーのリーダーシップに関する知識は、豊富とは言えない情報を基に、リーダーの表面的な特徴に沿って整理されている傾向があるのに対し、エキスパートリーダーの知識は豊富で、基本原則に沿って整理されている[12]。

　さらに、エキスパートリーダーの重要な特徴として、リーダー自身の変化よりもむしろ、フォロワーなど他者を変革することへの関心が大きくなることが挙げられる。新米レベルやミドルレベルの学習はリーダー自身の変革であるのに対し、エキスパートレベルの学習は、他者の行動や自己調整能力[13]を開発することに関連する部分が大きくなる。エキスパートリーダーは、フォロワーの中にもリーダーシップに関する知識や自己調整能力を作り上げることによって、リーダーシップの効果を高められるようになる。すなわち、リーダー中心

12　知識の整理や活用の仕方について、Chi, Feltovich and Glaser（1981）は、物理学の専門家を調査し、シニアの専門家は物理学の理論や原理に沿って問題を整理するのに対し、新米の専門家は問題の記述的側面をそのまま用いて整理する傾向があることを発見している。また、Day and Lord（1992）は、金型メーカーの経営者と MBA の学生を比較調査した結果、経営者は品質管理などの基本原則と機械や工具の問題といった具体的な要素を組み合わせて組織の問題を整理していたのに対し、MBA の学生は主に表面的な特徴に基づいて問題を整理している傾向があった。こうした調査結果は、エキスパートレベルのリーダーは、専門知識を基本原則や領域によって整理している可能性があることを示唆している。

13　自己調整とは、人が自分自身の行動をモニターし、その内容と自己の持つ何らかの基準とを比較して行動を評価し、その結果に応じて行動を統制することを意味する。

のリーダーシップ開発ではなく、フォロワーや周囲を巻き込んだ効果的なシステムとしてのリーダーシップを開発することが求められる。

リーダーの成長と個人の内面との関係

　人がリーダーシップを発揮する、および人がリーダーとして成長するのに伴い、個人の内面では様々な変化が起こることが議論されている。ここでは、個人の内面を特徴づける要素として、アイデンティティ、感情、自己モニタリング、価値観を取り上げ、リーダーシップとの関係や変化の特徴等について以下に述べる。こうした個人の内面の変化や成長は、心のキャリアアップと呼べるかもしれない。

リーダーシップとアイデンティティの関係

　アイデンティティ（identity）は自我同一性（自己同一性）とも言われ、「これが本当の自分である」という個人の感覚を意味し、自分で自分をどのように定義するかに関わる概念である。人は自己に関する様々なアイデンティティを持っているとされるが、Lord and Brown（2004）によると、アイデンティティは、個人、対人、集団の3つのレベルで捉えることができる。個人アイデンティティとは、自分の独自性や他者との差別化を重視して定義された自己である。対人アイデンティティとは、特定の対人関係や与えられた役割の中で定義された自己であり、その定義には他者が含まれることもある。また、集団アイデンティティとは、ある集団の中で自分自身を定義するものであり、集団のプロトタイプ的な特徴を自分自身の中に作り出したいという欲求が関係している。

　個人のリーダーシップに関するスキルや知識は、時間や経験の蓄積とともに、アイデンティティと複雑に絡み合って統合されていく。一般的に、リーダーとして成長するに伴って、アイデンティティは個人レベルから対人レベル、集団レベルへと変化する傾向にある [14]（Hogg and Van Knippenberg,

---

14　リーダーがフォロワーのアイデンティティに影響を与えると、フォロワーの動機づけや行動も影響を受ける。De Cremer（2002）は、リーダーによるリーダーシップが、フォロワーの個人レベルのアイデンティティを促すと、フォロワーは自己の利益のための動機づけと行動を誘発され、一方、

2003)。新米リーダーは、リーダーシップを発揮する中で、自分とフォロワー
の個人レベルのアイデンティティをより強調する傾向がある。新米リーダーの
大きな関心は、自分自身がリーダーシップを学び、その中で周囲からどれだけ
リーダーとして認められ受け入れられるかにあるため、自分の独自性を示し他
のリーダーと差別化することがより重要になるため、個人レベルのアイデン
ティティが強調されがちなのである。一方、ミドルリーダーやエキスパート
リーダーは、組織の中で自分に与えられた役割にも考えが及ぶため、対人レベ
ルや集団レベルのアイデンティティをより強調する傾向がある。リーダーが対
人アイデンティティを強く持つようになると、特定の部下やフォロワーの存在
がリーダーのアイデンティティに含まれるようになる[15]。

リーダーシップと感情の関係

　リーダーシップと感情は密接な関連性がある。リーダーは自分の感情をコン
トロールしなければならないし、それに加えて、適切な感情をフォロワーや他
者に伝達することも求められる。感情を単に表出することだけを考えれば、そ
れは新米レベルのリーダーの表面的なスキルにも思えるが、自分の感情を認識
する、感情をコントロールする、感情を他者へ効果的に伝達する、といったス
キルを開発することは容易ではない。リーダーが表出する感情は、フォロワー
のパフォーマンスに影響を与える重要な要因であり、特にリーダーがポジティ
ブな感情を表出することで、フォロワーの創造性が促されることが議論されて
いる（Ashby, Isen and Turken, 1999）。また、リーダーの重要な役割の1
つは、フォロワーの感情に対する感受性を持つことであるが、実際、フォロ
ワーの感情を認識し、それに反応する力（感情移入のスキル）とリーダーシッ
プの有効性には、正の相関関係があることが示されている（Kellet,

フォロワーの集団レベルのアイデンティティを引き出すリーダーシップは、フォロワーに向社会的で
他者に利益をもたらすような動機づけや行動を促すことを発見している。

15　リーダーのアイデンティティにおける特定の部下やフォロワーの存在は、リーダー独特の自己調
整を促すようになる（Andersen and Chen, 2002）。このタイプのリーダーシップは、LMX
(Leader-Member Exchange) 理論で調査研究されている（Scandura, 1999）。LMX理論では、
リーダーは部下ごとに異なる対応を行い、異なる関係性を築き、効果的なリーダーシップを発揮す
る。

Humphresy and Sleeth, 2002)。リーダーとしてこうした感情のスキルを身につけることは大きな課題であり、一定の時間が必要である[16]。

　リーダーシップと感情について、補足すべき点がある。まず、感情はある出来事や状況の中で時間的に集中して生まれる傾向があるが（Lord and Brown, 2004)、人はそうした出来事や状況に、心の中でラベリング（ラベルを貼る）をするという点である。例えば、リーダーが「脅威」とも「機会」ともとれる状況に対して、脅威とラベリングすれば、危機感を持って用心深く対処しようとする志向性を誘発するのに対し、機会とラベリングすれば、積極的な気持ちで創造的に取り組もうとする志向性を誘発する。このように、ラベリング次第で異なる感情や志向性が誘発されるため、どのようにラベリングするかは重要である。2点目は、組織変革についてである。組織の抜本的な変革は構成するメンバーの様々な感情を誘発するため（Huy, 2002)、メンバーに変革を受け入れてもらうためには、メンバーの感情をマネジメントすることも必要となる。組織内の地位、権限、経営資源の再配分等に対してもメンバーは感情的反応を起こすため、リーダーは公正に対処する必要がある。このように、組織のリーダーによる出来事のラベリングや変革のプロセスは、フォロワーの感情や志向性に影響を与え、それがプラスの状況にもマイナスの状況にも繋がってしまうことを理解しておく必要がある。

リーダーシップと自己モニタリングの関係

　モニタリングとは観察することであるが、自己モニタリング（self-monitoring）とは、個人が社会や対人関係で公に示された自分自身の様子を観察し、コントロールすることである。すなわち、日頃の自分をもう1人の自分が客観的に観察し、コントロールすることが自己モニタリングである。自己モニタリングの能力が高い人は、社会や周囲からのフィードバックに対する感受性が高いことから、リーダーシップを開発しやすいと考えられる[17]。また、

16　感情移入のスキルは、感情移入が期待される状況をより多く経験している女性の方が、男性よりも開発優位性を持つスキルとされる。また、感情のコントロールは年齢のいった人ほどうまく出来るスキルである（Kanfer and Kantrowitz, 2002)。さらに、個人の感情処理のパターンは遺伝的影響を受けると考えられている。

　個人がミドルレベルからエキスパートレベルへと成長するにつれ、メタモニタリングの能力が向上することも議論されている。メタモニタリング (meta-monitoring) とは、認知（自分の認識、推論、思考に基づき、目の前で起こっていることを理解すること）に対する認知であり、具体的には、見る、聞く、考える、理解する、書く、覚えるという自分の個々の認知活動を、一段階高いレベルから捉えようとすることを意味する。なお、メタモニタリング能力は感情や動機の志向性の影響を受け、例えば、ある人のメタモニタリング能力はプラスの感情や報酬に対して感受性が高いのに対し、別の人はマイナスの感情や損失に対する感受性が高いことがある (Shah and Higgins, 2001)。

　自己の中でリーダーとしてのアイデンティティがより明確に定義されるようになると、自己調整のための目標や基準が整理され、メタモニタリング能力はより適切に機能するようになると考えられている。また、ミドルリーダーのメタモニタリング能力は、主に自分の好む領域に向いているのに対し、エキスパートリーダーは、より原則に沿って、プラスとマイナスの両者の感情と、自分が得るものと失うものの両方の動機に関連したメタモニタリング能力を開発していると考えられている。

リーダーシップと価値観の関係

　価値観とは、個人や組織が基本的に最も大切にする価値のことであり、現在置かれている具体的状況に関わらず、目的や行動に一貫性を与える指針となるものである。人によって重視する価値観が異なるのは言うまでもないが、リーダーが新米レベルからエキスパートレベルに発達する過程で、価値観はある共通した特徴を持って変化することが議論されている。

　第2章で述べた通り、Schwartz (1992) は、国や時代を越えて人が重視する価値を普遍的価値観 (universal values) として体系的に整理している。これによると、10種類の価値とそれらを統合する4種類の価値が、円周構造に沿って整理される。10種類の価値とは、博識、善行、調和、伝統、秩序、権

17　自己モニタリングはリーダーだけに必要なのではなく、例えば、優れたパフォーマンスの発揮が求められるスポーツ選手にも必要であり、実際に一流のスポーツ選手の中には実践している人がいる。

勢、達成、快楽、刺激、自決、である。そして、博識と善行は、自己超越（他者を自分と同等として受け入れ、他者の幸福に対して関心を持つことを重視する価値）に統合され、調和、伝統、秩序は、保守に統合される。また、権勢、達成、快楽は、自己高揚（他者と比較して自分の成功、権力、支配を追い求めることを重視する価値）に統合され、刺激と自決は、変化に対する受容性に統合される[18]。円周構造で近い所に位置する価値同士は、それによる動機付けが類似しており、一方、対極に位置する価値同士は、動機付けが対立的であることを示している。例えば、自己超越は自己高揚と対極に位置し、動機付けが対立的な関係にある。先行研究（e.g. Michie and Gooty, 2005）によると、リーダーは自己高揚と自己超越の両者を持っているが、自己超越の価値をより重視するようになることが議論されている。

　リーダーにとって、自分の根底にある価値観を理解することは重要である。リーダーが状況やフォロワー次第で、カメレオンのように自分の考えや行動を頻繁に変えてしまうと、フォロワーがリーダーに信頼してついていこうという気持ちは減少してしまう。リーダーが考えや行動を変える場合は、自分の価値観に基づいていることが必要である[19]。そうすることで、状況やフォロワーに敏感でありながら、自分が重視する原則からぶれないリーダーシップが開発されていく。価値観が与える様々な影響を十分に理解することは難しいし、相当の時間のトレーニングが必要であり、幅広い経験も不可欠である。

日本におけるリーダーと価値観に関する調査研究の例

　柏木（2009）は、Schwartz（1992）の普遍的価値観を理論的枠組みとして、グローバルな事業展開をする日本の技術系中小企業3社のマネジャー9名を対象に、リーダーが重視する価値観に関する事例研究を行っている。Schwartz（1992）の質問票に基づき、マネジャーがより重視する価値の全体的な傾向を

18　自己超越は社会的成果の重視、自己高揚は個人的成果の重視と捉えることも可能である。また、保守は体制（現状維持）の重視、変化に対する受容性は機会（好機）の重視と捉えることも可能である。ここで、社会的成果と個人的成果はアイデンティティのレベルに関連し、体制と機会は自己調整の志向性に関連している。すなわち、リーダーが重視する価値観と、個人のアイデンティティのレベルおよび自己調整の志向性には強い関係性があると考えられる。
19　リーダーが自らの行動を通じて象徴的に表された価値観は、フォロワーの内面にも特定のアイデンティティを誘発するとされる（Lord and Brown, 2001）。

把握した結果、優先順位 1 位〜 3 位までに挙げられている価値は、善行（自分と関係する人間の幸福、誠実、責任感を重視する価値）、達成（向上心や自分の能力を示すことによる個人的な成功を重視する価値）、秩序（社会秩序、他者との関係、自己の安全、安定を重視する価値）であった（図表 11-5）。こう

図表 11-5　リーダーの価値の優先度 [20]

	A. グローバル化学			B. ワールド・シャフト			C. プロ・サイエンス		
	ミドル1	ミドル2	シニア	ミドル1	ミドル2	シニア	ミドル1	ミドル2	シニア
高↑価値の優先度↓低	善行	秩序	善行	善行	調和	善行	達成	自決	達成
	博識	善行	伝統	秩序	達成	達成	善行	博識	秩序
	秩序	達成	自決	調和	善行	秩序	秩序	達成	自決
	自決	自決	快楽	達成	自決	自決	調和	善行	善行
	調和	調和	調和	刺激	博識	調和	博識	秩序	博識
	快楽	博識	秩序	博識	快楽	伝統	快楽	調和	調和
	達成	快楽	博識	自決	秩序	博識	自決	刺激	快楽
	刺激	伝統	達成	快楽	刺激	快楽	刺激	快楽	刺激
	伝統	権勢	刺激	伝統	権勢	刺激	権勢	伝統	権勢
	権勢	刺激	権勢	権勢	伝統	権勢	伝統	権勢	伝統

（柏木, 2009）

した傾向はリーダーが持つ価値観の一つの特徴である可能性が示された。

　また、リーダーが重視する価値と価値の関係についてインタビューを実施し、マネジャーの発言内容を分析した結果、リーダーは利他的利己（図表 11-6）および変革的保守（図表 11-7）の価値観を持つように変化している可能性があることが示された [21]。

　利他的利己とは、マネジャー個人の目標を重視する利己的な価値観（自己高揚）と、組織や社会の目標を重視する利他的な価値観（自己超越）が一体化している価値観を意味する。また、変革的保守とは、組織の存続のために必要な

20　事業内容や業種固有の文化は各企業で異なるものの、こうした要因はリーダーが重視する価値観に強く影響を与えるものではなかったことを補足する。

21　各マネジャーの発言内容を解釈し、重視する価値観としてコード化した結果、会社全体の利益と自己の利益の融合、責任感と向上心の両立、組織の目標と自分の目標の一体化、会社と自己の一体化、利他と利己の中庸、等のコードを得ることができた。これらのコードは帰納的に同じグループとして纏めカテゴリー化され、利他的利己と命名された。同様に、伝統的事業と革新的事業の両立、現実に即したコア事業の変革、伝統の中に存在する変革の種、革新と保守の止揚、変革と保守の中庸、等のコードが帰納的に同じグループとして纏めカテゴリー化され、変革的保守と命名された。分析方法の詳細については、柏木（2009）を参照のこと。

図表 11-6　利他的利己

カテゴリー	コード	コードの説明	代表的ナラティブ
利他的利己	会社全体の利益と自己の利益の融合	自分の部下や部署だけでなく会社全体のためを考えて行動する	この会社良くなる方向にはどうしたらいいか、ってこと考えながらやってます。ぼくはあと10年後には、100点は無理としても、80点ぐらいは取れてる会社にしたい、って思ってるんです。(中略)分析の講習会っていうのをぼくがやったりですね。自分の部下っていうわけじゃないですけど、会社全体に対してはそういうことしてますね。もちろん、自分の部署についてってこともあるんですけど、その他の部署についても、やっぱり第三者が見て、ここはこうした方がいいとかですね、そういった提案とかはするようにしてます(プロ・サイエンス、ミドル2)
	責任感と向上心の両立	会社への貢献という責任感と自分自身の向上心の両方を大切にする	当時は、この一部分だけしっかりやってくれ、って言われたのが、違うところまでやらなきゃいけない。その辺も、会社としての貢献を果たさなきゃいけない、っていうことになってますから。(中略)責任ある立場になれば、やはりそういった部分っていうのは芽生えてこないとおかしいのかな、って思いますよね。今はわれわれこけたら、会社もこけますからね。(中略)あとはやっぱり、向上心という部分とかね、これは強くなった、この辺はやっぱりね、そうですね、前よりも、そういった意味合いでは、向上心もやっぱり持ちたいな、っていうのがありますよね(グローバル化学、ミドル2)
	組織の目標と自分の目標の一体化	会社の利益を上げるという組織の目標が自分の目標になりつつある	自分ひとりのことを考えるんじゃなくて、部下といいますか、会社、みんなを食べさせてやる、って言ったら大げさですけど、利益が上がるような形にしていかないと、みんな大変なことになっちゃいますんで。やっぱり、会社の利益っていうか、部の実績っていうか、そういうものに対する意識っていうのは高くなりました。(中略)会社の将来も、自分の将来も考えて、その中で、自分がどう動くべきか、とかいう風な考え方に変わってきている、というように思います(ワールド・シャフト、ミドル2)
	会社と自己の一体化	会社がうまくいくことと自分の人生がうまくいくことは同じである	例えば、会社が上手く行かない、っていうと、ぼくの人生の一部が上手く行かないっていうことなんですよ。たかが会社、にならないんですよ、逆に。だから、がんばっちゃうんですよ。これちゃんとしないと、僕の人生の一部がおかしくなる、そこが一体化しちゃってるんですよ。ギャップだけは無いです。全然無いです(プロ・サイエンス、シニア)
	利他と利己の中庸	自分が望むものと他人が望むものの両方を大事にする	やっぱり、中庸じゃないですか。それが一番私の、確かに大事なところかな、大事にしてるとこかな。ああ、この辺だな、あ、これやると拍手喝采だな、とかね(グローバル化学、シニア)

(柏木, 2009)

図表11-7　変革的保守

カテゴリー	コード	コードの説明	代表的ナラティブ
変革的保守	伝統的事業と革新的事業の両立	伝統的事業と革新的事業は対立ではなくバランスさせる必要がある	表裏一体だと思ってるし。変革がなかったら保守はないし、保守がなかったら変革がないし。変革ばっかりしてたら、芯がないですよね、やっぱり守るものは守らなきゃいけない。これは守らなきゃいけないな、っていうものも、状況によって違うから。かといって、ころころ変わってたら芯がない。だから、変革と保守は対立ではなくて、うまく自分の中でバランスをとっていく。（中略）まさに、この事業部がそうなんですよ。うちは顔料を売ってるんですよ、顔料を売ってるお客様は製品を作ってるんですけど、うちがその製品を作って同じ市場で出て行こうっていうんですよ。ということは、今まで顔料を売ってたお客さんにしてみれば、なんだ、ってことになりますよね。それこそ、うちの伝統を、顔料を、部材を売るメーカーから、次の二次製品を売る所に出て行こうと。（中略）保守と革新と、ちょうど、この、今の仕事の中で、それが一緒になって（グローバル化学、ミドル1）
	現実に即したコア事業の変革	会社のコアとなる事業を継続させるには現実に合わせ変革する必要がある	現状維持っていう考え方は、現状維持しようと思ったら落ちると思いますね。右肩上がりでやってるから現状維持ができるんであって、体力もそうですよね、現状の体力を維持しようと思ったら、なんかやってないと、普通にしてたら落ちると思うんで。そういう考え方を結構持ってます。（中略）よく言われるのは、一つの製品で20年、製品寿命っていうのは20年って言われてるんですね。最近耳にしたのは、カメラが無くなる、フィルムが無くなる、ましょうがないかな、と。そういったことは、やはり、うちの製品にもあるんでしょうね。やっぱりそういうことで考えてないと（ワールド・シャフト、ミドル2）
	伝統の中に存在する変革の種	現状を変えるような革新はこれまでの伝統の中にヒントが隠されている	（保守と変革の）調和ですよね。たいていのことは、過去にヒントがあるんですよね。今問題が起きて、それをああしようとするとき、過去の先人の教えみたいに。過去にいろんな人がいて、会社としていろんな性格っていうのはあったと思うんですけど、その中でみんな一生懸命模索してたと思うんで、そこにヒントがあることが多いと思う（ワールド・シャフト、ミドル1）
	革新と保守の止揚	革新するか保守するかは正しいかどうかで決める	価値観として保守的なものをずっと守っていかなきゃいかんというわけではないし。革新だけを無理に進めることもわたしはしないですね。正しいことをする、そうそう。自分がだから正しいな、って思ったことをするのであって（ワールド・シャフト、シニア）
	変革と保守の中庸	会社の事業は変革と保守のどちらにも偏らない	（変革と保守の）ニュートラルというかね、どちらにも偏らない。それなかなか難しい、お釈迦さんしかできないんだから。でも、そういう方向を目指そうっていうのはあるよね、根っこの中に（グローバル化学、シニア）

（柏木, 2009）

価値観である保守と変革のどちらか一方に偏るのではなく、両者が表裏一体となっている価値観を意味する。マネジャーはリーダーとして成長する過程で、Schwartz（1992）の普遍的価値観で対極にある2つの価値が1つの価値に一体化するという変化が起こっている可能性が示された[22]。

11-3　オーセンティック・リーダーシップ

リーダーに伴う道義的責任

　社会的に高い地位にある個人は、相応の大きな責任や義務を果たさなければならない。こうした考え方をノブレス・オブリージュ（noblesse oblige）という。これは、フランスのことわざ「貴族たるもの、その身分にふさわしい振る舞いをしなければならない」から、社会的に身分の高い人間は、それに応じた責任や義務を果たさなければならないという道徳観である。

　リーダーも同様であり、人がリーダーであることには大きな道義的責任が伴う。リーダーシップは、人間の理性や分別をくじいてしまうほどの大きな力を持っているからである。例えば、ナチスドイツのヒトラーの影響力は、国民が恐ろしい行動を取れるようになるまでに強力なものであった。当時のドイツ国民の救世主への期待、ヒトラーの巨大な権力の掌握、国民を扇動する熱弁、国民のヒトラーに対する盲従など、様々な要因がカリスマ的リーダーシップを生み出し、ヒトラーは国家を誤った方向へと導いていく。リーダーシップの定義によれば、ヒトラーは確かにリーダーであるかもしれないが、それは邪悪なリーダーである。Kellerman（2004）は、Burns（1978）によるリーダーの二通りの分類を紹介し、良きリーダーは部下の動機や目標を考慮するのに対し、悪しきリーダーは権力の亡者であり、真のリーダーではないとしている。リーダーやリーダーシップは、前向きで良いイメージを想像させる言葉かもしれないが、邪悪なリーダーやリーダーシップの悪用が現実として存在することを忘れてはならない。

22　これに関連し、高木・渡邊（2005）は、ビジネス・リーダーはキャリアを重ねるにつれ、価値観のバランスの重要性について頻繁に言及すると述べている。

　多くの研究者が、邪悪なリーダーやリーダーシップの悪用と、それに対するフォロワーの盲従をどうやって回避すればよいのか理解しようと努めている中で、人間が本来持っているポジティブなプラスの心理的側面に注目し、行動と認知を重視する研究が増えている。次に紹介するオーセンティック・リーダーシップは、そうしたリーダーシップ研究の一つである。

オーセンティックとは何か

　オーセンティック (authentic) には、信ずべき、本物の、原物に忠実な、などの意味がある。しかし、オーセンティック・リーダーシップやオーセンティックなリーダーと言ったとき、それがどのようなものを意味するのか理解することは簡単ではない。例えば、信ずべきリーダーとは、自己の利益ではなく社会的な利益を追求するリーダーであるという主張は本当に正しいのだろうか。また、本物のリーダーシップと言ったとき、それは他者のリーダーシップの模倣であってはいけないのだろうか、等の疑問が生まれる。

　そもそも、オーセンティシティ (authenticity) の概念は、ギリシア哲学にルーツを持ち「自分自身に正直であれ」という格言に端を発する。反対に、オーセンティックではない、とはどういうことか。社会学者の Seeman (1960) は、反オーセンティックについて研究を行い、人がリーダーとしての公の役割から生まれる要求に過剰に従おうとすることを反オーセンティックと考えた。また、Henderson and Hoy (1983) は、人がリーダーの役割に関する既成概念やリーダーに対する要求に過剰に応じているとき、それを反オーセンティックと定義した。確かに、人がリーダーとしての役割から生まれる要求に過剰に従おうとすることは、言い換えれば、リーダーの役割に無理に自分を合わせ、自分自身に正直ではなくなっている状態と捉えることができる。

自分自身に正直であるとは

　これまでの議論から、オーセンティック・リーダーシップとは、自分自身に正直なリーダーシップと捉えられるが、この自分自身に正直なという表現が様々な意味に解釈されている。今日、ビジネスや企業経営に関連するインターネット上の様々なサイトや出版物の中に、オーセンティック・リーダーシップ

についての解説や言及が見られるようになった。その中には、オーセンティックの意味を「内面の考えや感情をオープンに表出する」とか、「あるがままの」という意味に解釈しているものや、オーセンティック・リーダーを「感じたままを考え、考えたままを言葉にし、言葉にしたまま行動に移す人」と捉えているものがある。確かに、オーセンティックという語を自分自身に正直であることと言葉通りに捉えれば、こうした解釈も生まれかねないだろう。しかし本来、オーセンティック・リーダーシップは、リーダーの道義的責任を重視し、邪悪なリーダーシップとフォロワーの盲従を回避することを背景に生まれたものである。こうした背景を考えると、オーセンティックとは、内面の考えや感情をオープンに表出する、あるいは、あるがままの、という意味で捉えることに大きな疑問を感じる。

オーセンティシティを構成するもの

オーセンティシティの概念についてもう少し理解を深める必要がある。Kernis（2003）は、オーセンティシティを構成する要素として、バイアスのないプロセス、関係の透明性、オーセンティックな行動、の 3 つを挙げている[23]。

バイアスのないプロセスとは、自分の考えや経験、また、外部からの情報を歪曲せず、誇張せず、無視せずに処理することを意味する。自分が密かに思っている考えや個人的な経験、外部からの評価・情報を意図的に否定せず、歪曲せず、強調せず、無視しないことである。すなわち、個人が嘘のない情報処理をすることであり、人間の誠実さの根幹ともいえる。次に、関係の透明性とは、自分と他者との人間関係において、オープンさと正直であることに価値を置き、それを実行することを意味する。他者との関係を偽らずに、純粋な関係

23　Kernis（2003）は、オーセンティックであることは自尊に繋がると述べる。自尊（self-esteem）とは、自己（自己の価値）に対する好ましい感覚である。適正な自尊心を持つ人は、自分は誰であるか（自分は自分であること）に価値を置き、自分自身をむやみに防御しようとか、いたずらに他者から好かれようとかせずに、自分のマイナスの部分を明らかにすることに躊躇しないなどの特徴がある。適正な自尊心は、人生で直面する様々な課題や難題に対処できたことによって自然に生まれるものである。なお、Christensen（2010）は、自尊心と謙虚さの関係について述べている。自尊心を持つ人は自分自身であることに満足しているため、謙虚である。反対に、自尊心が欠如している人は、他人を引きずり下ろすことでしか自分に自信が持てないため、他者に対して攻撃的で傲慢で、傷つけるような行動をとる。

であることが関わる。また、オーセンティックな行動とは、自分の価値観、思考、動機などに嘘をつかずに行動することであり、本当の自己に従って行動することを意味する。したがって、他者を単に喜ばせるためや、罰を回避したり褒められたりするために自己を偽って行動することは、オーセンティックな行動とはいえない。重要なことは、いつでも、誰に対しても、また、どのような状況であっても、これらの要素を実践できるかどうかである。

オーセンティック・リーダーの特徴

　オーセンティック・リーダーとはオーセンティシティを備えたリーダーのことであり、前述したバイアスのないプロセス、関係の透明性、オーセンティックな行動という特徴を持ったリーダーといえる。これに加えて、Shamir and Eilam（2005）は、オーセンティック・リーダーの特徴として、リーダーシップを模倣しない、個人的な地位や名誉、報酬のために、リーダーの役割を担うことはしない、価値観が他のリーダーと類似しているかもしれないが、そうした価値観に至ったプロセスはオリジナルである、自分自身の経験を基に、能動的な内省のプロセスを通じて内在化し、価値観や信念を自分のものにしている、などを挙げている。これらの特徴は、他者の模倣ではなく個性を活かしたリーダーシップであり、私益のみを目的とはしていない、また、行動と価値観や信念が一致しているため、非常に透明性がある、すなわち、自己に忠実である、ということを示唆している。

オーセンティック・リーダーシップの意味

　オーセンティック、あるいはオーセンティシティとは、あるがままの自己やありのままの状況等をそのまま認識し、自己に忠実にバイアスをかけることなく処理し、行動することである。そして、自己の核となる価値観や信念は、経験を踏まえて能動的な内省を通じて内在化されることから、オーセンティシティは自己の成長に伴い生まれる、と捉えることが可能である。この理解に立てば、ありのままの自分を自己流に表現することがオーセンティックという意味ではない。

　この点について、Goffee and Jones（2005）は、リーダーシップを発揮す

るには、本当の自分を表現する必要があると述べる。加えて、優れたリーダーになる難しさは、本当の自分らしさを自ら管理する難しさにあり、本当の自分を表現することとは、あえて演技することも含まれるからである、と論じている。さらに、自己を自分流に表現するのが良いという思い込みがある限り、本物のリーダーにはなりえないこと、また、周囲が本物と評価するのは、骨の折れる努力を通じて勝ち取り、しかもきめ細かな配慮をもって管理した結果である、と述べている。

　これまでの議論から、オーセンティシティとは、リーダーとして自分をありのままに表現することでもなく、また、リーダーに対する要求や役割に過剰に応じることでもない。様々な経験の積み重ねを通じ、本当の自分とリーダーの要求（役割）を自分自身の中で融合させる、すなわち、自分らしいリーダーシップをマネジメントすることが必要とされるものであり、その結果、周囲から本物のリーダーとして認められるのである（図表 11-8）。従業員、顧客、株主等、様々なステイクホルダーに対して責任を負う企業のリーダーが、ありのままの自己をそのまま表出してリーダーシップを発揮すればよい、という考え方はあまりに非現実的といえる。

　オーセンティックの源である「自分自身に正直である」という考え方は、リーダーは聖人君主なので思う通りに自分を表現すればよい、という意味ではない。行動と内面の高い一致や、高い自己認識と自制等、オーセンティック・リーダーの特徴は、能動的な内省を伴う経験の積み重ね、すなわちアクション

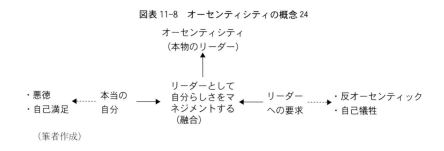

図表 11-8　オーセンティシティの概念 24

（筆者作成）

24　この図に示した「悪徳」には、自己の利益や個人的な目的達成のためにフォロワーを操るようなリーダーやリーダーシップが含まれている。

学習の末に勝ち取っていくものである。そして、その成長の過程では、善も悪も含め自己認識を高めることが欠かせない。この高い自己認識こそ、借物ではない本物のリーダーが生まれる第一歩であり、リーダーシップ開発において大いに重視しなければならない点である。

仕事を「自分らしく行う」こと

　McGregor and Little（1998）は、仕事を「うまく行う」ことは個人の幸せに大きく関係するのに対し、仕事を「自分らしく行う」ことは個人の意味に関係する、と述べる。この個人の幸せと意味は、関係性はあるものの異なる概念である。幸せとは仕事をうまくやれたことに対する職務満足に類似するのに対し、個人の意味とは仕事に対して自分の個性を発揮することであり、仕事を通じて自分自身を開発すること、言わば仕事を通じた自己実現に繋がるものである。

　110人の企業経営者を対象とした記録文書の分析の結果、個人がリーダーとして成長するにつれて、仕事を「うまく行う」だけでなく、「自分らしく行う」ように変化していくことが確認されている（McGregor and Little, 1998）。すなわち、個人が成長する過程で、仕事をうまく行うだけではそのうち十分ではなくなり、仕事を自分らしく行うことがより重要になってくるのである。オーセンティック・リーダーシップを開発するためのアクション学習においても、個人が「うまく行う」ことに加え、「自分らしく行う」ことが重要である。アクション学習の目標が個人の目標と整合性があると、より意味のあるリーダーシップ開発の経験が生まれることが期待される。

オーセンティック・リーダーシップの実務への応用─ライフストーリー・アプローチ

　オーセンティック・リーダーシップの目的の1つは、本物のリーダーを育てることであるため、その研究の成果は学術的な世界だけでなく、ビジネスの世界や実務家にとっても有効なものとなるはずである。しかしながら、オーセンティシティの概念や理論についての理解がやや難しいこともあるせいか、これまでの研究は概念的な議論が中心である。机上の理論で終わらないためにも、

オーセンティック・リーダーシップ理論の実務への応用へ向けた取り組みが求められる。

　実務への応用に向けた取り組みとして、例えば、リーダーシップ開発へのライフストーリー・アプローチの活用がある。ライフストーリーとは、個人が歩んできた自分の人生について、本人が語るストーリーのことであるが、Shamir and Eilam（2005）は、個人がリーダーシップに関する経験や出来事をライフストーリーとして自分で組み立て、それを見直すことで、オーセンティック・リーダーの特徴を獲得することを提案している。ここで、ライフストーリーは、リーダーがオーセンティックに行動するための個人的な意味を提供する役割を果たす。すなわち、ライフストーリーを活用し、リーダーとしての役割と自分らしさの融合、自己認識や自己概念の明確化、自己表現等を開発するものである。こうしたライフストーリー・アプローチは、リーダーシップ開発の新たな方法として注目されるものであり、実務への応用へ向けた取り組みとその有効性が期待される。

参考文献

Alderfer, C. P. (1969), "An empirical test of a new theory of human needs," *Organizational Behavior and Human Performance*, 4, pp.142-175.

Allen, N. J. and Meyer, J.P. (1990), "The measurement and antecedents of affective, continuance and normative commitment to the organization," *Journal of Occupational Psychology*, 63, pp.1-18.

Amabile, T. M., Hill, K. G., Hennessey, B. A. and Tighe, E. M. (1994), "The work preference inventory: Assessing intrinsic and extrinsic motivational orientation," *Journal of Personality and Social Psychology*, 66, pp.950-967.

Andersen, S. M. and Chen, S. (2002), "The relational self: An interpersonal social-cognitive theory," *Psychological Review*, 109(4), pp.619-645.

Anson, C. and Forsberg, L. (1990), "Moving beyond the academic community: Transitional stages in professional writing," *Written Communication*, 7, pp.200-231.

Appelbaum, S. H., Ayre, H. and Shapiro, B. T. (2002), "Career management in information technology: A case study," *Career Development International*, 7(3), pp.142-158.

Argyris, C. (1957), *Personality and organization*, New York: Harper and Row.

Arnold, J. (1997), *Managing careers into the 21st century*, London: Paul Chapman.

Arnold, J. (2004), "The congruence problem in John Holland's theory of vocational decisions," *Journal of Occupational and Organizational Psychology*, 77(1), pp.95-113.

Arthur, M. B. (1994), "The boundaryless career: A new perspective for organizational inquiry," *Journal of Organizational Behavior*, 15(4), pp.295-306.

Arthur, M. B., Hall, D. T. and Lawrence, B. S. (1989) (eds.), *Handbook of career theory*, Cambridge University Press.

Arthur, M. B., Inkson, K. and Pringle, J. K. (1999), *The new careers: Individual action and economic change*, London: Sage.

Arthur, M. B., Khapova, S. N. and Wilderom, C. P. M. (2005), "Career success in a boundaryless career world," *Journal of Organizational Behavior*, 26(2), pp.177-202.

Arthur, M. B. and Rousseau, D. (1996) (eds.), *The boundaryless career: A new employment principle for a new organizational era*, New York: Oxford University Press.

Arthur, M. and Peiperl, M. (2004), "Continuing the conversation about career theory and prctice," in M. Peiperl, M. Arthur, R. Goffee and T. Morris (eds.), *Career Frontiers; New Conceptions of Working Lives*, (pp.273-281), Oxford University Press.

Ashby, F. G., Isen, A. M. and Turken, A. U. (1999), "A neuropsychological theory of positive affect and its influence on cognition," *Psychological Review*, 106, pp.529-550.

Ashforth, B. E. (2001), *Role transitions in organizational life: An identity-based perspective*, Mahwah, NJ: Lawrence Erlbaum.

Ashforth, B. E. and Saks, A. M. (1996), "Socialization tactics: Longitudinal effects on newcomer adjustment," *Academy of Management Journal*, 39, pp.149-178.

Atwater, L. and Yammarino, F. (1997), "Self-other rating agreement: A review and model," *Research in Personel and Human Resources Management*, 15, pp.121-174.

Austin, J. T. and Klein, H. J. (1996), "Individual differences in work motivation: Goal striving," in K. Murphy (ed.) *Individual differences and behavior in organizations*, Jossey Bass.

Bailyn L., Fletcher, J. K. and Kolb, D. (1997), "Unexpected connections: Considering employees' personal lives can revitalize your business," *Sloan Management Review*, 38(4), pp.11-19.

Bakan, D. (1966), *The duality of human existence*, Chicago: Rand McNally.

Baker, T. and Aldrich, H. E. (1996), "Prometheus stretches: Building identity and knowledge in multiemployer careers," in M. B. Arthur and D. M. Rousseau (eds.) *The boundaryless career: A new employment principle for a new organizational era* (pp.132-149), New York: Oxford University Press.

Baldwin, T. T. and Padgett, M. Y. (1994), "Management development: A review and commentary," in C. L. Cooper and I. T. Robertson (eds.), *Key reviews in managerial psychology: Concepts and research for practice* (pp.237-320). New York: Wiley.

Bandura, A. (1977), "Self-efficacy: Toward a unifying theory of behavioral change," *Psychological Review*, 84, pp.191-215.

Bandura, A. (1982), "Self-efficacy mechanism in human agency," *American Psychologist*, 37, pp.122-147.

Bandura, A., Adams, N. E., Hardy, A. B. and Howells, G. N. (1980), "Tests of the generality of self-efficacy theory," *Cognitive Therapy and Research*, 4, pp.39-66.

Bandura, A. and Adams, N. E. (1977), "Analysis of self-efficacy theory of behavior change," *Cognitive Therapy and Research*, 1, pp.287-308.

Barney, J. (1991), "Firm resources and sustained competitive advantage," *Journal of Management*, 17(1), pp.99-120.

Bartlett, C. A. and Ghoshal, S. (2002), "Building competitive advantage through people," *Sloan Management Review*, 43(2), pp.34-41.

Baruch, Y. (2003), "Career systems in transition: A normative model for career practices," *Personnel Review*, 32(2), pp.231-251.

Baruch, Y. (2004), *Managing Careers: Theory and Practice*, Pearson, Harlow.

Baruch, Y. (2006), "Career development in organizations and beyond: Balancing traditional and contemporary viewpoints," *Human Resource Management Review*, 16, pp.125-138.

Beard, V. (1997), "Performance appraisal in public accounting interns; A qualitative analysis of self-reported deficiencies," *Issues in Accounting Education*, 12, pp.15-26.

Beauvoir, Simone de (2009) [1949], *The Second Sex. trans. Constance Borde and Sheila Malovany-Chevallier*, Random House.

Becker, H. S., Geer, B., Hughes, E. C. and Strauss, A. L. (1961), *Boys in white: Student culture in medical school*, Chicago: University of Chicago Press.

Beggs, B., Ross, C. and Goodwin, B. (2008), "A comparison of student and practitioner perspectives of the travel and tourism internship," *Journal of Hospitality, Leisure, Sport & Tourism Education*, 7, pp.31-39.

Ben-Shahar, T. (2007), Happier. (坂本貢一訳『Happier－幸福も成功も手にするシークレット・メソッド』幸福の科学出版, 2007 年。)

Bennett, J. F., Davidson, M. J. and Gale, A. W. (1999), "Women in construction: A comparative investigation into the expectations and experiences of female and male construction undergraduates and employees," *Women in Management Review*, 14(7), pp.273-291.

Bennis, W. and Thomas, R. (2002), *Geeks and Geezers*. Havard Business School Publishing. (斎藤彰悟監訳・平野和子訳『こうしてリーダーはつくられる』ダイヤモンド社, 2003年。).

Betsworth, D. and Hanson J. (1996), "The categorization of serendipitous career development events," *Journal of Career Assessment*, 4(1), pp.91-98.

Betz, N. E., Fitzgerald, L. F. and Hill, R. E. (1989), "Trait-factor theories: Traditional cornerstone of career theories," in M. B. Arthur, D. T. Hall and B. S. Lawrence (eds.), *Handbook of career theory* (pp.26-40), Cambridge, UK: Cambridge University Press.

Blanchflower, D. G. and Oswald, A. J. (2011), "International happiness: An introduction and review," *Academy of Management Perspectives*, 25, pp.6-22.

Borgerson, J. and Rehn, A. (2004), "General economy and productive dualisms," *Gender, Work and Organization*, 11(4), pp.455-474.

Brewster, C. (1995), "Towards, a "European" model of human resource management," *Journal of International Business Studies*, 26, pp.1-21.

Brewster, C. (2004), "European perspectives on human resource management," *Human Resource Management Review*, 14, pp.365-382.

Bridges, W. (1980), *Transitions: Making sense of life's changes*, Addison-Wesley, Reading, MA.

Bright, J. E. H. and Pryor, R. G. L. (2005), "The chaos theory of careers: A user's guide," *Career Development Quarterly*, 53(4), pp.291-305.

Briscoe, J. P., Hall, D. T. and DeMuth, R. L. F. (2006), "Protean and boundaryless careers: An empirical exploration," *Journal of Vocational Behavior*, 69, pp.30-47.

Briscoe, J. and Hall, D. (2006), "The interplay of boudaryless and protean careers: Combinations and implications," *Journal of Vocational Behavior*, 69, pp.4-18.

Brockhaus, R. H. (1982), "The psychology of the entrepreneur," in C. Kent, D. Sexton, and H. H., Vesper (eds.), *Encyclopedia of entrepreneurship* (pp.39-57), Englewood Cliffs, NJ: Prentice Hall.

Brockner, J. and Guare, J. (1983), "Improving the performance of low self-esteem individuals: An attributional approach," *Academy of Management Journal*, 26, pp.642-656.

Brooks, L., Cornelius, A., Greenfield, E. and Joseph, R. (1995), "The relation of career-related work or internship experiences to the career development of college seniors," *Journal of Vocational Behavior*, 46, pp.332-349.

Brown, D. and Associates. (2002), "Career choice and development (4th ed.)," San Francisco: Jossey-Bass.

Bujold, C. (2004), "Constructing career through narrative," *Journal of Vocational Behavior*, 64 (3), pp.470-484.

Bunderson, S. and Thompson, J. (2009), "The call of the wild: Zookeepers, callings, and the double-edged sword of deeply meaningful work," *Administrative Science Quarterly*, 54, pp.32-57.

Burns, J. M. (1978), *Leadership*, New York: Harper & Row.

Burrell, G. (1996), *Pandemonium, Towards a Retro-Organization Theory*, London: Sage.

Butler, J. (2004), *Undoing gender*, New York: Routledge.

Cadin, L., Bailly-Bender, A. F. and de Saint-Giniez, V. (2000), "Exploring boundaryless careers in the rench context," in M. Peiperl, M. B. Arthur, R. Goffee, and T. Morris (eds.), *Career frontiers: New conceptions of working lives* (pp.228-255), Oxford, UK: Oxford University Press.

Calvin, J. (1574), *Sermons of M. John Calvin upon the Epistle of Saint Paul to the Galatians*, London: Lucas Harison and George Bishop.

Cannon J. and Arnold, J. (1998), "Student expectations of collegiate internship programs," *Journal of Education for Business*, 73, pp.202-205.

Cappelli, P. (1999), *The new deal at work: Managing the market-driven workforce*, Boston: Harvard Business School Press.

Cascio, W. F. (2003), *Managing human resources: Productivity, quality of work life, profits* (6th ed.), Burr Ridge, IL: McGrawHill/Irwin.

Chambliss, C. and Murray, E. J. (1979), "Cognitive procedures for smoking reduction: Symptom attribution versus efficacy attribution," *Cognitive Therapy and Research*, 3(1), pp.91-95.

Chi, M. T. H., Feltovich, P. and Glaser, R. (1981), "Categorization and representation of physics problems by experts and novices," *Cognitive Science*, 5, pp.121-152.

Christensen, C. M. (2010), How will you measure your life? Harvard Business Review. (関美和訳「プロフェッショナル人生論」『DIAMOND ハーバード・ビジネス・レビュー』2011 年 3 月号, 24-34 頁。)

Clark, L. and Lyness, K. (1991), "Succession planning as a strategic activity at Citicorp," in L.W. Foster (ed.), Advances in applied business strategy (vol.2), Greenwich, CT: JAI Press.

Clark, S. (2003), "Enhancing the educational value of business internships," *Journal of Management Education*, 27, pp.472-484.

Coco, M. (2000), "Internships: A try before you buy arrangement," *SAM Advanced Management Journal*, 65, pp.41-43.

Cohen, L. and Mallon, M. (2001), "My brilliant career: Using stories as a methodological tool in careers research," *International Studies of Management and Organization*, 31(3), pp.48-68.

Colarelli, S. M., Hemingway, M. and Monnot, M. (2006), "Strategic human resource management (SHRM)," in J. H. Greenhaus and G. A. Callanan (eds.), Encyclopedia of career development (pp.767-771), Thousand Oaks, CA: Sage.

Collin, A. (2000), "Epic and novel: The rhetoric of career," in A. Collin and R. A. Young (eds.), *The future of career* (pp.163-177), Cambridge, UK: Cabridge University Press.

Cook, S., Parker, R. and Pettijohn, C. (2004), "The perceptions of interns: A longitudinal case study," *Journal of Education for Business*, 79, pp.179-185.

Csikszentmihalyi, M. (1975), *Beyond boredom and anxiety: Experiencing flow in work and play*. San Francisco, CA: Jossey-Bass. (今村浩明訳『楽しみの社会学』新思索社, 2000 年。)

Csikszentmihalyi, M. (2003), *Good business: Leadership, flow, and the making of meaning*, New York: Viking. (大森弘監訳『フロー体験とグッドビジネス—仕事と生きがい』世界思想社, 2008 年。)

Dallimore, E. and Mickel, A. (2006), "Quality of life: Obstacles, advice, and employer assistance," *Human Relations*, 59(1), pp.61-103.

Dalton, G. W. (1989), "Development views of careers in organizations," in M. B. Arthur, D. T. Hall and B. Lawrence (eds.), Handbook of career theory (pp.89-109), Cambridge, UK: Cambridge University Press.

Damasio, A. R. (1994), *Descartes' error: Emotion, reason and the human Brain*, New York: Grosset, Putnam.

Damasio, A. R. (1999), *The feeling of what happens: Body and emotion in the making of consciousness*. Harcourt Brace & Company. (田中三彦訳『無意識の脳 自己意識の脳－身体と情動と感情の神秘』講談社, 2003 年。)

Danna, K. and Griffin, R. W. (1999), "Health and well-being in the workplace: A review and synthesis of the literature," *Journal of Management*, 25(3), pp.357-384.

Dawis, R. V. and Lofquist, L. H. (1984), *A psychological theory of work adjustment*, Minneapolis, MN: University of Minneapolis Press.

Day, D. V. (2000), "Leadership development: A review in context," *The Leadership Quarterly*, 11(4), pp.581-613.

Day, D. V. and Lord, R. G. (1992), "Expertise and problem categorization: The role of expert processing in organizational sense-making," *Journal of Management Studies*, 29(1), pp.35-47.

De Cremer, D. (2002), "Charismatic leadership and cooperation in social dilemmas: A matter of transforming motives?" *Journal of Applied Social Psychology*, 32, pp.997-1016.

De Fruyt, P. (2002), "A person-centered approach to PE fit questions using a multi-trait model," *Journal of Vocational Behavior*, 60(1), pp.73-90.

Defillippi, R. J. and Arthur, M. B. (1994), "The boundaryless career: A competency-based perspective," *Journal of Organizational Behavior*, 15, pp.307-324.

Deci, E. L. and Flaste, R. (1995), *Why we do what we do: The dynamics of personal autonomy*, New York: Putnam. (桜井茂男監訳『人を伸ばす力―内発と自律のすすめ』新曜社, 1999 年。)

Deci, E. L. and Ryan, R. M. (1985), "The general causality orientations scale: Self-determination in personality," *Journal of Research in Personality*, 19, pp.109-134.

Deci, E. L. and Ryan, R. M. (2000), "The "what" and the "why" of goal pursuits: Human needs and the self-determination of behavior," *Psychological Inquiry*, 11, pp.227-268.

Derr, B. C. (1986), *Managing the new careerists: The diverse career success orientations of today's workers*, San Francisco: Jossey-Bass.

Diener, E. and Lucas, R. E. (1999), "Personality and subjective well-being," in D. Kahneman, E. Diener and N. Schwarz (eds.), *Well-being: The foundations of hedonic psychology* (pp.213-229), New York: Russell.

Dobrow, S. R. (2006), *Having a calling: A longitudinal study of young musicians*, Unpublished Ph.D. dissertation, Harvard University.

Dobrow, S. R. and Tosti-Kharas, J. (2011), "Calling: The development of a scale measure," *Personnel Psychology*, 64, pp.1001-1049.

Downs, B., Damrosch, J., Flanigan, M. and Gutierrez, M. (eds.). (2005), *National trade and professional associations of the United States*. Washington, DC: Columbia Books.

Dryburgh, H. (1999), "Work hard, play hard: Women and professionalisation in engineering-adapting to the culture," *Gender and Society*, 13(5), pp.664-682.

Duffy, R. D. and Sedlacek, W. E. (2007), "The presence of and search for a calling:

Connections to career development," *Journal of Vocational Behavior*, 70, pp.590-601.

Duffy, R. D. and Sedlacek, W. E. (2010), "The salience of a career calling among college students: Exploring group differences and links to religiousness, life meaning, and life satisfaction," *The Career Development Quarterly*, 59, pp.27-41.

D'Abate, C., Youndt, M. and Wenzel, K. (2009), "Making the most of an internship: An empirical study of internship satisfaction," *Academy of Management Learning & Education*, 8, pp.527-539.

Eagly, A. H. and Carli, L. L. (2007), *Through the labyrinth: The truth about how woman become leaders*, Harvard Business School Press.

Edmondson, A. (1999), "Psychological safety and learning behavior in work teams," *Administrative Science Quarterly*, 44, pp.350-383.

Egan, T. M., Upton, M. G. and Lynham, S. A. (2006), "Career development: Load-Baring wall or window dressing? Exploring definitions, theories, and prospects for HRD-Related theory building," *Human Resource Development Review*, 5(4), pp.442-477.

Erikson, E. H. (1959), *Identity and the life cycle*, New York: International Universities Press.

Erikson, E. H. and Erikson, J. M. (1997), *The life cycle completed*. New York: W.W. Norton. (村瀬孝雄・近藤邦夫訳『ライフサイクル、その完結』みすず書房, 2001 年。)

Etzkowitz, H., Kemelgor, C. and Uzzi, B. (2000), *Athena unbound: The advancement of women in science and technology*, Cambridge University Press, Cambridge: UK.

Evetts, J. (1997), "Women and careers in engineering: Management changes in the work organisation," *Women in Management Review*, 12(6), pp.228-233.

Feldman Barrett, L. and Russell, J. A. (1998), "Independence and bipolarity in the structure of current affect," *Journal of Personality and Social Psychology*, 74, pp.967-984.

Feldman, D. C. and Bolino, M. C. (2000), "Career patterns of the self-employed: Career motivations and career outcomes," *Journal of Small business Management*, 38(3), pp.53-58.

Ference, T. P., Stoner, J. A. and Warren, E. K. (1977), "Managing the career plateau," *Academy of Management Review*, 2, pp.602-612.

Fletcher, J. K. and Ragins, B. R. (2007), "Stone center relational cultural theory: A window on relational mentoring," in K. E. Kram and B. R. Ragins (eds.), *Handbook of mentoring at work* (pp.373-399), Thousand Oaks: Sage.

Folkman, S. and Lazarus, R. S. (1980), "An analysis of coping in a middle-aged community sample," *Journal of Health and Social Behavior*, 21, pp.219-239.

Freedman, A. and Adam, C. (1996), "Learning to write professionally," *Journal of Business and Technical Communication*, 10, pp.395-427.

French, J.R.P. and Raven, B. (1959), "The Bases of Social Power," in D. Cartwright (ed.), *Studies in Social Power* (Ann Arbor: University of Michigan, Institute for Social Research), pp.150-167.

Fugate, M., Kinicki, A. J. and Ashforth, B. E. (2004), "Employability: A psycho-social construct, its dimensions, and applications," *Journal of Vocational Behavior*, 65(1), pp.14-38.

Gabriel, Y. (2000), *Storytelling in organizations*, Oxford, UK. Oxford University Press.

Garavan, T. and Murphy, C. (2001), "The co-operative education process and organizational socialization: A qualitative study of student perceptions of its effectiveness," *Education + Training*, 43, pp.281-302.

Gardner, W. L., Avolio, B. J., Luthans, F., May, D. R. and Walumbwa, F. (2005), "Can you see the real me?: A self-based model of authentic leader and follower development," *The Leadership Quarterly*, 16, pp.343-372.

Gelatt, H. B. (1989), "Positive uncertainty: A new decision-making framework for counseling," *Journal of Counseling Psychology*, 36, pp.252-256.

Gherardi, S. (1994), "The gender we think, the gender we do in our everyday lives," *Human Relations*, 47(6), pp.591-610.

Gibson, P. (2004), "Where to from here?: A narrative approach to career counseling," *Career Development International*, 9(2), pp.176-189.

Gilbert, J. A., Stead, B. A. and Ivancevich, J. M. (1999), "Diversity management: A new organizational paradigm," *Journal of Business Ethics*, 21(1), pp.61-76.

Gist, M. E. (1987), "Self-efficacy: Implications for organizational behavior and human resource management," *Academy of Management Review*, 12(3), pp.472-485.

Goble, F. (1970), *The third force: The psychology of Abraham Maslow*, New York: Grossman Publications.

Goffee, R. and Jones, G. (2005), "Managing authenticity: The paradox of great leadership," *Harvard Business Review*, 83(12), pp.86-94.

Goleman, D. (1995), *Emotional intelligence*. New York: Bantom. (土屋京子訳『EQ－こころの知能指数』講談社, 1998年。)

Goleman, D. (1998), *Working with emotional intelligence*, New York: Bantam.

Gollwitzer, P. M. (1999), "Implementation intentions: Strong effects of simple plans," *American Psychologist*, 54, pp.493-503.

Gonzales, F. and Dowrick, P. (1982), *Mechanisms of self-modeling: An investigation of skills acquisition versus self-belief*, Unpublished manuscript, University of Alaska, Anchorage.

Granovetter, M. (1974), *Getting a job: A study of contacts and careers*, Cambridge, MA: Harvard University Press.

Granovetter, M. (1982), "The strength of weak ties: A network theory revisited," in P. Marsden and N. Lin (eds.), *Social structure and network analysis* (pp.105-130), Beverly Hills, CA; Sage.

Green, K. G., Wu, C., Whitten, D. and Medlin, B. (2006), "The impact of strategic human resource management on firm performance and HR professionals' work attitude and work performance," *International Journal of Human Resource Management*, 17(4), pp.559-579.

Greenblatt, E. (2002), "Work-life balance: Wisdom or whining?" *Organizational Dynamics*, 32(2), pp.177-193.

Greenhaus, J. H. and Beutell, N. J. (1985), "Sources of conflict between work and family roles," *Academy of Management Review*, 10(1), pp.76-88.

Greenhaus, J., Callanan, G. and Godshalk, V. (2010), *Career Management* (4th ed.), London: Sage Publications.

Greil, A. L. and Rudy, D. R. (1983), "Conversion to the world view of alcoholics anonymous: A refinement of conversion theory," *Qualitative Sociology*, 6, pp.5-28.

Groysberg, B. and Abrahams, R. (2010), "Five ways to bungle a job change," *Harvard Business Review*, 88: 137-140. (スコフィールド素子訳「転職で失敗する理由」『DIAMOND ハーバード・ビジネス・レビュー』2011年3月号, 109-112頁。)

Hakim, C. (1979), "Occupational segregation, Research Paper," 9, Department of Employment, London: HMSO.

Hall, D. T. (1976), *Careers in organizations*, Glenview, IL: Scott, Foresman.

Hall, D. T. (1993), "The new 'career contract': Wrong on both counts," Boston, MA: Boston University Executive Development Roundtable Technical Report.

Hall, D. T. (1995), "Unplanned executive transitions and the dance of subidentities," *Human Resource Management*, 34, pp.71-92.

Hall, D. T. (1996), "Protean careers of the 21st century," *The Academy of Management Executive*, 10(4), pp.8-16.

Hall, D. T. (2002), *Careers in and out of organizations*, Thousand Oaks, CA: Sage.

Hall, D. T. (2004), "The protean career: A quarter-century journey," *Journal of Vocational Behavior*, 65, pp.1-13.

Hall, D. T., Briscoe, J. P. and Kram, K. E. (1997), "Identity, values and learning in the protean career," in C. L. Cooper and S. E. Jackson (eds.), *Creating tomorrow's organizations* (pp.321-335), Londan: John Wiley & Sons.

Hall, D. T., Otazo, K. L. and Hollenbeck, G. P. (1999), "Behind closed doors: What really happens in executive coaching," *Organisational Dynamics*, 27(3), pp.39-52.

Hall, D. T. and Associates. (1996), *The career is dead-Long live the career: A relational approach to careers*, San Francisco: Jossey-Bass.

Hall, D. T. and Briscoe, J. (2004), "Becoming protean: Individual and experiential factors in adapting the new career," Working paper, Boston University Executive Development Roundtable Technical Report.

Hall, D. T. and Moss, J. E. (1998), "The new protean career contract: Helping organizations and employees adapt," *Organizational Dynamics*, 26, pp.22-37.

Hall, D. and Chandler, D. (2005), "Psychological success: When the career is a calling," *Journal of Organizational Behavior*, 26, pp.155-176.

Hall, R. J., Lord, R. G., Ritter, B., Swee, H. Y. and Dubois, D. A. (2004), "Nonlinear latent growth curve modeling of the development of leadership skills," Working Paper. University of Akron.

Hamel, G. and Prahalad, C. (1994), *Competing for the future*, Boston: Harvard Business School Press.

Handy, C. (1989), *The age of unreason*, London: Business Books.

Handy, C. (1997), *The hungry spirit*, London: Arrow.

Hellervik, L. W., Hazucha, J. F. and Schneider, R. J. (1992), "Behavior change: Models, methods, and a review of the evidence," in M. D. Dunnette and L. M. Hough (eds.), *Handbook of industrial and organizational psychology* (2nd ed., vol. 3), Palo Alto, CA: Consulting Psychologists Press.

Henderson, J. E. and Hoy, W. K. (1983), "Leader authenticity: The development and test of an operational measure," *Educational and Psychological Research*, 3(2), pp.63-75.

Herriot, P. and Pemberton, C. (1996), "Contract careers," *Human Relations*, 49(6), pp.759-790.

Herzberg, F. (1968), "One more time: how do you motivate employees?" *Harvard Business Review*, 46, pp.53-62.

Heslin, P. (2005), "Conceptualizing and evaluating career success," *Journal of Organizational Behavior*, 26, pp.113-136.

Higgins, M. C. (2001), "Changing careers: The effects of social context," *Journal of*

Organizational Behavior, 22(6), pp.595-618.

Higgins, M. C., Dobrow, S. R. and Chandler, D. E. (2008), "Never quite good enough: The paradox of sticky developmental ties for elite university graduates," *Journal of Vocational Behavior*, 72, pp.207-224.

Higgins, M. C. and Kram, K. E. (2001), "Reconceptualizing mentoring at work: A developmental network perspective," *Academy of Management Review*, 26(2), pp.264-288.

Hirsch, P. M. and Shanley, M. (1996), "The rhetoric of boundaryless - or, how the newly empowered managerial class bought into its own marginalisation," in M. B. Arthur and D. M. Rousseau (eds.), *The boundaryless career: A new employment principle for a new organizational era* (pp.218-234), New York: Oxford University Press.

Hirschi, A. (2011), "Callings in career: A typological approach to essential and optional components," *Journal of Vocational Behavior*, 79, pp.60-73.

Hoffman, J. C., Hofacker, C. and Goldsmith, E. B. (1991), "How closeness affects parental influence on business students' career choices," *Journal of Career Development*, 19, pp.65-73.

Hofstede, G. (1980), *Culture's consequences: International difference in work related values*, Beverly Hills, CA: Sage.

Hogg, M. A. and Van Knippenberg, D. (2003), "Social identity and leadership processes in groups," *Advances in Experimental Social Psychology*, 35, pp.1-52.

Holland, J. (1985), *Making vocational choices: A theory of vocational personalities and work environments* (2nd ed.), Englewood Cliffs, NJ: Prentice-Hall.

Holland, J. L. (1959), "The prediction of college grades from the California: Psychological inventory and the scholastic aptitude test," *Journal of Educational Psychology*, 50, pp.135-142.

Holland, J. L. (1997), *Making vocational choices: A theory of vocational personalities and work environments* (2nd ed.), Odessa, FL: Psychological Assessment Resources.

Holmes, T. H. and Rahe, R. H. (1967), "The social readjustment rating scale," *Journal of Psychosomatic Research*, 11, pp.213-218.

House, J. S. (1981), *Work, stress and social support*, Reading, MA: Addison Wesley.

Huber, R. (1993), "How continental bank outsourced its 'Crown Jewels'," *Harvard Business Review*, 71(1), pp.121-129.

Hughes, E. (1958), *Men and their work*, Glencoe, IL: Free Press.

Hughes, E. C. (1937), "Institutional office and the person," *American Journal of Sociology*, 43, pp.404-413.

Huy, Q. (2002), "Emotional balancing: The role of middle managers in radical change," *Administrative Science Quarterly*, 47, pp.31-69.

Ibarra, H. (1999), "Provisional selves: Experimenting with image and identity in professional adaptation," *Administrative Science Quarterly*, 44, pp.764-791.

Ibarra, H. (2003), *Working identity: Unconventional strategies for reinventing your career*, Boston: Harvard Business School Press. (金井壽宏監修・解説・宮田貴子訳『ハーバード流キャリア・チェンジ術』翔泳社, 2003 年。)

Ibarra, H., Carter, N. M. and Silva, C. (2010), "Why men still get more promotions than woman," *Harvard Business Review*. (スコフィールド素子訳「メンタリングでは女性リーダーは生まれない」『DIAMOND ハーバード・ビジネス・レビュー』2011 年 3 月号, 114-124

頁。)

Inkson, K. (2007), *Understanding careers: The metaphors of working lives*, Sage Publications.

Inkson, K. and Arthur, M. (2001), "How to be a successful career capitalist," *Organizational Dynamics*, 30(1), pp.48-60.

Ituma, A. and Simpson, R. (2006), "The chameleon career: An exploratory study of the work biography of information technology workers in Nigeria," *Career Development International*, 11(1), pp.48-65.

Jahoda, M. (1982), *Employment and unemployment: A social-psychological analysis*, London: Cambridge University Press.

Jepsen, M. (2006), "Work flexibility and the reconciliation of family and working life: What is the role of flexicurity?" *Trends in social cohesion*, 16, pp.159-178.

Johnson, M. K. (2001), "Changes in job values during the transition to adulthood," *Work and Occupations* 28, pp.315-345.

Judge, T. A. and Cable, D. M. (2004), "The effect of physical height on workplace success and income: Preliminary test of a theoretical model," *Journal of Applied Psychology*, 89(3), pp.428-441.

Judge, T. A., Heller, D. and Mount, M. K. (2002), "Five-factor model of personality and job satisfaction: Ameta-analysis," *Journal of Applied Psychology*, 87(3), pp.530-541.

Kahn, R. L., Wolfe, D. M., Quinn, R. P., Snoek, J. R. and Rosenthal, R. A. (1964), *Organizational stress: Studies in role conflict and ambiguity*, New York: Wiley.

Kahn, W. A. (2002), "Managing the paradox of self-reliance," *Organizational Dynamics*, 30(3), pp.239-256.

Kahneman, D., Diener, E. and Schwarz, N. (eds.). (1999), *Well-being: The foundations of hedonic psychology*, New York: Russell Sage Foundation.

Kanfer, R. and Kantrowitz, T. M. (2002), Ability and non-ability predictors of job perform-ance, in S. Sonnentag (ed.), *The psychological management of individual performance: A handbook in the psychology of management in organizations* (pp.27-50), Chichester: Wiley.

Kanter, R. M. (1977), *Men and women of the corporation*, New York: Basic Books.

Kanter, R. M. (1989), *Careers and the wealth of nations: A macro-perspective on the structure and implications of career forms*. in M. B. Arthur, D. T. Hall and B. S. Lawrence (eds.), Handbook of career theory (pp.506-521), New York: Cambridge University Press.

Katz, D. and Kahn, R. L. (1966), *The social psychology of organizations*, New York: Wiley.

Katz, J. H. and Miller, F. (1996), "Coaching leaders through culture change," *Consulting Psychology Journal: Practice and Research*, 48, pp.104-114.

Kauffman, S. (1995), At home in the universe: The search for laws of self-organization and complexity, Oxford University Press (米沢冨美子監訳『自己組織化と進化の論理－宇宙を貫く複雑系の法則』ちくま学芸文庫, 2008 年。)

Kazdin, A. E. (1974), "Covert modeling, model similarity, and the reduction of avoidance behavior," *Behavior Therapy*, 5, pp.325-340.

Kellerman, B. (2004), *Bad leadership: What it is, how it happens, why it matters*, Boston: Harvard Business School Press.

Kellert, S. H. (1993), *In the wake of chaos, Chicago*: University of Chicago Press.

Kellett, J. B., Humphrey, R. H. and Sleeth, R. G. (2002), "Empathy and complex task performance: Two routes to leadership," *The Leadership Quarterly*, 13, pp.523-544.

Kernis, M. H. (2003), "Toward a conceptualization of optimal self-esteem," *Psychological Inquiry*, 14, pp.1-26.

Kets de Vries, M. R. (2005), "Leadership group coaching in action: The Zen of creating high performance teams," *Academy of Management Executive*, 19(1), pp.61-76.

Keys, J. B. and Wolfe, J. (1988), "Management education and development: Current issues and emerging trends," *Journal of Management*, 16, pp.307-336.

Kluger, A. N. and DeNisi, A. (1996), "The effects of feedback interventions on performance: A historical review, a meta-analysis, and a preliminary feedback intervention theory," *Psychological Bulletin*, 119(2), pp.254-284.

Knemeyer, A. and Murphy, P. (2002), "Logistics internships: Employer and student perspectives," *International Journal of Physical Distribution and Logistics Management*, 32, pp.135-152.

Knouse, S., Tanner, J. and Harris, E. (1999), "The relation of college internships, college performance, and subsequent job opportunity," *Journal of Employment Counseling*, 36, pp.35-43.

Kram, K. E. (1988), *Mentoring at work: Developmental relationships in organizational life*, University Press of America (渡辺直登・伊藤知子訳『メンタリング―会社の中の発達支援関係』白桃書房, 2003年。)

Krumboltz, J. D. (1979), "A social learning theory of career decision making," in A. M. Mitchell, G. B. Jones, and J. D. Krumboltz (eds.), Social learning and career decision making (pp.19-49), Cranston, RI: Carroll.

Krumboltz, J. D. and Levin, A. S. (2002), "A learning theory for career counselors," in S. G. Niles (ed.), *Adult career development: Concepts, issues and practices* (3rd ed., pp.41-57), Tulsa, OK: National Career Development Association.

Krumboltz, J. D. and Levin, A. S. (2004), *Luck is no accident: Making the most of happenstance in your life and career*, Atascadero, CA: Impact. (花田光世・大木紀子・宮地夕紀子訳『その幸運は偶然ではないんです！』ダイヤモンド社, 2005年。)

Krumboltz, J. and Jacobs, J. (2006), "Social learning theory of career development," in J. Greenhaus and G. Callanan (eds.), *Encyclopedia of career development* (pp.757-760), Thousand Oaks, CA: SAGE.

Kulick, R. B. (2006), "Occupational professionalization," In Greenhaus, J. H. and Callanan, G. A. (eds.), *Encyclopedia of career development* (pp.563-567), Thousand Oaks, CA: Sage.

Lazarus, R. S. and Folkman, S. (1984), *Stress, appraisal, and coping*, New York: Springer. (本明寛・春木豊・織田正美監訳『ストレスの心理学―認知的評価と対処の研究』実務教育出版, 1991年。)

Leana, C. R. and Feldman, D. C. (1992), *Coping with job loss: How individuals, organizations, and communities respond to layoffs*, New York: Macmillan, Lexington Books.

Lent, R. W., Brown, S. D. and Hackett, G. (1994), "Towards a unifying social cognitive theory of career and academic interest, choice and performance," *Journal of Vocational Behavior*, 45, pp.79-122.

Levinson, D. J. (1978), *The Seasons of a Man's Life*, Knopf. (南博訳『ライフサイクルの心理学（上）』講談社, 1992年。)

Levinson, D. J. (1978), *The Seasons of a Man's Life*, Knopf. (南博訳『ライフサイクルの心理

学（下）』講談社, 1992 年。)

Lewin, R. and Regine, B. (1999), "Complexity and business success," Presentation at the LSE complexity seminar.

Lewis, S. and Smithson, J. (2001), "Sense of entitlement to support for the reconciliation of employment and family life," *Human Relations*, 54(11), pp.1455-1483.

Little, S. B. (1993), "The technical communication internship: An application of experiential learning theory," *Journal of Business and Technical Communication*, 7, pp.423-451.

Locke, E. A. Frederick, E., Lee, C. and Bobko, P. (1984), "Effect of self-efficacy, goals, and task strategies on task performance," *Journal of Applied Psychology*, 69, pp.241-251.

Lofquist, L. H. and Dawis, R. V. (1969), *Adjustment to work*, New York: Appleton-CenturyCrofts.

Lord, R. G. and Hall, R. J. (2005), "Identity, deep structure and the development of leadership skill," *The Leadership Quarterly*, 16, pp.591-615.

Lord, R. G. and Brown, D. J. (2001), "Leadership, values, and subordinate self-concepts," *The Leadership Quarterly*, 12, pp.133-152.

Lord, R. G. and Brown, D. J. (2004), *Leadership processes and follower self-identity*, Mahwah, NJ7 Lawrence Erlbaum.

Lorenz, E. (1993), *The essence of chaos*, University of Washington Press. (杉山勝・杉山智子訳『カオスのエッセンス』共立出版, 1997 年。)

Luther, M. (1883), *Werke Kritische Gesamtausgabe*, Weimar: Hermann Bohlaus.

Manz, C. C. (1986), "Self-leadership: Toward an expanded theory of self-influence processes in organizations," *Academy of Management Review*, 11, pp.585-600.

Manz, C. C. and Neck, C. P. (1999), *Mastering self-leadership* (2nd ed.). Prentice-Hall, Inc. (宍戸由希子訳『なりたい自分になる技術』生産性出版, 1999 年。)

Marler, J. (2012), "Strategic human resource management in context: A historical and global perspective," *Academy of Management Perspectives*, 26, pp.1-11.

Marshall, J. (1989), "Re-Visioning Career Concepts: A Femininist Invitation," in M. B. Arthur, D. T. Hall and B. S. Lawrence (eds.), *Handbook of Career Theory* (pp.275-291), Cambridge: Cambridge University Press.

Martin-Alcazar, F., Romero-Fernandez, P. M. and Gardey, G. S. (2005), "Strategic human resource management: Integrating the universalistic, contingent, configutational and contextual perspectives," *International Journal of Human Resource Management*, 15(5), pp.633-659.

Maslow, A. H. (1970), *Motivation and personality* (2nd ed.), New York: Harper and Row. (小口忠彦訳『人間性の心理学』産能大学出版部, 1997 年。)

Mayrhofer, W., Iellatchitch, A., Meyer, M., Steyrer, J., Schiffinger, M. and Strunk, G. (2004), "Going beyond the individual: Some potential contributions from a career field and habitus perspective for global career research and practice," *Journal of Management Development*, 23(9), pp.870-884.

Maze, J. (1973), "The concept of attitude," *Inquiry,* 16, pp.168-205.

McCall, M. W., Jr. (1998), *High flyers: Developing the next generation of leaders*, Boston: Harvard Business School Press.

McDonald, K. S. and Hite, L. M. (2005), "Reviving the relevance of career development in human resource development," *Human Resource Development Review*, 4, pp.418-439.

McGrath, J. E. (1976), *Handbook of industrial and organizational psychology*, Chicago: Rand McNally College Publishing Company, pp.1351-1395.

McGregor, I. and Little, B. R. (1998), "Personal projects, happiness, and meaning: On doing well and being yourself," *Journal of Personality and Social Psychology*, 74, pp.494-512.

McKnight, D. H., Cummings, L. L. and Chervany, N. L. (1998), "Initial trust formation in new organizational relationships," *Academy of Management Review*, 23, pp.473-490.

Meyerson, D. and Scully, M. (1995), "Tempered radicalism and the politics of ambivalence and change," *Organization Science*, 6(5), pp.585-600.

Michie, S. and Gooty, J. (2005), "Values, emotions, and authenticity: Will the real leader please stand up?" *The Leadership Quarterly*, 16, pp.441-457.

Miller, M. (1983), "The role of happenstance in career choice," *Vocational Guidance Quarterly*, 32(1), pp.16-20.

Mitchell, K. E. (2003), *The unplanned career: How to turn curiosity into opportunity*, San Francisco: Chronicle Books.

Mitchell, K. E., Levin, A. S. and Krumboltz, J. D. (1999), "Planned happenstance: Constructing unexpected career opportunities," *Journal of Counseling and Development*, 77, pp.115-124.

Mitchell, L. K. and Krumboltz, J. D. (1996), "Krumboltz's learning theory of career choice and counseling," in D. Brown and L. Brooks (eds.), *Career choice and development* (3rd ed. pp.233-280), San Francisco: Jossey-Bass.

Moore, D. P. (2000), *Careerpreneurs: Lessons from leading women entrepreneurs on building a career without boundaries*, Palo Alto, CA: Dacies-Black Publishers.

Morgan, G. (1986), *Images of organization*, Thousand Oaks, CA: Sage.

Mortimer, J. T., Lorence, J. and Kumka, D. (1986), *Work, family and personality: Transition to adulthood*. Norwood, NJ: Ablex.

Mulholland, K. (2003), *Class, gender and the family business*, New York: Palgrave Macmillan.

Muller, M. (1999), "Unitarism, pluralism and human resource management in Germany," *Management International Review*, 39, pp.125-144.

Murphy, S. E. and Ensher, E. A. (2001), "The role of mentoring support and self-management strategies on reported career outcomes," *Journal of Career Development*, 27, pp.229-246.

Murray, E. J. (1964), *Motivation and emotion*, Englewood Cliffs, NJ: Prentice-Hall.（八木冕訳『動機と情緒』岩波書店, 1966 年。）

Narayanan, V., Olk, P. and Fukami, C. (2010), "Determinants of internship effectiveness: A exploratory model," *Academy of Management Learning & Education*, 9, pp.61-80.

Nash, L. and Stevenson, H. (2004), "Success that lasts," DIAMOND ハーバード・ビジネス・レビュー編集部訳「色褪せない成功の法則」『DIAMOND ハーバード・ビジネス・レビュー』2012 年 4 月号, 76-95 頁。

Netemeyer, R. G., Boles, J. S. and McMurrian, R. (1996), "Development and validation of Work-Family Conflict and Family-Work Conflict Scales," *Journal of Applied Psychology*, 81(4), pp.400-410.

Nettle, D. (2005), "An evolutionary approach to the extraversion continuum," *Evolution and Human Behavior*, 26, pp.363-373.

Nicholson, N. (1984), "A theory of work-role transitions," *Administrative Science Quarterly*,

29, pp.172-191.

Nicholson, N. and West, M. A. (1988), *Managerial job change: Men and women in transition*, Cambridge, UK: Cambridge University Press.

Nicholson, N. and West, M. A. (1989), "Transitions, work histories, and careers," in M. B. Arthur, D. T. Hall and B. S. Lawrence (eds.), *Hand book of career theory* (pp.181-201), Cambridge: Cambridge University Press.

Ohlott, P. J. (1998), "Job assignments," in C. D. McCauley, R. S. Moxley, and E. Van Velsor (eds.), *The center for creative leadership: Handbook of leadership development* (pp.127-159), San Francisco: Jossey-Bass.

O'Reilly, C. A., Chatman, J. and Caldwell, D. F. (1991), "People and organizational culture: A profile approach to assessing the person-organization fit," *Academy of Management Journal*, 34, pp.487-516.

Parker, P. and Arthur, M. B. (2000), "Careers, organizing, and community," in M A. Peiperl, M. B. Arthur, R. Goffee and T. Morris (eds.), *Career frontiers: New conceptions of working lives* (pp.99-121), Oxford, UK: Oxford University Press.

Parsons, F. (1909), *Choosing a vocation*, Boston: Houghton Mifflin.

Patton, W. and McMahon, M. (2006), *Career development and systems theory: Connecting theory and practice*, Rotterdam: Sense Publishers.

Paulson, S. and Baker, H. (1999), "An experiential approach to facilitate anticipatory socialization," *The international Journal of Organizational Analysis*, 7, pp.365-378.

Pedro, J. (1984), "Introduction into the workplace: The impact of internships," *Journal of Vocational Behavior*, 25, pp.80-95.

Peel, S. and Inkson, K. (2004), "Contracting and careers: Choosing between self- and organizational management," *Career Development International*, 9(6), pp.542-558.

Peiperl, M., Arthur, M., Goffee, R. and Morris, T. (2004) (eds.), *Career frontiers: New conceptions of working lives*, Oxford University Press.

Peiperl, M. and Arthur, M. (2004), Topics for conversation: Career themes old and new, in Peiperl, M., Arthur, M., Goffee, R. and Morris, T., *Career Frontiers: New Conceptions of Working Lives* (1-19). Oxford University Press.

Peterson, C. (2006), A primer in positive psychology, Oxford University Press. (宇野カオリ訳『実践入門ポジティブ・サイコロジー――「よい生き方」を科学的に考える方法』春秋社, 2010年。)

Peterson, S. J., Walumbwa, F. O., Byron, K. and Myrowitz, J. (2009), "CEO positive psychological traits, transformational leadership, and firm performance in high technology start-up and established firms," *Journal of Management*, 35, pp.348-368.

Pianko, D. (1996), "Power internships," *Management Review*, 85, pp.31-33.

Polkinghorne, D. E. (1988), *Narrative knowing and the human sciences*, Albany: State University of New York Press.

Powell, A., Bagilhole, B. and Dainty, A. (2009), "How women engineers do and undo gender: Consequences for gender equality," *Gender, Work & Organization*, 16(4), pp.411-428.

Pratt, M. G., Rockmann, K. W. and Kaufmann, J. B. (2006), "Constructing professional identity: The role of work and identity learning cycles in the customization of identity among medial residents," *Academy of Management Journal*, 49(2), pp.235-262.

Pratt, M. G. (2000), "The good, the bad, and the ambivalent: Managing identification among

Amway distributors," *Administrative Science Quarterly*, 45(3), pp.456-493.

Pryor R. and Bright, J. (2004), I had seen order and chaos, but had thought they were different: The challenges of Chaos Theory for career development," *Australian Journal of Career Development*, 13, pp.18-22.

Pryor R. and Bright, J. (2007), "Applying chaos theory to careers: Attraction and attractors," *Journal of Vocational Behavior*, 71, pp.375-400.

Pryor, R., Amundson, N. and Bright, J. (2008), "Probabilities and possibilities: The strategic counseling implications of the chaos theory of careers," *The Career Development Quarterly*, 56, pp.309-318.

Pudelko, M. (2005). "Cross-national learning from best practice and the convergence-divergence debate in HRM," *International Journal of Human Resource Management*, 16, pp.2045-2074.

Pudelko, M. (2006), "A comparison of HRM systems in the USA, Japan and Germany in their socio-economic context," *Human Resource Management Journal*, 16(2), pp.123-153.

Readon, R.C., Lenz, J. G., Sampson, J. P. and Peterson, G. W. (2006), *Career development and planning: A comprehensive approach* (2nd ed.), Mason, OH: Thomson Custom Solutions.

Revans, R. W. (1980), *Action learning: New techniques for management*, London: Anchor Press.

Robbins, S. P. (2005), *Essentials of organizational behavior* (8th ed.), Prentice Hall. (高木晴夫訳『組織行動のマネジメント−入門から実践へ』ダイヤモンド社, 2009 年。)

Robinson, S. A., Kraatz, M. S. and Rousseau, D. M. (1994), "Changing obligations and the psychological contract: A longitudinal study," *Academy of Management Journal*, 37(1), pp.137-152.

Roe, A. and Baruch, R. (1967), "Occupational changes in the adult years," *Personnel Administration*, 30(4), pp.26-32.

Rogers, C. R. (1961), *On Becoming a person: A psychotherapists view of psychotherapy*, Houghton Mifflin.

Rojewski, J. (1999), "The role of chance in the career development of individuals with learning disabilities." *Learning Disability Quarterly*, 22(4), pp.267-278.

Rosenbaum, J. L. (1979), "Tournament mobility: Career patterns in a corporation," *Administrative Science Quarterly*, 24, pp.221-241.

Rothman, M. (2003), "Internships: Most and least favored aspects among a business school sample," *Psychological Reports*, 93, pp.921-924.

Rotter, J. B. (1966), "Generalized expectancies for internal versus external control of reinforcement," *Psychological Monographs*, 80(1), pp.1-28.

Rousseau, D. M. (1995), *Psychological contracts in organizations: Understanding written and unwritten agreements*, Thousand Oaks, CA: Sage.

Ryff, C. D. (1989), "Happiness is everything, or is it?: Explorations on the meaning of psychological well-being," *Journal of Personality and Social Psychology*, 57, pp.1069-1081.

Sanders, I. (1998), *Strategic thinking and the new science: Planning in the midst of chaos, complexity, and change*, Columbus OH: The Free Press.

Savickas, M. L. (2005), "The theory and practice of career construction," in S. D. Brown and R. W. Lent (eds.), *Career development and counseling: Putting theory and research to work* (pp.42-70), Hoboken, NJ: Wiley.

Scandura, T. A. (1999), "Rethinking leader-member exchange: An organizational justice perspective," *The Leadership Quarterly*, 10, pp.25-40.

Scandura, T. A. and Lankau, M. J. (1997), "Relationships of gender, family responsibility and flexible work hours to organizational commitment and job satisfaction," *Journal of Organizational Behavior*, 18(4), pp.977-991.

Schein, E. H. (1978), *Career dynamics: Matching individual and organizational needs*, Addison-Wesley. (二村敏子・三善勝代訳『キャリア・ダイナミクス』白桃書房, 1991 年。)

Schein, E. H. (1987a), *The clinical perspective in fieldwork*, Newbury Park, CA.: Sage.

Schein, E. H. (1990), *Career anchors: Discovering your real values*, Jossey-Bass. (金井壽宏訳『キャリア・アンカー—自分のほんとうの価値を発見しよう』白桃書房, 2003 年。)

Schein, E. H. (1996), "Three cultures of management: The key to organizational learning," *Sloan Management Review*, 38(1), pp.9-20.

Schlossberg, N. K., Waters, E. B. and Goodman, J. (1995), *Counseling adults in transition: Linking practice with theory*, New York: Springer.

Schuler, R. and Jackson, S. (2005), "A quarter-century review of human resource management in the U.S.: The growth in importance of the international perspective," *Management Review*, 16, pp.11-35.

Schwartz, S. H. (1992), "Universals in the content and structure of values: Theoretical advances and empirical tests in 20 countries," *Advances in Experimental Social Psychology*, 25, pp.1-65.

Schwartz, S. H. and Boehnke, K. (2004), "Evaluating the structure of human values with confirmatory factor analysis," *Journal of Research in Personality*, 38, pp.230-255.

Scott, M.E. (1992), "Internships add value to college recruitments," *Personnel Journal*, 71, pp.59-62.

Seeman, M. (1960), *Social status and leadership: The case of the school executive*, Columbus: Ohio State University Press.

Seidenberg, R. (1973), *Corporate wives-corporate casualties*, New York: Amacom.

Sekaran, U. and Hall, D. T. (1989), "Asynchronism in dual-career and family linkages," in M. B. Arthur, D. T. Hall and B. S. Lawrence (eds.), *Handbook of career theory* (pp.159-180), Cambridge: Cambridge Univ. Press.

Seligman, M. (1990), *Learned optimism*. New York: Pocket Books.

Seligman, M. (2002), *Authentic happiness: Using the new positive psychology to realize your potential for lasting fulfillment*, Simon and Schuster. (小林裕子訳『世界でひとつだけの幸せ—ポジティブ心理学が教えてくれる満ち足りた人生』アスペクト, 2004 年。)

Seligman, M. E. P., Steen, T. A., Park, N. and Peterson, C. (2005), "Positive psychology progress: Empirical validation of interventions," *American Psychologist*, 60, pp.410-421.

Seligman, M. and Csikszentmihalyi, M. (2000), "Positive Psychology: An introduction," *American Psychologist*, 55(1), pp.5-14.

Senge, P. (1990), *The fifth discipline: The art and practice of the learning organization*, New York: Doubleday.

Sennett, R. (1998), *The corrosion of character: The personal consequences of work in the new capitalism*. New York: W. W. Norton.

Shah, J. and Higgins, E. T. (2001), "Regulatory concerns and appraisal efficiency: The general impact of promotion and prevention," *Journal of Personality and Social Psychology*,

80, pp.693-705.

Shamir, B., and Eilam, G. (2005), "What's your story?" A life-stories approach to authentic leadership development," *The Leadership Quarterly*, 16(3), pp.395-417.

Shepard, H. A. (1984), "On the realization of human potential: A path with a heart," in M. B. Arthur, L. Bailyn, D. J. Levenson and H. A. Shepard (eds.), *Working with careers* (pp.25-46), New York: Columbia University School of Business.

Simon, H. A. (1976), *Administrative behavior* (3rd ed.), New York: Free Press.

Sims, D. (2002). "Careers as prospective story telling: A narrative understanding," Paper presented at Sub-Theme 14, the Colloquium of the European Group for Organization Studies, Barcelona, Spain.

Singh, R., Ragins, B. R. and Tharenou, P. (2009), "What matters most?: The relative role of mentoring and career capital in career success," *Journal of Vocational Behavior*, 75, pp.56-67.

Sirgy, M. J., Efraty, D., Siegel, P. and Lee, D. J. (2001), "A new measure of quality of working life (QWL) based on need satisfaction and spillover theories," *Social Indicators Research*, 55(3), pp.241-302.

Snow, D. A. and Machalek, R. (1984), "The sociology of conversion," *Annual Review of Sociology*, 10, pp.167-180.

Spokane, A. R. (1985), "A review of research on person-environment congruence in Holland's theory of careers," *Journal of Vocational Behavior*, 26, pp.306-343.

Spokane, A. R., Meir, E. I. and Catalano, M. (2000), "Person-environment congruence and Holland's theory: A review and reconsideration," *Journal of Vocational Behavior*, 57(2), pp.137-187.

Spreitzer, G. M., Noble, D. S., Mishra, A. K. and Cooke, W. N. (1999), "Predicting process improvement team performance in an automotive firm: Explicating the roles of trust and empowerment," in E. Mannix and M. Neale (eds.), *Research on Managing Groups and Teams* (vol.2, pp.71-92). Greenwich, CT: JAI Press.

Staines, G. L. (1980), "Spillover versus compensation: A review of the literature on the relationship between work and nonwork," *Human Resources*, 33, pp.111-129.

Sullivan, S. E. (1999), "The changing nature of careers: A review and research agenda," *Journal of Management*, 25, pp.457-484.

Sun, L. Y., Aryee, S. and Law, K. S. (2007), "High performance human resources practices, citizenship behavior and organizational performance: A relational perspective," *Academy of Management Journal*, 50, pp.558-577.

Super, D. E. (1953), "A theory of vocational development," *American Psychologist*, 30, pp.88-92.

Super, D. E. (1963), "Vocational development in adolescence and early adulthood: Tasks and behaviors," in D. E. Super, R. Starishevsky, N. Matlin and J. P. Jordaan (eds.), *Career development: Self-concept theory* (pp.79-95), New York: College Entrance Examination Board.

Super, D. E. (1969), "Vocational development theory: Persons, positions, and processes," *The Counseling Psychologist*, 1(1), pp.2-9.

Super, D. E. (1980), "A life-span, life-space approach to career development," *Journal of Vocational Behavior*, 16, pp.282-298.

Super, D. E. (1990), "Career and life development," in D. Brown and L. Brooks (eds.), *Career choice and development* (2nd ed.) (pp.197-261). San Francisco: Jossey-Bass.

Super, D. E. (1992), "Toward a comprehensive theory of career development," in D. H. Montross and C. J. Shinkman (eds.), *Career development: Theory and practice* (pp.35-64), Springfield, IL: Charles C. Thomas.

Super, D. E., Sverko, B. and Super, C. M. (1995), *Life roles, values, and careers: International findings of the work importance study*, San Francisco: Jossey-Bass.

Super, D.E. (1957), *The psychology of careers*, New York: Harper & Row.

Taylor, M. (1988), "Effects of college internships on individual participants," *Journal of Applied Psychology*, 73, pp.393-401.

Tharenou, P. (1997), Managerial career advancement, in C. Cooper and I. T. Robertson (eds.), *International review of industrial and organizational psychology* (pp.39-93), New York: Wiley.

Tovey, J. (2001), "Building connections between industry and university: Implementing an internship program at a regional university," *Technical Communication Quarterly*, 10, pp.225-239.

Tranberg, M., Slane, S. and Ekeberg, S. E. (1993), "The relation between interest congruence and satisfaction: A meta-analysis," *Journal of Vocational Behavior*, 42(3), pp.253-264.

Tsui, A. S., Pearce, J. L., Porter, L. W. and Tripoli, A. M. (1997), "Alternative approaches to the employee-organization relationship: Does investment in employees pay off?" *Academy of Management Journal*, 40, pp.1089-1121.

Tversky, A. and Kahneman, D. (1983), "Extensional versus intuitive reasoning: The conjunction fallacy in probability judgment," *Psychological Review*, 90, pp.283-315.

Ulrich, D. (1997), *Human resource champions: The next agenda for adding value and delivering results*, Boston: Harvard University Press.

Utsey, S. O., Bolden, M. A., Brown, C. F. and Chae, M. H. (2001), "Assessing quality of life in the context of culture," in L. A. Suzuki, J. G. Ponterotto and P. J. Meller (eds.), *Handbook of multicultural assessment: Clinical, psychological, and educational applications* (2nd ed., pp.191-216), San Francisco, CA: Jossey-Bass.

Valcour, P. M. and Tolbert, P. S. (2003), "Gender, family, and career in the era of boundarylessness: Determinants and effects of intra- and inter-organizational mobility," *International Journal of Human Resource Management*, 14(5), pp.768-787.

Van Maanen, J. and Barley, S. R. (1984), "Occupational communities: Culture and control in organizations," *Research in Organizational Behavior*, 6, pp.287-365.

Van Maanen, J., and Schein, E. H. (1979), "Toward a theory of organizational socialization," in B. M. Staw (ed.), *Research in organizational behavior* pp.209-264, Greensich, CT: JAI Press.

Walker, A. G. and Smither, J. W. (1999), "A five-year study of upward feedback: What managers do with their results matters," *Personnel Psychology*, 52, pp.393-423.

Wang, D. and Shyu, C. (2008), "Will the strategic fit between business and HRM strategy influence HRM effectiveness and organizational performance?" *International Journal of Manpower*, 29(2), pp.92-110.

Weber, M. (1930), *The protestant ethic and the spirit of capitalism*, T. Parsons, trans. London and New York: Routledge Classics.

Weible, R. (2010), "Are universities reaping the available benefits internship programs offer?" *Journal of Education for Business*, 85, pp.59-63.

Weick, K. E. (1993), "The collapse of sensemaking in organizations: The mann gulch disaster," *Administrative Science Quarterly*, 38, pp.628-652.

Weick, K. E. (1995), *Sensemaking in organizations*, Thousand Oaks, CA: Sage.

Weick, K. E. (1996), "Drop your tools: An allegory for organizational studies," *Administrative Science Quarterly*, 41(2), pp.301-313.

West, C. and Zimmerman, D. (1987), "Doing gender," *Gender and Society*, 1(2), pp.125-151.

Wheatley, M. (1992), *Leadership and the new science*, San Francisco CA, Berrett-Koehler.

Williams H. and Alawiye, O. (2001), "Assessment: Lessons learned from a year long undergraduate teacher education pilot program," *Journal of Instructional Psychology*, 28, pp.229-233.

Williams, E., Soeprapto, E., Like, K., Touradji, P., Hess, S. and Hill, C. (1998), "Perceptions of serendipity: Career paths of prominent academic woman in counseling psychology," *Journal of Counseling Psychology*, 45(4), pp.379-389.

Winsor, D. (1990), "How companies affect the writing of young engineers: Two case studies," *IEEE Transactions on Professional Communication*, 33, pp.124-129.

Wrzesniewski, A., McCauley, C., Rozin, P. and Schwartz, B. (1997), "Jobs, careers, and callings: People's relations to their work," *Journal of Research in Personality*, 31, pp.21-33.

Young, R. A., Valach, L. and Collin, A. (2002), "A contextualist explanation of career," in D. Brown and Associates (eds.), *Career choice and development* (4th ed., pp.206-252), San Francisco; Jossey-Bass.

Young, R. A. and Collin, A. (2000), "Introduction: Framing the future of career," in A. Collin and R. A. Young (eds.), *The future of career* (pp.1-17), Cambridge, UK: Cambridge University Press.

Young, R. A. and Valach, L. (2000), "Reconceptualising career theory and research," in A. Collin and R. A. Yound (eds.), *The future of career* (pp.181-196), Cambridge, UK: Cambridge University Press.

Yukl, G. (1998), *Leadership in organizations* (4th ed.), Englewood Cliffs, NJ: Prentice Hall.

Zenger, J. H. and Folkman, J. (2002), *The extraordinary leader: Turning good managers into great leaders*, New York: McGraw-Hill.

石倉洋子 (2008)「「組織の怠惰」が女性活用を阻んでいる」『DIAMOND ハーバード・ビジネス・レビュー』2008年6月号、52-55頁。

インターンシップ推進支援センター編 (2006)『インターンシップに関する学生の意識調査報告』。

上田睆亮・西村和雄・稲垣耕作 (1999)『複雑系を超えて』筑摩書房。

大庭さよ (2007)「ジョン・クルンボルツ学習理論からのアプローチ」渡辺三枝子編・大庭さよ・岡田昌毅・黒川雅之・中村恵・藤原美智子・堀越弘・道谷里英『キャリアの心理学－キャリア支援への発達的アプローチ』第3章 (71-89頁)、ナカニシヤ出版。

大庭さよ (2007)「ダグラス・ホール関係性アプローチ」渡辺三枝子編・大庭さよ・岡田昌毅・黒川雅之・中村恵・藤原美智子・堀越弘・道谷里英『キャリアの心理学－キャリア支援への発達的アプローチ』第7章 (145-157頁)、ナカニシヤ出版。

岡村一成 (2009)「職業適性と適性検査」産業・組織心理学会編『産業・組織心理学ハンドブック』

24-27 頁，丸善。

小野公一（1986）「労働の人間化－米国の QWL を中心として」亜細亜大学『経営論集』第 21 巻第 1 号，63-82 頁。

小野公一（2010）『働く人々のキャリア発達と生きがい－看護師と会社員データによるモデル構築の試み』ゆまに書房。

小野公一（2011）『働く人々の well-being と人的資源管理』白桃書房。

柏木仁（2005）「ピーク・パフォーマンスと感情のエネルギー、探索的調査－ベンチャー企業 C 社のケース・スタディから浮き上がってきたもの」第 8 回日本ベンチャー学会全国大会予稿集。

柏木仁（2009）「リーダーの成長と価値観に関する定性的研究－価値観の止揚的融合」『経営行動科学』第 22 巻第 1 号，35-46 頁。

柏木仁（2010）「リーダーの成長に影響を与える相互作用に関する定性的考察－技術系中小企業におけるミドルとシニアの事例研究」『ベンチャー・レビュー』第 15 巻，49-58 頁。

柏木仁（2010）「知的障害者の働く幸せを守る組織の障害マネジメント－日本理化学工業の事例研究」亜細亜大学『経営論集』第 46 巻第 1 号，3-22 頁。

柏木仁（2011）「学生と企業がインターンシップに対して期待するもの－亜細亜大学における予備的調査の結果から」亜細亜大学『経営論集』第 47 巻第 1 号，53-71 頁。

柏木仁（2015）「キャリア研究におけるコーリングの概念的特徴の明確化に向けて－コーリングとキャリア関連変数との関係性およびタイプ分け」『経営行動科学』第 27 巻第 3 号，209-224 頁。

加藤寛監修・第一生命経済研究所編（2011）『ライフデザイン白書－表とグラフでみる日本人の生活と意識の変化』ぎょうせい。

加藤恭子（2009）「配置・異動」産業・組織心理学会編『産業・組織心理学ハンドブック』32-35 頁，丸善。

金井篤子（2000）『キャリア・ストレスに関する研究－組織内キャリア開発の視点からのメンタルヘルスへの接近』風間書房。

金井篤子（2003）「キャリア・カウンセリングの理論と方法」蔭山英順・森田美弥子・川瀬正裕編『21 世紀の心理臨床』212-227 頁，ナカニシヤ出版。

金井壽宏（1999）『経営組織』日本経済新聞社。

金井壽宏（2002）『働くひとのためのキャリア・デザイン』PHP 新書。

黒川雅之（2007）「ナンシィ・シュロスバーグ人生上の転機（トランジション）とその対処」渡辺三枝子編・大庭さよ・岡田昌毅・黒川雅之・中村恵・藤原美智子・堀越弘・道谷里英『キャリアの心理学－キャリア支援への発達的アプローチ』第 6 章（125-144 頁），ナカニシヤ出版。

厚生労働省（2005）『インターンシップ推進のための調査研究委員会報告書』。

厚生労働省（2014）「健康意識に関する調査」『平成 26 年版厚生労働白書』。

厚生労働省（2014）『平成 26 年版労働経済白書』。

厚生労働省（2018）「学歴別就職後 3 年以内離職率の推移」。

小林裕（2009）「目標管理制度」産業・組織心理学会編『産業・組織心理学ハンドブック』48-51 頁，丸善。

財団法人金属系材料研究開発センター（JRCM）編（2004）『インターンシップ・データブック 2003』関東インターンシップ推進協会アンケート調査。

坂爪洋美（2009）「失業と離転職」産業・組織心理学会編『産業・組織心理学ハンドブック』112-115 頁，丸善。

関沢英彦（2010）『偶然ベタの若者たち』亜紀書房。

総務省統計局（2017）「平成 27 年国勢調査　就業状態等基本集計結果」。

総務省統計局（2019）「労働力調査　平成 30 年平均」。

総務省統計局（2019）「労働力調査　平成 31 年 4 月」。

総務省統計局（2019）「労働力調査　令和元年 5 月」。

総務省統計局（2019）「人口推計」。

田尾雅夫（1987）「ヒューマン・サービスにおけるバーンアウトの理論と測定」『京都府立大学学術報告（人文）』第 40 巻，101-123 頁。

田尾雅夫（1999）『組織の心理学』有斐閣。

高木晴夫・渡邊有貴（2005）「リーダーシップ R&D」『DIAMONDハーバード・ビジネス・レビュー』2005 年 3 月号，74-87 頁，ダイヤモンド社。

高良和武監修・石田宏之・太田和男・古閑博美・田中宣秀編（2007）『インターンシップとキャリア－産学連携教育の実証的研究』学文社。

中小企業庁（2014）『中小企業白書 2014』。

東京商工会議所編（2009）『中小企業のためのダイバーシティ推進ガイドブック－人材と働き方の多様化による組織力の強化』東京商工会議所。

独立行政法人高齢・障害者雇用支援機構障害者職業総合センター（NIVR）（2004）「障害者の雇用管理とキャリア形成に関する研究」NIVR 調査研究報告書 62。

独立行政法人労働政策研究・研修機構（JILPT）（2015）『国際労働比較 2015』。

中村恵（2007）「新しい潮流カオス理論の応用」渡辺三枝子編・大庭さよ・岡田昌毅・黒川雅之・中村恵・藤原美智子・堀越弘・道谷里英『キャリアの心理学－キャリア支援への発達的アプローチ』第 10 章（199-208 頁），ナカニシヤ出版。

日本経済新聞 2011 年 3 月 4 日朝刊「採用に関わる就業体験，3 年生の 12 月以降に，就活長期化，経団連が自主規制」。

日本経団連（2005）『2005 年度新卒者採用に関するアンケート調査』http://www.keidanren.or.jp/japanese/policy/2011/015sanko.html.

廣石忠司（2009）「成果主義」産業・組織心理学会編『産業・組織心理学ハンドブック』52-55 頁，丸善。

藤本哲史（2009）「ワーク・ライフ・バランス」産業・組織心理学会編『産業・組織心理学ハンドブック』116-119 頁，丸善。

古屋健・三谷嘉明（2005）「知的障害を持つ人の QOL」『名古屋女子大学紀要人文社会編』第 51 巻，127-138 頁。

堀越弘（2007）「マーク・サビカスキャリア構築理論」渡辺三枝子編・大庭さよ・岡田昌毅・黒川雅之・中村恵・藤原美智子・堀越弘・道谷里英『キャリアの心理学－キャリア支援への発達的アプローチ』第 9 章（173-197 頁），ナカニシヤ出版。

宗方比佐子（2009）「組織のキャリア発達支援」産業・組織心理学会編『産業・組織心理学ハンドブック』76-79 頁，丸善。

守島基博（2004）『人材マネジメント入門』日本経済新聞出版社。

文部科学省「学校基本調査」。

文部科学省（2019）「平成 29 年度　大学等におけるインターンシップの実施状況について」。

吉本圭一（2004）「高等教育と人材育成－『30 歳社会的成人』と『大学教育の遅効性』」高等教育研究所『高等教育研究紀要』第 19 号。

リクルートワークス研究所「ワークス大卒求人倍率調査」。

渡辺三枝子（2007）「キャリアの心理学に不可欠の基本」渡辺三枝子編・大庭さよ・岡田昌毅・黒川雅之・中村恵・藤原美智子・堀越弘・道谷里英『キャリアの心理学－キャリア支援への発達的アプローチ』序章（1-22 頁），ナカニシヤ出版。

事項索引

サ行

人名索引

著者紹介

柏木　仁（かしわぎ・ひとし）

1990年　早稲田大学理工学部卒業
1990年　東北電力株式会社入社（2002年3月退社）
2004年　早稲田大学大学院アジア太平洋研究科修士課程（国際経営学専攻）修了（MBA）
2007年　早稲田大学大学院アジア太平洋研究科博士後期課程（国際経営学専攻）修了
　　　　（Ph.D.）
2007年　独立行政法人産業技術総合研究所ベンチャー開発センター　非常勤研究員
2008年　亜細亜大学経営学部講師
2011年　亜細亜大学経営学部准教授
2017年　亜細亜大学経営学部教授

最近の主な研究業績

「キャリア研究におけるコーリングの概念的特徴の明確化に向けて－コーリングとキャリ
　ア関連変数との関係性およびタイプ分け」『経営行動科学』第27巻第3号、2015年
「リーダーの成長に影響を与える相互作用に関する定性的考察―技術系中小企業における
　ミドルとシニアの事例研究」『ベンチャー・レビュー』第15巻、2010年3月
『中小企業のためのダイバーシティ推進ガイドブック―人材と働き方の多様性による組織
　力の強化』東京商工会議所、2009年（共著）ほか

キャリア論研究

2016年5月10日　第1版第1刷発行　　　　　　　　　　　検印省略
2023年3月31日　補訂版第2刷発行

著　者　　柏　木　　仁

発行者　　前　野　　隆
　　　　　東京都新宿区早稲田鶴巻町533

発行所　　株式会社　文　眞　堂
　　　　　電話　03（3202）8480
　　　　　FAX　03（3203）2638
　　　　　http://www.bunshin-do.co.jp
　　　　　郵便番号(162-0041)振替00120-2-96437

製作・モリモト印刷
© 2020
定価はカバー裏に表示してあります
ISBN978-4-8309-5078-0　C3034